跨文化交际视阈下大学英语教学理论构建与创新路径

张 鑫 张 波 胡小燕 ◎著

吉林大学出版社
·长春·

图书在版编目(CIP)数据

跨文化交际视阈下大学英语教学理论构建与创新路径/张鑫,张波,胡小燕著. — 长春:吉林大学出版社,2020.8

ISBN 978-7-5692-6955-0

Ⅰ.①跨… Ⅱ.①张… ②张… ③胡… Ⅲ.①英语—教学研究—高等学校 Ⅳ.①H319.3

中国版本图书馆 CIP 数据核字(2020)第 162424 号

书　　名	跨文化交际视阈下大学英语教学理论构建与创新路径
	KUAWENHUA JIAOJI SHIYU XIA DAXUE YINGYU JIAOXUE LILUN GOUJIAN YU CHUANGXIN LUJING
作　　者	张　鑫　张　波　胡小燕　著
策划编辑	代红梅
责任编辑	代红梅
责任校对	杨　平
装帧设计	马静静
出版发行	吉林大学出版社
社　　址	长春市人民大街 4059 号
邮政编码	130021
发行电话	0431—89580028/29/21
网　　址	http://www.jlup.com.cn
电子邮箱	jdcbs@jlu.edu.cn
印　　刷	北京亚吉飞数码科技有限公司
开　　本	787mm×1092mm　1/16
印　　张	20.75
字　　数	375 千字
版　　次	2021 年 5 月　第 1 版
印　　次	2021 年 5 月　第 1 次
书　　号	ISBN 978-7-5692-6955-0
定　　价	98.00 元

版权所有　翻印必究

前　　言

　　随着人类进入信息化时代,全球化进程也在不断加快,交通工具、通信技术等也在不断发展,这使得人们之间的交往日益紧密,尤其是不同文化背景下的人们的交往。因此,在当今时代,跨文化交际已经成为人们不容回避的事实。对国际化人才进行衡量的标志就是其是否具备跨文化交际能力。这就要求我们在大学英语教学中,应该注重跨文化教育,将跨文化交际的内容融入大学英语教学中,这样才能真正地提升学生的跨文化交际能力,使他们成为国际化的英语人才。

　　但是,我国当前的大学英语教学仍旧是沿袭传统,着重语言知识体系的教授,目的在于培养学生的语言能力,并未将文化教学放在重点的位置,也未给予文化教学应有的重视,这严重制约了对学生跨文化交际能力的培养,致使很多学生虽然学习了多年的英语,却不知道如何用英语进行交际。大学英语教学不应该仅停留在听、说、读、写、译五项技能的培养上,而是应该以跨文化交际能力作为培养的目标,也就是说不仅要教授学生基本的语言知识与技能,还需要培养他们的跨文化交际能力。基于此,笔者精心策划并撰写了《跨文化交际视阈下大学英语教学理论构建与创新路径》一书,以期能提升学生的跨文化交际能力,提升大学英语教学的实用性。

　　本书共有九章。第一章为绪论,对语言、文化、交际的相关概念展开分析和探讨,并解读了三者之间的关系。第二章对跨文化交际理论进行阐释,首先对跨文化交际进行界定,进而分析跨文化交际的基本原则、特征、模式、主要理论。第三章对大学英语教学的内涵进行解析,分析了大学英语教学的定义、基本原则、发展历程与理论依据。前三章的内容是围绕题目做的综述,为下面章节内容的展开做铺垫。第四章为过渡章,将跨文化交际与大学英语教学相融合,首先分析影响大学英语教学的两大因素——语言与文化,进而探讨跨文化交际视阈下大学英语教学的现状、意义、任务与方法。第五章与第六章分析了跨文化交际视阈下大学英语基础知识与基本技能教学的创新路径,首先对大学英语基础知识与基本技能教学进行简述,进而探讨教学中的跨文化因素,最后论述创新的方法。第七章与第八章分析了与大学英语教学相关的要素,即教师、教材与评价。第七章为跨文化交际视阈下大学英语教师的转型,分析了大学英语教师的角色、素质要求以及跨文化意识的培养。

第八章为跨文化交际视阈下大学英语教材与评价的创新,分析了大学英语教材的选用与编写以及大学英语教学测试与评价。最后一章结合时代要求,论述了跨文化交际视阈下大学英语教学的新发展,即采用网络技术辅助教学、实施线上线下混合式教学、鼓励学生自主学习。

本书将跨文化交际的理论知识融合并渗透于大学英语教学之中,分析了大学英语教学的方方面面,目的是发现大学英语教学中的一些深层次的问题,为大学英语教学寻找到行之有效的方法与路径,从而进一步提升大学英语教学的效率,推动大学英语教学中的跨文化教育。同时,本书具有鲜明的特色,论述了跨文化交际视阈下大学英语教学的新发展,包含网络技术辅助教学、线上线下混合式教学、自主学习等,具有实用性与新颖性。总体而言,本书内容全面,视角新颖,逻辑严谨,做到了理论与实践相统一,希望能为我国大学英语教学研究带来一定的启示。

本书由天津体育学院运动与文化艺术学院张鑫、山西大学外国语学院张波、海南热带海洋学院外国语学院胡小燕撰写完成,并由三人统稿。具体分工如下:

张鑫:第一章、第三章、第五章、第九章,共计126 688字;

张波:第六章、第七章、第八章第一节,共计125 504字;

胡小燕:第二章、第四章、第八章第二节,共计123 136字。

在成书的过程中,笔者参阅了大量的资料和文献,也参考了一些相关专家和学者的观点,并得到了各位同僚和学者的大力支持,在此一并表示感谢。由于时间仓促,加之写作水平有限,书中难免有错误和疏漏之处,还望广大读者批评指正。

作　者

2020年6月

目 录

第一章 绪论 …………………………………………………… 1
  第一节 语言 ……………………………………………… 1
  第二节 文化 ……………………………………………… 9
  第二节 交际 ……………………………………………… 14
  第四节 语言、文化、交际三者的关系解读…………… 17

第二章 跨文化交际理论阐释 ……………………………… 22
  第一节 跨文化交际的界定 …………………………… 22
  第二节 跨文化交际的基本原则与特征 ……………… 38
  第三节 跨文化交际的基本模式与主要理论………… 39

第三章 大学英语教学内涵解析 …………………………… 60
  第一节 大学英语教学的界定 ………………………… 60
  第二节 大学英语教学的基本原则 …………………… 67
  第三节 大学英语教学的发展历程与理论依据……… 72

第四章 跨文化交际与大学英语教学的融合……………… 81
  第一节 影响大学英语教学的语言与文化因素……… 81
  第二节 跨文化交际视阈下大学英语教学的现状与意义 …… 118
  第三节 跨文化交际视阈下大学英语教学的任务与方法 …… 127

第五章 跨文化交际视阈下大学英语基础知识教学的创新路径 ……… 132
  第一节 跨文化交际视阈下大学英语词汇教学的创新路径 …… 132
  第二节 跨文化交际视阈下大学英语语法教学的创新路径 …… 144

第六章 跨文化交际视阈下大学英语基本技能教学的创新路径 ……… 153
  第一节 跨文化交际视阈下大学英语听力教学的创新路径 …… 153
  第二节 跨文化交际视阈下大学英语口语教学的创新路径 …… 164

第三节　跨文化交际视阈下大学英语阅读教学的创新路径 ……… 172
　　第四节　跨文化交际视阈下大学英语写作教学的创新路径 ……… 186
　　第五节　跨文化交际视阈下大学英语翻译教学的创新路径 ……… 197

第七章　跨文化交际视阈下大学英语教师的转型 ……………… 212
　　第一节　跨文化交际视阈下大学英语教师的角色 ……………… 212
　　第二节　跨文化交际视阈下大学英语教师的素质要求 ………… 218
　　第三节　跨文化交际视阈下大学英语教师跨文化意识的培养 …… 230

第八章　跨文化交际视阈下大学英语教材与评价的创新 ……… 244
　　第一节　跨文化交际视阈下大学英语教材的选用与编写 ……… 244
　　第二节　跨文化交际视阈下大学英语教学测试与评价 ………… 259

第九章　跨文化交际视阈下大学英语教学的新发展 …………… 274
　　第一节　采用网络技术辅助教学 …………………………… 274
　　第二节　实施线上线下混合式教学 ………………………… 311
　　第三节　鼓励学生自主学习 ………………………………… 314

参考文献 ……………………………………………………………… 318

第一章 绪 论

随着世界经济迈向全球化,文化也呈现了多元化的局面,跨文化交际活动越来越频繁,世界各国人民通过交际来了解彼此的语言与文化。现如今,语言已经不是阻碍国与国交往的一大障碍,能否对他国文化有所理解和把握成了交往的障碍和重要因素。因此,人们要想成功进行跨文化交际,需要具备跨文化交际能力和准确看待本国文化和他国文化的视野。众望所归,语言、文化、交际之间的关系也必然使跨文化交际与大学英语教学联系起来。本章作为开篇,对语言、文化、交际的相关知识展开探讨,并进一步解读三者之间的关系。

第一节 语 言

人生活在语言的世界里,语言赋予世界以"意义"。人可以通过语言来完成某些行为,而不必事必躬亲。语言存在于人类具体使用语言的过程中,这一过程就表现为交际行为。简而言之,语言是伴随着具体的交际行为出现在我们面前的,语言是完成某种特定行为的语言,只有意识到这一点,人们才能真正意识到语言自身所具有的价值。借助语言,人类构建了一个超出其生存环境的符号世界,正是在这个世界里,人类获得了空前的自由,从而不再受制于环境的束缚。本节就来分析什么是语言。

一、语言概念的阐释

(一)语言是一种交际工具

语言的功能有很多,但是交际功能是所有功能中最基本的功能,具体可以从如下两个层面来理解。

1. 语言是最重要的交际工具

每个人都生活在一定的客观社会条件之中,人与人的交际是社会生活中的重要组成部分。人们往往用语言来交际,但是除了语言,还可以有很多种形式,如文字、灯光语、旗语、身势语等。文字工具主要在于对语言加以记录,是基于语言的一种辅助交际工具,因此其在历时和共时上都不能与语言相比。灯光语、旗语是基于语言与文字而产生的辅助交际工具,因此也不能和语言相比。身势语是流传很广的交际语言,但是受各种条件的限制,往往会产生某些误会,因此也不能和语言相比。通过上述分析可知,语言是所有交际工具中最重要的交际工具。

2. 语言是人类独有的交际工具

对于语言是交际工具这一结论,在前面已经论述过,但是这里所强调的是"人类独有",其可以从两个层面来理解。

(1)动物所谓的"语言"与人类的语言有根本区别

"人有人言,兽有兽语。"动物与动物也存在交际,他们采用的交际方式也有很多,可以是有声的,也可以是无声的。但是,动物与动物之间这些所谓的"语言"是与人类的语言无法比拟的。

首先,人类语言具有社会性、心理性与物理性。社会性是人类语言的根本属性,因为人类的语言是来源于人类集体劳动的交际需要。运用语言,人们才能适应自然、改造自然。相比之下,动物的"语言"只是为了适应自然。

其次,人类的语言具有单位明晰性。人类语言是一种音义结合的词汇系统与语法系统,音、形、义各个要素都可以再分解成明确的单位。相比之下,动物的"语言"是无法分解出来的。

再次,人类语言具有任意性。语言是一种规则系统,人们使用语言对自己的言语加以规范。但是,语言系统本身的语素和词、用什么音对意义加以表达等从本质上说是任意的。相比之下,动物的"语言"在表达情绪和欲望时并无多大区别。

最后,人类语言具有能产性。人类的语言虽然是一套相对固定的系统,各个结构成分是有限的,但是人们能够运用这一有限的成分产生无限的句子,传递出无限的信息。相比之下,动物的"语言"是无法达到这一效果的。

(2)动物学不会人类语言

动物能否学会人类的语言?对这一问题,显然是不能。如果能学会,那就不能说语言是"人类独有"的交际工具了。很多人说,鹦鹉等能模仿人的声音,但是这也不能说明它们掌握了人类的语言,因为它们只是模仿,只能学会只言片语。也就是说,这些动物不能像人类一样运用语言产生无限多的句子,也不能写出无限多的文章。因此,语言是动物不可逾越的鸿沟,能否掌握语言,也是人与动物的根本区别之一。

(二)语言是一种符号系统

在人们生活的世界上到处都包含符号的痕迹。例如,马路上的交通信号灯,绿色代表通行,红色代表禁止通行,黄色代表等待。医院里面会张贴禁止吸烟的标志,告诉人们不可以在医院吸烟。在过春节时,中国人习惯贴福字,这是为了表达对新年的祝福。天气阴沉代表着要下雨,某处浓烟滚滚可能预示着之前发生过火灾。再如,路上爬行的蚂蚁当碰到其他蚂蚁时会相互触碰触角,以传达哪里有食物;猎人根据动物留下的足迹可以找到哪里出现过猎物等。显然,符号以及符号活动时时刻刻存在。总体而言,符号一般包含两大类:一类是人类符号活动,另外一类是动物符号活动。人类符号活动包含语言符号活动与非语言符号活动。非语言符号又包含建筑符号、音乐符号、行为符号、绘画符号等。可见,符号学在学术领域有着广泛的内涵,其几乎将所有学科包含在内,尤其是人文学科,也就是说,它是跨学科研究的一条重要道路。

索绪尔在他的语言学研究中指出,符号在语言学中是非常重要的,并且反复强调符号是语言的本质。语言学属于符号学的一部分,很多人将语言学称为"符号学",也就是与符号相关的科学,即研究人尝试采用一些约定俗成的系统来传达思考时出现的现象。其实,并没有人讲授符号传播的现象,但是这一现象在语言学家的头脑中是存在的,以至于很多学者认为语言学是历史学科的一部分。实际上,语言学也可以说是符号学。

关于符号学与语言学的关系,学者们所持有的观点大致包含如下几点。

(1)索绪尔、西比奥克等人认为符号学包含语言学。

(2)法国著名的符号学家巴尔特、罗兰等人认为符号学属于语言学的一部分。

(3)有学者指出符号学与语言学是相互独立的并列成分。

(4)法国符号学家吉劳认为符号学与语言学不相关。

对上述观点,支持第一种观点与第三种观点的人更有说服力,他们各自持有自己的观点和意见。实际上,符号学作为一门跨学科的研究手段,它从一定程度上包含了语言学,并赋予语言学一项新的研究手段,而语言学也具备一些自身的特点,并且这些特点正是符号学中未包含的领域。但是无论如何,我们需要承认的是语言是人类多种符号系统中的一个典型代表,也是人们使用的最为广泛的一种。如果我们将语言研究置于符号学研究中,必然有助于研究语言,从而为语言学的发展奠定基础。

对人类而言,语言特有的符号体系也是人类最为常用的符号体系。从狭义层面来说,语言只是指口头语言与书面语言,但是广义上的语言还包含一些非语言符号,如装饰语言、表情语言等,这些非语言符号也传递着一些思想信息。但是,一般来说,语言更倾向于指代口头语言与书面语言。声音是语言的物质表现形式,图形是文字的物质形式,它们分别给人造成听觉与视觉的感受与反映。语言作为物质形式与内容的统一体,在语言身上就体现了音义统一与形义统一。语言还是一种线性的结构系统,语言单元是随着一维的方向来相继进行排列的,语言单元之间是基于语法规则而组合起来形成系统的。

可见,对有声语言而言,其包含三大构成要素:语音、语法、语义。在所有的符号形式中,语言是最重要,也是最基本的形式,是人类存储、传递信息的一项重要工具。语言是将人群共同体作为单位而形成的系统,不同的人群,所产生的语言也是不同的,以后不同的人群会因为不同的生理与文化特征而形成不同的民族,语言的差异也就成了民族与民族差异的一大重要特点。部分观点认为,语言是思维的外壳。我们对自身以及外在世界的思考与认知都是借助语言完成的。语言不仅帮助人们传递信息、交流思想,它也是思维工具,参与并体现人们的思维,但这很难说是思维的本质。

二、语言自身特性的阐述

（一）生理性

语言具有生理性是语言最基本的特征。人脑中包含多种对语言进行处理的机制,这些机制是区分人与动物的重要层面,之所以婴儿和儿童容易获得知识,而到了一定年纪之后知识获取速度会减慢,都是缘于语言生理机制的影响和作用。

（二）心理性

语言与思维有着密切的关系,语言是人们展开交流、进行思维的重要工具。如果没有语言的参与,思维是很难展开的;如果脱离了思维这一辅助,语言也就丧失了依靠,这样说出的语言是无逻辑的语言。可以说,如果思维出现问题,那么语言也必然受到严重的影响。

（三）创造性

创造性指语言可以无限变化的潜力。有人将语言与交通信号灯作比,认为语言比交通信号灯还要复杂,这是因为人们可以运用语言产生很多新的意义。例如,一些词语通过新的使用方法可以传达不同的意思,并且能立刻被人理解。从另一个角度而言,只有人类的语言具有创造性。虽然绝大多数的动物能给同伴传递信息,能接受其他同伴的信息,但是这些信息并不具有创造性。例如,长臂猿的叫声往往都来自一个有限的指令,它们的叫声不具有创造性,因此不可能创造新意;蜜蜂的舞蹈只是用来指示食物的所在,仅能传递唯一的信息,因此也不具有创造性。但是,如果将语言视作一个交流系统,那么语言就不是人类独有的了。也就是说,蜘蛛、蜜蜂等也可以通过语言进行交流,只不过交流的内容是非常有限的。语言是创造性的,因为其可以产生出无限的句了,这也体现了语言的递归性。

(四)移位性

所谓移位性,即交际双方可以用语言传达不在交际空间或现场的事件、物体、概念等信息。例如,人们可以提及孔子,即便其已经去世两千多年,距离人们比较遥远,但是人们仍旧可以用语言将孔子及孔子的相关信息传达出来。一旦发现有关群体利益的刺激,多数动物都会发出相应的交际反应。例如,鸟类发出鸣声意味着有危险的临近,这些动物是受到外界刺激的直接反应。与动物交际系统不同,人类语言不会受到直接刺激的控制,也就是说人们谈论什么不需要由内部刺激引发。移位性赋予了人们巨大的抽象能力与概括能力,这些能力也促进了人们的进步与发展。一些词语常被用于指代当前语境中不存在的事物或事件,当人们对一些遥远的事物或事件进行讨论时,人们就有了对该事物或事件的抽象的概念。

三、语言的功能分析

对语言的功能,这里从心理学与社会学的角度展开分析和探讨。语言的心理学功能即人们用于与客观世界进行沟通的工具或手段,是人们对外部世界进行认知的心理过程,是主观的功能。其可以细分为命名功能、陈述功能、表达功能、认知功能和建模功能五种。语言的社会学功能即语言被用于与他人进行沟通的工具或手段,其是人与人之间进行沟通的心理过程,是外显的功能。其可以细分为人际功能、信息功能、祈使功能、述行功能、煽情功能五种。下面就对这细分的十大功能进行研究。

(一)命名功能

所谓命名功能,指语言被用作对某些事物、事件进行标示的工具或手段。这是人类运用语言的一大强烈的心理需求,并且蕴含的意义非常巨大。大部分儿童对生词的掌握都有一种迫切的需求,并且这也阐明了对鉴别事物符号的掌握的重要性。只有掌握了这些符号,才能说真正地掌握了这种事物。

人类在没有语言之前,世界万物在人们的心目中所留下的印象是不同的,因此产生了人们对这些事物在认知方面的差异,并且通过这些印象,他们可以识别这些事物。但是,如果没有语言,人类是无法对这些事物进行表达的,这些事物存在于人类的脑海中的也仅是一种意会。这样的话很容易出现混乱。

例如,当人们一见到兔子时,只知道它跑得很快,但是并不知道它叫什么,人们只能记住它的形象;当人们第一次见到荷花时,并不知道它叫什么,但是能感觉到它与其他事物之间的差异,只能在头脑中形成它的形象。但是,随着人们见到的事物越来越多,那些叫不出名字的事物就会在头脑中显得非常混乱。在这样的情况下,人们就需要对事物进行命名,因此一些名字也就相继出现了。

随着语言的诞生,人们开始为各种事物命名并赋予其意义,使得人们的记忆力明显提升。

(二)陈述功能

所谓陈述功能,即语言被用于对事物与事件之间的关系进行说明的工具或手段。随着人类社会的进步,仅仅对事物进行命名显然不能满足人们交际的需要。这是因为在日常生活中,人、事物、事件之间有着必然的关联,可能是外显的,也可能是内隐的,对这些关联,最初人们采用了一些主谓句式或者"话题—评述"的功能语法结构等,从而形成一个命题。但是,通常来说,一个命题显然是不够的,于是人们又创造了更多的命题,这时篇章就形成了。久而久之,人们就学会了对复杂命题的表达与陈述。

例如,当人们看见一群羊在吃草,一般就会说:"羊群在草地上吃草。"草地上的牧羊人跟我们打招呼:"嗨!你们好呀!"然后我们想把此事告诉家人,就会对家人说:"今天我们去了草原,在那里我们受到牧羊人的热情欢迎。"这个例子中既有单个的命题,也有多个命题构成的篇章。

(三)表达功能

所谓表达功能,即语言作为对主观感受进行表达的工具和手段,其可能是简单的词语,也可能是句子或者篇章。也就是说,语言可以让人们表达某些喜怒哀乐。

例如，当人们遇到喜事时，往往会说"Hurrah,we've won!"当人们遇到恐怖情况时，往往会说"Oh,how horrible!"当人们对某件事表达赞同时，往往会说"Ok,you can go."

除此之外，语言的表达功能还可以帮助人们仔细推敲韵律、词句结构等，从而将内心情感效果传达出来，如散文就是很好的例子。

（四）认知功能

所谓认知功能，即语言是被用于思考的工具或手段，这是一个非常重要的功能。人们的思维活动往往将语言作为载体，这在之前的定义中已经有所提及。也就是说，一切抽象、复杂的思维都离不开语言，语言可以帮助人们分析与思考，从而使人们的智力越来越发达，创造出更多的精神与物质文明。

例如，当牛顿看见苹果从树上掉落下来时，勤于思考的他竟然苦苦思索："Why does the apple fall down to the ground instead of flying up toward the sky? What force is it that get sit down?"当我们走在街头忽然发现前方道路上围了一堆人时，我们会想："What has happened? Oh,there must be an accident. Is there anybody injured?"可见，在人们思考时，就是在对客观世界进行认知，而语言在人们的思维活动中发挥着认知的功能。

（五）建模功能

所谓建模功能，即语言被用于对客观现实的认知图式进行构建的工具或手段。随着人类认知能力的提升，词语能为人们提供一个观察世界的图式结构，而词语符号系统就形成了能透视大千世界的模型。在这一模型中，词语可以划分为多个层次，居于下层的称为"下义词"，居于上层的称为"上义词"。当然，上义词与下义词都是相对来说的。随着新事物不断涌现，曾经的上义词也可能变成下义词。

例如，在远古时期，"树"是不可以划分的，是一个孤零零的下义词，但是随着人们对树的研究的深入，发现其可以划分为多个种类，如柏树、杨树、松树等。这时，"树"就成了上义词。

总之，上义词与下义词构成了一个词语系统，是大千世界事物类型的反映。语言的建模功能不仅提升了人们对客观世界的认知能力，还促进了人们语言能力的进步。

（六）人际功能

所谓人际功能，即被用于对人际关系进行维持和改善的工具和手段。

人们为了维持关系,往往会在不同的场合运用各种不同的语言,如正式的场合使用正式用语,非正式的场合使用非正式用语等。这样的使用不仅可以获得他人的好感,还可以体现自身的地位和魅力。

当然,有时候人们交谈仅仅是为了保持交往的关系。例如,在酒会上,人们交谈的语义内涵往往为零,但是为了保证一种惬意的氛围,往往会闲聊一些小事。在这种场合,人们交谈的话多是场面话。

(七)信息功能

所谓信息功能,即语言是被用于信息传递的工具或手段。一般来说,人们的交谈就是在传递信息,从而将语言的信息功能发挥出来。但是需要强调的是,交谈者所传递的信息必须与信息接收者已知的信息匹配,否则信息接收者将无法接收所传递的信息。

例如,在课堂教学中,教师必须基于学生自身拥有的知识结构展开知识技能的传授,这样才能做到因材施教。当然,除了教学内容,教师的教学语言也需要根据教学对象而定。

(八)祈使功能

所谓祈使功能,即语言是被用于指令发布的工具或手段。在语言交际中,人们往往会告诫、提醒等。例如,儿子去上学时,妈妈往往会提醒他"Be quick or you'll be late!"这就是提醒,并使用了祈使句,目的是加强语气,从而对对方的行为产生影响。

(九)述行功能

所谓述行功能,即语言是被用于对事件或行为进行宣布的工具或手段。发话人如果是权威人士,往往会使用十分正式的语言或句式。例如,婚礼上神父或牧师向新婚夫妇以及众人宣告:"I pronounce you man and wife."

(十)煽情功能

所谓煽情功能,即语言是被用于煽情的工具或手段。在很多时候,人们运用语言只是为了打开心扉,影响他人的情绪。一般来说,在这类交谈场合,越运用内涵意义丰富的语言,越能够煽情。

例如,一些领导往往会使用振奋性的语言来鼓舞民众同仇敌忾,一些商家为了吸引顾客使用一些动员类的语言等。这些话语的运用都是为了激发对方的情感。

第二节 文 化

每一种文化都是将宇宙万物囊括在内的体系,并且将宇宙万物纳入各自的文化版图之中。总的来说,文化会涉及人与社会的关系、人的存在方式等层面。但是,其也包含一些具体的内容。下面就来具体论述什么是文化。

一、文化概念的阐释

对普通人来说,文化就可以比作水与鱼的关系,是一种平时都可以使用到,却不知道的客观存在。对研究者来说,文化是一种容易被感知到,却不容易把握的概念。对文化的定义,最早可以追溯到学者爱德华·泰勒(Edward Burnett Tylor,1871),他这样说道:"文化或者文明,是从广泛的民族学意义来说的,可以归结为一个复合整体,其中包含艺术、知识、法律、习俗等,还包括一个社会成员所习得的一切习惯或能力。"之后,西方学者对文化的界定都是基于这一定义而来的。1963 年,人类学家艾尔弗雷德·克洛伊伯(Alfred Kroeber)对一些学者关于文化的定义进行总结与整理,提出了一个较为全面的定义。

(1)文化是由内隐与外显行为模式组成的。
(2)文化的核心是概念与这些概念的价值。
(3)文化表现了人类群体的显著成就。
(4)文化体系不仅是行为的产物,还决定了它进一步的行为。

这一定义确定了文化符号的传播手段,并着重强调文化不仅是人类行为的产物,还对人类行为的因素起着决定性作用。同时,其还明确了文化作为价值观的巨大意义,是对泰勒定义的延伸与拓展。

在文化领域下,笔者认为文化的定义可以等同于 2001 年联合国教科文组织发表的《世界文化多样性宣言》中的定义:文化是某个社会、社会群体特有的,集物质、精神、情感等为一体的综合,其不仅涉及文学、艺术,还涉及生活准则、生活方式、价值观等。

进入 20 世纪 90 年代之后,很多学者也对文化进行了界定,这里归结为两种:一种是社会结构层面上的文化,指在社会中起着普遍、长期意义的行为模式与准则;一种是个体行为层面上的文化,指的是对个人习得产生影响的规则。这些定义都表明了:文化不仅反映的是社会存在,其本身就是对一种行为、价值观、社会方式等的解释与整合,是人与自然、社会、自身关系的呈现。

二、文化常见分类介绍

（一）按照人类学来划分

人类文化相当于一个金字塔，金字塔底部的是大众文化，金字塔中间的是深层文化，金字塔顶部的是高层文化。

大众文化是普通大众在共同的生活环境下共同创造出来的一种生活方式、交际风格等。

深层文化是不外现的，是内隐的，对大众文化起着指导作用，包括思维和价值观等。

高层文化又称"精英文化"，它是指相对来说较为高雅的文化内涵，如哲学、历史、文学、艺术等。

（二）按照语用学来划分

语用学研究的是语言在一定语境中的具体意义。语境是理解语言的重要元素。因为文化和语言分不开，所以文化和语境也是相互联系的。语言依赖于语境，同样，文化也对语境有一定程度的依赖。但是，不同的文化对语境的依赖程度是不尽相同的。在不同的文化中，人们通过语境进行交际的方式及程度就存在着差异，而这种差异制约着交际的顺利进行。

按照文化对语境依赖程度的不同，可以将文化分为低语境文化和高语境文化。低语境文化是指对语境的依赖程度较低、主要借助语言符号进行交际的文化。高语境文化是指对语境的依赖程度较高，主要借助非语言符号进行交际的文化。西方国家通常是低语境文化，一些亚洲国家通常是高语境文化。

在低语境文化中进行交际时，人们大都是通过符号来传递信息的。在高语境的文化中，交际环境和交际者的思维携带着大部分的交际信息。由此可见，语言信息在低语境文化内显得更为重要。他们在进行交际时，要求或期待对方的语言表达要尽可能清晰、明确，否则他们就会因信息模棱两可而产生困惑。在高语境文化中，人们往往认为事实胜于雄辩，沉默也是一种语言。因此，低语境文化与高语境文化的成员在交际时易发生冲突。

虽然按照不同的视角，文化的分类不同。但有一点需要明确，那就是文化无优劣、高下之分。世界相当于一个村落,其中的任何民族和国家都享有平等的权利,其中的成员在人格上都是平等的,不应该因为文化的不同而被区别对待。例如,中国人习惯用筷子,西方人习惯用刀叉,有人说使用筷子有利于大脑发展,也有人说使用刀叉简单。因此,文化不是用来比较和评价的,只是用来促进交际的。

(三)常规分类方法

1. 交际文化与知识文化

文化和交际总是被放到一起来讨论,文化在交际中有着无可替代的地位,并对交际的影响最大,因此有学者将文化分为交际文化和知识文化。

那些对跨文化交际起直接作用的文化信息就是交际文化,而那些对跨文化交际没有直接作用的文化就是知识文化,包括文化实物、艺术品、文物古迹等物质形式的文化。

学者们常常将关注点放在交际文化上,而对知识文化进行的研究较少。交际文化又分为外显交际文化和内隐交际文化。外显交际文化主要是关于衣、食、住、行的文化,是表现出来的;内隐交际文化是关于思维和价值观的文化,不易察觉。

2. 物质文化、制度文化与精神文化

文化可以分为物质文化、制度文化和精神文化。

人从出生开始就离不开物质的支撑,物质是满足人类基本生存需要的必需品。物质文化就是人类在社会实践中创造的有关文化的物质产品。物质文化是用来满足人类的生存需要的,是为了让人类更好地在当前的环境中生存下去,是文化的基础部分。

人是高级动物,会在生存的环境中通过合作和竞争来建立一个社会组织。这也是人与动物有所区别的一个地方。人类创建制度,归根到底还是为自己服务的,但也对自己有所约束。一个社会必然有着与社会性质相适应的制度,制度包含着各种规则、法律等,制度文化就是与此相关的文化。

人与动物的另一个本质区别就是人的思想性。人有大脑,会思考,有意识。精神文化就是有关意识的文化,是一种无形的东西,构成了文化的精神内核。精神文化是人类在认识世界和改造世界的过程中挖掘出的一套思想理论,包括价值观、文学、哲学、道德、伦理、习俗、艺术等,因此也称为"观念文化"。

(四)按照支配地位来划分

文化一旦产生,就对生活在其中的人有着一定的规范作用和约束力。这是一种约定俗成的力量。一个社会中通常有多种文化,人们最终会按照哪一种文化规范来生活,就要看文化的支配地位了。因此,有人从文化的支配地位的视角将文化分为主文化与亚文化。

所谓主文化,是在社会上占主导地位的,并被认为应该被人们所普遍接受的文化。主文化在共同体内被认为具有最充分的合理性和合法性。主文化具有三个属性:一是在权力支配关系中占主导地位,权力得到了捍卫;二是在文化整体中是主要元素,这是在社会的更迭中形成的;三是对某个时期产生主要影响,代表时代的主要趋势,这是由时代的思想潮流决定的。

相对应的,亚文化是在社会中占附属地位的文化,它仅被社会上一部分成员接受。亚文化也有两个属性:一是在文化权力关系中处于从属地位,二是在文化整体中占据次要的部分。虽然亚文化是与主文化相对应的一种文化,但是二者不是竞争和对抗的关系。值得注意的是,当一种亚文化在性质上发展到与主文化对立的时候,它就成了一种反文化。在一定条件下,文化与反文化还可以相互转化。文化不一定是积极的,反文化也不一定是消极的。

三、文化自身特性的阐述

(一)历史性

文化具有历史性的特征,这是因为其将人类社会生活与价值观的变化过程动态地反映出来。也就是说,文化随着社会进步在不断演进,也在不断扬弃,即对既有文化进行批判、继承与改造。对某一历史时期来说,这些文化是积极的、先进的,但是随着时代的发展,这些文化又可能失去其积极性、先进性,被先进的文化取代。

例如,汉语中的"拱手"指男子相见时的一种礼节,该词产生于传统的汉族的文化中。然而,随着历史的发展,这一礼节已经不复存在,现代社会常见的礼节是鞠躬、握手等。因此,在当今社会,"拱手"一词已经丧失了之前的意义,而仅作为文学作品中的传达某些情感的符号。

（二）民族性

文化具有民族性。人类学家克利福德·格尔茨（Clifford Geertz）这样说道："人们的思想、价值、行动，甚至情感，如同他们的神经系统一样，都是文化的产物，即它们确实都是由人们与生俱来的能力、欲望等创造出来的。"

这就是说，文化是特定群体和社会的所有成员共同接受和共享的，一般会以民族的形式出现，具体通过一个民族使用共同的语言、遵守共同的风俗习惯，其所有成员具有共同的心理素质和性格。

（三）主体性

文化是客体的主体化，是主体发挥创造性的外化表现。文化具有主体性的特征主要源于人的主体性。所谓人的主体性，即人作为活动主体、实践主体等的质的规定性。人通过与客体进行交互，才能将其主体性展现出来，从而产生一种自觉性。一般来说，文化的主体性特征主要表现为如下两点。

首先，文化主体不仅具有目的性，还具有工具性。如前所述，由于文化是主体发挥创造性的外化表现，因此其必然会体现文化主体的目的性，只有这样才能促进人的全面发展。另外，文化也是人能全面发展的工具，如果不存在文化，那么就无法谈及人的全面发展，这就体现了文化的工具性。

其次，文化主体不仅具有生产性，还具有消费性。人们之所以进行生产，主要是为消费服务的，而人类对文化进行生产与创造，也是为了更好地进行消费。在这一过程中，对文化进行生产与创造属于手段，对文化进行消费属于目的。

（四）社会性

文化具有社会性，这主要表现在如下两点。

首先，从自然上来说，文化是人们创造性活动的结果，如贝壳、冰块等自然物品经过雕琢会变成饰品、冰雕等。

其次，从人类行为上来说，文化起着重要的规范作用。一个人生长于什么样的环境，其言谈举止就会有什么样的表现。另外，人们可以在文化的轨道中对各种处世规则进行把握，因此可以说人不仅是社会中的人，也是文化中的人。

第三节 交 际

交际这一现象无处不在。也就是说,无论处于何时何地,人们都需要进行交际。在日常生活中,交际的例子有很多,如婴儿啼哭就是一种与外界交流的形式,可能代表着"我饿了或者我渴了"这样的含义。虽然这是一个非常简单的例子,但是表达的是他们在交际。总体来说,交际是人们活动的基础,是人们运用符号与语言的一种能力。下面就来具体分析什么是交际。

一、交际概念的阐释

简单理解交际,即人们交流信息、交流情感的过程。

关于交际,汉语中很早就有与之相关的论述。《辞源》记载:"际,接也。交际谓人以礼仪币帛相交接也。"在古代,交际指的是与他人的交往与接触。

同样,《现代汉语词典》也对交际进行了界定,即认为交际是社会上人与人之间相互交往的情况。

英语中与交际相对应的是 communication,其中 common 是其词根,意思为"共同"。对 communication 的翻译,国际政治界将其翻译为"交流",交通界将其翻译为"交通或通信",新闻界将其翻译为"传播"。

《朗文当代英语辞典》这样解释 communication:"Communication is the process by which people exchange information or express their thoughts and feelings."这句话的意思是说交际即人们交流信息和情感的过程。

但总体来说,对于交际,目前还没有一个统一的说法。

二、交际的类别划分

在人类的活动中,交际是一种基本的形式,是以人为中心展开的。一般来说,交际包含两类:一类是人际交际,另一类是非人际交际。前者无论是信息的发出者,还是信息的接收者,都是具体的人;后者又划分为两类,一类是人与自然之间的交际,另一类是组织与大众的交际,这种分类是从交际对象来区分的。

无论属于哪一种类型的交际,交际媒介都不外乎两种,一种是语言,一种是非语言。因此,交际形式如图1-1所示。

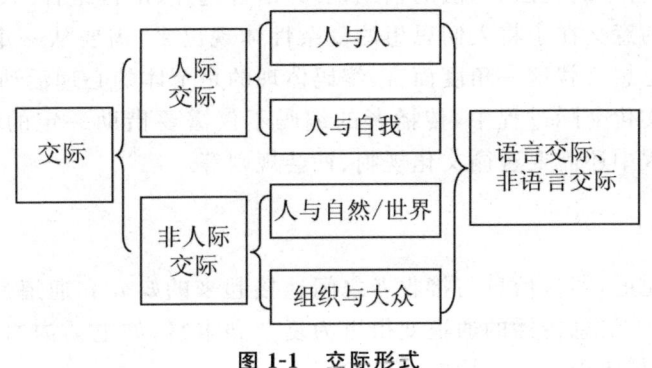

图 1-1　交际形式

（资料来源：陈桂琴，2014）

三、交际的要素探讨

就本质上而言，交际的过程就是传播信息的过程，这一过程本身就是动态的过程，是由相应要素组成的一个完整的系统。一般来说，交际主要由以下几个要素构成。

（一）传播要素

1. 传播者

所谓传播者，即具有交际需求与交际意向的个体，简单来说就是信息的发出者。所谓交际需求，即通过分享信息，传播者想要得到的他人认可的个人需求，以及对他人的行为和态度有影响的一种社会需求。所谓交际意向，即传播者想要与他人分享自己的信息。

2. 信息

所谓信息，即交际者心里的所思所想，是编码的结果。在人与人交谈的过程中，信息包含的内容非常广泛，有交际环境信息、非语言信息等。信息具有唯一性与独特性，当接收信息的形式与特定的情景存在着差异时，即便是同一个信息，所表达的意思也可能是明显不同的。

3. 编码

所谓编码，即语言的组合，是传播者在文化规则、社会规则等的影响下,通过语言中的词法、句法的辅助,展开语言选择、语言组合的过程。

编码的意义在于将人们思想的复杂性体现出来,需要从一定的符号出发来传播思想。就这一角度而言,编码体现的是个体的心理活动。

在跨文化交际过程中,传播者的编码不仅需要借助一定的语言符号,在编码过程中还需要遵循文化规则、社会规则等。

4. 通道

所谓通道,即将信息与接收者之间连接起来的媒介和通道。由于科技在不断发展,信息传播的通道变得更为复杂和丰富,如电话沟通、面对面交谈、邮件等都属于信息传播的通道。

由于跨文化交际中多种交际要素都参与其中,如文化、交际环境等,因此面对面是最为有效的形式,有助于信息的传达。

(二)接收要素

1. 接收者

所谓接收者,即信息接收方,是与传播者相对的概念。从主观上,接收者获取信息,并对信息源加以察觉与认识,从而对信息源做出一定程度的反应。这种接收信息的过程是有意识、有目的的过程,但是并不是绝对的过程。也就是说,可能接收信息的过程是无意识、无目的的。

2. 解码

所谓解码,即信息接收者将对方所说的语言符号或者非语言符号转化成可理解的意义的过程层。在跨文化交际中,解码即接收者对对方所给出的信息进行翻译,并仔细观察传播者的言语行为或者非言语行为,从而来理解语言符号以及这些语言符号背后的文化知识与信息。

在跨文化交际中,传播者与接收者处于不同的文化背景下,因此解码的过程需要对文化进行过滤。换句话说,接收者需要从自身的文化代码出发,对接收的文化信息进行系统处理。如果接收者对传播者的语言和文化不清楚或者不了解,就很容易导致交际失误。

施拉姆提出的交际模式形象地说明了信息传播者与信息接收者在交际时编码和解码的过程(如图1-2所示)。

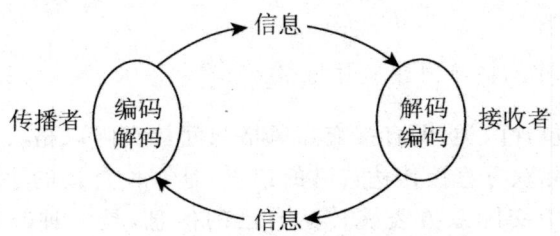

图 1-2　施拉姆的交际模式

（资料来源：陈俊森、樊葳葳、钟华，2006）

3. 反馈

所谓反馈，即接收者在收到信息之后做出的反应。当然，这种反馈展现的形式有很多，可以是评论，可以是回答，或者可以是质疑等。

反馈反映出交际是否成功，也是对交际有效性进行判断的标准。交际双方可以通过反馈来明确自己是否将信息有效地传达出去，也能根据反馈对自己的行为进行调整。如果接收者对传播者的语言信息能做出反应，并且这种反应与传播的预期相符合，那么就说明这种交际行为是有效的；如果接收者对传播者的语言信息不能做出反应，并且这种反应与传播的预期不相符，那么就说明这种交际行为无效，是无效的交际。

4. 语境

所谓语境，即交际发生的情景和场所。通过交际语境，人们能更清晰地了解交际的内容与形式。如果人们能了解交际发生的具体语境，那么就会在一定程度上对即将发生的交际进行预测。

第四节　语言、文化、交际三者的关系解读

一、文化与交际关系解读

文化与交际有着密切的关系。受交际双方文化背景的影响，彼此在展开交际时必须考虑文化因素，这样才能保证采用恰当的交际手段展开交际。下面具体分析文化对交际的影响，主要体现在两大方面。

（一）文化对交际风格的影响

交际风格会受到文化的影响和制约。具体来说，主要表现为如下

几点。

1. 直接交际风格与间接交际风格

交际风格包含两类,即直接交际风格与间接交际风格。直接交际风格是在交际中交际双方直接传达自己的信息,是一种直接的手段。间接交际风格是在交际中交际双方委婉传达自己的信息,是一种间接的手段。显然,间接交际风格是一种含蓄的交际风格,这在我国体现得尤为明显,因为我国受儒家思想的影响。相比之下,西方就更倾向于采用直接的手段。

2. 个人交际风格与语境交际风格

交际风格还可以划分为个人交际风格与语境交际风格。个人交际风格强调在交际过程中彰显个人身份,因此第一人称是最常用的交际方式。语境交际风格强调在交际过程中注重语境,具体语境具体分析。例如,英语中对于教师或者长辈的称呼多用 you,汉语中多用"您"来称呼。

(二)文化对交谈模式的影响

文化对交际模式有着巨大影响。交际模式受交际双方文化背景的影响和制约。因此,为了保证交际的顺利,必须选择恰当的交际模式。

1. 何时讲话

对于"何时讲话",由于受文化背景的影响,双方需要遵循各自的规则。例如,对于个人因素,西方人非常看重,因此避免在公共场合谈论。相比之下,中国人对其并不十分看重,因此愿意与他人展开交谈,即便是陌生人。

2. 话题的选择

在交际中,话题的选择十分重要。受文化背景的影响,交际双方选择的话题必然不同。例如,中国人在交谈中习惯谈论薪资水平、家庭状况等,这些在西方人眼中被看作是隐私。

3. 话轮转换

所谓话轮转换,即交际双方在交际过程中,不断转换自身的角色,即说话人与听话人之间的角色转换。当交际双方所处的文化背景不同时,话轮转换也是不同的。例如,日本人在进行交谈时,话轮的转换需要交际者考虑时机,在恰当的时候选择转换。美国人则不同,美国人在交谈时,可以直接进行话轮转换。

二、语言与文化关系解读

(一)萨丕尔—沃尔夫假说

文化和语言的相通性是人类学家研究的对象。洪堡是一位德国的人类学家,他强调不同的语言之间有一定的差异,或者是文字表达的差异,或者是符号标点的差异,或者是读音的差异,而语言所蕴含的世界观差异是最为关键的。著名的萨丕尔—沃尔夫假说是由萨丕尔与沃尔夫提出的,两位杰出的美国人类学家完美地诠释了语言和文化的相通性,并说明了语言自身所具备的世界观和思维模式。

博厄斯是杰出的美国人类学家,而萨丕尔出身于博厄斯门下。萨丕尔一生都在钻研北美地区的印第安语,他强调人类的生存环境和物质条件决定了在语言文化中会存在表达词汇的特定分类方式。基于事物自身所具备的文化内涵,它们在外界环境中有了自己的独特语言名称。以印第安语对峡谷的命名为例,印第安人集中于美国西南部的高寒平原,他们对居住的峡谷进行命名和归类,由此产生了圆形峡谷、半圆形峡谷、空旷峡谷以及溪涧峡谷等,这些峡谷的名称是印第安人追求精致生活的最好证明。萨丕尔总结出语言词汇的分类程度与人类的生活方式和生活态度息息相关,具有重要的研究意义。

沃尔夫出身于萨丕尔门下,他一生都在钻研语法的结构特征和理论思维,强调二者的内在关联。在研究不同的语言所具有的表达方式时,他提出印第安人的母语霍皮语(Hopi)与英语在时空上有所区别,霍皮语关注时间的延续性,强调不可数时空下事件的重复性;英语关注时间的阶段性,强调可数时空下的时间分类,即现在、过去和将来。在沃尔夫看来,人类一生的跌宕起伏并不能决定时空的存在和事物的概念,人类的语言表达才是最关键的决定因素。

基于对印第安人语言的研究,萨丕尔和沃尔夫提出了他们的著名观点:语言不仅表达和反映了思想,而且还塑造了人们的思想和世界观。萨丕尔(Sapir)明确指出:"人们并不仅仅生活在社会活动的世界中,而是处于已成为该社会表达手段的某特定语言的严格控制之下。"沃尔夫也强调:"世界表现为万花筒式的各种各样的感觉和印象,这些必须由人们的头脑来组织,而这意味着这些大致上是由人们头脑中的语言系统来组织的。"由于萨丕尔—沃尔夫的这个观点强调语言对思维的决定性作用,因此这个强式假说又被称为"语言决定论"。

在语言界提出强式假说之后,语言学家专注于寻找支撑假说成立的论据,找寻结果却不尽如人意,无人找到准确论据,也无人找到反面论据。沃尔夫对这种语言决定论有不同的观点,他表明语言的存在只是人类表达自己情感和理解世界的工具,语言仅仅是影响情感流露、行为方式以及价值观念的因素,并不能成为关键的决定性因素。沃尔夫的这种观点被称为"语言相对论",这一理论传承了一种弱式假说的理念,揭示了语言和文化的交互影响性。

萨丕尔—沃尔夫假说主要包含三层含义:(1)不同的语言以不同的方式感知和划分现实世界;(2)一个人所使用的语言结构影响他感知和理解世界的方式;(3)讲不同语言的人感知的世界是不同的。萨丕尔—沃尔夫的理论对跨文化语言交际的研究有很大启发。跨文化交际领域的很多学者都采纳了萨丕尔—沃尔夫的语言与文化相互影响的观点,即相信语言和文化是相互作用的,不同的语言模式会导致人们对世界的认识的不同。

(二)语言与价值观

语言与文化关系密切。文化存在于语言中,语言中也充满了文化。还创造了新的词汇 langue culture 来表明语言与文化不可分离的关系。第二语言教育家将语言与文化的关系概括为:语言表达了文化,语言体现了文化,语言象征了文化。

在语言和文化联系的纽带中可以看出,语言最迷人的魅力在于其蕴含的重要价值观、态度观和世界观。不同的语言有着不同的表达方式,展现出各自特有的俗语和名言警句。深究这些特有的表达方式可以发现,语言文化的价值观念是表达方式的决定因素,一旦人们了解了一种语言文化的内在韵味,自然可以运用语言进行表达。在看待个人主义和集体主义的内在含义时,世界的万千文化有着不同的理解方式,得出的结论也各有不同。

中国语言文化和日本语言文化在表达方式上各有不同,人们平常交流所使用的格言和谚语,流露出两国文化的不同价值理念,而两国文化的相似点是文化的深刻内涵性,"此时无声胜有声"的句段正好说明了这一特性。相比于高语境文化,美国文化则以低语境著称,直接抒发个人情感。美国、中国、日本文化的语言表达方式,充分展现出不同文化所具有的沟通形式。

在语言文化展现各自特有的表达方式和价值理念的同时,不同的文化也会呈现出某种表达方式的相似性,这种相似性跨越了文化的价值取向,使人们学会了交流和沟通,形成文化间的关系纽带。

三、语言与交际关系解读

从一定程度上来说,语言就是交际,在交际中发挥着不可替代的作用和意义,也就是说,二者关系密切。正是因为句子的数量是无限的,因此在交际过程中理解是有难度的。为了能更好地理解与把握句子,语言学家制订了一系列的规则,从而使语言能按照一定的语法程式展开。

在实际交际的过程中,语言环境是非常复杂的,因此如果人们无法列出所有的交际范围,那么就很难进行系统的设定。也就是说,只有交际者对一定的语言规则有了详细的了解和把握,同时能灵活展开交际,才能保证交际的顺利进行。语言、文化、交际三者有着密切的关系,这三者共同对跨文化交际产生作用。首先,语言具有文化属性,人类创造了语言,通过语言加以记录与传播,从而不断传承下来。语言是以文化作为依托而存在的,语言与文化相辅相成、共同发展。其次,文化对语言和交际产生影响。交际要在文化的大环境下展开,并且将语言作为载体。在具体的交际过程中,人们往往运用语言来传播思想和信息,整个语言与交际的过程都会被具体的文化影响。最后,交际是语言与文化传播的媒介与手段。语言与文化的传播都离不开交际的影响和作用。在人类交际的过程中,人们会不知不觉地产生文化感悟力与语言使用能力。但是,如果个体并没有具体的交际活动,那么他们所具备的文化感悟力与语言使用能力就没有任何意义了。总而言之,信息传播的过程与文化的环境与交际的渠道有着密切的联系。交际不仅对语言和文化有依赖作用,还对语言和文化的传播与发展起到促进作用。

第二章 跨文化交际理论阐释

通过跨文化交际,国与国之间可以相互交流,这种交往的过程是十分复杂的过程。虽然交流的时空距离在不断缩小,但是人们的心理距离、文化距离并没有随之缩小。由于受文化取向、价值观念等的影响,文化差异导致了一些冲突和矛盾的出现,不同文化背景下的人们的交流面临着严峻的障碍。为了解决这些障碍,对跨文化交际进行研究是十分必要的。本章就从跨文化交际的界定、基本原则与特征、基本模式与主要理论这几个层面来探讨跨文化交际理论。

第一节 跨文化交际的界定

跨文化交际这一现象并不是近期才出现的,而是自古就有的。随着人类不断进步,跨文化交际的内容、形式等也在不断改变。在当今时代,跨文化交际的手段和内容变得更为丰富。当然,对跨文化交际进行研究也有很长的历史。本节首先分析什么是跨文化交际。

一、跨文化交际的内涵

"跨文化交际"一词是由著名学者霍尔(Hall)提出的,常用 Cross-cultural Communication 或者 Intercultural Communication 这两个意思相近的词来表达,即指代的是一些长期旅居国外的美国人与当地人之间展开的交际。但是,随着跨文化交际的深入,其定义变得更为广泛,指的是不同文化背景下的人们之间展开的交际活动。

现如今,一般人认为跨文化交际是来自不同文化背景下的人们,通过语言、信号等形式实现信息之间的沟通,展开思想层面的交流。实际上,这一概念明确界定了跨文化交际,并且从这一定义中可以归纳出如下几点。

(一)文化背景不同

在跨文化交际过程中,交际双方所处的文化背景是不同的。所谓文化背景的不同其实是一个比较复杂的概念,主要可以从如下两点来理解:一是不同文化圈导致的文化差异;二是在同一文化圈内,不同文化导致的文化差异。一般来说,人们眼中的跨文化交际都是从上述所说的第一点来说的,即不同文化圈导致的文化差异,如中西方之间的文化差异就是典型的代表。在当前的跨文化交际中,由于文化背景存在明显的差异,很多交际失误不可避免地会出现,这种失误主要体现在中西方国家之间。换句话说,虽然中国与印度、日本等国家也存在某些文化背景的差异,但是由于这些都属于东方文化圈,因此差异还是比较小的;但是由于欧美国家属于西方文化圈,所以中国与欧美国家的差异就会更大一些,在交际的时候,难度也会更大。

(二)使用同一种语言

在跨文化交际过程中,交际双方往往需要使用同一种语言展开交流,这样才能让彼此听懂,如果双方使用的语言不一致,那么双方的交际将很难维持。但需要注意的是,虽然交际双方的文化背景不同,但是仍旧需要运用一种语言展开交际,那么就说明该种语言属于交际的一方而另一方是后天习得这门语言的。例如,当中国商人与美国商人展开交际的时候,他们可以使用英语,也可以使用汉语,这样就需要交际双方对所使用的语言有清楚的了解,也避免了翻译时出现问题,双方直接进行交际即可。

(三)直接的言语交际

在跨文化交际的过程中,双方展开的是直接的言语交际。当前,国内跨文化交际的重点主要在外语教学中。在当前的外语教学中,翻译是教学重点,这样培养出的学生主要是为了应对不同文化背景的下人与人之间的交流。换句话说,不同文化背景下人们的交流需要通过翻译展开。

二、跨文化交际的要素

跨文化交际的过程是一个信息编码与解码的过程。这一过程是非常复杂的,同时会受到多种因素的影响和制约。其主要包含两大因素:一是言语交际因素;另外一个是非言语交际因素。下面就来分析和探讨这两大因素。

(一)言语交际

语言是人们进行交际的重要因素之一。语言跨越了人们的心理、社会等层面,与之相关的领域也有很多。对语言进行研究不仅是语言学的任务,也是心理学、社会学等学科的任务和内容。因此,语言与交际关系的研究具有明显的跨学科性。

人具有很多特征,如可以制作工具、可以直立行走、具有灵巧的双手等,但是最能将人的本质特征反映出来的是人的语言。动物也可以通过各种符号进行信息的传递,如海豚、蜜蜂等都可以传递信息,但是它们所传递的信息只能表达简单的意义,它们的"语言"是不具备语法规则的,也不具有语用的规则。

人们往往通过语言对外部世界进行认识与理解。语言具有分类的功能,通过分类,人们可以对事物有清晰的了解与把握。人们的词汇量越丰富,他们对外部世界的认识就越清晰、越精细。

1. 言语交际的过程

人们在进行言语交际的过程中,往往会存在一个信息取舍的过程。下面通过图 2-1 来表达言语交际的具体过程。

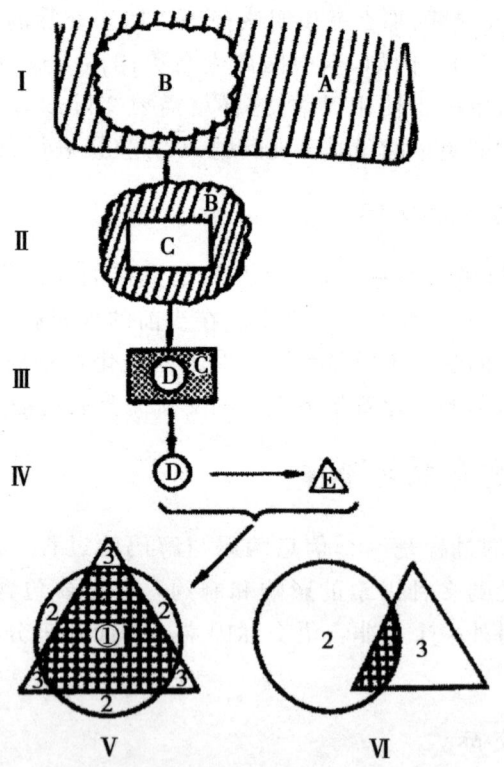

图 2-1 言语交际的过程

(资料来源:陈俊森、樊葳葳、钟华,2006)

在图2-1中,A代表的是人们生活的无限世界,B代表的是人类的听觉、视觉、嗅觉、味觉、触觉这五种感官所能触碰到的部分,如眼睛可以触碰到光线的刺激,耳朵可以触碰到20～20000种波声。另外,当这些感官不能处理多个信息的时候,在抓住一方时必然会对另一方进行舍弃。不过,还存在一些不是凭借五感来处理的,而是通过思维和感觉的部分来处理。例如,平行的感觉、时间经过的感觉就属于五感之外的感觉。人们在头脑中进行抽象化的思维,有时候与五感的联系不大。

C代表的是五感可以碰触的范围中个人想说、需要注意的部分。D代表的是个人注意的部分中用语言能传达出来的部分,这里也具有一定的抽象性。例如,人的知觉是非常强大的,据说可以将700万种颜色识别出来。但是,与颜色相关的词汇并不多,就这一点来说,语言这一交际手段是相对贫乏的。同时,语言具有两级性,简单来说就是中间词较少。尤其是语言中有很多的反义词,如善—恶,是很难找到中间词的。

E代表的是对方获取的信息,到了下面的第Ⅴ阶段,是D和E的重叠,在重叠的部分,1是指代能传递过去的部分,2与3是某些问题的部分,其中2是指代不能传递过去的部分,3是指代发话人虽然并未说出意义,但是听话人自己增加了意义。在跨文化交际过程中,由于不同人的世界观、价值观不同,因此完全有可能形成Ⅵ阶段的状况。

总之,从图2-1中我们不难看出,从A到E下降的同时,形状的大小也在缩小,这就预示着信息量也在逐渐变小。这里面就融入了抽象的意义。在阶段Ⅰ中,人的身体如同一个过滤器;在阶段Ⅱ中,人的思维、精神等如同一个过滤器;到了阶段Ⅲ,语言就充当了过滤器。这样我们不难发现,言语交际不仅有它的长处,也具有它的短处。为了更好地展开交际,就需要对言语交际的这一长处与短处有清楚的认识。

2. 言语交际的内容

在对跨文化交际影响的多个因素中,语言作为文化的重要表现,是跨文化交际的一大障碍。从萨丕尔—沃尔夫(Sapir-Whorf)假说中我们不难发现,语言是人们对社会现实进行理解的向导,对人们的感知和思维有着重要的影响。无论是何种语言,都有其独特的语音、词汇、语法、语言风格等。对一门外语进行学习,对其语言习惯与交际行为的了解有着十分重要的意义。

(1)言语调节

语言并不是一个简单的交流工具,语言不仅是文化的载体,它还是个人和群体特征的表现与象征。一般来说,能否说该群体的语言是判断这个人是否属于该群体的标志。同样,一些人都说同一种语言或者同一种方言,那么就可以很自然地认为他们都接受了同样一种文化,他们在交流时也会使用该群体文化下的行为规范、价值观念、交际风格,因此也会让彼此感到非常轻松。正因为所说的语言体现出发话人的身份,而且人们习惯于与和自己说同样语言的人进行交流,因此学外语的热潮无论在国内还是国外都很高,人们都想得到更多群体的认同。不仅如此,语言还标志着一个民族的文化独立与主权,其对一个民族而言是非常重要的。统一的语言是民族、群体间的黏合剂,其有助于促进民族的团结。更为有趣的一点是,人们对其他民族语言如此的崇尚,往往会产生爱屋及乌的想法,对说这种语言的外国人会不自觉地流露出亲近与欣喜之情。

  语言具有的这种个人身份与凝聚力预示着言语调节的必然性。所谓言语调节,又可以称为"交际调节",即人们出于某种动机,对自己的语言与非语言行为进行调整,以求与交际对象建构所期望的社会距离。一般而言,发话人为了适应交际对象的接受能力,往往会迎合交际对象的需要与特点,对自己的停顿、语速、语音等进行稍微的调整。

  常见的言语调节有妈妈言语、教师言语等,就是妈妈、教师等为了适应孩子或者学生的认知与知识水平而形成的一种简化语言。这属于一种趋同调节的现象,有助于更好地进行交流,达到更好的交流效果。当然,与趋同调节相对应的是趋异调节,其主要目的是维持自己文化的鲜明特征与自尊,对自己的言语与非语言行为不做任何的调整,甚至夸大交际对象的行为,这种现象的产生正是由于语言作为文化独立的象征以及个人身份而造成的。或者说,趋异调节的产生可能是因为发话人不喜欢交际对象,或者为了让对方感受未经雕饰或者原汁原味的语言。总之,无论是趋同调节,还是趋异调节,都彰显了发话人希望得到交际对象的认同,通过趋同调节,我们希望更好地接近对方;通过趋异调节,我们希望能保持一定的距离。因此,理想的做法应该做到二者的结合,不仅要体现出自己向往与对方进行交际的愿望,还要保证一种健康的群体认同感。

  需要指出的是,在影响言语调节的多个因素中,民族语言活力有着非常重要的影响作用。所谓民族语言活力,即某一语言的社会经济地位,以及说这种语言的地区分布情况与人数等。如果一种语言的活力大,那么对社会的影响力也就较大,具有较广的普及率,政府与教育机构也会大力支持,人们也会更加青睐。这是因为,人们会将说这种语言的人与语言本身的活力相关联,认为这些人会具有较高的声望,所以愿意被这样的群体接受与认同。

  在跨文化交际中,言语调节理论证明了跨文化交际与其他交际一样,不仅是为了交流信息与意义,更是一个个人的身份协商与社会交往的过程。来自不同文化的交际双方在使用中介语进行交流时,还需要注意彼此的文化身份与语言水平,进行恰当的调节。

(2)交际风格

在言语交际中,交际风格是非常重要的层面。著名学者威廉·古迪孔斯特和斯特拉·廷图米(William Gudykunst & Stella Ting-Toomey)论述了四种不同的交际风格,即直接与间接的交际风格、详尽与简洁的交际风格、以个人为中心与以语境为中心的交际风格、情感型与工具型的交际风格。

第一,在表达意图、意思、欲望等的时候,有人会开门见山,有人却拐弯抹角;有人直截了当,有人却委婉含蓄。美国文化更注重精确,美国英语的运用在很大程度上与这一点相符。从词汇程度上来说,美国人常使用certainly,absolutely等这样意义明确的词汇。从语法、句法上来说,英语句子一般要求主谓宾齐全,结构要求完整,并且使用很多现实语法规则与虚拟语法规则。从篇章结构上来说,美国英语往往包含三个部分:导言、主体与结论,每一段具有明确的中心思想,第一句往往是全段的主题句,使用连词进行连接,保证语义的连贯。与之相对的是中国、日本的语言,常用"可能""或许""大概"这些词,篇章结构较为松散,但是汉语中往往形散神不散,给人回味无穷的韵味。

英汉语言的差异,受个人主义与集体主义的影响,导致了英国人和美国人与中国人交际风格的差异。中国文化强调和谐性与一致性,因此在传达情感与态度以及对他人进行评论与批评时,往往比较委婉,喜欢通过暗示的手法来传达,这样做为了避免难堪。如果交际双方都是中国人,双方就会理解,但是如果交际对象为英国人和美国人,就会让对方感到误解。因此,从英国人和美国人的价值观标准上来说,坦率地表达自己的想法是诚实的表现,他们习惯明确地告知对方自己的想法,因此直接与间接的交际风格会出现碰撞。

第二,不同的交际风格有量的区别,即在交流时应该是言简意赅,还是详细具体,或者是介于二者间的交际风格。威廉·古迪孔斯特和斯特拉·廷图米在对其他学者的研究结果进行研究的基础上指出,中东的很多国家都属于详尽的交际风格,北欧和美国基本上属于不多不少的交际风格,中国、日本等亚洲国家属于简洁的交际风格。这是因为阿拉伯语言本身具有夸张的特点,这使得阿拉伯人在交际中往往会使用夸张的语言来表达自己的思想和决心。例如,客人在表达吃饱的时候,往往会多次重复"不能再吃了",并夹杂着"向上帝发誓"的话语,而主人对 no 的理解也不是停留在表面,而认为是同意。中国、日本作为简洁交际风格的代表,主要体现在对沉默、委婉的理解上。中国人认为"沉默是金",并认为说话的多少同地位有着密切的关系。一般来说,中国的父母、教师属于说教者,子女、学生属于听话者。美国文化中反对交际中的等级制,主张平等,因此子女与父母、学生与教师都享有平等的表达思想的机会。

第三,威廉·古迪孔斯特和斯特拉·廷图米提出了以个人为中心、以环境为中心的交际风格。以个人为中心的交际风格是采用一些语言手段,对个体身份加以强化;以环境为中心的交际风格是运用语言手段,对角色身份进行强化。这两种交际风格的差别在于,以环境为中心的交际风格是运用语言将社会等级顺序进行反映,将这种不对等的角色地位加以彰显;以个人为中心的交际风格是运用语言将平等的社会秩序加以反映,对对等的角色关系加以彰显。同样,在日语中,存在着很多的敬语和礼节,针对不同的交际对象、交际场合、角色关系等,会使用不同的词汇、句型,并且人际交往也非常正式。如果是在一个非正式的场合,日本人往往会觉得不自在,在他们看来,语言运用必然与交际双方的角色有着密切的关系。与中国、日本的文化存在鲜明对照的是英语,英美文化推崇直率、平等与非正式,因此他们在使用语言进行交际时往往使用那些非正式的称呼或者敬语,这种交际风格表达的是美国文化对民主自由的推崇。

第四,中西方交际风格的差异还体现在情感型—工具型的区别上。情感型的交际风格是以信息接收者作为导向,要求接收者具备一定的技能,对信息发出者的意图要善于猜测与领会,要能明白发话人的弦外之音。另外,发话人在信息发送的过程中,要观察交际对方的反应,及时改变自己的发话方式与内容。因此,这样的言语交际基本上是发话人与听话人之间信息与交际关系的协商过程。相比之下,工具型的交际风格是以信息发出者作为导向,根据明确的言语交际来实现交际的目标,发话人明确地阐释自己的意图,听话人就很容易理解发话人的言外之意,因此与情感型的交际风格相比,听话人的负担要轻很多。可见,工具型的交际风格是一种较为实用的交际风格。

显然,上述几种交际风格是相互关联与渗透的,它们是基于不同的文化价值观建立起来的,其中影响力最大的是集体主义与个人主义的差异,其在社会的各个领域都得以贯穿,并从很大程度上决定了中西方文化的不同。

(3)言语行为

奥斯汀(Austin)的言语行为理论首次将语言研究从传统的句法研究层面分离开来。奥斯汀从语言实际情况出发,分析语言的真正意义。言语行为理论主要是为了回答语言是如何用之于"行",而不是用之于"指"的问题,体现了"言"则"行"的语言观。奥斯汀首先对这两类话语进行了区分:表述句(言有所述)和施为句(言有所为)。在之后的研究中,奥斯汀发现两种分类有些不成熟,还不够完善,并且缺乏可以区别两类话语的语言特征。于是,奥斯汀提出了"言语行为三分说",即一个人在说话时,在很多情况下,会同时实施三种行为:以言指事行为、以言行事行为和以言成事行为。

首先是表述句和施为句。

其一,表述句。以言指事,判断句子是真还是假,这是表述句的目的。通常,表述句是用于陈述、报道或者描述某个事件或者事物的。例如:

桂林山水甲天下。

He plays basketball every Sunday.

在以上两个例子中,第一个是描述某个事件或事物的话语;第二个是报道某一事件或事物的话语。两个句子都表达了一个或真或假的命题。

换句话说,不论它们所表达的意思是真还是假,它们所表达的命题均存在。但是,在特定的语境中,表述句可能被认为是"隐性施为句"。

其二,施为句。以言行事是施为句的目的。判断句子的真假并不是施为句表达的重点。施为句可以分为显性施为句和隐性施为句。其中,显性施为句指含有施为动词的语句,而隐性施为句则指不含有施为动词的语句。例如:

I promise I'll pay you in five days.

I'll pay you in five days.

这两个句子均属于承诺句。它们的不同点是:第一个句子通过动词 promise 实现了显性承诺;而第二个句子在缺少显性施为动词的情况下实施了"隐性承诺"。

总结来说,施为句主要有如下几个特点。

第一,主语是发话者。

第二,谓语用一般现在时第一人称单数。

第三,说话过程包含非言语行为的实施。

第四,句子为肯定句式。

隐性施为句的上述特征并不明显,但能通过添加显性特征内容进行验证。例如:

学院成立庆典现在正式开始!

通过添加显性施为动词,可以转换成显性施为句,例如:

(我)(宣布)学院成立庆典现在正式开始!

通常,显性施为句与隐性施为句所实施的行为与效果是相同的。

其次是言语行为三分法。奥斯汀对表述句与施为句区分的不严格以及其个人兴趣的扩展，很难坚持"施事话语"和"表述话语"之间的严格区分，于是提出了言语行为三分说：以言指事行为、以言行事行为和以言成事行为。指"话语"这一行为本身即以言指事行为。指"话语"时实际实施的行为即以言行事行为。指"话语"所产生的后果或者取得的效果即以言成事行为。换句话说，发话者通过言语的表达，流露出真实的交际意图，一旦其真实意图被领会，就可能带来某种变化或者效果、影响等。

言语行为的特点是发话者通过说某句话或某些话，执行某个或某些行为，如陈述、道歉、命令、建议、提问和祝贺等行为。并且，这些行为的实现还可能给听者带来一些后果。因此，奥斯汀指出，发话者在说任何一句话的同时应完成三种行为：以言指事行为、以言行事行为和以言成事行为。例如：

我保证星期六带你去博物馆。

发话者发出"我保证星期六带你去博物馆"这一语言行为本身就是以言指事行为。以言指事本身并不构成言语交际，而是在实施以言指事行为的同时，包含了以言行事行为，即许下了一个诺言"保证"，甚至是以言成事行为，因为听话者相信发话者会兑现诺言，促使话语交际活动的成功。

(4) 会话分析

要想了解会话含义，首先需要弄清楚什么是含义。从狭义上说，有人认为含义就是"会话含义"，但是从广义角度上说，含义是各种隐含意义的总称。含义分为规约含义与会话含义。格赖斯认为，规约含义是对话语含义与某一特定结构间关系进行的强调，其往往基于话语的推导特性产生。

会话含义主要包含一般会话含义与特殊会话含义两类。前者指发话者在遵守合作原则某项准则的基础上，其话语中所隐含的某一意义。例如：

(语境：A 和 B 是同学，正在商量出去购物。)

A：I am out of money.

B：There is an ATM over there.

在 A 与 B 的对话中，A 提到自己没钱，而 B 回答了取款机的地址，表面上看没关系，但是从语境角度来考量，可以判定出 B 的意思是让 A 去取款机取钱。

特殊会话含义指在交际过程中，交际一方明显或者有意违背了合作原则中的某项原则，从而让对方推导出具体的含义。因此，这就要求对方有一定的语用基础。

提到会话含义，就必然提到合作原则，其是对会话含义最好的解释。

合作原则包括下面四条准则。

其一,量准则,指在交际中,发话者所提供的信息应该与交际所需相符,不多不少。

其二,质准则,指保证话语的真实性。

其三,关系准则,指发话者所提供的的信息必须与交际内容相关。

其四,方式准则,指发话者所讲的话要清楚明白。

(二)非言语交际

言语交际是通过言语行为来展开交际的,而非言语交际是通过非言语交际行为展开交际的。非言语交际是言语交际的一种辅助手法,往往是被人们忽视的手法。但是,非言语交际在英汉交际中起着十分重要的作用,甚至有助于实现言语交际无法实现的效果。非言语交际包含多个层面,如体态语、副语言、客体语等。

对非言语交际行为,中外学者对其有不同的定义,有的定义比较简单,如将非言语交际定义为不通过语言来传递的信息。有的定义比较具体,如非言语交际是不用言辞进行表达,被社会共知的人的行动与属性。这些行动和属性是由发出者有目的地发出或被看成有目的地发出,由接收者有意识地接受的过程,或者有可能进行反馈,或者非言语交际行为是在一定的环境下,那些语言因素外的对发出者与接收者有价值的其他因素。这些因素可以是人为形成的,也可以是环境形成的。

对非言语交际的范围,分类的方式有多种,一般来说主要包含如下几类。

1. 体态语

体态语又可以称为"身体语言",其由美国著名的心理学家伯得惠斯特尔(Birdwhistell)提出来的。在伯得惠斯特尔看来,他认为身体各部分的器官运动、自身的动作都可以将感情态度传达出去,这些身体机能所传达的意义往往是语言不能传达的。体态语包含身势、姿势等基本姿态,微笑、握手等基本礼节动作,眼神、面部动作等动作。

所谓体态语,即传递交际信息的动作与表情。也可以理解为,除了正式的身体语言之外,人体任何一个部位都能传达情感的一种表现。由于人体可以做出很多复杂的动作与姿势,因此体态语的分类是非常复杂的。

体态语包括眼睛动作、面部笑容、手势、腿部姿势等。

(1)眼睛动作

眼睛是人类重要的器官,其是表情达意的重要组成部分,如愤怒时往往"横眉立目",恋爱时往往"含情脉脉"等。在不同的情况下,眼睛也反映出一个人不同的心态。当一个人眼神闪烁时,他往往是犹豫不决的;当一个人瞪着他人时,他往往是非常愤怒的等。

之所以眼睛会有这么多的功能,主要是因为瞳孔的存在。一些学者认为,瞳孔放大或收缩,不仅与光感有关,还与个体的心理活动有着密切的关系。当人们看到喜欢的东西或者感兴趣的事物时,他们的瞳孔一般会放大;当人们看到讨厌的东西或者不感兴趣的事物时,他们的瞳孔一般会缩小。瞳孔的改变会无意识地将人的心理变化反映出来,因此眼睛是人类思维的投影仪。

既然眼睛有这么大的功能,学会读懂眼语是非常重要的,同时要注意不要读错。例如,到朋友家做客,最好不要左顾右盼,这样会让人觉得心不在焉,甚至心术不正。

(2)面部笑容

当人不小心撞到他人时,笑一笑会表达一种歉意;当向他人表达祝贺时,笑一笑更显得真挚;当与他人第一次见面,笑一笑会缩短彼此间的距离。可见,笑是人类表情达意不可或缺的语言之一。

笑可以划分为多种,有大笑、狂笑、微笑、冷笑,也有轻蔑的笑、自嘲的笑、高兴的笑、阴险的笑等。当然,笑也分真假,真笑的表现一般有两点:一是嘴唇迅速咧开,一是在笑的间隔中会闭一下眼睛。当然,如果笑的时间过长,嘴巴开得缓慢,或者眼睛闭的时间较长,会让人觉得这样的笑容缺乏诚意,显得非常虚假和做作。当然,笑也有一些"信号"。

其一,突然中止的笑。如果笑容突然中止,往往有着警告和拒绝的意思。这种笑会让人觉得不安,希望对方尽快结束话题。但是,如果一个人刚开始有笑意,之后突然板着脸,这说明他比较有心机,是那种难缠的人。

其二,爽朗的笑。这是一种真诚的笑,一般会露出牙齿、发出声音,这种笑会让对方觉得你是一个很好相处的人,很容易信任与亲近你。

其三,见面开口笑。这种笑是指脸上挂着微笑,这种微笑具有礼节性,可以使人感到和蔼可亲。无论是见到长辈、小辈,还是上级、下属,这种笑都是最为恰当的笑。但需要指出的一点是,在笑的过程中要更为谨慎,其不是一见面就哈哈大笑,这会让人感觉莫名其妙,它是一种谨慎的、收敛的笑。

其四,掩嘴而笑。这种笑是指用手帕、手等遮住嘴的笑。这种笑常见于女性,显得较为优雅,能将女性的魅力彰显出来。

另外,由于文化背景的差异,不同国家的人对笑的礼仪也存在差异。在大多数国家,笑代表一种友好,但是在沙特阿拉伯地区的某一少数民族,笑是一种不友好的表现,甚至是侮辱的表现,往往会受到惩罚。

(3)手势

手是人体的重要部分,在表达情意的层面作用非凡。大约在人类创造了有声语言时,手势也就诞生了。手是人们传递情感的行之有效的工具之一。一般情况下,手势可能传达的意思有很多,高兴的时候可能手舞足蹈,紧张的时候可能手忙脚乱等。当一个人挥动手臂时,往往是表达告别之意,当一个人挥动拳头时,往往是表达威胁之意。握手这样一个日常生活中的普遍的动作,也能将一个人的个性表达出来。第一种类型是大力士型,其在与他人握手时是非常用力的,这类人往往愿意用体力来标榜自己,性格比较鲁莽。第二种类型是保守型,这类人在与他人握手时手臂往往伸得不长,这类人的性格较为保守,遇到事情时往往容易犹豫。第三种类型是懒散型,这类人与他人握手时,一般指头软弱无力,这类人的性格比较悲观懒散。第四种类型是敷衍型,这类人与他人握手是为了例行公事,仅仅将手指头伸给对方,给人一种不可信赖的感觉,这类人做事往往比较草率。还有一种是标准的握手方式,即与他人握手时应该把握好力度,自然坦诚,不流露出任何矫揉造作之嫌。

(4)腿部姿势

在舞会、晚会等场合,人们往往会有抖腿、别腿等腿部动作,这些动作虽然没有意义,但是也是他们在传达某种信息。因此,腿在人们的表情达意过程中有着非常重要的作用。对腿部动作的了解是人们了解内心世界的一种有效途径。当你坐着等待他人到来时,往往腿部会不自觉地抖动,以表达紧张和焦虑之情。当心中想拒绝别人或者心中存在不安的情绪时,双腿往往会交叉。

2. 副语言

一般来说,副语言又可以称为"伴随语言""类语言",其最初是由语言学家特拉格(Trager)提出的。他在对文化与交际的过程进行研究时,搜集整理了一大批心理学与语言学的素材,并进行了归纳与综合,提出了一些适用于不同情境的语音修饰成分。在特拉格看来,这些修饰成分可以自成系统,是伴随着正常交际的语言,因此被称为"副语言"。具体来说,其包含如下几点要素。

(1)音型(voice set),指的是发话人的语音物理特征与生理特征,这些特征使人们可以识别发话人的年龄、语气等。

(2)音质(voice quality),指的是发话人声音的背景特点,包含音域、音速、节奏等。例如,如果一个人说话吞吞吐吐,没有任何的音调改变,他说他喜欢某件东西其实意味着他并不喜欢。

(3)发声(vocalization),其包含哭声、笑声、伴随音、叹息声等。

上述三类是副语言的最初内涵,之后又产生了停顿、沉默与话轮转换等内容。

3.客体语

所谓客体语,是指与人体相关的服装、相貌、气味等,这些东西在人际交往中也有着非常重要的作用。从交际角度来看,这些层面都可以传达非言语信息,可以将一个人的特征或者文化特征彰显出来,因此非言语交际是一种非常重要的媒介手段。

(1)相貌

无论是西方文化还是中国文化,人们对自己的相貌都非常看重。但是,在各国文化中,相貌评判的标准也存在差异,有共性,也有个性。例如,汤加认为肥胖的人更美,缅甸人认为妇女脖子长更美,美国人认为苗条的女子更美,日本人认为娇小的人更美等。

(2)饰品

人们身上佩戴的饰品本身并没有什么意义,但是出现在不同的场合,就是一种媒介和象征。例如,戒指戴在食指上代表求婚,戴在中指上代表恋爱中,戴在无名指上代表已婚。

一般来说,佩戴耳环是妇女在交际场合的一种习惯。当然,少数的男青年也会佩戴耳环,以彰显时尚。佩戴一只耳环表示有大丈夫的气息,但是在一只耳朵上佩戴两只耳环表明他是一名同性恋者。

三、跨文化意识与跨文化交际能力

在跨文化交际中,跨文化意识与跨文化能力的认知和培养是非常重要的,对这两项内容的了解,有助于更好地指导跨文化交际实践。因此,下面就对这两大层面展开分析。

(一)跨文化意识

意识对人类的行动起着引领作用。在人们的跨文化交际中,具备跨文化意识,才能按照交际规则,对对方的行为有恰当的理解,顺利展开交际。由于中西方文化存在明显的差异性,个体与个体之间也存在差异,因此交际必然会遇到很多障碍。跨文化意识对世界的多样化、不同文化形式是承认的,并主张应该保持平等的姿态展开交流。可见,对跨文化意识的了解,有助于当代社会与人的和谐发展。

在跨文化交际中,跨文化意识主要体现在认知上,即对人的思维产生作用,并且这样的认知思维对个体行动有着重要的指导意义。另外,跨文化意识还具有文化性,因此需要交际双方对自身文化的特征、他国文化的特征注重探求与了解,从而提升交际中的理解力。

世界文化是平等的,不能说好还是说坏,交际者需要在基本的跨文化意识的支持下,对不同文化的差异有敏锐的洞察力,从而捕捉跨文化交际的问题,顺利展开跨文化交际。

跨文化意识的培养并不是一蹴而就的,是一个循序渐进的过程,具体包含对文化词汇、文学典故的学习,了解中西方的价值观念,清楚中西方的节日,熟知社交往来的规范,同时不能忽视非言语交际。在具体的实施中,跨文化意识的培养可以从四个层次着眼。

(1)旅游者心态。在跨文化意识培养的初期阶段,交际者会存在一种旅游者心态,其要求交际者就自身文化对其他文化进行观察与审视,对他国文化事物的认识仅存在于表面,因此对不同文化事物间的联系并不了解。在这一层次,交际者很容易受到文化优越感、文化偏见的影响。

(2)文化休克。当跨文化交际者对不同文化进行接触时,由于其对异域文化不了解,并且不能与新的文化形式相适应,因此会在交际中出现误解,甚至会出现冲突。当他们经历过交际困难之后,会产生逆反心理,甚至对异国文化进行对抗,这就是一种文化休克的表现。

(3)理性分析与愿意适应。经过文化休克之后,交际者对跨文化意识有所提升,同时交际逐渐变得更为频繁,因此交际者不得不接受新的文化环境,并对其展开理性的分析,实际上,交际者是从主观层面对新的文化形式进行适应。

(4)主动了解和自觉适应。交际者主动对新的文化形式进行了解与自觉适应,并能挖掘其文化事物产生的原因,这是对不同文化价值观与社会状况的分析与察觉,也是主观上的一种改变。

(二)跨文化交际能力

1. 交际能力

交际能力的概念是在20世纪70年代被提出来的,这个概念认为在交际中仅仅具有语言能力是不够的,还要具备交际能力。也就是说,人的语言行为不仅要达到语法上的正确,还要达到语用上的得体。交际能力的概念被引入第二语言教学领域之后,许多学者从教学的角度具体阐述了交际能力的含义。

交际能力包括四个方面：(1)语法能力：了解如何正确使用词汇、句型和语法规则的能力；(2)社会语言能力：了解如何根据场合、时间和对象得体地使用语言的能力；(3)话语能力：了解如何解释更大的语境以及如何组织更长的句子并使之成为有机整体的能力；(4)策略能力：了解如何运用语言和非语言策略识别和弥补交际中出现的障碍的能力。

交际能力从此成为第二语言教学的主要培养目标，这一点也成为交际语言教学法的理论依据。交际能力这一培养目标的确立改变了以往第二语言教学过于重视语言形式和语言准确性的弊端，使语言教学更加重视语言的功能、语境和表达的得体性，特别是更加关注语言背后的文化规则，使文化教学成为语言教学的重要组成部分。

然而在21世纪以全球化和多元化为特征的第二语言教学环境中，培养交际能力这一教学目标受到了一些学者的质疑。一些西方学者对交际能力的培养目标对以母语者为参照标准这一点提出了批评。这些学者认为世界上没有标准的母语者，因此获得与标准的母语者相似的交际能力是一个不可行的目标；另外，一味强调以母语者为典范，就意味着外语学习者需要放弃自己的语言习惯，背离自己的文化身份，这也说明培养以母语者为典范的交际能力并不是一个理想的目标。

我国学者也指出了交际能力的局限性："'交际能力论'注重的是交际语境的不同，解决的还只是同一文化中不同语境的交际行为的问题，并不能满足第二语言教学的需要，更不能满足跨文化交际环境的要求。"

2. 跨文化交际能力

20世纪90年代以后，西方的第二语言教育学学者提出了跨文化人的概念，把培养跨文化交际能力当作第二语言教学的主要目标。那么，什么是跨文化交际能力？按照定义，跨文化交际能力是一种与不同文化的人有效交往的能力。跨文化交际能力涉及人们对其他人的行为和价值观的看法，以及以非价值判断的态度与他人交往的技能。跨文化交际能力包括以下要素。

(1)态度：具有好奇心和开放意识，对自己文化的深信不疑和对其他文化的不信任。

(2)知识：了解自己和对方所在的文化群体的习俗、产品以及社会交往的一般程序等方面的知识。

(3)解释和关联的技能：指能解释其他文化的文献和事件，并能联系自己文化的文献进行解释的能力。

(4)发现和交往的技能:指能获得有关一种文化及其习俗的新知识的能力,以及在实际交往中运用技能的能力。

(5)批判性的文化意识:指对自己文化和其他文化的明确标准、视角、习惯和产品的批判性评价能力。

由此可见,跨文化交际能力包括态度、知识、技能和文化意识四个部分,是一种涉及了情感、认知和行为的综合能力。在21世纪以全球化和多元化为特征的第二语言教学环境中,培养跨文化交际能力是更理想和更符合现实要求的教学目标。

然而,跨文化交际能力这一培养目标与交际能力这一培养目标并不是对立的,而是互相补充的。跨文化交际能力既包括交际能力,又不局限于交际能力,而是获得了一种新的视野。这两种培养目标各有侧重、互相补充。如果说交际能力这一培养目标主要关注语言方面的能力,强调的是在特定文化语境中进行得体交际的技能,那么跨文化交际能力则是一种包括了态度、知识和技能的综合能力,强调的是对文化的深刻理解和对不同文化的积极态度。

由以上可知,所谓跨文化交际能力,是指对跨文化交际过程中处理问题的能力,如文化态度问题、文化差异问题等。在具体的跨文化交际实践中,跨文化交际能力还体现在对文化运用的有效与得体上。前者主要是指对交际目标的实现,后者是指在目的语文化的社会规范、行为模式、价值取向上是否做到了相符合。

我们通过上述内容了解了跨文化交际能力的相关知识,懂得了其在跨文化交际中发挥的重要作用。下面对跨文化交际能力的培养要点进行总结。

(1)了解文化差异。人类文化具有共性,但是也具有明显的差异性。对这些差异性有所了解,才能培养自身的跨文化交际能力。在具体的交际过程中,中西方在价值观念、时间观念等层面存在差异,因此交际者需要尊重不同文化的差异,对这些差异有清晰的了解,保证交际的顺利开展。

(2)发展跨文化技能。当了解了文化差异后,还需要发展跨文化技能,具体来说可以从以下几点着眼。

第一,扫除思维定式的障碍。

第二,扫除民族中心主义的障碍。

第三,能灵活处理交际情境。

第四,深层次了解目的语文化及内部规律。

第二节 跨文化交际的基本原则与特征

一、跨文化交际的基本原则

不论是母语交流还是跨文化交际,为了更有效地达到交际目的,人们在语言交流中总会遵循一定的会话原则。美国哲学家及语言学家格赖斯提出了系统的合作原则。然而,随着研究的发展,人们发现在实际的交流中,有很多语言现象违反了合作原则。

为了合理地解释这些现象,英国著名语言学家利奇(Leech)提出礼貌原则:策略准则、慷慨准则、赞扬准则、谦虚准则、赞同准则、同情准则。拥有相同社会文化背景、相同母语的人之间,如果不能顾及礼貌因素会心生嫌隙,在跨文化背景下进行交际,如果有人忽略了礼貌原则等因素,跨文化交际将受到严重影响。

二、跨文化交际的特征

(一)文化的优越感

在跨文化交际中,交际者的文化也在不断碰撞,交际者在民族文化归属感和认同感的基础上,很容易形成民族优越感。文化优越感是民族文化长期浸润的结果。交际者由于适应自身文化,因此在跨文化交际初期会不适应他族文化。当跨文化交际过程出现偏差时,持有文化优越感的交际者会倾向于认为是对方的错误,同时还会在潜意识里维护本族文化。但是,跨文化交际中文化优越感的存在直接影响着交际的顺利程度。文化并无高低之分,文化优越感就是在主观上对他族文化进行评判,是一种狭隘的文化倾向。跨文化交际者应该使用开放的交际心态,力图了解他国文化,同时适当宣传本族文化中的优秀成分。

(二)文化的无意识性

在自身文化的长期浸润下,人们会形成对本民族文化的认同感。在人们的生产生活中,文化逐渐产生,因此属于后天习得的范畴,需要和一定的文化环境相依托。除此之外,个体的成长还受到家庭、学校、社会的文化灌输,从而使个体更加熟悉本民族的文化规则。长此以往,个体的行为就会有着鲜明的民族文化烙印,交际中更加倾向于本民族文化准则。在跨文交际中,个体的行为脱离本民族文化的规约,就可能影响正常的生活。文化的无意识性需要交际者跨出自身的文化规约,使用更加客观、开放的态度对待交际对方,从而使跨文化交际向着更加顺利的方向进行。

第三节 跨文化交际的基本模式与主要理论

一、跨文化交际的基本模式

很多学者从跨文化交际的性质、过程、效果等出发提出了一些基本的模式。著名学者关世杰根据拜拉姆的交际模式,系统地阐述了跨文化交际的过程,并构成自己的跨文化交际模式(如图 2-2 所示)。关世杰将跨文化交际划分为编码、通过渠道进行传递、解码三个过程。一般来说,编码和解码是在不同的文化状态下展开的。

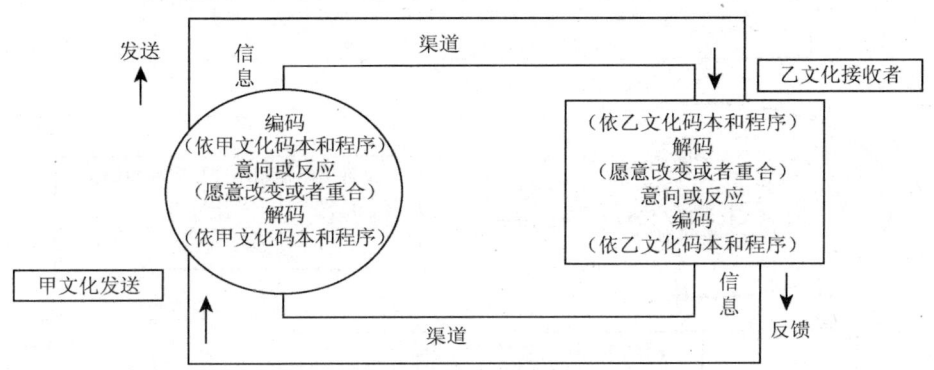

图 2-2 关世杰的跨文化交际过程模型
(资料来源:付岳梅、刘强、应世潮,2010)

从图 2-2 中可知,甲文化发送者将所要传达的信息依据甲文化程序和甲文化码本等来进行编码,通过信息渠道将信息传达给乙文化接收者。乙文化接收者根据乙文化程序和乙文化码本进行解码。不同的文化既存在相同点,也存在不同点,因此解码所获得的原有的信息意义与当前的信息意义可能存在重合的情况,当然也会发生一定程度的变化。乙文化接收者在这些信息的基础上,形成自身的意象或者做出某些反应,并从乙文化程序或者码本出发对这些意象或者反应加以编码,将得出的结果反馈给甲文化发送者。

从图 2-2 中可知,跨文化交际这一过程是一个循环过程,信息发送者与接收者的角色本身也在不断更换。显然,关世杰提出的这一模式将跨文化交际的过程、不同文化码本对跨文化交际过程产生的影响体现出来,但是这一模式是从传播学角度考量的,主要是对交际过程的关注,其对跨文化交际的要素与结果并未提及。

多德(Carley H. Dodd)从文化学者的视角来探讨和分析跨文化交际的模式,更具体地分析了跨文化交际的过程(如图2-3所示)。

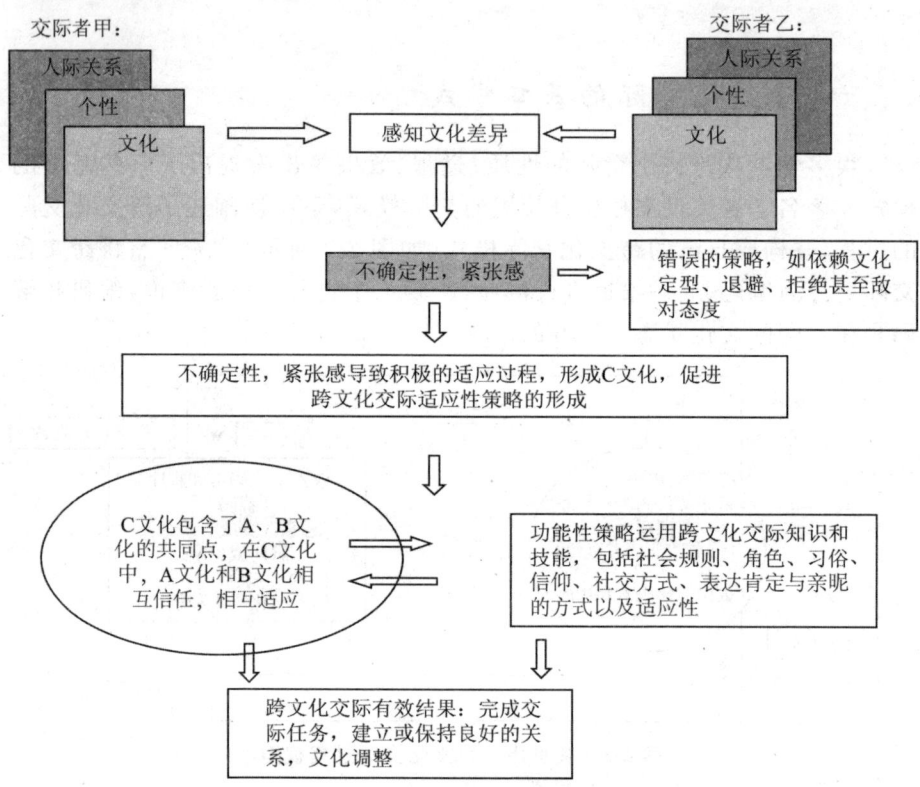

图 2-3　Dodd 的跨文化交际模型

(资料来源:付岳梅、刘强、应世潮,2010)

根据多德的模式不难看出,之所以存在交际差异,不仅源于文化这一层面,其他层面如性格、人际关系等也会对"感知文化差异"产生影响。在跨文化交际过程中,除了要关注交际者的文化共性外,还需要将个别差异加以考虑。由于"感知文化差异"这一现象的存在,交际过程中会经常出现一些紧张感或者不确定因素。如果交际者对文化定式过于依赖,或者对文化定式予以回避或拒绝,或者对其他文化背景的交际者采取敌对的姿态,那么就很容易导致交际活动的失败。如果交际者选择恰当的交际策略,用包容的态度面对不同文化背景下的交际者,就能建立一个基于交际双方共同性的第三种文化,也就是所谓的 C 文化。C 文化的出现使得交际双方从一定的基础进行考量,采用恰当的交际技巧,正确运用各种交际技能,保证交际的有效性。同时,良好的交际效果对C文化也有着促进与拓展作用,使得A文化与B文化的交际者在更加广阔的领域达成共识,形成良性互动。

从上面的分析可以看出,多德的跨文化交际模式不仅囊括了影响跨文化交际的因素、交际的过程、交际所应该达到的效果,又对跨文化交际能力、交际策略的形成、交际过程的控制等有着非常重要的作用和意义。

二、跨文化交际的主要理论

理论对实践有着重要的指导作用。跨文化交际的理论有很多,这里对一些理论展开分析。

(一)言语代码理论

言语代码理论是由菲利普森(Philipsen,1992)提出来的。所谓言语代码理论,即基于文化层面,对交际中的不同代码进行分析和探究。

1. 言语代码理论的前提假设

菲利普森提出了五个前提假设来解释言语代码的基础。
(1)每一种文化,都有特定的言语代码。
(2)言语代码包含能体现文化差异的心理学体系、社会学体系及语言风格。
(3)言语的意义依靠听者和说者双方使用的言语代码对交际行为进行创造和解释。
(4)言语代码的细则、使用规则以及前提与言语相融合,伴随着言语的始终。
(5)对共享的言语代码的巧妙使用是进行预测、解释和根据交际行为的可理解性、审慎性及道德标准对语篇形式控制的必要条件。

2. 言语代码理论的总结

菲利普森等人(2005)总结出言语代码理论,并对这一理论进行了实证研究,强调对交际产生影响的文化与代码。在菲利普森等人看来,人们运用文化与代码的目的是使得自己与他人的交谈有意义,人们的文化与代码会对他们的行为产生影响,并且言语代码的"修辞力度"的大小取决于人们如何合法、连贯地使用言语代码。①

有学者对其言语代码理论提出了质疑。有学者指出,言语代码理论的内容相当宽泛,而且并没有关注道德伦理与价值观念等内容。另外,对人们如何看待与感受他们日常所见的情境,菲利普森也没有进行研究和探讨。但不可否认,菲利普森提出的很多观点对深入研究交际有着重要意义,人们也都表示接受与认可。

(二)跨文化调适理论

近年来,金荣渊(Young Yun Kim)着重发展交际与文化调适理论,其最早的理论对韩国移民在芝加哥地区文化适应的因果关系进行了调查。后来,她基于开放系统视角对该理论做了改进,增添了移民"压力—调适—成长"过程的理论,同时开始关注移民"跨文化"的转变。

1. 跨文化调适理论的前提假设

跨文化调适理论有以下几种假设。
(1)调适属于一种普遍、自然的现象。
(2)跨文化调适并不是需要具体分析的变量,而是个体在面对新环境时整体产生的进化过程。
(3)跨文化调适产生于交际活动中。
(4)调适是一种对所有生命体系来讲都自然而普遍的现象,交际是适应的方式。

2. 跨文化调适理论的总结

自20世纪初以来,对跨文化调适理论的研究就在不断深入,并且效果显著。这些学术上的观点间接为跨文化调适理论的诞生奠定了基础,但是也为后来的研究带来了某些不方便。

跨文化调适研究主要采用群体研究方法和个人研究方法。这两种方法都有不足之处。金荣渊提出了一套新的跨文化调适理论,归纳出一套系统、全面、综合的理论。

跨文化调适现象的存在是客观的。理解了跨文化调适现象的客观性,下面要面对的是进行怎样的改变。通过培养在新文化中的交际能力,我们的适应性会相应地有所提高;反之,适应性会减弱。

如果我们一直坚持进行成功调适的目标,那么一些微妙的下意识的改

---

① 严明.跨文化交际理论研究[M].哈尔滨:黑龙江大学出版社,2009:67.

变将会出现,从而加速我们在知觉与情感方面的成熟,并且对人们的生活状况有更深入的认识与了解。

(三)跨文化关系理论

人类不是独居性的生物,当人们与他人分享喜、怒、哀、乐、爱、恶、欲等七情六欲之时,也正是寻求与他人建立人际关系网的时候。从人们出生的那一刻,就已经开始经由沟通的管道,编织一个社会关系网。人性本就具有爱与被爱的本质,这种本质随着年龄的成长,逐渐地表现出来。换句话说,人类一生都持续着与周遭的人们发展(develop)、维系(maintain)以及终止(terminate)相互间的关系。由于交通与传播科技的突飞猛进,人类在全球化社会中的接触更是简便与频繁。不仅是人际之间,还有团体间、组织间与国家间的关系,也比20世纪的接触更加地紧密。

1. 跨文化关系的性质与特征

人际关系指人们在日常生活中,如何在陌生(strange)与亲密(intimate)之间的连续线上相互对待的过程。对人际关系内涵的认知,不同文化会有显著的差异。不过,不管文化对人类认知关系的影响如何,人类这种与他人联系的欲望,同是建立在"社会需求"(social needs)的基础上。根据Schutz的研究,人类的社会需求包含三个要素:归属感(inclusion)、支配力(control)以及情感(affection)。

归属感是人们想要参加社交、文化或学术等不同团体的动因。在不同的团体与成员建立人际关系,是人们发展自我认同的基本步骤,因为只有在具有归属感的团体内,个人的特质与思想行为才能得到接受与认同。

支配力代表影响他人思想行为的能力。支配力通常来自一个人的知识、吸引力或权威。人类沟通的过程其实就是互动者彼此说服对方,也就是经由个人支配力影响对方的过程。显示支配力的行为,可包括如提供他人不知晓的信息、提供新点子、鼓吹行动、替人解决冲突、排解纠纷或同意对方意见等项目。

情感需求则是人类追求爱与被爱的欲望。为了维持良好的人际关系,归属感和支配力必须以情感来调和。情感的流露可以培养出亲密的感情和产生海誓山盟的承诺。只有情感有了均匀的表达与维护,人类才能在生理、心理以及其他方面紧密地连结起来。

总之,人际关系乃是人们在社会需求的领域中,寻求建立连结网络的互动过程。在这个彼此试着满足对方归属感、支配欲与情感需求的过程中,因为双方文化背景、教育程度与个性等因素的影响而产生正面或负面的结果。

2. 文化对关系发展的影响

从文化的角度而言,它对关系发展的取向具有重大的冲击。例如,文化的差异在俩个人开始互动时,就扮演了一个重要的角色。有些文化对与陌生人的交谈比较开放,有些则相当保守。东亚与北美文化对沟通的看法最主要的差别在于前者以社交关系为主,后者以个人主义为主。东亚文化的这种思想取向主要是受到儒家对仁、义、礼、智四个概念的重视。这四个概念的信仰对东亚人的沟通过程形成了与北美不同的影响。其中一项就是人际关系运作的形态。

东亚人倾向于建立如下几种关系。

(1)特殊性的关系。这种关系凸显年龄、性别、角色和地位的差异,并且鼓励彼此间的相互依赖。在特殊性关系的社会里,沟通通常受制于一组清晰的规范(norms)。

(2)长期性的关系。这种关系在开始的时候难,一旦建立就变成长期性关系的取向,衍生了礼尚往来(reciprocity)的习惯与层级性(hierarchical)的关系结构。

(3)明显区分我族(in-group)与他族(out-group)的关系。这种由包括血亲、同乡、同学、同事等关系网所建立起来的我族或内团体的结构,促使东亚人不信任他族或外团体分子。

(4)正式性关系(formal relationships)。较正式性的关系使得东亚人在碰到龃龉的时候,倾向于依赖第三者或仲裁人来帮忙解决,以避免当事人面对面的窘状。

(5)重叠的私人/公共关系(personal/public relationshps)。东亚人较喜欢私人性或人性化的互动环境,因此私人与公共关系之间的界限常有重叠的时候。

北美文化和东亚文化有很大的差异,在人际关系上,北美人倾向于建立如下几种关系。

(1)普遍性的关系(universalistic relationships)。这种关系依照一个客观的(objective)法则行事,人际间的关系以公平(fairness)与平等(equality)为依归。

(2)短期性的关系(short-term relationship)。这种关系在刚开始时容易建立,但是彼此之间不具有什么义务,因此没有所谓的"礼尚往来"的约束感。

(3)不明显区分我族(in-group)与他族(out-group)的关系。对认识或不认识的人一视同仁,只要双方觉得合得来,人人可以为友。因此,北美人的朋友群通常比东亚人广泛。

(4)非正式性关系(informal relationships)。这是属于平行式(horizontal)的沟通与人际关系,从北美人对认不认识或不论年龄大小都喜欢用名字称呼对方可以看出来。

(5)公私分明的关系。北美人不习惯把私人与公共关系扯在一起,以防隐私、自主等个人权益受到侵犯。

3. 跨文化关系的特征

除了文化的影响之外,跨文化的关系具有四项明显的特色:高度动态性(dynamic)、容易产生误解(misunderstanding)、焦虑感(anxiety)以及潜在利益(potential benefits)。

(1)高度动态性。跨文化关系比单文化的关系建立过程更具动态性。跨文化关系的高度动态性,不仅是因为关系本身是一个互动双方经过沟通来彼此影响的过程,更是由沟通形态、价值观念、认知系统、生活饮食习惯等文化的差异所造成的。

(2)容易产生误解。由于文化的期待(expectations)与刻板印象(stereotyping)贯穿于跨文化的沟通,也因此在跨文化关系建立的过程中,扮演着重要的角色。因为每种文化都有不同的期待与刻板印象,在关系建立的过程中,也更容易产生误解。

(3)焦虑感较高。任何关系建立的初期,因情况的模糊性(ambiguity),产生某种程度的焦虑感是不可避免的。这种情况模糊性或不确定性(uncertainty)和资讯的缺乏的情况存在于跨文化沟通的过程中,因彼此的文化差异严重,焦虑感也相对有所增强。

(4)潜在利益。跨文化关系的发展过程虽然充满着动态性高,情况不容易掌握,也更容易产生高度的焦虑感和误解,其实也正是这些因文化差异所形成的潜在困难,给跨文化关系的建立带来了一种独特性的挑战和机会。

4. 跨文化关系研究的理论模式

研究关系建立的理论与模式俯拾可得。例如,较具有代表性的有社会交换理论、社交关系渗入理论、不确定性减除理论、沟通适应理论、Devito的关系五阶模式、Knapp & Vangelisti 的关系两段十层模式。

(1)社会交换理论。社会交换理论以经济学的奖赏(reward)和代价(cost)两个概念为基础,主张人们凡事都会衡量奖赏和代价的差异,并试图争取最大的效益。在交易中,如果奖赏大于代价,人们会趋之若鹜;如果代价大于奖赏,人们则按兵不动或避之唯恐不及。

应用到人类关系的发展中也是一样的,如果交往的过程充满着欢笑、情意、尊重等奖赏性的成分,人们通常会继续追求该项关系的进展。如果关系满是仇恨、不快、痛苦、财务损失等负面代价,人们会裹足不前或结束双方的关系。

(2)社交关系渗入理论。社交关系渗入理论认为人们关系的进展,建立在自我表露(self-disclosure)的基础上。从表露讯息的深度(depth)和广度(width)中可以判断出彼此之间的关系仅是泛泛之交或具有深交,以及关系进展的四个阶段:适应期、探测性的情感交换期、情感交换期以及稳定期。

在适应期的表露,均属于表面性的或刻板印象性的讯息;探测性的情感交换期的讯息,围绕在互动者个性周边的事实中;在情感交换期,彼此开始感到自在地表露个人的意见;在稳定期则可以无所不谈,不会有所顾忌。

(3)不确定性减除理论。不确定性减除理论专门用来检视人们在见面初期,彼此如何认识对方的过程。不确定感(uncertainty)指在认知上,因无法在不明情况下适当解释自己或对方的思想行为所引起的焦虑感。这个理论主张唯有减低这种焦虑感,人们才有办法发展关系。因此,在关系发展的过程里,人们一直试着经由讯息的交换行为来降低不确定感。通常有三种策略可达到降低不确定感的目的:被动、主动和互动策略。

被动策略(passivestrategy)指不直接与对方沟通,但暗中观察对方在不同情况下的行为,收集可用来了解对方的资讯。不确定感经由这个间接资料收集的过程得以减轻。

主动策略(activestrategy)也不直接与对方沟通,却积极地从认识对方的人们或朋友收集有关对方的资料。由于没有与对方直接对话,因此被动与主动两种策略所收集的资讯不见得是正确可信的。

互动策略(interactivestrategy)则使用两种方法。第一是直接询问对方有关他们的资讯,第二是经由自我表露,让对方了解你自己。询问对方加上自我表露,通常会使对方觉得有义务提供适当的资讯。互动策略所得的资讯比前两者正确。

不确定性减除理论已广泛地应用在跨文化沟通上。

(4)沟通适应理论。沟通适应理论融合了言语适应理论和民族语言认同理论,探讨在社会与心理情境下,双方沟通进展的情形以及沟通与个人特性之间的关系。沟通适应理论以三个概念为基础:聚合、分歧及维持。聚合指改变自己语言表达的方式来适应互动对方,以显示彼此之间的休戚与共;分歧指刻意强调与互动对方在语言上使用的不同;维持指不顾互动对方,持续使用自己的语言表达方式。在跨文化沟通的过程中,聚合的使用,可以增加吸引力,分歧则相反。少数族裔在发现自我语言的重要性时,通常会采用维持的方式,持续使用自己的语言或表达方式。

(5) Devito 关系五阶模式。Devito 的关系模式着重在关系发展的阶段。人类关系的发展可分为五个阶段:接触期、投入期、亲密期、恶化期以及分手期。每一期的发展都有一个开头与结尾。在结尾的时候,互动者必须决定,关系就停驻在该阶段或继续往另一个阶段推进。

(6) Knapp & Vangelishti 的关系模式。Knapp & Vangelishti 的模式把人类关系的进展分为聚合(coming together)和分离(coming apart)。两个阶段,每个阶段又以五个层次来区分关系的分和。

(四)跨文化冲突理论

尽管有些文化重视和谐的价值观,有些文化以对抗作为解决问题的主要方法,在人类关系发展的过程中,冲突是一个必然存在的事实。也就是说,有人类的地方,就有冲突存在。冲突是一个无法避免的事实,是一个具有普世性的现象与概念。

1. 冲突的本质

广义而言,只要两个对象之间的需求无法搭配或相容,人们就可以说他们处于冲突的情境之中。不管文化差异的大小,冲突是日常生活的一部分。冲突与人生形影不离,有人或许会以为某些人一定乐于与人发生冲突或是以冲突为乐。其实不然,不管中外,只要是正常人,身处冲突情况时,感觉通常是负面、不愉快的。

虽然冲突是一个普世性的现象,但是不同文化的人们对冲突这个概念在意义的认知上,还是有所差别的。例如,"冲突"这个词的英文为 conflict,其定义是,只要彼此需求不相配,就是 conflict。但从中文的角度来看,把 conflict 翻译成"冲突",其实并不是很理想。因为中文的"冲突"意义,比英文的严重得多。中文的"冲突"意义,已接近英文的 clash;意指有暴力性或倾向的 conflict 或对抗。其他接近 conflict 意义的中文,有"分歧""纠纷""问题"和"矛盾"。

大致上"矛盾"和英文 conflict 的意义较为接近。不过,"矛盾"在中国也有不同的用法。从历史典故而言,矛和盾都是武器,买者自夸其矛无盾不破,又自诩其盾无矛不挡,结果在逻辑上说不通。因此,Yu 认为"矛盾"原意为"互反"(mutually opposed)或"逻辑的不相容"(logically incompatible),和英文的contradiction比较相近,而非conflict。

但是"矛盾"后来演变出了其他的意义。把个人、人际间、团体间、组织间以及阶级间在价值观、信仰、态度、意见与意识形态上的差异,认为是"矛盾"的内涵。由此可见,文化对"冲突"意义的认定有影响。从沟通结构的角度来看,冲突在每一个沟通层次都会发生。依性质而言,冲突有虚实之分。所谓"实冲突",指因争取资源、权力或地位的真实性的对抗。这种冲突产生了"零和"(zero-sum)的情况,也就是说,结果一定有输赢。甲方赢,意味着乙方输,像各种球类竞赛一样,两方对峙,不能同赢或双输。

"虚冲突"又称"诱发性冲突",原本并无真正的冲突,但是为了特殊的目的,如凝聚团体成员,刻意制造出一个假想的对手。这在政治上也经常发生,政客与政客之间或国与国之间常常会树立一个假想敌或外患来巩固或争取选票,或激发国人的爱国情操。

2. 文化对冲突的影响

文化对冲突的经营与解决的影响可从文化的三个方面说起:文化情境、语言差异以及思想形态。

(1)文化情境。文化价值取向区分为高情境文化和低情境文化,信息、情境和意义三个概念,均衡地与功能性结合在一起。分享的讯息愈多,情境的程度愈高。因此,文化分布在高情境与低情境的连续线上。

(2)语言差异。语言和文化具有紧密关系。换言之,每一种文化都有一组制约其语言结构,包括语形、语音、语句、语义和语用等领域的规则。这些语言本身的结构,是沟通时首先遇到的问题。换句话说,不了解一种语言的结构,根本就无法沟通,彼此间的误会与冲突也容易因此产生。

不过,语言结构是属于沟通的显性层次,只要经过学习的过程,通常在一段时间内就能取得了解与运用的能力。因此,语言的差异对冲突经营或解决的影响,最难以驾驭的部分乃是语言的表达方式,它代表着沟通的隐性层次,深深受制于文化深层的价值取向。

语言的表达方式,在人类开始学习说话时,就慢慢地跟着发展。由于语言表达的方式反映人们对文化的信仰,在互动时,因表达方式的不同,往往会引起冲突。从文化情境可以得知,语言的表达可分为直接与间接两种方式。直接表达的方式特别重视自我表现、口头的流利、雄辩的言说和试图直接说服对方接受其观点的倾向。反之,间接表达方式的特色在于较常使用模糊性的语言和不直接说"不"或拒绝对方,以确保和谐的互动气氛。

很明显,直接表达语言是低情境文化的特征,间接表达语言的方式则代表了高情境文化的特征。在互动的过程中,人们使用直接表达方式比较容易引发冲突,而且在解决冲突时倾向于采取对抗的方法。语言的表达方式在自我表露的过程中可清楚地看出差异。

(3)思想形态。思想形态指文化成员推理的方式或解决问题的步骤。从语言的表达中很容易分辨出思想的形态差异。

3. 跨文化冲突解决方法

解决跨文化冲突的方法,大致上可分为以下五种。

(1)文化支配法。这是以自我或自己文化为中心的冲突解决法,也就是"我是他非"的作风。

(2)文化顺应法。其与文化支配相反,是"我非他是"的利他法,如同入乡随俗一样,迁就对方。这种迁就可能是真的欣赏对方,可能是屈服于对方的势力,也可能是担心互动结果的不理想而产生的。

(3)文化妥协法。此法在局部综合了双方的需求,结果是各方都同时赢一些,但也输一些,也就是既没有全赢,也没有全输。在事情不能两全的时候,这倒是一个可取的折中法。

(4)文化逃避法。这是鸵鸟主义法。把头栽入泥沙里,看不见问题,就以为问题不存在了。

(5)文化综合法。同时顾及双方的需要,发展出另一套双方可以同意与互利的方法,以便适当地解决问题,这是达到双赢结果的保证。

这五个跨文化冲突或问题解决的方法各有利弊。表面上看来,除了文化综合法之外,其他各法似乎都不可取。其实,在实际运作的情况下,并不见得如此。尤其是从策略性的角度,有时候会刻意使用非预期的方法,出奇制胜。不过,就整体而言,文化综合法还是代表跨文化冲突解决最为理想的方法。它不仅解决了问题,而且双方都乐于接受,没有怨恨存在。

文化综合的冲突解决方法是一种用以经营多元文化冲击的主要方法之一。它具有四项原则:(1)文化的异质性,信仰文化多元主义;(2)文化同异性,相信人们之间,相似和相异的特性同时存在;(3)殊途同归性,不同文化方法,对解决相同的问题同时有效;(4)文化经权性,了解自己的方法只是众多方法中的一种。

(五)跨文化谈判理论

人类沟通或关系发展的过程,无可避免地要面对各种可能的冲突或龃龉。为了解决这些问题,人们随时得通过谈判(negotiation)来说服对方,以做出满意的决策。因此,有关系就有冲突,有冲突就有谈判的存在。可见,谈判是人类沟通互动的一个紧要部分。

1. 谈判的定义与本质

谈判是为了圆满解决冲突常常运用的方法。它意味着一个人试着说服对方改变意见或行为的过程。谈判通常发生在互动双方意见不合或所需不同,但想要达到彼此能互利的情况下。谈判具有三项特质。

第一,谈判是人类社会生活的重要技巧之一。不论是在人际关系的发展、团体与团体、组织与组织,或国家与国家之间,随时都必须经由谈判的过程来降低负面的冲击,或达到较满意的结果。

第二,谈判虽是人类社会生活中解决问题的重要技巧之一,但是它不见得是最好的方法。解决问题的方法种类繁多,有时因情况的需要,使用诸如协议等方法反而对己方有利。这是因为谈判本身通常是一个很费时的过程,而很多问题的解决,必须在短时间内完成。不过,因为谈判是达到双赢结果的方法,因此还是常被采用,尤其是在国际间的冲突中。

第三,谈判与文化的关系极为密切。不同文化表现了不同的谈判形态。

2. 跨文化谈判

文化具有复杂性,在从事跨文化或国际谈判时,应该特别注意四个项目:谈判者及情况、决策的形态、文化噪声以及解说和翻译者。

(1)谈判者及情况。谈判者的选择标准与有利于我方的谈判的情况是谈判的基本问题。首先是选择谈判代表人的问题。美国和巴西、日本和中国台湾之间,对适当谈判人选的条件较为接近。日本虽然和美国与巴西一样重视口头表达能力,但是也注重聆听的能力。中国台湾重视谈判者必须有趣、毅力以及果断,这是其他国家和地区所没有注意到的。谈判的情况包括地点、场所摆设、谈判时间、地位等要素。在地点方面,应该在我方的办公室、对方的办公室或是第三个中立的地点,这些都是安排谈判的过程,根据谈判的性质,必须考虑地点问题。大部分人似乎喜欢选择较中立的地点进行谈判。在跨文化谈判时,时间的运用常常成为一个战胜对方的武器。最后是谈判者地位的决定。美国人较喜欢不正式的行事作风,也较重视人人平等的观念,因此重视谈判者的专业知识,而非社会地位。东方人则重视层级关系,对谈判资格的选择,往往是以个人的社会地位或尊卑长幼来决定的。这种差异常常给跨文化谈判带来诸多的困扰。

(2)决策的形态。从文化情境的角度来看,人们已经了解了高情境和低情境文化,有着不同的解决问题或冲突的方法。决策既然是解决问题过程中的一环,文化必然也赋予它的成员一套决策的形态。

(3)文化噪声。文化噪声专指在沟通过程中,阻止或扭曲信息流动的各种障碍。这种障碍在跨文化谈判中主要存在于讯息本身和输送的过程中,也就是语言与非语言的表达行为。口语谈判的策略包括承诺、恐吓、劝告、警告、奖赏、惩罚、规范性诉求、诺言、自我表露、质问、命令;非口语的谈判策略则有沉默、交谈重叠、脸部直视以及触摸。

(4)解说和翻译者。在跨文化谈判的过程中,常常需要依赖解说或翻译来协助双方彼此了解讨论的内容与文件用语的正确性。在跨文化沟通的过程中,翻译可能造成三项困扰:①不同语系之间,常常很难找到对等的词语来翻译;②错误的翻译,可能酿成巨大的悲剧;③正确可靠的翻译不容易,因此常常需要求助专业人士。在跨文化谈判中,有关翻译必须注意的事项有三点:第一,翻译过的词语,双方的主观意义十分重要;第二,一方语言的概念,若不存在于对方的语系中,该如何处理;第三,双方的语言是否具有难以翻译的内在推理或思考形态。

3. 跨文化谈判的过程

跨文化谈判的过程通常可以分为五个阶段:计划、建立关系、交换相关资讯、说服以及让步与达成协议。

(1)计划。计划阶段指谈判尚未登场,双方还未碰面之前的准备阶级。好像考试一样,试前花更多时间准备的人往往是考得较满意的人。不过,计划或准备一定要有正确的方法,才能取得事半功倍的效果。跨文化谈判前的计划与准备,除了收集有关谈判的资料与对方文化的差异,以及对方人选的背景,通常还包括预定谈判的时间、可能的抉择、共同的底线、长短期的冲击等项目。在这个阶段,有六项准则可以遵守:①确定要谈判的事物是可以谈判的;②了解赢得谈判对己方的意义是什么,野心要大,但须设定一个底线;③收集事实资料;④准备对不同文化与不同阶段的谈判策略,包括己方立场为何,是否采取强硬的谈判态度,决定初步的议价以及如何控制让步等;⑤准备自己的翻译员、律师和会计师等人员;⑥尽量多给己方一些谈判的时间。

(2)建立关系。这是双方面对面,开始彼此认识,以制造对谈气氛的阶段。通过打破僵局,收集对方的资讯来降低不确定感,并进一步建立良好的见面关系来达成目标。双方应该首先表现出相互尊敬与信任的态度。文化和个人的相同处,会变成建立人际关系的基础;相异处则作为交换意见,以增进彼此了解的机会。这个阶段该极力遵守的原则是人与事必须截然地划分开,也就是讨论的过程,对事不对人。因此,在拒绝对方的资讯或请求时,力求让人有不是在拒绝他的感觉。

(3)交换相关资讯。因为谈判的精髓在于双方能同时受益,因此,在这个阶段,谈判者应该专注在任何把己方的情况和需求表达清楚以及了解对方的情况和需求,知道情况和需求的表述,并不是所谓的立场表述。立场意指单方面在某种特殊的情况下,提出的唯一解决方案。改变立场是件难事,情况和需求则可因时、地、物、事的变化而加以调整。在这个阶段该遵守的原则是利益为先,立场其次。这项原则可使谈判具有较大的弹性空间,为自己争取最大的利益且双方可以接受的多项解决方案,而非困在立场的死巷,失去了一定的空间。

(4)说服。谈判双方交换了情况和需求的资讯后,接着就是彼此试着说服对方,接受己方的条件。说服是用非暴力的手段,经由沟通与策略的使用,来影响对方的思想和行动,以达到自己目的的过程。一个成功的跨文化谈判,应该注重建立双方互惠的解决方案,而非以传统的说服方式,只试着迫使对方接受仅对我方有利的提案。对双方有利的解决方案通常建立在了解彼此之间的利益取向、价值观和需求,然后分辨出双方的异同,再以互异的部分为基础,发展出双方互利的方案。说服的过程有几项准则可以遵守:①适当地掌控资讯;②留意语言的使用;③视说服为一种艺术;④给对方面子;⑤认知谈判停滞对双方都没有好处;⑥不受威逼,该走就走。

(5)让步与达成协议。跨文化谈判的最后阶段是彼此在该让步的地方让步,然后达成最后的协议。让步的行使应该建立在客观的标准之上,而不是使用尔虞我诈之术,欺骗或误导对方。由于不同文化对让步的看法与做法不同,因此很难找到一个统一的让步原则。唯有从了解对方文化着手,才能避免误会,最后签订谈判协议。

协议的签订,通常以书面行之,因此文字的适当选择和翻译是否得当便成了这个部分最值得注意的问题。在翻译方面,为了确保用语和意义的正确性,一般都使用所谓的"回复翻译法"。过程是:拟订协议书后,找一个精通双方语言的人,把协议书翻译成己方或对方的语言,然后再找另外一个精通该语言的人,把协议书翻译成原先的语言。翻译回来的若与原先的语言一致,则意味着该协议书的语言表达是可靠的。

(六)跨文化震荡理论

严谨地说来,文化震荡其实只是跨文化适应过程的一个阶段,但由于它代表了跨文化适应过程最明显与最主要的部分,因此了解了文化震荡也就等于了解了跨文化适应的意义与本质。

1. 文化震荡的来源

文化震荡(文化冲击、文化休克)的现象,在20世纪初人类学家的作品里已有很多描述,但是"文化震荡"这个名词是一直到1960年才出现的。

对一般到其他国家短期旅游的人们来说,文化震荡似乎并不显著或根本不存在。但是,对为了工作、事业或求学,必须身居异国一段时间的所谓旅居者来说,文化震荡是一个无法逃避的过程。文化震荡是适应新文化时所产生的心理苦痛的冲击。这种心理的震撼源自人们日常生活所熟悉的文化语言与非语言符号突然间在异地失灵。

为了适应这种因环境变化所产生的模糊性、不确定性与不可预测性,心理所承受的重大压力不想而知。若再仔细地观察文化震荡心理压力的根源,可发觉八项较明显的起因:挫折感、压力、焦虑、不同的政治系统、合模的压力、社会疏离、经济困难以及人际间的冲突。

2. 文化震荡的起因

在前面的八项起因中,以社交与人际互动有关的困难最难适应。

在文化适应过程中,留学生可说是最特殊的一个群体。正值青春年华,就决定负笈他国,盼十年寒窗,功成名就。由于所处环境的特殊性,所碰上的文化适应问题也就比较特殊。

留学生对新文化的适应,所带来的心理冲击,在异乡过年过节的时候特别难挨。若已经有了家室,尚能相互慰藉。若是孤寡一人,真的会有举目无亲、看在眼里、苦在心里的凄凉之感。特别是到了假期,大部分学校皆不让学生留住宿舍,在此期间,学生为了张罗吃住的问题,可以说是脑筋伤透,甚至梦破心碎。

文化震荡与三项因素有关。第一是文化本身的差异。外国和自己国家的文化差异愈大,文化震荡的冲击愈强。第二是个人的差异。一个人的成长背景与个性,影响一个人适应新环境的能力。第三是旅居的经验。经常旅居他国或第一次旅居前的准备或训练,也都关系到一个人遭受文化震荡的程度。

3. 文化震荡的症状

文化震荡的症状因人不同,种类也繁多。以下列出常见的文化震荡症候群:(1)过度关心饮水与食物的品质;(2)过度依赖来自同文化的人;(3)动不动就洗手;(4)惧怕与外国人碰触;(5)心不在焉;(6)无故失神;(7)无助感;(8)容易为小事动怒;(9)拒绝学习外国的语言;(10)敌视当地人;(11)过度强调自己的文化认同;(12)时常想家;(13)常感到寂寞与闷闷不乐;(14)萎缩与沮丧;(15)失去信心;(16)失去耐心;(17)偏执狂;(18)精神分裂。

4. 文化震荡的方面

这些症状可以进一步归纳为文化震荡的六个方面。

(1)对新环境的心理调适需求所带来的紧绷的压力。文化的差异愈大,这种心理压力就愈强。因个性与个人不同的造化,体会这种文化震荡心理紧绷压力会有浓淡、多寡或长短之别。有些人可能在短时间内适应,有些人则没这么幸运,在很长时间都没有办法适应新的环境。不过,这两类人基本上是属于比较极端的。若有之,也不至于占太高的比重。一般人通常是处于二者之间。虽免不了会有一些压力,但经过一段适应期后,大致上就能跨越文化的震荡,慢慢地恢复到正常的生活。

(2)失落感。到了异国他乡,亲朋好友不在身边,在自己国家辛辛苦苦建立起来的社会地位,也在一夕间云消雾散。这种对先前拥有物的遗失或被剥夺感,很容易让人感到沮丧,产生心理变化与凄凉的感慨。

(3)排斥的感觉。这种感觉包括自己无缘无故排斥当地人的冲动以及受到当地人排斥的感觉。排斥当地人的心态,通常是文化优越感,心理的作祟而产生自我膨胀的现象。这些优越感常常带来对不同文化背景的人们的歧视。不肯与他人来往的同时,很容易感到对方也不屑与人们来往,或自己感到凄凉。

(4)错乱感。错乱感指在跨文化适应的过程中,对信仰、价值观和该扮演的角色感到迷惑或错乱。

(5)异常的情感反应。在异国真正体尝到彼此文化之间的差异后,连带而来的可能是一连串的焦虑感、恶心感、惊慌失措等心理与生理消化不良的激荡。这种心理与生理的受惊反应,若无法在短时间内适应过来,可能会出现第六种症状。

(6)丧失了面对新环境的能力。这种能力包括心理的无能感与生理的无能感。这个面向表现在更具体的生活层次上,会产生如下症状:①举止畏缩而孤独难耐;②烦躁易怒;③无缘无故地掉泪;④总感觉身体不舒服;⑤工作或读起书来感到心有余而力不足。失能的现象,发生在学生的身上,会导致他们无法完成学业;发生在工作上,会导致效率低落,无法完成公司安排的任务。个人的前途,家庭的生活与事业的发展,同时受到挫折,影响非同小可。

5. 文化震荡的种类

文化震荡的种类,大致上可分为五种形态:语言震荡、角色震荡、转换震荡、教育震荡、文化距离。虽然文化震荡可以细分成这五个形态,它们彼此间有诸多重叠的部分。

(1)语言震荡。语言震荡来自不熟悉地主国的语言。语言是人类沟通最主要的工具,而且语言本身隐含着一个文化的价值信仰与社交关系的线索,不懂地主国的语言,顿时失去了适应地主国符号世界的能力。语言震荡可说是文化适应过程中,最先碰上并带来心理压力的主因之一。

(2)角色震落。角色震荡指个人因环境的更换,原来的个人地位突然消失了的失落感。为了调整角色以适应新文化,所付出的精神时间有时是无法估计的。人们发觉年纪愈大的旅居人,角色的调整愈不容易。留学生的父母,到海外探视或与儿女同住,有不少到最后是不欢而散的,原因之一就是角色无法立即调整过来的关系。角色转换所带来的心理冲突与震荡,非当事人恐怕无法体会。

(3)转换震荡。转换震荡指为了配合新环境做了巨大的改变时,所承受的压力与痛苦。其实这和1975年提出的文化疲乏与适应压力一样。文化疲乏侧重旅居人适应新文化的过程,生理与心理上的不适;适应压力则注重准备接受新文化挑战时,生理紧绷的反应。这种反应会连带地引起心理的压力。这三种文化震荡的意义比较广泛,虽然用语不同,内容差别不大,但可作为文化震荡本身的定义。

(4)教育震荡。教育震荡专指国际学生在学习时,对教育系统与学院生活的适应过程。教育震荡是文化震荡研究很重要的一环。由于交通便利,科技发达,到较先进国家深究的青年学子愈来愈多。学生是身份很特殊的一个群体,为了取得学位付出了很多。尤其是外籍学生,除了要适应新环境外,必须全神贯注在学业上。因为语言能力的不足,加上学制、学习方法、师生相待等方面的差异,会有适应不良的情况出现,转学者有之,退学者有之,辍学者有之,更有不少人无法完成学业。教育震荡所带来的理想破灭,最叫人感伤。

(5)文化距离。文化距离这个词语是用来表示旅居人的文化与地主国文化之间的差距。文化距离可作为旅居人在异乡疏离感与心理苦痛的指标。当然,文化距离愈大,旅居人的疏离感就愈强,心理也愈苦痛。

6. 文化震荡的影响

学者对文化震荡的影响有两种看法:一派认为文化震荡对当事人有正

面的影响,另一派则认为文化震荡对当事人有负面的冲击。

(1)正面影响。持正面看法的学者,认为文化震荡对个人的成长有所帮助。第一,学习本身总是具有某种程度的变迁,不同的情况通常提供不同的机会以求取解决的方法。文化震荡给当事人提供了一个随时在变迁的环境里,以寻求解决方法的学习机会。第二,文化震荡可以解释为一个个人化的现象。既然人们都喜欢有一种独立与特殊的感觉,文化震荡能提供个人追求那种特有感觉的动因,促使个人努力爬升到自我实现的境界。第三,文化震荡可以带来一种挑战的刺激感。这种兴奋刺激的感觉,鼓舞当事人勇往直前,愈战愈勇,克服适应过程的障碍。第四,学习的作用与效果,通常必须在个人的压力或焦虑达到某种高度的时候,才会真正显现出来。除了极端的例子外,文化震荡给当事人带来的高压,正好是最适合学习的程度。第五,与来自不同国家的人们接触,不仅是无法避免的事实,而且是愈来愈频繁。这意味着文化震荡是当今生活与学习不可或缺的一部分,对人们生活有不可磨灭的贡献。第六,文化震荡提供给当事人一个寻求适应新方法的机会,然后实地加以印证,若不适合,再继续寻找其他的方法,直到结果满意为止。这种尝试的学习方法,对当事人的成长很有助益。第七,以不同行为实证各种新方法的过程,常常是通过比较或对照的方式进行,这种过程强化了当事人的学习能力。

(2)负面影响。这些正面的观点很明显的是把文化震荡当作是学习的过程。由于人类的成长必须经由学习的过程,文化震荡正好提供给人们一个学习自我成长的好机会。不过,文化震荡是一种心理与生理的"震荡",有了震荡,必然会带来后遗症。这是对文化震荡具有负面影响看法的主要依据。第一,文化震荡给当事人带来的是高低起伏不定的情感经验或情绪,两极性的情绪反应对当事人心理健康的发展会带来不良的影响。第二,文化震荡对当事人的知觉与认知评估能力的发展会带来负面的影响。由于文化的差异,旅居人可能把地主国正常的举止行为看成怪异的、不寻常的与不可理解的。这种不正确的判断通常需要长时间的学习才能修正过来,但对有些旅居人,也可能是终生无法矫正的。不正确的知觉或认知评估,是跨文化沟通的主要障碍之一。第三,除了在情绪与认知评估的影响之外,文化震荡给当事人带来的一方面是紧张、焦虑、神经质与情绪过敏的感受,另一方面是松弛、宽心等感受,对整个机体性表达的健全发展也没有帮助。第四,从社会行为方面来看,文化震荡可能给当事人带来行为不稳定的现象。总之,对文化震荡具有负面影响的这一观点,有关学者认为文化震荡的症状会导致所谓的不正常的行为。

(七)跨文化认同理论

自认归属于哪一个文化团体,对跨文化沟通具有强大的影响力。尤其在跨文化适应的过程中,面对着新文化的冲击,对自己的文化开始有了对比、审视,甚至怀疑的同时,必须决定是否接受地主国文化的认同。若认同了地主国的文化,有可能意味着对自己原有文化的丢失和遗弃,还是仍然能保持着自有文化的认同,但在跨文化沟通的过程中,这一问题是旅居人无法回避的。

1. 认同的种类

认同可细分为自我认同、年龄认同、性别认同、种族认同、族裔认同、国家认同、区域认同等项目,但主要可归纳为三大类:文化认同、社会认同与自我认同。

文化认同指个人对一个特殊文化或族群所具有的归属感。文化归属感乃是经由社会化的过程自然地产生。人从生下来之后,通常是没有选择性的,他必须学习认识与接受自己族裔的语言、风俗习惯、价值观、饮食穿着、思想举止与社会结构等文化的内涵。

社会认同是个人在一种文化内,因隶属于某个团体而形成的。只要个人能接受团体成员共同认同的看法与关心的事,对该团体的归属感即因此产生。一个人同时可具有多种社会归属感。

自我认同是对自己的看法,认为自己就是这种人或那种人的自我认知。个人间的自我认同通常是不同的。自我认同是个人生活与生存的基本依靠,通常在沟通互动时,人们会有意识或无意识地表现出自我认同。

2. 文化认同的形成

文化认同的形成通常会经过三个阶段:未审的文化认同期、文化认同的搜索期与文化认同的完成期。

(1)未审的文化认同期。人们在社化的过程中,特别是在孩童阶段,把父母、亲戚朋友、社会或报纸媒体传递的讯息视为理所当然的而完全加以接受,从未感到怀疑或提出挑战。既然视自己的文化为理所当然,自然无心或没有兴趣去了解文化的差异,看任何事情都是从自己文化的角度出发。因此,在这个阶段,很容易形成盲目的文化认知,并进而变成文化刻板印象与文化偏见。我族主义或文化褊狭就是在这种情况下产生的。

(2)文化认同的搜索期。从个人成长的角度来看,当人们的年龄到了某一个阶段时,会开始思考自己与周遭事物之间的关系。这种思考可能只是在加以比较对照之后，觉得自己的文化值得接受，因此文化认同与自我认同并未受到挑战。这种思考也可能是一种批判性的思考，反省再反省，批判再批判。经过思考、比较、反省、批判的摸索过程，有可能重新审视自己与文化的认同，也可能给自己与文化的认同带来危机。这种情况在跨文化适应的过程中，尤其是在文化震荡阶段，相当普遍。

（3）文化认同的完成期。经历过前两期的无知与混淆的洗礼，在这个阶段，对自己与文化的认同，已经能清晰而且有信心地加以肯定与接受。一个人的心智成长到这个阶段，意味着能防止刻板印象、歧视与偏见等负面的认知症状，同时具有面对来自他人的刻板印象、歧视与偏见的能力。这一个阶段的能力为跨文化适应过程中双文化适应期的基础。在其中能学习滋养一种辩知自我多重认同与维系多种文化共存的新个性，成为"多重文化人"。多重文化人的特色是对自己的文化有适当的认同，而且他们的世界观能跨越本土文化的局限，表现出一种包容各种不同文化的心态。

3. 文化认同的特征

文化认同建立之后，它不仅像一面镜子，映照一个人的相貌、思想态度与行为举止，更提供给人们一个解释自己与他人行为的架构。仔细观之，文化认同的特征可归纳为四项：自我认知的中枢、动态性、对比性与多面性。

（1）自我认知的中枢。文化认同是一个人对自我认知的最基本的单位与控制中心，直接影响到自我认知的各个层面。由于成长在同一文化内，久而久之对该文化的一切便习以为然，文化认同也就安然无事，秘而不显。当环境改变时，尤其是与不同团体或文化的人们互动时，文化认同的组成要素会活跃起来。这个时候很可能导致多种认同同时活动起来。

文化认同的显现，虽然表现在个人、关系间与群体间的三个形式上，它的启动乃是由自我声明或他人归因所导致的。他人归因指一个人的认同，乃是别人认为他是什么，他就自认为是什么而形成的。但不论是自我声明或他人归因的自我或文化认同，它们同是自我认知的主要中枢。

（2）动态性。由于文化本身就具有动态性，一个人既是文化的产物，对文化的认同必然也具动态性。随着个人与经验的增长，文化的认同也在随时变迁，在同一文化内，这种变迁常常是在无意识的情况下进行的，在不同文化的情况下，因彼此的差异性明显升高，文化认同的变化更在有意识的情况下，甚至在心理冲突的情况下发生。文化认同的变迁可能导致正面的结果，也可能导致扭曲的结果。跨文化适应最后达到的双文化或多文化认同，可说是正面的结果。文化认同的变迁，在不同情境会有不同的鲜明度，在不同的时间内也会产生不同的强度。文化认同的强度指对认同投入或投资的多寡。

（3）对比性。文化认同的建立是经由集体意识的运作来制造意义的过程。它是一种团体意识的表现。因此，社区的意识是文化认同的基础。文化认同的表现正是在这种团体或社区意识对比的情况下显现出来的。

（4）多面性。文化认同的多面性表现在认同种类的多样化与多层次的元素上。在跨文化适应的过程中，一名成功的旅居者，能在不同文化认同间悠游自如。文化认同的多层次性表现在情感、认知和行为三个方面。首先，人对认同都会有感情的投入。感情的变化依情况而定，如在跨文化适应的危机期，人们会强烈地宣称自己的文化认同，以确保心理的平衡。其次，在认知方面，关系到人们对认同的理解与信仰，每个人对自己文化的认同，通常具有一定程度的了解与信仰，具有不同文化认同的人们，可能会有相同的信仰的时候。最后，文化认同的行为层次，表现在语言与非语言的交换过程中。一个人之所以成为团体的一分子，就是经由语言与非语言的互动，达到彼此了解与互信后而形成的。因此，研究一个群体的语言与非语言的互动形态，可以得知该群体的文化认同。

第三章 大学英语教学内涵解析

随着经济的迅猛发展以及全球一体化进程的推进,英语已经成为社会生活中广泛使用的语言。中国与世界各国的交流也需要英语,因此人们对英语越来越重视。要想提升国民的英语水平,大学英语教学起着十分重要的作用。在我国高等教育教学中,大学英语教学有着重要的地位,并且随着人们对大学英语教学越来越重视,对大学英语教学的要求也越来越高。当前的大学英语教学不仅在于传播英语知识,还承担着培养英语实用型人才的责任。本章就对大学英语教学的内涵进行解析,以期为大学英语教学提供理论指导与借鉴。

第一节 大学英语教学的界定

在我国的高等教育中,大学英语教学是一门重要的课程,而这门课程的内容与社会需要、国家需要、学生需要有着紧密的关系。对大学英语教学的界定,可以从多个层面来理解与把握。为了对此概念有更好的认识,下面将从多个层面展开分析。

一、什么是英语教学

作为一项活动,教学贯穿于整个人类社会的生产与发展过程中。也就是说,教学在原始社会就产生了,只不过原始社会将教学与生活本身视作一回事,并不是将教学视作独立的个体存在。但是,随着社会的不断发展,教学逐渐独立出来,成为一个单独的形态存在,并对人们的生产生活产生重要的影响。由于角度不同,人们对教学概念的理解也不同,因此这里从常见的几个定义出发进行解释。

有人认为教学即教授。从汉字词源学上分析,"教"与"教学"有着不同的解释,但是在我国教育活动中,人们往往习惯从教师的角度对教学的概念进行解释,即将教学理解为"教",因此"教学论"其实就等同于"教论"。

有人认为教学即学生的学。有些学者从学生"学"的角度对教学进行界定,认为教学是学生基于教师的指导来学习知识的过程,从而发展学生自身的技能,形成自身的品德。

有人认为教学即教师的教与学生的学。有人将教学视作教师的教与学生的学,即教师与学生将课程内容作为媒介,为了实现共同的目标,彼此共同参与到活动中。也就是说,教师不仅包含教,还包含学,教与学是同一过程的两个方面,彼此相辅相成、不可分割。教学的根本目的在于促进学生的进步和发展。因此,这一观点是对前面两个观点的超越。

有人认为教学即教师教学生学。对这一观点,其主要强调的是教师指导学生"学习",即教师"教学生学",而不是简单的"教师教与学生学"这一并列的概念。也就是说,这一观点强调教师要教会学生学习,重视学生学习方法的传授等,让学生学会自主学习。

英语教学的作用有很多,可以概括为如下几点。

第一,英语教学是以有目的、有计划的组织形式进行知识经验的传授,这有助于保证教学活动的良好的节奏与秩序,从而提升教学的效果。各项规章制度对教学行为进行规范,使教学活动更具有整齐性与系统性,避免随意与凌乱,最终使教学变成一个专业性极强的特殊活动。

第二,英语教学研究者考虑知识的构成规律,经过科学的选择,将内容按照逻辑顺序编纂成教材,英语教师根据这样的教材进行教学,有助于学生认识世界,这要比学生自己选择知识更具有优越性。

第三,英语教学是教师在精心安排与引导的过程中进行的,其可以避免学生自身学习的困难,帮助他们解决具体的问题。同时,英语教师会选择最优的方式展开教学,这保证了学生学习的每一步都能顺利开展。

第四,英语教学不仅仅是为了传授知识,其要完成全方位的任务,既包含知识的获得、能力的提升,又包括个性特长的发展、品德的完善,这种全方位的发展只有通过英语教学才可以实现。

综上所述,可以将英语教学概括为:教师依据一定的英语教学目的与教学目标,在有计划的、系统性的过程中,借助一定的方法和技术,以传授和掌握英语知识为基础,促进大学生整体素质发展的教与学相统一的教育活动。

二、大学英语教学的本质特点

(一)有目的、有计划的活动

说教学具有计划性、目的性,主要在于教师是为了让学生获得知识与技能,实现多层面的发展。在教学活动中,教师需要从教学任务与教学目的出发,将课程内容作为媒介,通过各种方法、手段等引导学生进行交往与交流,促进学生的全面发展。

(二)具有系统性与计划性

这种系统性主要体现在其制订者的工作中,如教育行政机构、教研部门和学校的教学管理者等的工作。大学英语教学的计划性指的是对英语基础知识的计划性教学,如大学英语语音、词汇、语法、写作、阅读等具体知识和技能的传递。

(三)教师教与学生学的统一活动

前面通过分析教学的定义可知,无论从哪个角度而言,人们都不能否认教学活动是"教"与"学"的过程,并且二者是相互制约、相互依赖的关系。在课堂中,教师的教离不开学生的学,学生的学自然也离不开教师的教,因此二者是同一过程的两个层面。正如王策三在《教学论稿》中所说:"所谓教学,乃是教师教、学生学的统一活动;在这一活动中,学生掌握自身需要的知识与技能,同时促进自己身心的发展。"

需要指明的是,大学英语教学并不是教与学的简单相加,而是教师指导学生学习的过程,是二者相统一、相结合的过程。要想保证教与学的统一,不能片面地强调只有教或者只有学,也不能片面地简单相加,而应该从学生自身的学习规律与身心发展特点出发,进行教与学的活动。从这一点来说,教师教学能否成功的关键是学生的学。

(四)教师与学生以课程内容作为媒介的活动

在教师教与学生学之间,课程内容充当中介与纽带的作用。师生围绕这一纽带开展教学活动。因此,大学英语课程内容是教学活动能否开展的必要条件。

(五)一种人际交往活动

大学英语教学的本质是人与人之间的交往,是一种重要的社会活动,其体现了一般的人际交往与语言交际的特征。这一交往活动就表现为师生之间围绕着共同的目标、共同的话题展开对话与合作,从而使学生不断提升自身的表情达意能力,提高自身的文化意识与情感态度,促进自身学习策略的进步与发展。

（六）本质在于建构意义

大学英语教学活动的目的在于促进学生的全面发展，实际上这一目的实现的过程就是学生不断建构知识意义的过程，即学生对原有知识与经验进行重组，对新知识的意义加以建构的过程。在实际的学习中，学生只有将新旧知识的意义结合起来，才能真正地学好知识、掌握知识。

（七）需要采用合理的方法与技术

大学英语教学经过深厚的历史积淀，形成了大量有效的教学方法。现代科学技术，尤其是信息技术的发展，为大学英语教学提供了可以借助的多种教育技术。

三、大学英语教学的目的

（一）为了迎合社会发展趋势

在当今的大时代背景下，国与国之间的交往日益频繁，这就要求高校学生应该努力学习语言与文化知识，获取语言与文化技能。世界是一个地球村，经济全球化使得交际呈现多样性，因此在大学英语教学中，教师除了让学生提升自身的语言能力，还应该提升自身的跨文化交际能力，应对交际中出现的各种变化。另外，随着多元社会的推进，要求交际者应该具备一定的合作能力与意识，无论是生活在什么样的文化背景中，都应该为社会的进步努力，树立自己的文化意识，用积极的心态去认识世界。可见，大学英语教学中的跨文化交际教学将英语的价值充分地体现了出来，学生对跨文化交际知识的学习也与社会的发展相符，是中西方文化交流不断推进的必由之路。

（二）为了满足社会对英语人才的需求

时代不同，社会对英语人才的需求必然也存在差异性，因此大学英语教学的模式也必然存在差异。近些年，随着全球化的推进，国与国之间的交往更为紧密，这就需要英语发挥中介与桥梁的作用。英语运用得是否流利、准确，直接影响着交际的开展。因此，21世纪对英语人才的需求更大、要求更高，开展大学英语教学显得更为必要，与21世纪的社会需求相符，有助于培养出高标准的英语人才。

(三)是实现素质教育的必然要求

现如今,我国非常推崇素质教育。大学英语教学是实现素质教育的一个重要工具,也可以说是一个主要渠道。这是因为大学英语教学除了传授知识外,还有对文化素质与文化思维的培养,这与跨文化教学的要求有异曲同工之妙。因此,在教学中,教师必须将语言与文化的关系处理好,引入西方国家文化,汲取其中的有利成分,发扬我国的文化。

1. 培养学生的文化感知力

注重跨文化交际研究,教师在大学英语教学中有意识地向学生传授一些文化背景知识,可以使学生更全面地了解西方国家的实际情况,进而能在适当的场合使用准确的语言表达自己的观点。此外,教师不断地向学生介绍一些英语文化背景知识和文化传统,可以让学生明白不同的文化、不同的语言具有不同的表达习惯和方式,可以提高学生对不同文化的感知力,增强跨文化交际意识和能力。

2. 培养学生对文化的敏感性

对大学英语教学的任务而言,除了要进行英语基本知识和技能的传授,还必须培养并增强学生对中西方文化差异的敏感性。对于这项能力,学生可以在课堂上借助教师对中西方文化差异的讲解和跨文化交际的研究而达到这一目的。

如果在大学英语课堂组织的对话活动中,教师仅关注学生在语音、词汇和语法的准确性上,却忽视文化的差异性,就不利于学生语言运用能力的增强,无法准确灵活地使用语言。例如:

A:You look so pretty today.
B:No. I don't think so.

对这组对话,其语音、词汇、语法均没问题,但是如果考虑到中西方不同的文化习惯,这种回答对英美人来说是难以理解的,因为这不符合英语社会的文化性常规。假如教师在英语教学中以此为切入点,比较中西方的文化差异,学生就能在潜移默化中提高对文化差异的敏感性,进而在今后的英语交际中也能特别注意。

四、大学英语教学的内容

(一)教授语言知识

众所周知,想要掌握一门语言,必须熟悉这门语言的语音、词汇、语法、语篇、句法、功能等知识,这对英语学习而言同样也不例外。大学生掌握英语这门语言的前提就是学习这些知识,将这些基础知识牢牢把握好,并在此基础上提升自身的语言综合运用能力。英语与汉语作为两种存在鲜明差异的语言,中国学生必须要形成英语思维,并利用英语思维学习英语,如此才能取得事半功倍的效果。

(二)教授语言技能

大学生在学习英语的过程中,除了要掌握英语基础知识,同时还要在语言知识的基础上掌握更多的语言技能,包括听、说、读、写、译。其中,听力技能的掌握可以帮助学生识别、分析、理解话语含义,提升自身的听力能力。口语技能的掌握主要是为了提升自身的语言输出以及表达思想的能力。阅读技能主要在于培养自身的辨认、理解语言知识内容的能力。写作技能是让大学生可以利用书面表达来输出自己的思想、表达自己的看法。翻译技能则是学生英语综合运用能力的一种体现,不仅涉及语言知识的输入,而且涉及语言知识的输出。

听、说、读、写、译是高校学生综合运用能力的基础,通过这五项技能的训练,可以保证学生在具体的实践中做到得心应手。

(三)教授文化知识

语言与文化密不可分,学习一门语言,必然离不开对该门语言背后的文化的学习。一旦语言教学离开了文化教学的底蕴,那么这种语言教学也就不再具有思想性和人文性的特点了。所以,教师在教授学生学习英语的过程中,一定要引导学生了解语言背后的文化知识,如英语所在国家的地理、人文、习俗、生活、社会、风土、人情等。

在具体的教学中,教师有两点需要注意。首先,教师讲授文化知识需要依据学生的心理发展以及认知能力,在此基础上循序渐进地导入文化知识,逐步培养大学生的文化素养,拓宽他们的眼界。其次,教师在引入西方文化知识时要有选择性,不能盲目引入,避免学生形成崇洋媚外的心理。

(四)传达情感态度

情感态度指兴趣、动机、自信、意志和合作精神等影响学生学习过程和学习效果的相关因素,以及在学习过程中逐渐形成的祖国意识和国际视野。保持积极的学习态度是英语学习成功的关键。教师应在教学中,不断激发并强化学生的学习兴趣,并引导他们逐渐将兴趣转化为稳定的学习动机,以使他们树立自信心,锻炼克服困难的意志,认识自己学习的优势与不足,乐于与他人合作,养成和谐和健康向上的品格。通过英语课程的学习,增强祖国意识,拓展国际视野。

(五)提升文化意识

语言学习与文化意识的形成是相辅相成的。语言有丰富的文化内涵。在英语教学中,文化是指所学语言国家的历史地理、风土人情、传统习俗、生活方式、文学艺术、行为规范、价值观念等。接触和了解英语国家文化有利于对英语的理解和使用,有利于加深对本国文化的理解与认识,有利于培养世界意识。在教学中,教师应根据学生的年龄特点和认知能力,逐步扩展文化知识的内容和范围。

五、大学英语教学的现状

(一)信息化教学效率低下

在信息技术飞速发展和广泛覆盖的背景下,有学者提出将教育信息化与传统教学理念相融合,这一理念的提出为教育行业的未来发展拓展了新的领域。近年来,很多研究人员在如何提升现代教育技术的实效性方面开展了众多研究工作,取得了一定的成果,但是问题仍然显著地摆在我们面前,表现在以下两个方面。

1. 学校方面

第一,现代教育技术的应用管理不足。学校领导是学校教学工作展开的主要影响因素,因此他们关系着现代技术在英语教学中的应用和实施。近年来,我国现代教育技术迅速发展,但是不可否认,很多学校领导还是将学生文化成绩的提升放在学校工作的重要位置上,有些学校领导为了实现学生的"高分数",甚至放弃了英语教学创新活动的开展。

第二,学校难以引进专业的信息化人才。传统的英语教学模式已经使英语不再是曾经的香饽饽,这给英语教学的前进之路造成了不小的阻碍。当前,在发展信息化教学的过程中,需要认真探讨出符合时代发展的教学模式,包括信息化教学的指导思想、信息化教学师资队伍、信息化教学方法等。但是,由于种种主观因素和客观因素,一些专业的信息化人才不愿意走上学校的教学岗位,这也就直接制约着英语教学的信息化进程。

第三,教师的现代教育技术应用能力不足。虽然大部分教师充分肯定现代教育技术在提升英语教学效果方面的作用,但在教学实践过程中采用多媒体教学的教师只占据一部分,这可能在很大程度上是因为教师对现代教育技术的应用操作流程不熟悉或者迫于教学目标的压力等。如果教师不在英语教学中使用现在教育技术,便无法在教学新模式中汲取新的知识和技能,更无法开展高效的教学实践工作。

2. 学生方面

学生对信息技术的掌握,在很大程度上影响着他们的英语知识学习和运用的效率。教学是针对整个学生群体而言的,英语教学信息化的高效实施需要每一位学生的积极参与和配合。在教师减少传统教学手段而增加现代教学手段的使用频率时,学生应该以一种欢迎的态度面对这种情况,这更有利于教师开展信息化教学工作。然而在现实中,很多学生习惯了传统的面授教学方式,而不适应当前的各种教育技术。

(二)中国文化缺失

为满足国家"开放"和"引进"战略对外语人才的需求,各层次外语教育过度倚重语言的工具性学习。长期以来,社会上已经形成了过分重视分数高低、忽略对学生德育培养的倾向,忽略人文教育。大学英语教学内容中人文性教育内容较少,导致了英语教学中的人文教育失去了内容支撑。开且,外语教学仅仅围绕英语能力所代表的西方文化的学习,中国文化相关内容长期处于被忽视的状态。在应试教育目标的指挥棒下,教师的中国文化意识薄弱,将培养学生的英语应用能力看作唯一目标。另外,从人才培养的角度来看,我国师范类高校英语专业学生缺乏中华文化的学习,对中国传统文化缺乏系统的了解,这直接造成了英语教师的中国文化修养的缺乏以及中国文化教学能力的低下。培养出色的国际化外语人才的前提是教师首先要具备足够的中国文化素养。

第二节 大学英语教学的基本原则

作为通用型语言,英语的作用不言而喻。但是,在具体的大学英语教学中,存在着种种弊端,因此这就要求大学英语教学应该坚持一定的原则。大学英语教学原则是从大学英语教学的任务与目的出发,基于教学理论的指导,经过长期实践总结出来的教学经验。这些教学原则是教师对教材进行处理、选用科学的教学方法、提升自身教学质量的指南针。

一、思想性原则

英语教学要从学生的实际出发,根据学生身心发展的特点和学生的认知规律,紧贴学生生活选取教学材料、设计教学活动。教学材料和教学活动不仅要有利于学生学习语言知识,形成语言技能,还要有利于学生健康性格和健全心理的形成与发展。

思想性原则还要求教师把文化意识渗透在开展爱国主义教育和增强世界意识之中,使学生了解外国文化的精华和中外文化的异同;还要有利于引导学生提高文化鉴别能力,树立民族自尊心、自信心和自豪感,促进学生形成正确的人生观和价值观。

二、可行性原则

英语教学中的教学设计是为课堂教学所做的系统规划,要想成为现实,必须具备两个可行性条件:一是符合主客观条件,二是具有可操作性。

符合主客观条件是教师实施教学设计的重要条件,主观条件是指教师应考虑学生的年龄特点、已有知识基础及生活经验。教师只有遵循学生的认知规律,尊重学生身心发展的特点,立足学生的生活经验和学习基础,在综合分析的基础上进行教学设计,才能增加设计的针对性,更具有实效性。如果教学设计背离了学生的年龄特点,超出了学生的认知能力范围并脱离了生活实际,是不可行的。

客观条件是指教师进行教学设计需要考虑教学设备、地区差异等因素。教师首先要了解学校所处的地域环境和教学条件、学生的学习能力等客观因素,了解学校能提供什么样的教学设施。教学的环境和条件、学生的学习能力是教师进行教学设计的重要参考。如果教师不考虑教学的客观条件,只凭自己的主观设计,不考虑地域学生的差异,把目标定得太高,教学设计也是无法落实的。

具有可操作性是教学设计应用价值的基本体现。教学设计的出发点是为指导教学实践,因此不应该是理想化地设计作品。教师的教学设计要在教学实践中检验,去验证设计的理念是否正确,方法是否恰当,学习效果是否满意,这样才能体现教学设计指导教学的作用。

三、趣味性原则

英语教学的目标是要培养学生综合运用语言的能力和学习英语的兴趣。英语教学不仅要符合学生的知识、认知和心理发展水平,还要充分考虑学生的兴趣、爱好、愿望等学习需求,紧密联系学生的实际生活,设计生动活泼、形式多样、趣味性强的学习活动,创设愉快的语言运用情境,引导学生积极参与,提高学生的学习兴趣,加强其学习动机。例如,根据不同学段学生的年龄特征,设计不同的任务型教学,创设不同的情境,采用不同形式的教学媒体,使课堂教学生动活泼。

四、互动性原则

根据生态的基本观点,任何事物都处于一定的关系中,学校是教育生态系统的子系统,在学校这个子系统中,教师与学生作为其中的两个因子相互作用与交往。教师与学生之间是一种以学生最终的发展为目的而联系在一起的共生关系。教学过程中信息的传递是相互的、双向的。如果教师与学生之间的互动保持相对平衡性、有序性,他们才能有效发挥各自的作用,进而实现和谐统一的发展。如果教师和学生之间的互动被打破,那么教育要素之间的平衡也会被打破,这不仅会损害师生自身的发展,也会损害整个学校甚至整个教育的发展。师生之间的交流与沟通是一个连续不中断的过程,在不断的动态变化发展中寻找平衡点。教师不断提高自身的教学水平与理论水平,从而应用到实际教学中,促进学生的可持续发展。学生获得的成绩也体现了教师的价值,并且是对教师的一个鼓励。因此,在大学英语教学中,师生之间是一种相互依存、共同发展的关系。

五、系统性原则

英语教学的设计是一项系统工程,系统中的各要素相当于子系统,既相对独立,又相互依存、相互制约,组成一个有机的整体。教学设计各子系统的排列具有程序性的特点,即各子系统有序地构成等级结构排列,而且前一个子系统制约、影响着后一个子系统,而后一个子系统依存并制约着前一个子系统。规范的教学一般由教材分析、学情分析开始,根据分析结果,确定教学目标。

从形式上看,教材分析、学情分析和教学目标是相对独立的,但又是相互依存的。学情制约着教学目标,教学目标的制订建立在学情分析的基础上,彼此之间存在着内在的逻辑关系,它们之间的逻辑性是保证前后各要素相互衔接的前提。在这种逻辑的基础上,一旦教学目标明确了,教学重点、教学难点就能确定了。

重点、难点是教师选择教学方法的重要指标和依据,它在一定程度上决定了教师选择什么样的方法突出重点、突破难点,以实现教学目标。所以,教学设计的程序是无法随意改变的,教学设计中教师应遵循其程序的规定性及联系性,确保教学设计的系统性和科学性。

六、情境性原则

课堂教学环境对教学活动的顺利展开有着很大的影响。大学生的注意力集中水平有限,大学英语教师更应该注意课堂教学环境的建设。一般来说,课堂教学环境分为人文环境、语言环境、自然环境。

(1)人文环境。人文环境主要通过师生之间的情感交流与互动氛围体现出来,它是一种隐形的环境。大学生缺乏人际交往经验,所以大学英语教师应该在营造人文环境方面起着主导作用。教师要通过倡导师生之间的平等交流以及歌曲、游戏、表演等方式,来营造一种自由、开放的人文环境,打开学生的心灵,促进学生的英语学习。

(2)语言环境。根据认知发展心理学,大学生需要借助具体事物来辅助思维,很难在纯粹语言叙述的情况下进行推理,他们只能对当时情境中的具体事物的性质与各个事物之间的关系进行思考,思维的对象仅限于现实所提供的范围,他们可以在具体事物的帮助下顺利解决某些问题。语言与认知的发展是相互促进的。个体语言能力是在个体与环境相互作用的过程中逐渐发展起来的。语言环境对外语学习非常重要,而中国学生没有现成的语言环境,因此大学阶段的英语教学应该创设具体、直观的语言情境。为此,教师要充分利用与开发电视、录像、录音、幻灯等教学手段,设计真实的语言交流,使学生在运用语言的过程中学习并掌握语言。

(3)自然环境。课堂教学的自然环境主要指课堂中教学物品、工具的呈现方式。其一,要求教师与学生之间进行更加亲近的交流,教师应该设置开放的桌椅摆放方式,应该摒弃那种教师高高在上、学生默默倾听的桌椅摆放方式。其二,要求教室的布置应该取材于真实的生活场景,这不仅拉近了学生对课堂教学的距离,也使得学生更容易理解英语,也有助于创造英语语言交流的环境。

七、融合性原则

所谓融合性原则,即教师在英语教学中要重视文化的导入与渗透。学生对文化的了解,可以促进他们对语言知识的掌握。同时,学生掌握语言知识又可以促进他们对中西方文化的了解。因此,在大学英语教学中必须要对学生进行文化导入。具体来说,文化导入主要有如下几点方法。

(1)比较。有比较就有结果。只有在比较中,事物的特性才会表现得更加明显。经过了不同的历史轨迹,中西方国家在历史积淀中形成了不同的文化。因此,在文化教育中,教师可以通过母语文化与英语文化的明显比较,让学生更加深刻地认识母语文化与英语文化。在跨文化交际中,学生也因此提高自身的文化敏感性,会更加重视文化对交际的影响,从而减少甚至避免文化差异引起的交际冲突。例如,问别人的行程和年龄在中国是很正常的,但是在西方确是对隐私的侵犯。

(2)外教。外教不仅可以提升学生的英语学习兴趣,还能促进学生跨文化交际的提高。外教作为异域文化的成员,能引起一些学生的好奇心,这些学生在与外教接触和交流的过程中增强了对英语口语表达的信心,还能收获在课堂上学不到的社会文化背景知识,能真正提高英语文化敏感度与英语交际能力。另外,学校可以定期通过外教组织英语角,为学生创造了纯正地道的英语环境,有助于学生英语听力与口语能力的提高。

八、开放性原则

大学英语教学的一个重要特征就在于开放性,其体现为如下两个层面。

第一,教学资源的开放性。大学英语教学资源不仅来自教材,还源于大学生的课外生活。当然,教学资源都是经过筛选的,选择的依据就是师生之间的知识交流、情感传递。换句话说,教学主体在日常生活中进行体验,并不断总结经验教训,然后积极构建出相关的知识,真正实现课堂教学知识在生活中的运用。

第二,教学主体的开放性。在大学英语教学中,教师与学生不断地重复信息传递与信息接收的过程,进行着持续的互动交流,教师与学生有着巨大的差异性,主要体现在生活阅历、知识水平、情感态度等层面。教师会无意识地将自己的知识水平、生活阅历、情感态度等带入实际的教学活动中,同时学生根据自身发展特点有选择性地吸收。因此,伴随着课堂教学活动的是教师与学生之间的信息流动。

九、形成性评价原则

形成性评价是课堂教学中由教师和学生共同参与和实施的评价活动,其目的是促进学生学习,实现教学目标。教师要根据教学目标的要求,采取有效的信息收集和反馈方式,及时观察和了解学生的学习进程和学习困难,把握课堂教学目标的落实,为下一步调整教学目标、改进教学方法、提高教学效率提供依据。

形成性评价应坚持激励原则,教师对学生在学习过程中的表现、学习态度、学习行为以及学习效果应及时地给予肯定,充分肯定学生的进步,鼓励学生继续努力。教师还应积极指导学生评价自己的学习行为和学习结果,引导学生参与展现自己学习进步的各种评价活动,获得成就感,增强自信心,有效调控学习过程。

第三节　大学英语教学的发展历程与理论依据

大学英语教学在不断地改革与发展,并且从未停下脚步。从本质上说,大学英语教学的发展过程就是不断改革与创新的过程。在不断的发展过程中,也形成了一些理论。本节就对大学英语教学的发展历程与理论依据展开分析和探讨。

一、大学英语教学的发展历程

(一)20世纪五六十年代

每个教育政策的颁布都与国家政治和经济发展的状况有着直接的联系,英语教育也是如此,其与国家在科技、外交及外贸等方面的发展有着密切关系。例如,我国在20世纪50年代倡导的"向苏联学习"的口号,使得这一时期俄语在我国非常流行,而英语却没有得到足够的重视。于是,在中华人民共和国成立之前,不少英语教师纷纷学习俄语,这种情况持续到20世纪80年代初。渐渐地,我国英语教师数量急剧下降,各个高校也意识到问题的严重性,于是要求学俄语的教师重新学习和教授英语。但是,因为教师们长时间地学习和研究俄语,英语教育技能基本遗忘,所以多数教师已经没有能力担当英语教学的重任。

(二)20世纪七八十年代

20世纪70年代末,我国正处在百废待兴的社会背景下,英语教学真正进入起步发展阶段,并且备受广大人民群众的关注,英语的重要性再次凸显。这一时期的英语教育者都积极投身英语教育事业,但是因为广大教育者的公共英语教学经验较少,加上一些其他客观上的因素,这一过程遇到了不少障碍。这一时期我国的公共英语教学主要有两种倾向。

1. 专攻科技英语

确切地说,在1966年之前,我国的大学毕业生似乎并不太熟悉英语,四年的大学教育并没有向他们传授一定量的英语知识,这就使得他们的英语能力较差。对此,外语界提出了一个最方便、快捷的学习英语的建议,即大学生可以在大学阶段专攻科技英语。于是,这一时期突然涌现了不少科技英语方面的名词,如"机械英语""电工英语""农业机械英语"等。然而,因为当时的科技英语教材编写得过于仓促、系统性不强,科技术语复杂难懂,加之学生的英语基础薄弱,使得科技英语教学的效果并不理想,最终完全消失在人们的视野中。

2. 倾向听说领先

改革开放的推进使得我国与外国在教育、文化及贸易方面的交流日益频繁。于是,英语教学开始强调"听说领先",目的是更好地与外国人进行各种往来,以吸取国外先进的科技、文化,推动我国社会的发展与进步。然而,"听说领先"的建议似乎仅能解决与外国人的日常会话问题,而无法与外国人进行深入的交流,所以这一倾向也很快不了了之。

(三)20世纪90年代

20世纪90年代,我国的英语教学得到了快速发展,迎来了我国第一个"英语热"的时期。全国上下大范围地开展规模较大的英语轮训活动,很多英语教学理论也逐渐被英语教学接受,所以这一时期的英语教师在教学水平、理论水平等方面都得到了巨大提升。这一时期,我国提出了一个重要方针——"发展是硬道理"。

(四)21世纪至今

在21世纪的今天,英语这门世界通用的语言越来越显示出它的重要性。2003年,在《大学英语课程教学要求(试行)》已基本成型的情况下,教育部在北京交通大学召开了英语教学改革研讨会,该会议的主要内容如下。

(1)大力推进大学英语教学改革的原因。之前的大学英语教学大纲是以阅读为主的,兼顾听说。如今,要将培养学生的英语综合应用能力特别是将听说能力放在首位。

(2)如何推进大学英语教学改革。大学英语教学改革的目的得到明确后,就要对改革的手段加以明确。

二、大学英语教学的理论依据

随着社会的发展、科技的进步,人们学习英语的热情越来越高。英语是世界通用的重要语种,其在国与国的交往中发挥着重要作用。大学英语教学是高等教育的重要组成成分,其教学的目的是提升学生的英语综合能力。毋庸置疑,大学英语教学的展开离不开合理、科学的理论指导,如语言学习理论、需求理论等,都是大学英语教学展开的理论依据。为此,下面主要针对大学英语教学的理论依据展开分析。

(一)语言学习理论

1. 行为主义学习理论

行为主义学习理论源自著名生理学家巴甫洛夫(Ivan Pavlov)的"条件反射"这一概念。受巴甫洛夫的影响,很多学者对行为主义理论展开分析和探讨,重要的学者主要有如下两位。

美国著名的心理学家华生(John Broadus Watson)创立了行为主义学习理论。20世纪初期,他提出了采用客观手段对那些可以直接观察到的行为进行研究与分析。在他看来,人与动物是一样的,任何复杂的行为都会受到外界因素的影响与制约,并往往需要通过学习才能获得某一行为,当然在这之中,一个共同的因素——刺激与反应是必然存在的。基于此,华生提出了著名的"刺激—反应"理论,这一著名的行为主义心理学公式可以表示如下。

S-R,即 Stimulus—Response。

美国学者斯金纳在华生行为主义学习理论的基础上进行了深入的研究与探讨。在斯金纳看来,人们的言语及言语中的内容往往会受到某些刺激,这些刺激可能来自内部的刺激,也可能来自外部的刺激。通过重复不断的刺激,会使得效果更为强化,使得人们学会合理利用语言相对应的形式。在这之中,"重复"是不可忽视的。

行为主义学习理论在实际教育中的应用普遍可见。例如,在课堂教学中,对认真听讲的学生,教师会不吝表扬,这部分学生受到激励后会保持认真听讲的态度与行为,而不认真听讲的学生为了得到表扬,也会转变学习态度,认真听讲。事实上,让上课不认真的学生变得认真是教师表扬上课认真听讲的学生的主要目的。

下面简要归纳行为主义学习理论的基本观点。

第一,学习是刺激与反应的联结。

第二,学生的学习过程是尝试错误的渐进过程。错误在学习中难免会出现,对此要正确看待。

第三,表扬、批评等强化手段是影响学习的重要因素。

对大学英语教学而言,行为主义学习理论有着重要的指导意义。具体而言,主要体现为如下几点。

(1)即时反应,即位于刺激后的反应,二者有着较长的间隔,反应会逐渐淡化。

(2)重视重复,即通过重复,能加深学生对知识的记忆程度,从而使行为发生得更为持久。

(3)注意反馈,即教师应该让学生明确反应是正确的反应还是错误的反应,然后给出具体的反馈。

(4)逐步减少提示,即减少学生的学习条件,然后期待学生朝向理想的程度发展。

总之,行为主义学习理论促进了视听教学、程序教学及早期CAI的发展。但是,行为主义学习理论也存在着一些缺点和不足:它是对人类学习的内在心理机制的完全否定,将动物实验的结果直接生搬硬套地用在人类学习上,忽视了人类能发生主观能动作用,其实是走向了环境决定论和机械主义的错误方向。

2. 认知主义学习理论

认知主义学习理论认为,学习个体本身会对环境产生这样或那样的作用,大脑的活动过程能向具体的信息加工过程转化。布鲁纳、苛勒、加涅和奥苏贝尔等是认知主义学习理论的主要代表人物。

人要在社会上生存,必然要与周围的人交换信息,作为认知主体的人也会与同类发生信息交换的关系。人是信息的寻求者、形成者和传递者,从一定意义上来讲,人的认知过程也就是信息加工的过程。

认知学习理论的基本观点为:在外界刺激和人的内部心理过程的相互作用下才形成了人的认识,而不是说只通过外界刺激就能形成人的认识。依据这个理论观点,可以这样解释学习过程,即学生从自己的兴趣、需要出发,将所学知识与已有经验利用起来对外界刺激提供的信息进行主动加工的过程。

从认知学习理论的基本观点来看,教师不能简单地将知识灌输给学生,而要将学生的学习动机激发出来,对学生的学习兴趣进行培养,使学生能将已有的认知结构和所要学的内容联系起来。学生的学习不再是被动消极的,而是主动选择与加工外界刺激提供的信息。

认知主义学习理论认为,在影响学生学习的因素中,学生自身已有的认知结构具有非常重大的影响,在教学中应将教学内容结构直观地展示给学生,让学生对各单元教学内容之间的相互关系有深入的了解。

3. 建构主义学习理论

建构主义学习理论认为个体与外部环境的交互作用使得知识得以产生，人们会从自己的已有经验出发来理解客观事物，每个人对知识都有自己的理解和判断。维果斯基、皮亚杰等是建构主义学习理论的主要代表人物。

建构主义学习理论认为，学生是在一定情境下，通过自己的主观参与，同时借助他人的帮助，通过意义建构的方式而获得知识的，而不是通过教师传授得到知识的。

建构主义教学理论则要求教师在学生主动建构意义、获取知识的过程中起到帮助和促进的作用，而不是给学生简单灌输和传授知识。因此，在教学过程中，教师首先要转变教育思想，改革教学模式。学生是在一定的学习环境下获取知识的，学生在获取知识的过程中需要主观努力，也需要他人的帮助，而且也离不开相互协作的活动。建构主义学习理论要求有利于学生获取知识的学习环境应具备情境创设、协作、会话、意义建构等基本属性或要素。下面具体分析这四个基本要素。

学习环境中必须要有对学生意义建构有利的情境。在建构主义学习环境下，教师要基于对教学目标的分析与对学生建构意义的情境创设问题的考虑而设计教学过程，并在教学设计中把握好情境创设这个关键环节。

在学生的整个学习过程中都离不开协作，如学生搜集与分析学习资料、提出和验证假设、评价学习成果及最终建构意义等都需要不同形式的协作。

在协作过程中，会话这个环节是不可或缺的。学习小组要完成学习任务，必须先通过会话来商讨学习的策略。学习小组成员之间协作学习的过程也是相互不断会话的过程，在这个过程中，学生的学习资源包括智慧资源都是共享的。

学习过程的最终目标就是意义建构。建构的意义指的是事物的本质、原理以及事物与事物之间的内在联系。帮助学生在学习中建构意义，就是帮助学生深刻理解学习内容反映的事物的本质、原理及其与其他事物之间的内在联系。

4. 二语习得理论

除了对第一语言习得的关注，心理语言学对第二语言习得也非常注重。所谓第二语言习得，即人们的第二语言的形成与发展的过程，其与第二语言学习有所不同，各有侧重。

二语习得理论于20世纪六七十年代形成，主要对二语习得的过程与本质进行研究，描述学生如何对第二语言进行获取与解释。对这一理论的研究,学者克拉申(Krashen)做出了巨大贡献,并提出五大假设。

(1)习得—学得假说

所谓习得,指学生不自觉地、无意识地对语言进行学习的过程。所谓学得,即学生自觉地、有意识地对语言进行学习的过程。"习得"与"学得"的区别如表3-1所示。

表3-1 语言的习得与学得的不同

	习得	学得
输入	自然输入	刻意地获得语言知识
侧重	语言的流畅性	语言的准确性
形式	与儿童的第一语言习得类似	重视文法知识的学习
内容	知识是无形的	知识是有形的
学习过程	无意识的、自然的	有意识的、正式的

(资料来源:何广铿,2011)

(2)自然顺序假说

克拉申提出的这一假说主要强调语言结构的习得是需要一定的顺序,即根据特定的顺序来习得语法规则与结构。当然,这也在第二语言习得中适用。例如,克拉申常引用的词素习得顺序如图3-1所示。

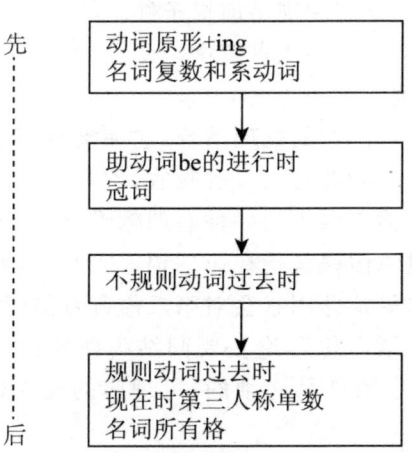

图3-1 词素习得顺序图

(资料来源:何广铿,2011)

由图3-1可知,在将英语作为第二语言习得的过程中,人们对进行时的掌握是最早的,在过去时的掌握是比较晚的,对名词复数的掌握是比较早的,对名词所有格的掌握是比较晚的。

(3)监控假说

克拉申的监控假说区分了习得与学得的作用。前者主要用于输出语言,对自己的语感加以培养,在交际中能有效运用语言。后者主要用于对语言进行监控,从而检测出是否运用了恰当的语言。

同时,克拉申认为学得的监控是有限的,受一些条件的影响和制约,具体归纳为如下三点。

第一,需要充裕的时间。

第二,需要关注语言形式,而不是语言意义。

第三,需要了解和把握语言规则。

在这些条件的制约下,克拉申将对学生的监控情况划分为三种。

第一,监控不足的学生。

第二,监控适中的学生。

第三,监控过度的学生。

(4)输入假说

克拉申的输入假说和斯温(Swain)的输出假说是从两个不同的侧面来讨论语言习得的观点的,都有其合理成分,都对外语教学有一定的启示。输入假说的内容主要有以下几点。

其一,与习得有着紧密关系而非学得。

其二,掌握现有的语言规则是前提条件。

其三,$i+1$模式会自动融入理解中。

(5)情感过滤假说

"情感过滤"是一种内在的处理系统,它在潜意识上以心理学家们称之为"情感"的因素阻止学习者对语言的吸收,它是阻止学习者完全消化其在学习中所获得的综合输入内容的一种心理障碍。

克拉申的情感过滤假说是指在第二语言习得中,将情感纳入进去。也就是说,自尊心、动机等情感因素会对第二语言习得产生重要影响。

克拉申把他的二语习得理论主要归纳为两条:习得比学习更重要;为了习得第二语言,两个条件是必须的:可理解的输入($i+1$)和较低的情感过滤。

(二)需求分析理论

需求分析有广义与狭义之分。广义的需求分析是指学习者除了自身的学习需求,还需要考虑单位、组织者、社会等其他方面的需求。狭义的需求分析则仅涉及学习者自身的学习需求。

在国外,学者理查兹等(Richards et al.)认为,"需求分析是了解语言学习者对语言学习的需求,并根据轻重缓急的程度安排学习需求的过程。"概括来说,需求分析主要是为了了解学习者学习语言的原因、需要学习语言的哪些方面以及学到何种程度等内容。

在国内,学者陈冰冰认为,"需求分析是通过访谈、内省、观察、问卷等方式对学习者的学习需求进行的调研,这种方法已经广泛应用于教育、经贸、服务、制造等行业中。"

在语言教育领域中,最早出现的需求分析是针对专门用途英语展开的。在专门用途英语的学习中,学习者的学习需求主要表现在为了达到某些目标所需的语言知识、语言技能而展开学习。后来,随着高校英语教学的深入发展,"需求"的应用范围越来越广泛,涉及语言、教材、情感等方面的人的需求、愿望、动机等。

需求分析的对象包括以下四个方面。

第一,学习者。这主要包括学生以及其他有学习需求的学习者。

第二,观察者。这方面主要包括教师、教学管理人员、助教、语言项目的相关领导等。

第三,需求分析专家。这主要是指专业人员或者具有丰富经验的大纲设计教师等。

第四,资源组。这方面指的是能提供学习者信息的人,如家长、监护者、经济赞助人等。

一直以来,众多学者对需求分析展开了研究,不同学者对这方面的研究存在不同的视角,自然得出的成果也存在差异。同样,对需求分析的内容,不同学者也提出了不同的看法。

学者哈钦森和沃特斯(Hutchinson & Waters,1987)认为,需求分析包括目标需求、学习需求两个方面。其中,目标需求指的是学习者在目标情景中所能掌握的可以顺利使用的知识、技能。另外,这两位学者又进一步将目标需求分为必备需求、所缺需求、所想需求。学习需求指的是学生为了掌握所需要掌握的知识内容所进行的一切准备活动。

学者布朗(Brown,2001)认为,学习需求在内容上可以分为以下三大类,他认为这种分类方式可以有效缩小需求分析的调查范围。

(1)形式需求与语言需求。

(2)语言内容的需求和学习过程的需求。

(3)主观需求和客观需求。

需求分析理论对大学英语教学的启示主要体现在以下几个方面。

1. 提升教学设计的效果

通过需求分析得出的结果可以充分论证教学设计的必要性与可能性,使教师、学生以及教育工作者可以集中精力解决教学中的难点问题,从而有效提高教学的效率与质量。

具体而言,通过需求分析的结果,教师可以准确把握"差距"资料与数据,在此基础上设计教学的整体目标,需求分析结果可以作为设计教学整体目标中的内容、目标、策略、效果等设定的依据。

因此,需求分析尤其是大学生学习需求分析的结果对英语教学设计的成功以及后续工作的方向、成败具有至关重要的影响,需要引起教育者的高度重视。

2. 突出英语重难点

英语教学往往是在教学目标的指导下展开的,所以需要明确教学的重点与难点,如此才能有针对性地展开教学。可见,教学重难点是为整体教学目标提供服务的。

需求分析对教学目标中重点、难点的确定是至关重要的。通过大量的教学实践,人们发现,国内大学生在英语学习过程中对听力、口语、阅读这几个方面的掌握存在困难,因而在规划整体教学目标时就可以将这几个方面作为教学中的重点与难点。因此,目标的多样性决定了教学的重点、难点也是多种多样的。

当我们把英语教学目标从认知向非认知扩展的时候,也需要将重点和难点进行相应的扩展,当我们把教学重心从认知向非认知转移的时候,也需要将重点和难点进行转移。

第四章　跨文化交际与大学英语教学的融合

随着社会的不断进步与发展,我国大学英语教学的教学目标也在逐渐改变,从最初的对学生语言能力的培养转向对学生交际能力的培养,再到今天对学生跨文化交际能力的培养,这就使跨文化交际成为大学英语教学的一项重要内容与方向。但是,由于中西方文化存在明显的差异,导致跨文化教学中的教与学存在很多困难。因此,本章就将跨文化交际与大学英语教学相融合,以推进大学英语教学改革与进步。

第一节　影响大学英语教学的语言与文化因素

语言与文化密切相关,文化对语言有着重要的影响。文化不同,其影响下的语言也不尽相同。在大学英语教学中,了解中西方语言与文化差异,有助于学习者了解英汉语言的规律与文化习俗,明确产生差异的原因。本节就对这些因素展开分析和探讨。

一、大学英语教学中的语言差异

(一)词汇差异

对英汉语言来说,词汇是其组成的细胞,并且英汉两种语言中的词汇是非常丰富的。但是,这种丰富性也导致了英汉词汇在词义、搭配、特殊词汇等层面的差异性。

1. 词汇意义差异

(1)完全对应。在英汉两种语言中,有些词在词义上是完全对应的,一般这类词包含名词、术语、特定译名等。例如,paper 指代纸,steel 指代钢。

(2)部分对应。在英汉两种语言中,有些词呈部分对应,即有些英语词词义广泛,而汉语词词义狭窄,有些英语词词义狭窄,但汉语词词义广泛。例如,sister 既代表姐姐,又代表妹妹;red 既指代红色,又指代紧急、愤怒、极端危险。

(3)无对应。受英汉文化差异的影响,英汉语中很多专门的词在对方语言中找不到对应词,就是所谓的"无对应",也可以被称为"词汇空缺"。例如,chocolate 即巧克力,hot dog 即热狗。

(4)貌合神离对应。在英汉两种语言中,有些词表面看起来是对应的,其实不然,这种对应的词语可以称为"假朋友"。例如,grammar school 是为升大学的学生设立的中学,而不是"语法学校";talk horse 指吹牛,而不是"谈马"。

2. 词汇搭配能力差异

词汇的搭配研究的是词与词之间的横向组合关系,即所谓的"同现关系"。一般来说,搭配是约定俗成的,但是英汉搭配存在着明显的规律,不能混用。例如:

多如牛毛 as plentiful as blackberries

红茶 black tea

另外,很多词具有很强的搭配能力,如英语中的 to do 可以构成很多词组。to do the bed 意思是铺床,to do the window 意思是擦窗户,to do one's teeth 意思是刷牙,to do the dishes 意思是洗碗碟。通过上述 to do 组成的这些词语可以看出其搭配能力的广泛,可以用于"床""窗户""牙""碗碟"等,但是汉语中与之搭配的词语不同,用了"铺""擦""刷""洗"等。

再如,汉语中的"看"也是如此。看电影即 see a film,看电视即 watch TV,看地图则为 study a map。

3. 特殊词汇差异

由于不同民族对数字词的偏好不同,引申出的数字词的文化内涵也存在明显的差异。下面就对一些具体数字词的文化内涵进行比较。

(1)英汉数字词差异

①one 与"一"。

英语中的 one 作为所有数字中的第一个,将其视为"万数之首"。英语中的 one 代表开始,是万物的起源。例如,西方毕达哥拉斯学派曾经就试图用数字对一切进行解释,并认为 one 是万物的本源,并从数产生出点、线、面、体等。英语中的 one 可以代表"统一""同一",代表的是一致的概念。例如:

one and the same 同一个

at one 完全一致

英语中的 one 可以代表"少"的概念。例如:

One flower makes no garland.

一朵花做不成花环。

对中国而言，从古代到今天，中华民族经历了太多次的分分合合，从分裂走向联合，并且每一次的联合不仅是力量的凝聚，更是人们意志力的凝聚。中华民族在政治上逐渐实现高度的统一。下面将具体分析"一"的含义。汉语中的"一"可以代表开始。例如，中国的老子在《道德经》中说道："一生二，二生三，三生万物。"在老子看来，一切事物都包含有"一"的性质或者成分。汉语中的"一"可以代表"统一""同一"。例如，"万众一心"的说法就是数字"一"的运用。汉语中"一"可以代表"少"的概念。例如，在汉语中有"一目十行"等的说法。

除了上述相似之处外，英语中的 one 与汉语中的"一"也存在一些明显的不同。例如，汉语中"一"可以和一些词搭配产生新的意义，但是这些意义在英语中很难找到与之对应的成分。例如：

一旦 once

一马当先 to go far ahead the others

②two 与"二"。

英语中的 two 既有消极意义，也有积极的意义。

第一，英语中的 two 可以代表人神的结合。例如：

Two's company, three's none.

两人结伴，三人不欢。

第二，英语中"死亡"一词是 die，而 dies 是 die 的复数形式，因此在英语中，two 代表的寓意是不详。例如，古罗马人将 2 月份视作祭奠日，毕达哥斯拉将"2"视作"邪恶、不和"。

另外，由于两美元的钞票很容易让人想到纸牌中的"deuce（厄运）"，因此美国人常常将两美元的钞票撕掉一角，期望能摆脱厄运。例如：

It makes two to tango.

有关双方都有责任。

Two of a trade never agree.

同行是冤家。

在汉语中，从哲学意义上来说，我国古代神话传说中盘古开天辟地，将原始混沌一分为二。在这种二元思想的影响下，中国人将偶数视为吉利和美的数字，并给予了"二"很多美好的寓意。

第一，"二"常用于名字上。为了追求好的运气，中国人尝使用"双""对"这样的字，如李对红、李双双、李小双等。

第二，"二"常用于成语中。例如，汉语中有很多与"二"相关的成语，并且与美好、吉利联系起来,如"两全其美""比翼双飞""智勇双全""双面佳人"等。

第三,"二"也常用于传统佳节中的赠礼,一般送双份礼物,表达对礼物赠送对象的祝福。中国的诗歌也非常看重对偶、对仗等修辞。同时,中国建筑的布局也多为对称格局,这体现了汉民族对双数是非常看重的。

③three 与"三"。

受古希腊、古罗马神话的影响,西方文化中的 three 是尊贵的代名词,即用 three 象征神性的例子有很多。例如:

All great things go by threes.

所有好事都以三作为标准。

Number three is always fortunate.

第三号一定运气非常好。

可见,three 在西方人眼中是一个完美的数字,也体现出他们对 three 的偏爱,具有崇高的色彩。

对数字"三",中国人认为"三"就代表着多,即多数、多次的含义。例如:

三番五次;

三令五申;

三人行必有我师焉;

三个臭皮匠,赛过诸葛亮。

除了这一点,"三"还有神圣、圆满的含义,是吉祥的意思,这一点在中国的礼节中多有呈现。例如:

三叩首:结婚时,夫妻需要敬拜。

三呼万岁:古代臣子面见皇帝时高呼的口号。

三纲:古代的君臣关系、父子关系、夫妻关系。

三族:祖孙三代,即父、子、孙。

另外,数字"三"与"生"谐音,在粤语中体现得更为明显,因此广东人、香港人特别喜欢"三",在挑选号码时也都崇尚这个数字组合。例如:

"13":一生。

"1314":一生一世。

"5201314":我爱你一生一世。

④four 与"四"。

在西方人眼中,four 是非常受人们欢迎的,其与 three 一样,被认为是方形的代表,因此是非常全面和稳固的。在西方人看来,人们生活的世界都离不开 four 这个数字,因此也诞生了很多与 four 相关的语言。例如:

four leaf clover 幸运草
on all fours 完全吻合
foursquare 诚实坦率的

在中国人眼中,"四"与"死"谐音,因此中国人对于"四"这个数字是极度厌恶的。人们在选择门牌号、车牌号时,也会避开这个数字。

在一些喜庆的场合,人们也会避讳这个数字。例如:

"十四":实死。

"五十四":吾实死。

另外,在日常语言中,人们会经常运用一些与"四"相关的变异的表达。例如:

四面楚歌:四面都有敌人,表达一种孤立无援的情况。

四眼鸡:戴有色眼镜的人。

需要指出的是,"四"完全是贬义的,也存在褒义颜色,表达一种齐全与圆满,如"四平八稳"等。

⑤five与"五"。

英语中与 five 相关的习语并不多见,因为西方人认为 five 这个数字很不吉祥。并且,英语中 five 的构词能力与其他数字相比是较少的。但是,英语中的"星期五"这个词的用法与意义却很多。例如:

Girl Friday 得力助手(尤指女秘书)

Man Friday 男忠仆

在汉语中,数字"五"有着特别重要的意义。在中国古代,有"五行"之说,即"金、木、水、火、土"这五大元素。在这五行之中,五大元素相克相存。同时,"五"在数字一到九中居于中间,是奇数,也是阳数。五行相克展现了中华民族的辩证思维的体现,呈现的也是汉民族的价值观,具有深远的哲学意义。另外,汉语中与"五"相关的说法还有很多。例如:

五官:耳、眉、眼、鼻、口。

五常:仁、义、礼、智、信。

五味:酸、甜、苦、辣、咸。

五义:父义、母慈、兄友、弟恭、子孝。

五服:斩衰、齐衰、大功、小功、绍麻。

五音:宫、商、角(jué)、徵(zhǐ)、羽。

此外,数字"五"常与其他数字并用,如"三五成群、五湖四海、三皇五帝、五花八门"等。

总体来看,汉语中数字"五"的意义一般为褒义,但是也有人因为数字"五"与"无""乌"的发音相似,因此开始讨厌数字"五"。

⑥six与"六"。

在西方文化中,six与中国的"六"的寓意完全相反。在西方人眼中,six是一个凶数。英语中与six相关的习语大多都包含贬义色彩。例如:

six of one and half a dozen of the other 半斤八两

at sixes and sevens 乱七八糟

hit sb. for six 给……以毁灭性的打击

be six feet under 归西

在中国文化中,数字"六"与"禄"谐音,因此寓意平安、福禄,被中国人视为吉祥与顺利。从古至今,人们都喜欢用"六"来表达美好的事情与事物。例如:

身怀六甲:古代妇女怀孕。

六合:天、地、东、南、西、北。

六畜兴旺:各种家禽、牲畜繁衍兴旺。

现如今,人们在生活中也会选择与"六"相关的数字,例如:

"168":一路发。

"66899":路路发久久。

⑦seven与"七"。

在西方文化中,seven是一个十分吉利的数字,含有圆满、幸运的意思。这是因为上帝用七天创造了世界,圣母玛利亚有七件高兴的事情。因此,西方文化中的善事、美德等都与seven有着紧密的联系,并且诞生了很多与seven有关的习语。例如:

Keep a thing seven years and you will find a use for it.

东西保存时间长了总会派上用场的。

另外,人们熟悉的一些品牌也都用上了seven。例如:

Seven friday 手表品牌

Seven Stars 七星服饰

在中国人眼中,"七"是比较忌讳的,如人死后的第七天被称为"头七",七七四十九天会还魂,家属需要告慰亡魂。正是有着这样的寓意,因此中国人避讳送礼送七件,而往往选择八件。

在办喜事时,人们也不会选择有"七"的数字,宴席也不会用七道菜等。

农历七月七是中国人熟知的日子,但是在这样的日子中,人们是不会选择办喜事的,这源自牛郎与织女的典故。因为每年的这一天,牛郎与织女会相会,人们相信如果这一天下雨,那么必定是二人的眼泪,表达一种伤心之情。另外,与"七"相关的很多习语也都包含贬义的色彩。例如:

七拼八凑:胡乱凑合,将零落的东西胡乱凑起来。

七零八落：零散的样子，原来整齐的东西现在变零散了。

⑧eight与"八"。

在西方人眼中，竖着摆放的"8"是幸福，横着摆放的"8"是无穷，二者相加则代表"无穷无尽的幸福"。因此，人们争相追逐"8"，甚至会影响到生子的时间。

中国人眼中的数字"八"象征着满足，无论是工作上的满足、生活上的满足，还是名誉上的满足等。在民间，数字"八"的谐音也很丰富，并受到人们的欢迎，尤其很多商人为了博取好彩头，不惜代价买与"八"或"8"相关的东西。例如：

"158"：要我发。

"918"：就要发。

"888"：发发发。

另外，数字"八"还是"四"的倍数，因此有了完美、周到的含义。例如：

才高八斗：形容一个人知识丰富、文采卓越

八菜一汤：用来招待客人的传统礼节

在西方文化中，eight的谐音也具有褒义色彩，是一个吉祥的数字。同时，由于"8"是由两个"0"构成的，因此被认为对两性具有特殊的意义，是和谐稳定的符号。

⑨nine与"九"。

在西方人眼中，nine是"神数"，与three有着同等重要的地位，并且nine是three的三倍，而任何事强调"三位一体"，这才能达到一个完美的统一，因此nine有了完美、圆满的意义。例如：

nine pins 保龄球的九个瓶装木柱

a cat has nine lives 猫有九命

在中国古代文化中，数字"九"被认为是数之极，即"天数"，表达了多的含义。例如：

九曲回肠：忧虑到了极点，痛苦到了极点。

九重霄：极高的天空。

另外，中国古代文化中的"九"是非常神秘的，是龙或蛇图腾化的文字，也正因如此才演化出尊贵与神圣的含义。皇帝喜欢用"九"象征自己的权力与地位。例如：

九五之尊：古代帝王的尊位。

九宗七祖：祖宗的全称。

⑩ten与"十"。

毕达哥拉斯学派指出，在自然数中，"十"是前四个自然数相加所得的

数字,是完美、全体的象征。在英语中,与 ten 相关的表达有很多,并且有着特别的意义。例如:

the upper ten 社会精英

ten to one 十之八九

同样,在汉语中,"十"代表十全十美,并且汉语中有很多与"十"相关的成语,如"十全十美""十年树木"等。

可以说,数字"十"是中国人的性格中的一个重要组成部分。例如,北京有"十里长街",南京有"十里秦淮",上海有"十里洋场",花有"十大名花"等。

(2)颜色词差异

①black 与黑。

对于"黑",《说文解字》中是这样定义的:黑,火所熏之色也。《辞海》也对其进行注释,将其解释为煤炭一般的颜色。

英语《朗文当代高级词典》(*Longman Dictionary of Contemporary English*)中将 black 定义为:夜晚或煤炭的颜色(the dark color of night or coal)。

大体上说,无论在英语还是汉语中,黑色的内涵基本相同。例如,黑色代表着悲哀,在葬礼上,英美人、中国人都习惯穿黑色服装、佩戴黑纱。同时,黑色代表着黑暗、恶势力,如汉语中的"黑帮""黑社会",英语中的 black money(黑钱),black day(凶日)等。

但是,除了这些相似之外,关于"黑",在英汉两种语言中也存在着一些差异。

与汉语中的"黑"相比,英语中的 black 有其自身独特的内涵。这主要可以在《圣经》中呈现。在《圣经》中,black 象征着魔鬼与不幸,因此 black 在西方人的眼中是一种禁忌颜色,因为出现这一颜色,就意味着灾难即将到来。例如:

black words 不吉利的话

black death 黑死病

black Man 恶魔

blackmail 敲诈

black sheep 败家子

除此之外,black 还有愤怒的意思。例如:

a black look 怒气冲冲地看着

black in the face 脸色铁青

在中国古代,黑色是尊贵的代表,也是铁面无私、阳刚正义的化身,这里的黑色蕴含着褒义的颜色。尤其在戏剧脸谱中,佩戴黑色脸谱的人象征着憨直与刚正不阿。

另外,由于黑色本身有黑暗的意思,因此其也有贬义的一面,是恐怖、阴险的代表。例如:

黑心肠:阴险毒辣的人。

黑名单:持有不同政见的人的名单。

走黑道:干违法勾当的人。

黑店:干杀人越货勾当的人。

黑市:进行非法交易的地方。

黑钱:利用非法手段获得的钱财。

②white 与白。

对于"白",《说文解字》中是这样解释的:白,西方色也。《辞海》认为"白"如同雪一样。

英语《朗文当代高级词典》中将 white 界定为:牛奶、盐、雪一样的颜色(the color of milk, salt and snow)。

对于 white,西方人除了表达真正意义的"白",还将其化身为高尚、纯洁、吉利、公正的代名词。在西方人眼中,白色是令人崇拜的颜色。

根据《圣经》记载,以色列人祭拜上帝的供品全都是白色的,基于这一寓意,白色就被认为是节日的颜色,并且与好兆头相关联。

正是由于白色象征着纯洁、光明、和平、善良等,因此英语中有很多与 white 相关的词汇。例如:

Snow White 白雪公主,是善良、聪明的化身

white wedding 穿着白色婚纱的婚礼,主要是新娘的装束

white sheep 白色的绵阳,指善良、美好的东西

white man 高尚的人

white soul 心灵纯洁

white handed 正直的人

当然,西方的 white 并不完全用作褒义,也可以用作贬义。例如:

white feather 懦弱,不是指代白色的羽毛

white hot 愤怒的,不是指代白热

white faced 脸色苍白的,不是指代皮肤是白色的

在汉语中,白色有着不吉祥的寓意,如"白事"就是丧事的意思。一般在办丧事的时候,家里人会贴上白纸、带上白帽、穿上白衣,来表达对逝去之人的尊重与悼念。除此之外,白色还有其他的寓意。例如:

白痴:智力低下的人。

白虎星：旧时候的一种迷信，即给人带来祸患之意。

白干：费力不讨好，或者出了力未收到明显的效果。

白区：非常腐败与反动，也是落后的代名词。

除了这些贬义含义，白色也有着褒义的一面。因为白色代表着明亮、干净，因此人们形容一个人纯洁可以说"洁白如玉"。白色还有光明、善良的意思，因此人们称医院的医生、护士为"白衣天使"。

③red 与红。

对于"红"，《说文解字》是这样解释的：红，帛赤白也。《辞海》中认为"红"如血、火一样的颜色。

英语中《朗文当代高级词典》将 red 解释为：血或火的颜色（the color of blood or fire）。

如前所述，西方文化大多源自《圣经》，并且与现实密切相关。在西方文化中，red 与鲜血的颜色是一样的，而鲜血在西方人眼中，象征着"生命之液"，如果献血流淌出来，就意味着生命将会凋谢。因此，red 就有了危险、暴力的含义。著名翻译家霍克斯在他的《红楼梦》译作中，由于知道 red 有这层含义，因此并没有把名字中的"红"翻译成 red，而是采用了《石头记》这一曾用名，即翻译成了 *The Story of the Stone*。

另外，在有些方面，"红"会给人带来厌恶与忧愁之感。例如：

red district 红灯区，即指代城市中从事色情活动的地方

red-tape 官僚作风，指的是办事拖拉、手续烦琐、不讲究效率

red-neck 乡巴佬，指的是美国南部地区的红脖子人群

Red Brigade 红色旅，指恐怖组织，专门从事破坏、暴力、抢劫、杀人等活动

在汉语中，红色代表着高贵，这源自中国古人对日神的崇拜。也就是说，太阳从东方升起，火红的颜色与高温带给中国古人神秘之感。因此，在古人眼中，红色是值得崇敬的。

在汉语中，"朱红"一般是身份地位显赫的代表，如达官贵人住的地方是"朱门"，穿的衣服是"朱衣"。

另外，红色还有忠诚、喜庆、兴旺、温暖的含义，如传统婚礼中的红蜡烛、红盖头，戏曲中的红色脸谱等。可以看出，在中国的传统文化中，红色是受到人们崇尚的颜色，其是中国人物质与精神追求的体现。这也给红色带来了很多褒义的色彩。例如：

红火：生意热闹、繁华、兴旺。

红军：中国建国初期的武装。

走红：人的境遇逐渐变好，或者生意逐渐顺利、成功。

红人:得到上司欣赏和宠信的人。

分红:合作做生意而得到的经营利润。

红装:女子穿着盛装。

红颜:女子较好的容颜。

④green与绿。

对于"绿",《说文解字》中这样解释:青,东方色也。《辞海》中将"绿"等同于绿色植物的颜色。

英语《朗文当代高级词典》将green解释为:青草或叶子的颜色(the color of grass and leaves)。

在英语中,green的基本含义为茂盛的草木的颜色,寓意青春与和平。在西方文化中,green有着丰富的内涵,具体来说表现为如下几点。

象征眼红与嫉妒。例如:

green as jealousy 嫉妒,十分嫉妒

green-eyed monster 妒忌

象征精力旺盛、朝气蓬勃。例如:

a green old age 老当益壮

in the green 正值青春

green shoots 茁壮成长的幼苗

象征生疏的、新手的、没有经验的。例如:

green horn 无经验的,易受骗的

green hand 新手

在汉语中,绿色不仅代表生机与希望,还代表着生态与环保。在中国古代的著作中,很多人都用"绿"指代年轻的女子。例如:

绿媛:年轻的女子。

绿窗:年轻女子的住所或闺阁。

绿鬓:光亮、乌黑的鬓发,也可指代年轻的容颜。

同时,在中国古代,颜色与阶层有关,是政治身份的代表。例如,唐代时期,着紫色服装的为三品以上官员,着深绯色衣服的为四品官员,着浅绯色衣服为五品官员,着深绿色衣服的为六品官员,着浅绿色衣服的为七品官员,着深青色衣服的为八品官员,着浅青色衣服的为九品官员。

近些年,由于资源浪费、环境污染的严重,生态出现了失衡的情况,人们越来越关注人与自然的和谐相处。因此,绿色也成为无污染、环保、可持续发展的代名词,如"绿色食品""绿色家电""绿色能源""绿色出行""绿色奥运""绿色包装""绿色消费"等。再如:

邮政绿色标志:畅通无阻、方便快捷。

开绿灯:为人们提供方便的条件。

绿色通道:为人们提供快捷的服务。

当然,"绿"也存在着一些贬义色彩,如表达幼稚、卑贱的意思,但是只是占少数而已,如"愣头青""绿帽子"。

⑤yellow 与黄。

对于"黄",《说文解字》中这样解释为:黄,地之色也。《辞海》中将"黄"等同于金子或者麦子成熟后的颜色。

英语《朗文当代高级词典》中将 yellow 解释为:黄油、金子、鸡蛋黄的颜色(the color of butter,gold,or the middle part of an egg)。

在英语中,yellow 代表着忧郁、猜忌等含义,也有着胆小、卑鄙的意思。在《圣经》中,犹大为了钱财而出卖耶稣,并且由于犹大总是穿着黄色衣服,因此 yellow 就有了背叛的贬义色彩。例如:

yellow looks 多疑的神色、阴沉的神色

yellow dog 卑鄙的人、卑劣的人

yellow streak 卑怯、胆小

除此之外,yellow 还有无文学价值、趣味低级的意思。例如:

yellow back 廉价的小说

yellow press 黄色报刊

在汉语中,黄色的意义很丰富,并且非常重要。在古代,黄色是五个正统颜色之一,因为黄色意味着大地的颜色,因此代表的是一种尊贵的权利。也就是说,黄色一般为古代君王所有,是中央政权的集中。普通人是不能随便使用这一颜色的。例如:

黄袍:皇帝的衣服。

黄袍加身:政权变动。

皇榜:皇帝颁发的诏书。

黄马褂:皇帝赐给朝臣的官服。

除了尊贵之意,汉语中的"黄"还有幼儿、婴儿的含义,如"黄口小儿""黄毛丫头"就是这样的代表。

⑥blue 与蓝。

对于"蓝",《说文解字》中这样解释:蓝,染青单也。《辞海》中将"蓝"定义为:天晴朗时天空的颜色。

英语《朗文当代高级词典》中将 blue 定义为:天晴时天空或大海的颜色(the color of the clear sky or of the sea on a fine day)。

相对于汉语中的"蓝",英语中的 blue 含义就非常广泛。一般来说,blue 可以用来指代忧郁、不快乐的心境。例如:

a blue fit 气愤、震惊,对……不满意

in a blue mood 低沉的情绪

a blue Monday 沮丧难过的星期一

英语中还用blue还可以用于表示权势与地位,是贵族与王室的代名词。例如:

blue blood 贵族血统

a blue moon 难得的机会

blue-eyed boys 受优待的员工

另外,英语中的blue在经济用语中也十分常见。例如:

blue chip 热门政权

blue-sky market 露天市场

blue-sky law 蓝法

在汉语中,关于"蓝"的解释并不多,一般指的是天空或大海,引申含义为心胸广大、心旷神怡,是对美好未来的一种憧憬之情,如"蓝图"就是最好的例子。

(3)动物词差异

①dragon与龙。

英语中的dragon与龙的文化内涵存在明显的差异,这是最为典型的例子。在西方的神话传说中,dragon是一种有着巨大蜥蜴、长有翅膀、身上有鳞、具有长蛇尾、能喷火的动物,是邪恶的代表。甚至,dragon被西方人认为是凶残的,应该被消灭,这在很多古代神话人物事迹中可以体现出来,很多英雄都会去剿灭这种怪物,并且最后以怪物被杀作为结局。现实中,有很多与dragon相关的包含贬义的说法。例如:

the great dragon 恶魔撒旦的称呼

to sow dragon's teeth 播下了不和的种子

相比之下,中国人眼中的"龙"是一个图腾的形象。在中国的古代传说中,龙能降雨,能上天入地,集合了多种动物的本领。中国人赋予了龙吉祥的象征,并为是"龙的传人"而感到非常自豪。在中国几千年的历史中,龙的地位一直非常高大,并作为封建皇权的一种象征,如"真龙天子""龙袍""龙脉"就是典型的代表。

中华民族推崇龙的英勇不屈的精神,也正是基于这一精神,中华民族力图将其发扬光大,形成一种不屈不挠的精神观念,构成中华民族的一种道德规范。因此,在汉语中与"龙"相关的成语有很多。例如:

画龙点睛

生龙活虎

龙腾虎跃

龙飞凤舞

另外,很多人也期待自己的孩子能成为人中龙凤,因此在起名的时候也多用龙,如"贺龙""李小龙"等。

②phoenix 与凤凰。

在英语中,phoenix 又可以称为"不死鸟",长满火红色或者金黄色的羽毛,是一种灵鸟。传说其在阿拉伯沙漠生存了500～600年,临死前会为自己筑巢,并在其中铺满香料,唱出一曲婉转的歌,然后用翅膀将火扇旺,焚烧而死,但三天后又会在灰烬中复生,因此英语中的 phoenix 又有了复活、再生的含义。例如:

It like a phoenix, has been resurrected from the ashes of the war.

它如同传说中的凤凰一般,在战争的灰烬中又重生了。

在中国,凤凰是一种非常奇异的动物,是百鸟之王,人们认为凤凰是太平的象征,不仅会给人们带来吉祥安康,还预示着人们的美好品德。例如:

凤毛麟角:指不可多得的人、珍贵的人。

山窝里飞出了金凤凰:指在山村出了有特殊才能的人。

同时,凤凰还被认为是幸福的化身,代表着爱情与安宁,凤凰往往与龙齐名,是阴阳两性的代表。在古代社会,龙代表的是帝王,而凤凰代表的是皇后,其不仅是皇权的代表,还是夫妻恩爱的代表。

③monkey 与猴。

在英语中,猴子被认为是聪明的动物,也被认为是爱搞恶作剧的动物,常常用来代表贪玩、爱搞恶作剧的小孩。在英语中,很多习语都体现了这一点。例如:

monkey around 胡闹、闲荡

monkey with 鼓捣、瞎摆弄

make a monkey of sb. 戏弄某人、耍弄某人

在汉语中,猴与"侯"同音,而"侯"代表的是一种官爵,因此汉语中的猴是一种非常吉祥的动物,当人们提到猴时,往往会联想到《西游记》里面的美猴王孙悟空,备受人们的喜爱。在中国人眼中,猴子非常可爱、活泼,也非常聪明。

④dog 与狗。

狗在英汉民族中都非常常见,虽然他们对狗的指称意义是一致的,但是对养狗的态度与目的却不同。

在英语中,dog 的地位是非常高的,它们不仅用于打猎、看家,还往往是为了陪伴。有的人没有儿女,往往用 dog 来替代,他们的 dog 往往有很多

特权与优待,有吃有穿,还有音乐家为其专门谱的"狗曲",生病时还往往请兽医来诊治,还会请专科医生、心理学家来疏导与治疗。如果主人外出,它们还可以享受假期待遇。可见,在外国人眼中,dog 的地位是非常高大的,因此也诞生了很多与之相关的短语。例如:

Lucy is a lucky dog.

露西真幸运。

Every dog has its day.

人人都有得意的一天。

相比之下,中国人眼中的狗是令人讨厌的动物,代表着龌龊、肮脏。很多与狗相关的语言都是用来骂人的。例如:

狗仗人势

狗急跳墙

鸡鸣狗盗

狗胆包天

狼心狗肺

狗眼看人低

狗嘴里吐不出象牙

⑤owl 与鹰。

在古希腊、古罗马神话故事中,owl 往往在雅典娜女神旁边栖息,因此英语中的 owl 代表着智慧,是一种智慧之鸟,如果禽兽之间发生冲突,往往会请 owl 来裁决,在紧要关头也需要 owl 来救助。例如:

as wise as an owl 像老鹰一样有智慧

He peered owlishly at us.

他机智地审视着我们。

在汉语中,猫头鹰的形象和 owl 相比则是完全不同的。由于猫头鹰往往在夜间出没,并且往往盘旋于坟地上方,发出的叫声也比较凄惨,因此中国人认为猫头鹰是不吉利的。民间甚至有这样的传说:如果猫头鹰在谁家的树上降落,或者谁听到了猫头鹰的叫声,那么就意味着他或她将要面临死亡。这样一来,人们将猫头鹰与厄运、倒霉等联系起来,认为猫头鹰是不祥的,也诞生了很多与之相关的说法。例如:

夜猫子进宅,无事不来。

夜猫子进屋,全家都哭。

夜猫子抖搂翅,大小有点事儿。

⑥whale 与鲸。

whale 的体型非常巨大,富有极多的脂肪,如果被抓获,那么就意味着

收获颇多。因此,英语中的 whale 意味着美好、吉利的事情或人。例如:

whale on skating 滑冰高手

a whale of a chance 非常好的机会、极好的机会

a whale at tennis 擅长网球的人

在中国,国人对鲸鱼的利用价值并不是非常在意,而是在意它的食量,这也许与中国人长期受粮食问题的困扰有关。因此,鲸鱼往往代表的是以强食弱、欲壑难平。例如:

大则鲸吞盘踞

蚕食鲸吞

这些词语都比喻在兼并土地的时候,像鲸鱼一样吞食或大口地咽下。

⑦bull 与牛。

在英语国家,牛不被认为是农家宝,而是一种食物。他们眼中的牛有着满身的缺点。例如:

like a bull at a gate 凶悍、狂怒

a bull in a china shop 闯祸的人、鲁莽的人

throw the bull 说胡话、胡言乱语

John Bull 约翰牛,鲁莽的人、躁动不安的人

相比之下,中国是一个农业大国,有着历史悠久的水稻历史,牛对人们的感情颇深,被人们认为是农家宝。甚至,在《牛郎与织女》这一民间传说中,牛郎与牛相依为命,牛为主人的幸福奉献了自己的故事。

另外,牛还有着忍辱负重的意思,如"孺子牛"被认为是甘于为人们奉献的人。虽然也有"牛脾气"这样的说法,但是只能说这是一个中性的意思,牛的形象在中国人的心中非常高大。

⑧cat 与猫。

在西方文化中,cat 是魔鬼的化身,在中世纪,它是巫婆的守护神,尤其是黑色的 cat,更让西方人躲避,非常厌恶。因此,英语中常使用 cat 一词代表包藏祸心的人。例如:

Andy is a cat.

安迪是一个邪恶的人。

在中国文化中,猫一般是精灵、可爱的代表。中国人对猫是非常喜欢的,因为猫可以和主人做伴、可以消遣,还能抓老鼠,非常实用。

⑨bat 与蝙蝠。

在西方的传说中,bat 是一种邪恶的动物,往往与黑暗有着密切的关系。英语民族一提到 bat,往往会联想到 vampire,即吸血蝙蝠。传说中的 vampire 会在夜间离开墓地,去吸食人们的鲜血,让人们非常恐惧,所以人

们对它也是非常厌恶的。英语中的很多成语都表明了这一特点。例如：

crazy as a bat 如同蝙蝠一样疯狂

as blind as a bat 如同蝙蝠一样瞎

但是，在汉语民族中，蝙蝠给人的感受是不一样的，由于其与"福"字的发音相同，因此被人们认为是健康、幸福的代表。在中国的很多传统画作中，蝙蝠与鹿往往被放在一起，意味着"福禄"，代表荣华富贵，保佑人们能福禄安康。同时，又因为"红蝠"与"洪福"谐音，因此红色的蝙蝠更为吉利。

⑩magpie 与喜鹊。

在英语中，magpie 象征着唠叨、饶舌，同时还代表杂乱与混杂。例如：

Lucy kept muttering like a magpie.

露西像喜鹊一样在那吵闹。

Andy is a magpie.

安迪是一个饶舌的人。

to magpie together 鱼龙混杂

a magpie collection 大杂货堆

相比之下，在汉语中，喜鹊代表吉祥，它的叫声能给人们带来喜讯。例如：

晴色先从喜鹊知。

鹊声喧日出。

破颜看鹊喜，拭泪听猿啼。

(4) 植物词差异

①daffodil 与水仙。

英语中的 daffodil 是道德的象征，代表的是一种自我欣赏、傲慢、自尊自大。在希腊神话中，那喀索斯（Narcissus）是一位美少年，但是他只爱惜他自己，对他人不关心，回声女神厄科向他表达爱意，他直接拒绝了她，之后厄科逐渐憔悴，躯体消失，只留下了在山林中的回声。爱神阿佛洛狄特为了惩罚那喀索斯，让他迷恋上了自己的倒影，最后憔悴而死，死后化成了水仙花。因此，daffodil 有了与 narcissus 同样的寓意。

另外，英语中的 daffodil 还可以代表春天与活力。例如：

I wonder'd lonely as a cloud.

That floats on high o'er vales and hills.

When all at once I saw a crowd,

A host, of golden daffodils;

Beside the lake, beneath the trees,

Fluttering and dancing in the breeze.

汉语中的水仙花是"花草四雅"之一,在我国已经有1 000多年的培育历史了,从宋朝以来,有很多对水仙花歌颂的诗词。水仙花在诗词中被认为是"凌波仙子",代表的是轻盈漫步的仙子,因此有了"高雅、脱俗"的含义。

②crab apple与海棠。

英语中的crab apple与我国的海棠品种不同。英语中的crab apple只有山楂树,口味比较酸涩,人们常用其来比喻"孤僻的人、性格不随和的人"。例如,《造谣学校》中有这样一句"… with his odious uncle, Crabtree"(带着他那讨人厌的叔叔)。

在汉语中,海棠是娇艳动人、风姿绰约的代表,其中有的红中有白,有的白中泛红,如同少女的脸颊。因此,海棠花的第一个寓意就是"美貌"。例如,唐朝何希尧的《海棠》中有"著雨胭脂点点消,半开时节最妖娆。"诗人将半开海棠的娇娆展现在读者面前,如同一位娇羞的少女,在春雨中是那样得楚楚动人。

另外,海棠花的第二个寓意是春天来临,给人以春色盎然的感觉。例如,宋朝王诜的《海棠》中有"海棠开后月明前"的诗句。

③rhodora与杜鹃。

英语中的rhodora代表的是"美丽",有这样的一首诗。

Rhodora! If the sages ask thee why this charm is wasted on the earth and sky,

Tell them, dear, that if eyes were made for seeing,

The beauty is its own excuse for being.

在汉语中,杜鹃不仅指的是杜鹃花,还指杜鹃鸟。传说杜鹃花是由杜鹃鸟啼血演变而来的。杜鹃花有"花中西施"的称呼,并被后人传诵。唐代诗人白居易对杜鹃就非常热衷,他做过很多与杜鹃相关的诗词。例如,

谪仙初堕愁在世,姹女新嫁娇泥春。

日射血珠将滴地,风翻火焰欲烧人。

闲折两枝持在手,细看不似人间有。

花中此物似西施,芙蓉芍药皆嫫母。

这首诗最能体现白居易对杜鹃的喜爱。

④willow与柳。

英语中的willow指代的是悲伤、悲哀的文化意义,尤其指代的是某人丧失配偶等忧伤的心情。例如,the green willow, to wear the willow都代表悲伤与失恋。

在汉语中,杨与柳可以混称为一种植物,即杨柳。其文化寓意也非常

丰富。其一,柳与"留"谐音,因此代表一种离别、留恋的意思。古代人往往用折柳代表赠别。其二,寄托思念,如"杨柳依依,今我来思"表达的是戍边战士对家人的一种思念之情。

同时,汉语中的柳还可以表达女人的美貌。例如:

柳腰:指代女子柔软的细腰。

柳眉:指代女子美丽的眉毛。

(二)句法差异

在英语中,句法起着十分重要的作用。了解中西方句法的不同特征,有助于更好地进行英汉互译。中西方句法的差异有很多,这里主要从语态、句子重心两个层面入手进行分析。这些差异也反映出使用不同语言的民族思维方式与文化心理结构的不同,因此是值得了解与研究的。

1. 语态差异

中西方思维模式的不同也必然会影响着语态的选择。通过分析英汉语可知,汉语善用主动语态,而英语善用被动语态。

(1)汉语善用主动语态。在做事层面,中国人侧重动作执行者的作用,即所谓的重人不重事儿。在语言使用中也是如此,中国人更习惯采用主动语态来表达,以陈述清楚动作的执行者。

但是,其在汉语中也存在被动语态,主要来表达不希望、不如意的事情,如受祸害、受损害等。受文化差异的影响,汉语中的被动语态往往比较生硬。例如,"饭吃了吗?"这句话虽然使用了被动语态的表达方式,但是显得非常别扭,甚至很难读,因此应改为:"你吃饭了吗?"

(2)英语善用被动语态。西方人对物质世界的自然规律是非常看重的,习惯弄清楚自然现象的原理。在语言表达上,他们习惯采用被动语态来对活动、事物规律或者动作承受者加以强调,对被做的事情与过程非常看重。

从语法结构上说,英语中存在十多种被动语态,并且时态不同,其被动语态结构也存在差异。例如:

Apple trees were planted on the hill last year.

去年山上种了很多苹果树。

这个句子为一般过去时态,其被动语态表达的也是过去的情况。

2. 句子重心差异

在句子重心上,汉语句子重心在后;英语句子一般重心在前。也就是说,汉语句子一般把重要信息、主要部分置于句尾,而次要信息、次要部分置于句首。英语句子一般将重要信息、主要部分置于主句之中,位于句首。例如:

He was repeatedly defeated though he fought over and over again.

He fought over and over again though he was repeatedly defeated.

这源于一个传说,清朝末期,湘军头领曾国藩围剿太平军的时候,接连失败,甚至有一次差点丢了性命。于是,他向朝廷报告战事时说:"屡战屡败",翻译成英语为第一句话。但是,他的军师看到了这一点,立即将其改为"屡败屡战",即第二句话。

从字面看,这两句话中用了同样的词,只是更改了语序,但是含义大相径庭。"屡战屡败"说明曾国藩一直失败,丧失信心,甘愿领罚;而"屡败屡战"则说明曾国藩是一个忠肝义胆的汉子,应该受到朝廷的褒奖。正是由于军师巧妙地更改,不仅保全了曾国藩的面子,也救了他的性命。因此,在翻译成英语时,也需要注意重心的问题。

(三)语篇差异

对英汉两种语言来说,语篇即语言的运用,是更为广泛的社会实践。在英汉语言中,语言是词汇、句子等组合成的语言整体,是实际的语言运用单位。人们在日常交谈中,运用的一系列段落都属于语篇。同时,语篇功能、语篇意义等都是根据一定的组织脉络予以确定的。英汉语篇在组织脉络上存在着明显的差异,这些差异影响着人们的谋篇布局。

1. 逻辑连接差异

(1)隐含性与显明性。所谓隐含性,是指汉语语篇的逻辑关系不需要用衔接词来表达,但是通过分析上下文进行推断与理解。相反,所谓显明性,是指英语中的逻辑关系是依靠连接词等衔接手段来衔接的,语篇中往往会出现but,and等衔接词,这可以被称为"语篇标记"。汉语属于意合语言,英语属于形合语言,前者注重意念上的衔接,因此具有高度的隐含性;后者注重形式上的接应,逻辑关系具有高度的显明性,例如:

跑得了和尚,跑不了庙。

The monk may run away, but never his temple.

上述例子中,汉语原句并未使用任何连接词,但是很容易理解,是明显的转折关系。但是,在翻译时,译者为了符合英语的形合特点,添加了but一词,这样才能被英语读者理解。

(2)展开性与浓缩性。除了逻辑连接上的显明性,在汉语中也呈现展开性,即常使用短句,节节论述,这样便于将事情说清楚、说明白。英语在语义上具有浓缩性。显明性是连接词的表露,是一种语言活动形式的明示,但是浓缩性并非如此。英语具有独特的思维方式与语言特点,这也决定了表达方式的高度浓缩性,习惯将众多信息依靠多种手段来思考,如果将其按部就班地转化成汉语,那么必然是不合理的。例如:

She said, with perfect truth, that "it must be delightful to have a brother," and easily got the pity of tender—hearted Amelia, for being alone in the world, an orphan without friends or kindred.

她说道,"有个哥哥该多好啊,"这话说得入情入理。她没爹没娘,又没有亲友,真是孤苦伶仃。软心肠的阿米莉亚听了觉得她很可怜。

上例中,with perfect truth 充当状语,在翻译时,译者在逻辑关系上添加了"增强"的逻辑关系。英语介词与汉语介词不同,是相对活跃的词类,因此用 with 可以使感情更为强烈,在衔接上也更为紧密。相比之下,汉语则按照语句的次序进行平铺,这样才能让汉语读者理解和明白。

(3)迂回性表述与直线性表述。英汉逻辑关系的差异还体现在表述的迂回性与直线性上。汉语侧重铺垫,先描述一系列背景与相关信息,最后总结陈述要点。英语侧重开门见山,将话语的重点置于开头,然后再逐层介绍。例如:

Electricity would be of very little service if we were obliged to depend on the momentary flow.

在我们需要依靠瞬时电流时,电就没有多大用处。

上例中的逻辑语义是一致的,都是"增强",但是在表述顺序上则相反。英语原句为主从复合句,重点信息在前,次要信息在后,在翻译成汉语后,则优先介绍次要信息,而后引出重点信息,这样更符合汉语的表达。

2. 表达方式差异

(1)主题与主语。汉语属于主题显著语言,其凸显主题,结构上往往包含两个部分,一部分为话题,一部分为对话题的说明,不存在主语与谓语之间的一致性关系。英语属于主语显著的语言,其凸显主语,除了省略句,其他句子都有主语,并且主语与谓语呈现一致性的关系。对这种一致性关系,在英语中往往采用特定的语法手段。例如:

The strong walls of the castle served as a good defense against the attackers.

那座城墙很坚固,在敌人的进攻中起到了很好的防御效果。

显然,英语原句有明确的主语,即 The strong walls of the castle,并且其与后面的谓语成分呈现一致性关系。相比之下,在翻译成汉语后,其在结构上也符合汉语的表达,前半句为话题,后半句对前半句进行说明。

(2)主观性与客观性。中国人注重主观性思维,因此汉语侧重人称,习惯采用有生命的事物或者人物作为主语,并以主观的口气来呈现。西方人注重客观性思维,因此英语侧重物称,往往将没有生命的事物或者不能主动发出动作的事物作为主语,并以客观的口气加以呈现。受这一差异的影响,汉语往往以主体作为根本,不在形式上有所拘泥,句子的语态也是隐含式的,而英语中的主被动呈现明显的界限,并且经常使用被动语态。例如:

These six kitchens are all needed when the plane is full of passengers.

这六个厨房在飞机载满乘客时都用得到。

显然,英语句子为被动式,而汉语句子呈现隐含式。

二、大学英语教学中的文化差异

(一)价值观差异

1."天人二分"与"天人合一"

(1)西方人提倡"天人二分"

在西方国家,人们大多认为世界是客观的,是与人对立的一个存在,即"主客二分",人作为社会的主体,想要认识和了解世界,就需要站在对立面上对自然界进行认真的观察、分析、研究,如此才能从根本上了解和认识大自然,领悟大自然之美。

也就是说,西方人的文化审美强调对大自然进行模仿,认为文化就是对大自然的一种模仿。希腊是西方古代文化的发源地之一,这一地区最突出的文化艺术形式就是雕塑,其在很大程度上表现出了西方人的审美观念与标准。

除了雕刻,西方人还十分喜欢叙事诗,二者作为艺术领域的典型代表,都反映了西方社会"主客二分"的审美标准,是一种写实风格的体现。西方人认为,人对大自然的审美一般包括两种心理过程:畏惧、征服,因此人们对审美判断的最终结果往往也局限于这两种心理过程中。

(2)中国人提倡"天人合一"

众所周知,"天人合一"精神是中国传统文化的精髓,延续了数千年,在这一精神思想的影响下,人们在审美观念上主要体现为与大自然相融,人与大自然是一体的。

在中国古代历史上,很多哲学家、思想家都提倡"天人合一"的思想观念,他们认为艺术的表现同样应该体现出人与自然的天性上,要顺其自然,不可人为强制。

儒家所提倡的美学观点是美学自身不仅需要具有合理性的特征,还需要合乎伦理,与社会习俗观念相一致,实现"真""善""美"的统一。此外,中国古代历史上所形成的审美理论还重视体物感兴,即强调主体的内心与外在事物相接触。

2. 个人主义与集体主义

(1)西方人推崇个人主义

西方绝大多数的哲学倾向和流派都强调"主客二分",把主体与客体对立起来。所以,西方人从一开始就用各种方法征服自然,强调个人奋斗的价值,对个性、自由非常推崇,注重自我实现。但需要指出的是,个人主义并不意味着个人利益比任何利益都高,而是需要在法定的范围内,因此个人主义也是一种健康的、积极的价值观。不得不说,个人主义有助于个人的创新与进取,但是如果对个人主义过分强调,可能也会影响整个社会的亲和力。他们以批判的眼光看待已有的知识,从而不断获取新的知识。西方人的独立精神以及对个人存在价值的尊重,使得西方人逐渐形成了求异忌同、标新立异的开拓精神。因此,西方文化在继承、批判的呼声中不断推陈出新,从而保持旺盛的生命力。

(2)中国人推崇集体主义

中国人从日月交替等现象中产生了"万物一体""天人合一"的意识。这种意识也体现在人与人之间的关系上,因此中国人群体意识强,强调集体价值高于个人利益,追求社会的和平统一。当个人利益与集体利益发生冲突时,人们往往被要求与集体利益保持一致。虽然这种情况在当代社会有所改变,但是中国人仍旧饱含着强烈的集体归属感。同时,中国人以谦逊为美,追求随遇而安、知足常乐,而争强好胜、好出风头是不被看好的。

3. 追求变化与追求稳定

(1)西方人追求变化

西方人追求变化,认为"无物不变",尤其对美国这样一个多元移民的国家,人们为了满足基本的生存需要以及对物质的迫切需求,一直在求变、求创新。如果不进行创新,那么就不能满足他们已经取得的成就,也无法追求更美好的生活。因此,美国人往往不会受传统的限制,也不会受教育、家庭、个人能力等条件的限制,而是不停地在变换中探求个人的最大潜力,从而实现个人价值的最大化。在这种社会意义上的"频繁移动"的推动下,财富、机会等的流动越来越频繁,从而逐渐形成一个不断创新、标新立异的社会文化氛围。从小的方面说,服饰、家具装潢等都在不断创新,从大的方面说,政策、科技等也在不断更替,这些都明显体现了西方人求变的心理。

(2)中国人追求稳定

受儒家思想的影响,中国文化历来强调求稳求安,渴望祥和安宁。中国人习惯乐天知命,即习惯生活在祥和的环境中,知足常乐、相安无事,稍微发生变动,中国人往往会有杞人忧天、无所适从之感。同时,受农耕文明的影响,人们的价值观往往被禁锢在土地上,他们认为只有安居,才能乐业,如果背井离乡,那么就会像游子一样,漂泊无依。现如今,人们对安居的理念也是根深蒂固的,认为即使蜗居在一个特别小的房子里,也会让自己有满足感。

4. 直面冲突与避免冲突

(1)西方人直面冲突

在处理谈判关系时,西方人侧重将矛盾公开,然后投入大量时间、人力等对这些矛盾问题进行处理,从而实现预期的结果。在西方人眼中,谈判双方只有说出问题,彼此才能将问题具体化,在考虑自身利益的情况下解决问题。西方人对数据、事实是非常看重的,不会刻意回避冲突,而是直面冲突,公开阐述自己的意见。当然,西方人在处理问题上也不会过于呆板,有时候会妥协,目的是尽快将协议达成。

(2)中国人避免冲突

在中国人眼中,人际关系非常重要,因此他们在谈判中往往会尽量避免冲突,认为这些冲突可以运用其他方式解决,如合作、妥协、和解等。

如果在交际中发生冲突,中国人往往强调双方合作的益处,以抵消彼此的冲突以及冲突对彼此造成的不快。例如,在处理冲突时,中国人为了避免冲突,往往在争议问题的基础上提出自己的新的见解,或者提出一些折中的方案,避免这些争议问题的升级,显然这表现出较高的灵活性,从而使谈判双方保持良好的交际关系。中国人之所以对这种交际关系进行维持,主要是由于如下两点原因:一是在中国人眼中,即便双方发生冲突,只要彼此的关系存在,对方就有义务考虑另一方的需要;二是只要彼此的关系存在,即便暂时未达成协议,也能为将来达成协议做准备。

5. 求真与求善

(1)西方人求真

"天人二分"的西方哲学观必然引出西方文化对真理的追求。认识自然的目的在于探求真理,以便指导自己去改变自然、征服自然。无论是古希腊哲人赫拉克利特、柏拉图,还是亚里士多德,都主张认识的根本目标在于发现真理,智慧就在于认识真理,并把能认识真理视为人的最高追求。人们眼中的中世纪代表着愚昧、荒诞,虽然如此,那时候的人们仍然大肆宣扬着对真理的追求。圣·奥古斯丁就认为,在真理面前,心灵和理性都要让步,人人都想要获得幸福,但是途径只有一条,那就是获得真理,并且认识了真理便认识了永恒。在中世纪,神学利用各种方法证明上帝的存在,这在一定意义上都是为了求得神学真理。但是,要发现真理还需要运用科学的手段,因此培根创造出了通过实验与理性来发现真理的科学方法。同样,笛卡尔也强调,追求真理要运用正确的方法,至于什么是正确的方法,还要深入研究。对真、善、美的向往,是人类共有的特性。但是,西方文化是先求真,再求善,真优于善。例如,古希腊早期哲学只涉及真,而未涉及善。后来,道德问题在哲学地位上有所提高,但仍然是存在于真理的基础上的。一直到近代,西方文化一直遵从这种真高于善、善基于真的格局,由此我们可以说西方文化为认识文化。

(2)中国人求善

从一定意义上说,中国文化是一种伦理文化,因为在中国古代文化中,认识、求真往往与伦理、求善结合在一起,并且前者附属于后者。儒学的经典之作《论语》就是以伦理为核心的,然后延伸到政治等方面。孔子甚至将"中庸"看成美德之至。孟子也是在其"性善"说基础上建立其"仁政"和"良知、良能"学说的。孟子认为,认识的先天能力(良知、良能)源于性善。"诚"的中心内容是善,"思诚"的中心内容是"明乎善"。唯有思诚、尽性,才能解除对良知、良能的遮蔽,获取充分的知识和智慧。显然,善高于真而衍生真。宋明理学作为儒学的新阶段,已吸收综合了道、佛的某些重要思想,但其基本构架仍是伦理思想统驭认识论,如"格物致知"的认识论就是在伦理学的控制范围之内。理学的认识论完全被伦理学兼并了。

在中国古代,社会的价值观表现为文化政治化、道德化,过多地在乎社会秩序和人际关系的礼仪,并认为这是"正道"。当时的人生理想被宣扬为读经书、考科举、进入仕途,因此许多知识分子争先恐后地追求仕宦前程,都在研究怎样度过人生、怎样安邦治国,而对与此没有直接关联的学问非常漠视。这种趋势在汉代以后就表现得更加明显,重义轻利,重人伦轻自然,重政治轻技术。甚至儒家思想还将理性思辨和科学分析置于日常生活、伦常感情和政治观念中,使科学理论伦理化、政治化。道家的文化是一种朴素的文化,他们推崇原始的、蛮荒的世界,普遍蔑视科学技术。这种情况在封建社会的后期变得更加严重,十分不利于科学技术的发展。人们普遍打着"万般皆下品,唯有读书高"的响亮口号。需要注意的是,他们读的书不是科技类的,而是圣贤的"经书"。这就造成了"主流学问"与实用知识的脱节以及劳动实践与知识创造的割裂。所有这些实际上已经成为科技进步道路上的一个巨大的绊脚石。

6. 实话实说与讲面子

(1)西方人实话实说

西方人对个人的自由非常注重,虽然有时候也会注重面子,但只是认为丢面子比较尴尬而已,不会感到羞耻。面对自己的错误,西方人更多地表现为自责,这可以从他们的行为中看出来。对西方人而言,说实话、课堂提问、直接拒绝朋友、挑战权威等都是简单的事情,并不会对集体造成影响。并且,西方人非常讨厌人云亦云的人,只有那些勇敢说出自己想法的人才会被尊重和肯定。另外,西方人也比较直接,愿意将问题摆在台面上,这样才能尽快达成共识。

(2)中国人讲面子

中国人认为面子代表的是自己的尊严、自己的荣誉,因此中国人对面子非常看重,也对他人的面子予以尊重。简单来说,就是中国人不允许自己丢脸,也不会让他人丢脸。在中国,失掉面子是非常糟糕的事情,因此不能当众辱骂他人或在公共场合大吼大叫,这些都会让人陷入尴尬和丢脸的境地。因此,为了在保证面子的情况下将意见进行有效传达,就必须要压制住自己的情绪,将所有的批评放在私下来说,尽量不当面批评对方,否则会收到不好的结果。另外,中国人不会明确将自己的意愿表达出来,尤其是对他人及他人所做的事情的否定,而往往会选择委婉的形式,希望对方能从中了解具体的意思,这样不仅可以对自己的面子进行保留,还能保持彼此的交情,从而实现交际。

7. 回避私事与询问私事

(1)西方人回避私事

在西方社会中,尤其以美国为典型来说明,人们的一切行为都以个人作为中心,个人的利益不可侵犯,这是典型的个人本位主义。受这一思想的影响,美国十分重视个人的隐私,这体现在社会生活的各个方面,如人们在进行交谈时,一般会避开个人隐私话题,因为这对他们来说是禁忌,包含年龄、收入等都属于隐私问题。在西方文化观念中,看到他人出门或者归来时,从来不会问及去哪里或者从哪里回来;在看到他人买东西时,也不会问及东西的价格,因为这些问题都是对他人隐私的侵犯,即便你是长辈或者上司,也都不能询问。

(2)中国人询问私事

从古至今,中国人喜欢聚居的生活,如"大杂居""四合院"等都是很好的体现,目的在于这样的居住有助于与人们的接触,但是也会干扰到个人的生活。同时,中国人骨子里就推崇团结有爱、相互关心,个人的事情就是一大家子的事情,甚至是集体的事情,因此人们习惯聚在一起去谈论自己或者他人的喜悦与不快,同时愿意去了解他人的喜悦与不快。在中国的文化习俗中,长辈或者上级询问晚辈或者下属的年龄、婚姻情况等,是处于关心的目的,而不是对他人隐私的窥探。通常,长辈与晚辈、上级与下属的关系比较亲密时才会问这些问题,而且晚辈或者下属也不会觉得这是对个人隐私的侵犯,反而会觉得长辈或上级很亲切。

(二)思维模式差异

1. 直线思维与曲线思维

(1)西方人的直线思维

西方人的思维呈现直线式,在表达思想时往往直截了当,在一开始就点明主题,然后再依次叙述具体情节和背景。这种思维方式对语言也产生了重要的影响,即英语为前重心语言,在句子开头说明话语的主要信息,或者将重要信息和新信息放在句子前面,头短尾长。例如,"It is dangerous to drive through this area."该句子以 It is dangerous 开始,点明主题,突出了重点。

(2)中国人的曲线思维

中国人的地位方式呈现曲线式,在表达思想和观点时常迂回前进,将做出的判断或者推论以总结的形式放在句子的最末尾。这种思维方式在语言中的反映是,汉语先细节后结果,由假设到推论,由事实到结论,基本遵循"先旧后新,先轻后重"的原则的。例如,同样是"It is dangerous to drive through this area."这句话,汉语的表达则是"驾车经过这一地区,真是太危险了。"从该例既能感受到中国的曲线思维,又能了解中西方思维的差异。

2. 分析性思维与整体性思维

(1)西方人的分析性思维

西方人倾向分析性思维,在对事物进行分析时,既包括原因和结果分析,又包括对事物之间关系的分析。17世纪以后,西方分析事物的角度主要是因果关系。恩格斯特别强调了认识自然界的条件和前提,他认为只有把自然界进行结构分解,使其更加细化,然后对各种各样的解剖形态进行研究,才能深刻地认识自然界。西方人的分析性思维就从这里开始萌芽的,这种思维方式将世界上的人与自然、主体与客体、精神与物质、思维与存在等事物放在相反的位置,以彰显二者之间的差异。

这种分析性思维包含两个层面,一是分开探析的思维,即把一个整体的事物分解为各个不同的要素,使这些要素相互独立,然后对各个独立的要素进行本质属性的探索,从而为解释整体事物及各个要素之间的因果关系提供依据;二是以完整而非孤立、变化而非静止、相对而非绝对的辩证观点去分析复杂的世界。马克思主义哲学大力提倡这种思维层次。

(2)中国人的整体性思维

在最早的生成阶段,宇宙呈现出阴阳混而为一、天地未分的混沌状态,即太极。太极动而生阳,静而生阴,在动静交替中产生出阴阳来。阴阳相互对立、相互转化。事物总是在阴阳交替变化的过程之中求得生存、发展。从哲学的角度来看,阴和阳之间的关系是从对立走向对立统一的。这就体现了中国传统哲学的整体性特点,它不注重对事物的分类,而是更加重视整体之间的联系。我国的儒家和道家也认为人与自然、个体与社会就是一个大的整体,二者是不能被强行分开的,必须相互协调地发展。儒家所大力提倡的中庸思想就发源于阴阳互依互根的整体思维。

基于整体性思想,中国人总是习惯于从宏观角度初步了解、判断事物,而不习惯于从微观角度来把握事物的属性,因而得出的结论既不确定又无法验证。由此,中国人逐渐养成了对任何事物不下极端结论的态度,只是采取非常折中、含糊不清的表达方式,在表述意见时较少地使用直接外显的逻辑关系表征词。总而言之,中国人善于发现事物的对立关系,并从对立中把握统一,从统一中把握对立,求得整体的动态平衡。

3. 创新思维与保守思维

(1)西方人的创新思维

西方人的创新思维较强,并且也具有鲜明的批判性,因此西方哲学在各个时期都有不同的理论体系。西方思维方式趋于多元化,注重多方向、多层次、多方法地寻求新的问题的解决方案,重视追根求源,具有发散性、开放性。西方人勇于打破常规。对西方人来讲,有变化才有进步、有未来,他们三者之间有着直接的关联。翻开西方的历史,显而易见的是标新立异的成功。正是这种创新的价值取向,使西方人永远生活在生机勃勃的氛围中。

(2)中国人的保守思维

中国封建社会的一体化政治结构,决定了中国传统文化长期以来遵守"大一统"的思想,要求个人和社会的信仰一致。这种"大一统"思想又通过儒家的"三纲五常""礼乐教化"来得到巩固。儒家倡导中庸之道,反对走极端,避免与众不同,主张适可而止。中国封建社会希望社会中所有的人,上至国君,下至百姓,都形成同样的价值取向和行为模式。在这种"大一统"文化的熏陶之下,中国人的思维方式相当保守,极端排斥异己,因而也具有很强的封闭性,缺乏怀疑、批判、开拓和创新的精神。但是,正是因为这种保守思想,中华文化才得以保存、延续和发展。

4. 逆向思维与顺向思维

(1)西方人的逆向思维

不同民族的人们在观察事物或解决问题时,会采用不同的视角和思维方式。西方人习惯采用逆向思维,通常从反面描述来实现预期效果。这种思维在语言上有着充分的体现,如在说"油漆未干"时,英语表达是 wet paint,在说"少儿不宜"时,英语表达是 adult only。

(2)中国人的顺向思维

相较于西方,中国人更倾向于顺向思维,就是按照字面意思陈述其思想内容。这在语言中体现得十分明显,如"成功者敢于独立思考,敢于运用自己的知识"这句话就是按顺序进行表达的,而且其意思可以按照字面意思来理解。这句话英语表达则是"Winners are not afraid to do their own thinking and to use their own knowledge."由此可以看出中西方思维方式的差异。

(三)其他文化差异

1. 饮食文化差异

(1)价值取向差异
①西方饮食追求营养。

西方人的饮食更注重营养与科学,将保证食物充足的营养作为最高的饮食标准。也就是说,在西方人眼中,食物的营养居于主要地位,味觉享受居于次要地位。西方人饮食非常注重理性,对口味并不过分推崇,饮食结构也非常简单,强调食物中的营养价值,追求各种食物搭配得是否合理。

同时,西方饮食体现了一种实用主义功能,人们讲究食物是否营养全面,而很少将饮食与精神关联起来。在西方人眼中,饮食主要是为了填饱肚子、维持自我生存。

另外,由于西方人用餐的目的在于生存,即主要是为了充饥,因此一般用餐都是分食制的,即大家用餐互不干涉。在西方的宴会上,人们的目的也是交流情谊,因此这种宴会的布置会非常优雅、温馨。西方人对于自助餐非常钟爱,食物一次排开,大家根据自己的需要索取,选择自己喜欢的食物,这方便大家随时走动,也有助于促进交往。可见,西方的这种饮食习惯讲究实体与虚空的分离,他们尊重个体,注重形式结构,突出个性。

②中国饮食追求美味。

中国人的饮食观念是追求美味,即讲究食物的味道要好,因此中国的厨师们往往费尽心思在食物味道的改良上。在中国人眼中,一道菜品的形色仅是外表,味道是其内在品质,因此必须要注重内在,不用对外表进行刻意修饰。简单来说,中国饮食观念最重要的一点就是:重视菜肴的味道,不过分展露菜肴的形色。

同时,饮食在中国具有巨大的社会功能。中国人喜欢请客吃饭,并且请客吃饭的理由有很多,如婚丧嫁娶、送别亲友、生日祝福、同学聚会等。中国人往往从饮食中去解读一些与饮食无关的问题,这一文化现象就是"泛食主义"。例如,将职业称为"饭碗",将轻而易举称为"小菜一碟",将学习知识称为"汲取营养"等。

另外,不管是什么样的宴席,有什么样的目的,中国人大部分都是圆桌而坐,所有的食物无论是凉菜、热菜,还是甜点等都放在桌子中间。同时,中国人会根据用餐人身份、年龄、地位等分配座位,在宴席上人们会互相敬酒、互相让菜,给人以团结、祥和之感。可见,这一理念符合中国人的"民族大团圆",体现了用餐人"团结、礼让"的美德。中国人重视集体观念,强调全局,因此形成了这样的饮食习惯。

(2)烹饪方式差异

①西方饮食的烹饪方式简单。

西方的饮食强调营养,保持食物的原汁原味,在饮食对象上较为单一,他们的目的在于生存与交往,因此他们的烹调程序往往按照一套标准来完成。

相比较而言,西方的菜谱在整体上更为精确、科学,调料的添加、烹饪的时间都是有规定的,甚至在他们的厨房中都配有量杯、天平等,这样才能保证食物与配料添加的比例。正如肯德基、麦当劳,无论你在世界上的任何一个地方吃,都会吃出一个味道,这是因为他们是严格按照世界通用的标准来烹饪的,这套方法做出的食物几乎保持了食物本身的味道。

②中国饮食的烹饪方式繁多。

中国的饮食对象非常广泛,烹饪方式繁多,因此烹饪的程序也并不是唯一的,富有较大的变化。比如说,"宫保鸡丁"这道菜,你在中国不同的地方吃会吃出不同的味道,甚至差别很大。在辅料上,中国的食物往往以"一汤匙""适量"等来描述,这样就导致没有一个统一的标准,不同的师傅做出来的食物也必然有所差异。

在烹饪程序上,师傅往往会添加自己的聪明才智,也不会严格按照标准来烹饪,因此导致了在中国的这片土地上产生了很多种菜系。为了追求味道的鲜美与独特,师傅们往往会根据季节等将同一道菜做出不同的味道。

(3)搭配方式差异

①西方饮食主要是以面包为主。

西方的一日三餐几乎都有面包,即面包是主食,并且多为咸面包,同时辅以冷饮。西方人的早餐往往是涂有奶油或果酱的烤面包,配有牛奶或燕麦粥;午餐往往非常简单,一般是一份加鸡蛋、蔬菜、奶酪、火腿等的三明治面包。另外,甜点也是西方人饮食的一部分,备受西方人喜爱。

如果是正餐,一般在主菜或者汤过后,会配有甜点,也就是说甜点是最后一道菜。面包一般随汤一起吃,甜点之后会是茶或咖啡。西式的主菜一般以蛋奶或肉类为主,有各种各样的熏鱼、牛排等,肉类一般为三五成熟,蔬菜多为生食,甜点多为冰激凌等生冷食物。

②中国饮食讲究主副搭配。

中国人的饮食包含主食和副食,主食以粮食为主,如米、面等;副食以肉类、蔬菜制成的菜肴为主,并且喜欢吃熟食、热食,不喜欢生吃蔬菜、肉类。每餐必须主副搭配,实现淀粉、肉类、蔬菜的融合,这在中国人眼中才能称得上是一顿饭。主食是为了饱腹,副食是为了调剂和补充。在中医看来,生冷食物容易对体内脏器造成影响,因此中国人喜欢吃加热之后的食物。即便是在冬日里饮酒,也喜欢温了之后再喝。

传统的中式早餐是包子、粥配小菜或豆浆配油条。南方普通家庭的午餐、晚餐主要是大米饭,配有荤素的两菜一汤。

(4)餐具使用差异

①西方饮食中多使用刀叉。

西方人主要食物为肉类,又实行分食制,因此刀叉是最好的选择。当西方人普遍使用刀叉之后,餐具以及餐具的布置更为考究。在正餐的进餐过程中,一般是吃一道菜更换一副刀叉,如吃主菜用主餐刀、主餐叉,吃鱼用鱼刀、鱼叉,吃沙拉、甜点等也有相对应的刀叉,这样一顿正餐过程中要更换四副刀叉,甚至更多。

在西餐中,刀叉还有很多品种,如面包刀、黄油刀等,他们各自有各自的职能,不能混合使用。其他的进餐工具也是如此,如饮酒时酒杯也有很多种类,饮用葡萄酒的酒杯就分为白葡萄酒酒杯、红葡萄酒酒杯等,并且酒杯的形状也不同。

另外,除了刀叉的使用非常考究,刀叉等进餐工具的摆放也是非常考究的。西餐的桌面要求简单、整齐,要按照标准模式依次摆放刀叉、汤匙、杯子、面包盘、大盘、餐巾,还有副餐用的小型茶匙、叉子、咖啡杯等。用餐的时候需要按照顺序来取用,但是有时会出现左右摆着的餐具的件数不同,那就表明多出来的那一件餐具是单独使用的。刀叉的用法是从外侧向里侧按照顺序使用的。进餐时,一般左右手配合,即一刀一叉成对使用,每一道饭菜都会用到盘子、刀叉与餐勺。对于酒杯,如果是横放在一排,需要遵循从左到右的顺序。

当然,在长期的实践过程中,西方人也形成了独具一格的餐桌礼仪,即在使用刀叉时需要注意如下几点:一是切割食物时,尽量不要发出声音;二是切割食物时,要保证双肘下沉,而且手臂不能压到桌子上;三是切割食物的大小应该保证一下子能入口;四是刀叉的朝向一定要保证正确;五是放下餐刀时,不要将刀刃朝外,并且刀叉不能交叉摆放。当用餐者用餐完毕后,可以按照左叉右刀的顺序摆放餐盘中。

②中国饮食中多使用筷子。

中国的饮食对象多样,用餐也是围成一桌共食,因此筷子是中国人饮食的最好选择。筷子虽然简单,却可以应对一切食物。

随着人类社会与生活的发展,筷子的使用越来越普及,并且出现了一些与之相关的礼仪:一是避免敲筷,即不能一手拿一根筷子来敲打盘碗;二是避免掷筷,即在用餐前发放筷子时,应该将筷子按双捋顺,然后轻轻放在用餐者面前,如果位置较远,可以请人递过去;三是避免叉筷,即不能一横一竖交叉摆放,也不能一根大头一根小头摆放;四是避免插筷,即如果用餐途中需要离开座位,要将筷子轻轻放在碗碟旁边,而不是直接插在饭碗里;五是避免挥筷,即在夹菜的时候,不能将筷子在菜盘里面上下乱翻,遇到别人夹菜时要有意避让;六是避免舞筷,在说话时,不要将筷子作为刀具,在桌子上乱舞。

另外,筷子在中国的使用还推动了一些菜肴或食俗的形成,如现代中国人比较喜欢吃的火锅,如果没有筷子是很难实现的。

(5)菜式命名差异

①西方饮食中的菜式命名往往直截了当。

西方菜名直截了当,往往一目了然,并且很少采用修辞手段。很多西式菜名直接采用"原料+烹饪方法"的命名方式,如水果沙拉、意大利比萨、炸薯条等。可见,西方菜名突出原料,取名方式虽然缺乏艺术性,但实用性较强。与中式菜名相比,西方菜名的典型特点就是"简"。

下面再列举一些西方菜名,其中都体现了其"简"的特征。

shark fin 鱼翅

breast of deer 鹿脯

ham and sausage 火腿香肠

black pepper pork steak 黑椒猪排

Scotland mutton chop 苏格兰羊排

Australian fresh shellfish 澳洲鲜贝

②中国饮食中的菜式命名往往讲究颇多。

中国人给菜肴命名时的讲究有很多,如名字要含蓄、温雅又吉利,还要注重联想功能,使用各种修辞手法寓情、寓意。总之,中国的菜名中包含了很多历史文化信息。除少量的大众化菜肴以原料直接命名,相当一部分菜是以典故、景色、传闻甚至传承人命名的。归纳起来,中国菜名有三个典型的特点,即"实""虚""喻"。

体现中国菜名"实"特点的菜名,例如:

成都火锅;

广东龙虾;

青椒肉丝;

东坡肘子;

北京烤鸭;

湖南米粉。

体现中国菜名"虚"特点的菜名,例如:

全家福;

龙凤呈祥;

年年有鱼;

百年好合;

独占鳌头;

鸿运团圆;

满掌黄金;

鸳鸯戏水。

体现中国菜名"喻"特点的菜名,例如:

蚂蚁上树;

珍珠豆腐;

水晶肴蹄;

芙蓉鸡片;

八仙过海;

黑熊耍棍(木耳炒豆芽);

黄山一绝(一盘蕨菜);

桃园三结义(由白莲、红枣、青豆三种食物制作而成)。

2. 节日文化差异

(1)价值取向差异

①西方节日注重个性。

西方文化认为人是一切活动的中心所在,每个人都是独立的个体,理应被放在第一位。西方人对个性和自由也非常推崇,非常强调个人的意志,追求个人的解放和自由。同样,西方节日也注重个性张扬,在西方国家也有注重全家团圆的节日,如感恩节,但大部分节日更强调个人享乐,注重个性的张扬,如圣诞节、万圣节等。西方节日大都以欢快和娱乐为主基调,人们通常以过节之名,尽情享受个人的欢乐。可以说,"狂欢""新奇""神圣""浪漫"等是西方节日精神的主要内核。

②中国节日注重集体。

传统节日是一个民族价值观念和思维方式等的重要反映。中国节日注重集体活动,中国传统文化尊重人,强调宗法集体,讲究以大局为重。中华民族几千年来以血缘、地缘为纽带的社会关系决定了儒家传统文化的集体主义价值取向。体现在节日方面,中国传统节日大都具有较强的家庭宗族观念和群体观念,多是以家族或家庭为核心的集体活动,注重家族全员共享天伦之乐、团圆之情,强调全家团圆、阖家欢乐。可以说,"亲情""团圆""全家平安"是中国传统节日的主题。

例如,在中国,通常每逢春节、元宵节、中秋节等,在外工作的人都尽量赶回家与家人团圆,围坐聚餐,共吃团圆饭、元宵、月饼。聚餐期间,晚辈会向长辈敬酒祝寿,长辈会为晚辈祈福祝吉,洋溢着团团圆圆、和和美美的节日氛围。再如,人们会在端午节举行集体龙舟赛的活动,在清明节举行祭祀祖先的集体活动等。这些都体现出中国传统节日追求团圆、尊长、和谐等,体现出浓厚的中国文化韵味。

(2)文化性质差异

①西方节日属于一种单一的文化现象。

西方节日的起源虽然与宗教密不可分,深受宗教影响,但是由于西方推崇"人性""个体价值",追求个人主义价值观,因此西方节日文化越来越注重单一的娱乐精神。虽然也有一些综合性质的节日,如圣诞节,但是相对来说,单一性质的节日更多。

②中国节日属于一种综合文化现象。

中国传统节日是一种综合文化现象,往往集热闹、怀念、娱乐、祭祀等于一体。以清明节为例,其最初为农事节目,逐渐发展为与祭祀、禁忌以及郊游、踏青等活动相汇合的综合性节日。春节则是在中国影响最大的综合性节日,人们在节日期间会有祭神、祭祖、游览庙会、拜年、走亲访友等各种活动。

(3)呈现方式差异

①西方节日推崇精神文化。

西方节日追求精神上的愉悦。具体来说,西方节日追求在交往中营造欢乐的氛围,注重将彼此的情感加以释放。虽然在很多节日中也不乏食物,如复活节的彩蛋、圣诞节的烤鹅、感恩节的火鸡等,但更多的是追求精神上的愉悦和快乐。

以狂欢节为例,其不仅仅是一个节日,也是人们打破正常生活秩序的一个时节,人们会举行盛大的化装舞会、喧闹的彩车游行等,其充分体现了西方人追求欢乐的宗旨。此外,愚人节也是能充分反映西方节日文化特色的一个节日。在愚人节这一天,人人都可以取笑别人和被别人取笑。节日期间的相互愚弄和搞笑可以充分缓解人们的紧张情绪,给生活增添一定的乐趣。

②中国节日推崇饮食文化。

相比之下,中国节日注重饮食。在我国的传统节日中,饮食一直都扮演着重要的角色,如春节、端午节、中秋节等都有与之相对应的特色食物。

在春节这一中国最隆重的节日中,人们除了贴对联、拜年,还会做各种食物。虽然各地饮食习俗各异,但在春节期间人们都会吃团圆饭,在除夕之夜齐聚一堂,享受美味佳肴。在端午节,人们吃粽子、鸡蛋,还会喝雄黄酒。在中秋节,人们会回家团聚,一起赏月吃月饼。

3. 社交文化差异

在文化和社会交往的基础上形成的社交礼仪,毫无疑问,带有民族文化特色的烙印。下面从如下几个层面来探讨社交文化差异。

(1)社交称谓差异

纵观中国的历史可以发现,社交称谓语的使用较大地反映了社会中的不同的人际关系。在官本位思想的深刻影响下,古代人在社会交往中往往以官职相称,这在古代人看来是对他人表达尊敬的一种方式。即便在当前社会,人们在与有官职的人交际时仍然会以职务相称。有的时候为了表示自己的尊敬,在称呼时还特意将"副"字去掉。

在西方国家,社会交往中用职务来称呼对方的情况是十分稀少的,仅有少数职务可以用于称谓,以下说法在西方基本是不存在的。

Bureau Director David 大卫局长

Manager Jack 杰克经理

Principle Aaron 艾伦校长

①自称与谦称。所谓自称,即自己称呼自己的用语。中国人自称的使用频率非常高。

在中国文化中,从广义上而言,自称包括谦称,因为谦称也是自己称呼自己的一种方式。不过,从狭义上来看,二者的区别还是很明显的。谦称显然表示的是一种谦虚的态度,但自称并不能体现这种态度,并且有时候人们的自称称呼还可能体现出自负的不良态度。另外,汉语中的自称用语分类十分详细,人的年龄、身份、地位不同,所使用的自称也是不同的。

受中国传统文化的深刻影响,中国人在交谈过程中往往使用谦卑的态度,表达对对方的尊敬,因而在社交称谓上就形成了大量的尊称。例如:

晚生—先生

犬子—令郎

贱内—夫人

下官—大人

上述社交称谓语在英语中是基本找不到对应用语的,西方人受自己国家文化的影响,在某些情况下对中国的上述称谓语并不能很好地理解,尤其是谦称词语的文化内涵。

在西方文化中,自称的用语比较少,如 I,we,基本不会将 one,yours truly 等用于自称。

②他称称谓语与尊称。所谓他称,指的是在交际过程中涉及的第三方所使用的称谓用语。

在中国文化中,如果在交际过程中涉及了第三方,往往会根据其性别、身份、职业、年龄、亲疏关系等来使用相应的称谓语,即尊称。通常而言,汉语中的尊称往往会用"令"或"尊"置于官职名或者亲属称谓语前。

在西方文化中,历史上常见的他称有如下几种。

his/her majesty

his/her honor

his/her lordship

上述他称往往用于王室成员、社会名流、达官贵人等之间的人际交往中。此外,由于英语国家很少使用尊称,因而并没有相应的尊称称谓语。

(2)问候与告别差异

①问候。问候作为对交际对方的一种关怀的话语,起着维系人际关系的作用。但是,在不同的文化环境中,人们问候的方式和内容是不同的。在中国,人们将问候视为开启一段交际关系或者营造良好感情氛围的手段,比较注重的是问候的方式,不太注重问候的内容。人们通常会就事论事或明知故问,被问候的人可以回答也可不回答,只要说话人表示的关心到达被问候人那里就行了。

在西方,人们的问候显得随意,问候内容不具体,通常根据对方的接受程度来决定问候的内容。

②告别。中国人和西方人在告别方式上有以下几种不同点。

第一,告别的理由。中国人很照顾对方的感受,即使在告别时也经常说"打扰您太长时间了"。西方人告别的原因有时候是客观事件,有时候是主观想法。

第二,告别语。中国人在告别时通常会表达自己的关切,如"保重""一路小心"等。西方人在告别时通常表达一种祝愿,如 Goodbye 表达的就是"God be with you."

第三,告别时的评价。中国人不会将当前的感受表现出来,并且总是出于一种客套而再次发出邀请的信息,如"有空常来呀"这类话。英语国家的人在道别时很注意对双方接触的评价,以表达愉快相会的心情。他们的再次邀请都是出于真实想法,时间是明确的。

(3)请求和拒绝差异

①请求。总地来讲,中国传统文化讲究含蓄、收敛,这表现在请求方面就是间接暗示。当然,请求的发出方式还和社会地位、辈分有着直接关系。一般而言,地位较低者对地位较高者、幼者对长者通常是间接地提出请求。他们在提出请求之前,先详细交代请求的原因、背景等内容,以便请求具备一种较强的合理性,也容易被接受。但是,地位较高者向地位较低者、年长者对年轻者通常是直接地提出请求,因为双方都认为这是合情合理的。西方人在提出请求时也要参照对方社会地位的高低,除此之外还要考虑双方关系、性别、年龄和请求实现的难度等。为了表示礼貌和尊重,他们也经常

使用间接方式提出请求。被请求者的社会地位越高、年龄越大、涉及的内容越特殊或困难，间接或暗示的程度就越大。

②拒绝。在中国，地位较低者在拒绝地位较高者时，一般要使用"道歉"语；反之，则不用。在西方，人们的平等意识较强，不同地位的人在拒绝他人时都使用"道歉"语。

第二节　跨文化交际视阈下大学英语教学的现状与意义

从当前的社会背景来看，我国应该在借鉴外国跨文化交际教学的基础上，从自身的实际情况出发，对如何开展跨文化交际领域下的英语教学提出合理化的任务。就文化背景而言，世界文化是由不同文化群体构成的，各种文化都有属于自己的发展背景，也会涉及种族、性别等诸多方面的文化问题，所以教师应在跨文化交际视阈下的大学英语教学中帮助学生理解这些文化背景。就本土文化而言，跨文化学习为学生重新看待本土文化的基础，所以要求教师在英语跨文化交际教学过程中引导学生对本土文化进行反思，发展自身的批判性思维，提高学生的文化认知高度。因为中西方文化上的差异，教师在跨文化交际视阈下的大学英语教学中应引导学生要尊重和理解中西方文化的差异，避免产生文化冲突。同时，教师应引导容纳不同文化之间的差异，做到不同文化的平等交际，进而实现合作。就文化价值来说，每个国家、民族均有自己的独特性，所以教师在展开跨文化交际领域下的英语教学中要使其了解多种文化，让他们主动发现多种文化中蕴含的共同人性，以及多种文化对美好生活的追求，用开放的心态认识世界和自我，进而发现多元文化的价值。

本节就基于跨文化交际视角下大学英语教学的现状来分析和探讨其具体的意义。

一、跨文化交际视阈下大学英语教学的现状

语言与文化有着密切的关系，因此在大学英语教学中融入文化有着非常重要的意义。在早期的大学英语教学中，跨文化交际教学的目的在于让学生理解目的语文化，因此教师教授的也多为目的语文化知识及其相关背景。随着研究的深入，跨文化交际教学的内容也发生了改变，将文化态度、文化观念等内容也容纳进去。这时跨文化交际教学的目标也相应发生改变。

(一)外在表现

1. 频繁的跨文化接触

随着人类社会与思想的进步,人类的生活更加开放,不同国家、民族的人们因生存的需要或者偶然的相遇而开始交往,并日益频繁。于是,跨文化交际应运而生。

如果说人与人之间、家庭与家庭之间的交往是以民族化为特征的早期交往形式,那么国家与国家之间、民族与民族之间的接触则呈现了地域化或国际化的特征,进而演变成现在的全球化特征。从古至今,尤其是经济与科技飞速发展的今天,不同民族间的交往日益紧密,而且逐渐成为国家与民族兴旺的重要一环。因此,这也加速了文化教学的产生与发展。

2. 出现了"中国文化失语"现象

为满足国家"开放"和"引进"战略对外语人才的需求,各层次外语教育过度倚重语言的工具性学习。长期以来,社会上已经形成了过分重视分数高低、忽略对学生德育培养的倾向,忽略人文教育。大学英语教学内容中人文性教育内容较少,导致了英语教学中的人文教育失去了内容支撑。并且,外语教学仅仅围绕英语能力所代表的西方文化的学习,中国文化相关内容长期处于被忽视状态。在应试教育目标的指挥棒下,教师的中国文化意识薄弱,将培养学生的英语应用能力看作唯一目标。另外,从人才培养的角度来看,我国师范类高校英语专业学生缺乏中华文化的学习,对中国传统文化缺乏系统的了解,这直接造成了英语教师的中国文化修养的缺乏以及中国文化教学能力的低下。培养出色的国际化外语人才的前提是教师首先要具备足够的中国文化素养。

3. 存在跨文化冲突

经济全球化导致各个国家在各个领域都发生着程度不同的交际,因此商品、技术、信息、人员等生产要素的跨国流动非常频繁。在这个国际化的时代里,世界以一个整体的形式出现。不同文化背景的人进行着频度更高、范围更广、层次越高的跨文化交流。人们逐渐意识到,跨文化交际不是简单的英汉互译,而是需要交际者深刻理解彼此的文化背景。在越来越多的、越来越深层的跨文化交往出现的同时,越来越严峻的跨文化交往形势也随之出现。

跨文化冲突是伴随着跨文化交际的产生而产生的,在跨文化交际中难以避免跨文化冲突。我们在认识到文化差异的同时,应该思考如何有效避免跨文化冲突。跨文化冲突包括非暴力性的摩擦性冲突和暴力性的对抗性冲突。摩擦是跨文化交际中的误解与分歧导致的不同文化间的争执。摩擦是普遍的、经常发生的。对抗是不同文化之间的暴力冲突,它可能进一步演变为军事化的暴力冲突,也就是战争。当摩擦长期存在并不断加剧,就恶化为对抗,甚至暴力性的对抗冲突。跨文化交际中的摩擦常常以争执、辩论、批评、谩骂等为语言表现形式,以游行示威和请愿抗议为政治行为表现形式。跨文化交际中的摩擦在长时间的积淀中,就形成了跨文化冲突。跨文化冲突有以下几个特点。

(1)跨文化冲突的普遍性

其一,跨文化冲突普遍存在于世界各地。古今中外,跨文化冲突无处不在。历史悠久的中国,也有着跨文化冲突的悠久历史。中国文化的独特性,决定了中国文化和其他文化之间必然发生各种各样的跨文化冲突。近代以来,中国文化与欧洲文化一直处于征服与反征服的冲突状态。除此之外,中国与美国、日本、印度、菲律宾等国家之间也存在跨文化冲突。其中,中国和美国的跨文化冲突表现得最为突出。中国与美国之间的共同性不少,并且有着许多的利益牵连,两国之间的学习、商务往来也非常频繁,但是中国与美国的跨文化冲突的历史比美国的国家历史还长。

其二,跨文化冲突普遍存在于各种文化层面。跨文化冲突可以发生在文化的各个层面,包括价值观、制度、生活方式等。价值观是深层文化因素,是导致跨文化冲突的根本原因。因此,制度、生活方式等层面的跨文化冲突就是价值观层面的跨文化冲突在制度、生活方式层面的一种写照。所以,我们可以通过价值观层面的跨文化冲突来理解各个层面的跨文化冲突。

(2)跨文化冲突的尖锐性

其一,激化程度不断加强。跨文化冲突如果长期存在,没有得到缓解,并且反复进行,就可能不断激化,演变为对抗。

其二,爆发性逐渐增强。跨文化冲突的导火索可能是很小的事件,但最后往往酝酿成大的灾难性事件,以对抗收场。当争吵使得矛盾到达爆发的临界点时,异常大规模的跨文化冲突就会爆发。

(3)跨文化冲突的复杂性

文化本身就是一种复杂的现象,跨文化冲突就更应该是一种复杂的现象。有人认为,文化差异是导致跨文化冲突的根本原因。事实上,文化差异可能导致跨文化摩擦,但不一定会引起跨文化对抗。如果文化差异的双方尊重对方的存在价值,就不会产生跨文化冲突。可见,文化差异不一定导致跨文化冲突。导致跨文化冲突的根本原因是试图强制性地消除差异。当一方试图使对方与自己统一,从而消除对方时,冲突就出现了。如果文化差异的双方都想将彼此取而代之,跨文化冲突就表现得十分明显。我们要消除的是跨文化冲突,而不是文化差异。因此,我们绝不能抱有消除差异、同化对方的观念。

(4)跨文化冲突的长期性

跨文化冲突是长期普遍存在的,并且跨文化冲突的影响也将长期存在。一些跨文化冲突消失了,另一些跨文化冲突又产生了,甚至原来已经消除的跨文化冲突又死灰复燃。即使一些跨文化冲突本身消失了,但是这些跨文化冲突造成的不良氛围将长期存在。跨文化冲突引起的仇恨情绪难以消除,任何一方的非理性言行都可能导致跨文化冲突的进一步激化,从而引起新的跨文化冲突。因此,我们应该弱化当前的跨文化冲突,避免当前的跨文化冲突成为新的跨文化冲突的催产素。

面对跨文化冲突的严峻形势,人们要从人类文化本身去寻求跨文化冲突的解决之道。要充分发挥人类文化的创造性,创造出消除跨文化冲突的新文化,以实现更加和谐、丰富的跨文化时代以及更加美好的人类生存形态。对此,联合国等组织大力提倡跨文化对话,联合国教科文组织就提出了"跨文化教育",并在很多区域组织了一些跨文化教育实践,以此实现文化和平的理想。对从根本上消除跨文化冲突,跨文化教育有着无限的可能和巨大的潜力。

(二)内在表现

1. 教学大纲中缺乏可操作性的具体指导

2007年7月教育部下发了《大学英语课程教学要求》作为各高等学校组织非英语专业本科生英语教学的主要依据。整个文件较为详细地规定了听力理解能力、口语表达能力、阅读理解能力、书面表达能力、翻译能力、词汇量等,但是关于"跨文化交际",仅仅在教学性质和目标中出现过一次,缺乏量化指标和可操作性的指导。

2. 教学具有明显的功利性

在"考本位"的教育体制影响下,我国的英语教学从小学、初中到高中都呈现出明显的功利性。考试考什么,教师就讲什么。其中,初、高中课堂为了应对升学,教师在课堂上将重点放在对语言知识的讲授上,较少涉及文化教学。

受这种学习方式和指导思想的影响,很多教师与学生将教学的目标看作通过考试,教师的教学实践服务于学生英语过级。这可能有利于提升学生的应试技能,却导致学生难以学习到英语文化知识。

3. 文化碰撞实战演练较少

在母语环境中学外语的效果显然没有到目的语环境中去学外语的效果好。

我国的学生学习外语大多都是在国内完成的,缺乏外语环境与氛围,与异域文化的接触与碰撞较少。例如,学生在学习西餐中"开胃菜"这一单词时,可能要背诵好多次,对这个词的印象才能逐渐清晰,继而逐渐记住,但是对开胃菜到底是什么可能还不是非常清楚。但是,学生若在外语环境中进行学习,整个过程参加一次就可以解决。外语文化氛围的缺少必然不利于学生的文化学习。

4. 大学英语教学中侧重语言学立场

所谓大学英语教学的语言学立场,即将外语作为一门语言知识来教授的教育策略。具体来说,大学英语教学的语言学立场主要教授给学生词汇、语法等语言知识与语言规则,忽视语言背后的其他内容的教授,外语教育中这种单一的语言学立场明显是具有局限性的。

(1)割裂了语言与文化的内在关联性

众所周知,语言与文化关系密切,语言是文化的载体,文化是语言的灵魂。语言教育肩负着使不同文化得以传递、保存、发展的重要责任,因此英语教学是一种文化传播的过程与手段。

语言与文化具有同构性。从语言的形式构成来说,任何语言都是由语音、词汇、语法等要素构成的;从原因的形成来说,任何原因都是对特定价值观念、思维方式等的反映,每一种语言都与某一特定的文化相互对应,而修辞的运用、语言结构的选择、语言意义的生成等都会受到文化特性、文化价值观的规范与制约。因此,就本质上而言,语言的发展与传播反映的是文化思维方式、文化价值观念等的变革。就教育层面来说,语言学习的过程就是文化理解、文化传播的过程,也是促进学生思维方式与价值观念建构的过程。如果学生的语言学习离开了文化学习,那么学生学到的仅仅是语言符号。

也有人认为,文化学习是源自语言学习的。但是,如果把它简单地视作形式化的语言符号,那么文化学习就走向纯粹的语言符号了。传统的外语教育只注重语言形式的学习与技能培养,人为地将语言教学与文化教学割裂开来。很多学生即便学到了语言知识,能说一口流利的语言,但也很容易出现语用错误。实际上,任何知识都是由三个部分组成的:符号表征、逻辑形式与意义,而逻辑形式与意义不仅在符号表征中呈现,还在语言知识特有的文化元素中呈现。如果将语言的符号知识与其隐含的文化元素割裂展开教学,便是割裂了语言知识与文化内涵之间的关系,这样的外语教育显然也会失去文化立场。

(2)不利于渗透国际理解教育

与母语相比,英语教学为学生打开了另外一扇窗户,其能够引导学生了解另外一个民族的语言文字及其背后的文化与价值观念等,进而提升学生的文化理解力。尤其在当前的经济全球化背景下,英语教学需要确立一种开放的思维方式,引导学生逐渐形成国际理解力,但是英语教学这种单一的语言学立场显然并未认识到文化的重要作用,很难让学生认识多元的世界,形成一个开放的思维。

(3)不利于提升学生的文化选择力、文化判断力、文化理解力

我国社会就文化背景的构成来说,虽然不像西方国家具有那么大的差异,但是内部也会存在一些文化传统。基于这样的现实,如何开展与文化模式相适应的教学呢?随着我国改革开放的推进,国际合作办学不断发展,很多城市开办了国际学校,招收不同国籍、不同种族、不同文化背景的学生,这必然对多元文化教育提出了更高的要求。教师如果对不同的文化模式不了解,就很难驾驭多元文化教育课题的要求,很难提升学生的文化选择力、文化判断力、文化理解力。

二、跨文化交际视阈下大学英语教学的意义

当前,跨文化交际在大学英语教学中有着重要的作用,其不仅符合当代社会发展对教育的要求,也有助于实现大学英语教学的目标,同时与中国的国情相符合,因此下面就重点探讨跨文化交际视阈下大学英语教学的意义。

(一)符合经济发展的需要

改革开放以后,中国发生了翻天覆地的变化,从曾经的贫穷落后的农业大国已经跃升为世界第二大经济体。即使如此,中国依然有着更高的目标,依然要不断提高自己在国际上的经济地位和市场竞争力。国际市场竞争力说到底还是人才的竞争力,大学作为为国家培养、输送人才的主要基地,也必须适应我国经济发展的需要。英语作为高等教育的一门基础学

科,影响着学生的职业生涯和可持续发展。英语能力不仅体现在英语知识的掌握程度上,还体现在文化背景知识上。从这一点来讲,大学英语教学中的文化教学也是必不可少的。

(二)符合大学英语课程的内在要求

大学英语课程标准对英语交际能力有着明显的要求。英语文化和母语文化是两种文化体系,因此英语交际能力就是跨文化交际能力的一种体现。跨文化交际能力的提高要求学生不仅要了解本族文化,也要精通他国文化,而且还要不断接受现实交际的验证。这就使得大学英语教学为了提高学生的跨文化交际能力,必须进行一定程度的文化教学。

(三)培养文化自信的必要手段

课程是学校教育的载体,并且通过学科课程,学生才能获取课程内容,从而促进自身的成长与发展。课程具有明显的政治色彩,其不是纯粹的、客观的,也不是无关的、无价值的。语言课程之所以存在政治性,主要是因为语言的政治性的存在。语言不仅是一种对社会生活的呈现,更是一种文化对某种社会价值的表达与呈现。

相应地,语言课程也就有了二重性的特征,即目的—手段,其不仅是知性的呈现,还是人性的呈现,对学生的世界观、人生观、价值观有着独特且直接的影响。因此,在英语文化课程中,应该实现目的语文化与母语文化的并举,实现二者的平等对话,一方面可以让学生从不同的视角反思母语文化,另一方面也让他们对目的语文化有客观、全面的认识,从而实现二者视阈的融合,发现不同文化的价值,获得文化自信。

实际上,自20世纪以来,很多学者都认为除了语言知识,语言课程应该更积极地培育学生的文化能力与批判意识,引领学生对语言表层意义进行透视,批判性地分析语言的深层意义,从而获得语言知识与技能等"语言结果"与文化自觉、文化自信等"非语言结果"。

1. 课程目标:传播中国文化思想

培育文化自信,大学英语文化教学首先要做的就是完善教学目标。纵观英语文化教学的历史,其课程目标并不是一成不变的,而是与国家战略有着密切的关系。

改革开放前30年,中国逐渐走向世界,将外语作为工具具备充分的"合法性"。改革开放后30年,特别是进入新世纪以来,随着中国逐渐走向国际型,"文化强国"战略与"中国文化走出去"战略成为重要的国家战略。

基于新的需求,《大学英语教学指南》明确提出:要增强国家的语言实力,传播中华文化,促进中国与其他国家的广泛交往,从而提升国家的文化软实力。当然,这并不是对目的语文化、目的语国家文明的弱化或剥夺,而是对母语文化、本土文明的补充与强化,是从克服"中国化"转向弘扬"中国化",从而帮助学生既能学习他国经验,又能传播中国文化,实现教学性目标与教育性目标的融合,将"全人"教育真正地落到实处。

2. 课程内容:鼓励中国英语

大学英语文化教学不仅要学习西方文化,还需要传播中国文化,那么什么样的文化课程内容有助于实现传播中国文化呢?

英语作为一门国际性的通用语言,是全球化进程的伴生物,并且在短时间内是不会发生变化的。在当代,英语运用语境的一个新常态在于:由传统的英语单语言模式转向多语言与多文化并存模式。基于这一背景,用英语传播中国文化成为"中国文化走出去"的一大关键途径。具体来说,就是用规范的英语对具有中国特色的内容进行表征。

著名学者葛传椝先生将这一现象称为"中国英语"。"中国英语"与"中式英语"不同,"中国英语"是由有益于中华文化传播的中国特点组成的英语变体。简单来说,"中国英语"是中西方文化交流的产物,并且源于文化空缺现象。同时,"中国英语"对中国文化的"有形之物"与"无形之物"都有不同的划分,如建筑等属于"有形之物",是一种文化认知,价值观、人生观等属于"无形之物",是一种文化认同。

从文化认知的角度而言,"中国英语"不仅对中国传统文化加以传达,如思想、教育、艺术、科学、历史、建筑等,还需要对当代中国的基本国情进行投射。

从文化认同的角度来说,其不是对过去的缅怀,也不是一种乡愁,而是对现在的定位、对未来的设想。也就是说,它要在实体事物的机械运动中开辟价值。

英语文化教学要培养学生的文化自信,不能仅停留在表层,而应该进行深度的挖掘,并对深层文化加以鉴赏。虽然青年学生的思想都比较积极活跃,容易接受新事物,但是他们缺乏扬弃思维,因此在英语文化教学中开展中西方文化对比是非常必要的。

3. 课程实施:开展中国话语

文化自信的形成有着深层的规律,文化认知是文化自信形成的前提,文化交流是文化自信形成的条件,而文化话语权是文化自信形成的关键。

因此,文化自信的形成需要具备三个要素:文化认知、文化交流、文化话语权。要想培养学生的文化自信,英语文化教学中还应该突破语言学教育的阻碍,开展言语学教育,即在具体的文化课程实施的过程中,应该基于语言、超越语言、走向文化。基于文化的话语中介性质,这一过程可以以中国话语作为抓手,围绕中国古代、当代、现代等的一些文化事件,实现语言表征与文化意识之间的优化与驱动。

在文化自信视角下的大学英语文化教学中,认同文化课程是师生在具体的情境下共同合作、创新的过程。在这一过程中,谁来担当课程主体、如何促发课程机制、如何丰富课程媒介是非常关键的。

(1)师生即课程

英语教师是语言与文化的双重使者,他们在实施英语文化课程的过程中,必然需要超越技术理性、追求解放理性与实践理性,即以扎实的英语语言知识、深厚的中国文化素养作为基准,解读语言的深层意义,从而开启言语之旅,帮助学生提高言语的主体意识,对言语内容加以优化,从而扩充言语社会文化知识。另外,作为中国文化的主体,学生自身或者与其他学生之间也应该具备巨大的主体意识与主观能动意识,以话语作为引导展开探究、认知等活动,这不仅能实现文化认知的传递,还能挖掘出文化认同。

(2)活动产生意义

学者杜威认为,教育就是将逻辑经验还原为心理经验。从本质上说,文化自信是一种心理经验,是鲜活的、直接的,需要通过互动发挥学生的主体作用,解决学生的实际问题,使学生获得对世界的完整认知。

在文化自信的视角下,英语文化教学提倡从学生的日常生活中出发,并结合一些具体的文化事件,用真实的、符合学生语言水平的任务引导学生,不仅指向语音、词汇、语法等语言知识的产出,还通过具体的言语事件对不同文明、不同话语的历史等加以对比、鉴赏与验证,从而使学生习得不同的价值观念、态度与规范。

(3)媒介即素养

在大众传媒兴旺的时代,教育还需要培养人的媒介素养,提高学生的媒介利用率及批判意识。

在文化自信的视角下,教学资料应该将语言、交际、文化因素相融合,促进真正的跨文化交际。也就是说,教师除了教授西方文化,还应该弘扬本土文化,通过真实性、多模态的教学资源,提升学生对中西方文化话语的理解与把握,建立平等、宽容、合作、共赢的文化态度。同时,随着信息技术的引入,第一课堂与第二课堂、网络立体化教学等是值得被引入英语文化教学中的,学生在课堂中探讨中国话语,在课下借助网络平台进行反思,从而促进语言技能与文化自信的双重发展。以"中国梦"话语生产为例,阐释文化自信视角下英语文化教学的主要流程。"中国梦"话语生产有效地促进了学生本土社会生活与文化的价值意识、叙事能力的提升,也发挥了语言的文化批评在文化自信培育中的力量。

4. 课程评价:认同中国价值

泰勒认为,从本质上说,课程评价考量的是通过课程内容与课程实施来评定课程目标的完成情况。文化自信是一种认知,也是一种态度。在文化自信的视角下,大学英语文化教学能否实现课程目标,主要评估的是学生在课前与课后的文化自觉、文化自信、文化自省是否发生了变化。具体来说,在文化自觉上,学生通过课程是否促进了自身本土价值与文化意识的认知发展;在文化自信上,学生通过课程是否促进了自身主体身份、精神生活质量的发展;在文化自省上,学生通过课程是否促进了自身辩证文化态度与文化批评意识的提升。

文化是表意的实践活动,是一种特殊生活方式的描述,通过对学生的中国英语的输出能力与话语实践行为的考量,文化自信视角下的英语文化教学目的在于实现知行合一,这也是英语教学最终的目的与宗旨。

第三节 跨文化交际视阈下大学英语教学的任务与方法

当前,教育部明确指出大学英语课程不仅属于一门语言基础课程还是对世界加以了解、拓宽自身知识面的文化课程,不仅具有工具性,还具有人文性。同时,教育部还要求大学英语教学应该注重对学生文化素养的培养。可见,跨文化交际视阈下的大学英语教学意义巨大,这就要求大学英语教师必须掌握具体的任务与一些基本的教学方法。本节就对这两个层面展开分析和探讨。

一、跨文化交际视阈下大学英语教学的任务

教学任务即教学目的,在跨文化交际背景下,大学英语教学的目的在于提升学生的跨文化交际能力。具体来说,主要体现在如下几点上。

(一)帮助学生树立多元文化意识

对世界文化多样性的了解,有助于人们建立多元文化的意识与观念。不同文化产生的背景不同,是不能相互替代的。基于全球化的视角,各个

文化群体之间的交流也日益频繁,因此需要对异质文化予以理解与尊重,努力避免在交际过程中出现冲突。

在大学英语文化教学中,教师应该努力培养学生积极理解不同文化,让他们对自身文化有清晰的了解,同时以正确的心态对待他国文化,应对世界的多元化。

(二)发展学生的批判性思维

在大学英语文化教学中,教师应该不断培养学生的批判性思维,让学生对本国文化加以反思,然后采用多元文化的有利条件,对文化背后的现象进行假设,确立自己的个人文化观念。

(三)为学生创造学习异质文化的机会

当对中西方两种文化进行接触与了解时,不可避免地会遇到碰撞的情况,并且在很多时候也会感到不适应。因此,在大学英语文化教学中,教师应该帮助学生避免这一点,让他们有更多的机会了解异域文化,提升自身的文化适应力。

二、跨文化交际视阈下大学英语教学的方法

有理念,就有方法论。方法形成之后,也不是恒定的,会随着理念的变化而变化。既然大学英语文化教学的理念在广泛传播,那么它的实施方法就需要被探讨。概括而言,大学英语文化教学的实施方法主要有以下几种。

(一)文化引入法

1. 说明法

在中国,学生一直浸润在母语环境中,周围的英语环境极其缺乏,甚至是空白的,因此学生对很多文化背景知识可能是不太了解的。当学习材料中的文化背景知识影响了学生对学习材料的理解时,教师可以对有影响的文化背景知识做一些说明介绍。教师的说明介绍最好安排在讲解学习材料之前进行,以便为学生理解学习材料做铺垫。要将说明介绍的工作做好,教师需要提前在课外时间做好准备工作,搜集一些与教学内容相关的典型文化知识,并通过自己的消化理解将其恰当地应用到课堂中。通常情况下,教学材料中的作者、内容和事件发生的时代可能都蕴含着一定的文

化内涵,学生必须广泛学习这些背景知识,否则就难以准确理解所学材料。例如,当学生读到《21世纪大学英语》第一册第十单元 Cloning：Good Science of Bad Idea 中的"Faster than you can say Frankenstein, these accomplishments, triggered a worldwide debate(不等你说出弗兰克斯坦,这些成果就已经引发了世界范围的大辩论)"这句话时,可能不明白如何解释 Frankenstein,因此也不明白整句话的意义。在这种情况下,教师需要介绍以下三点与理解该材料有关的背景知识。

(1)英国女作家 Mary. W. Shelley 写了一部科幻小说,并以自己的名字为这部科幻小说命名,而这部小说描写了一位发明怪物并被它消灭的年轻医学研究者,名字叫作 Frankenstein。

(2)在英语中,有个成语为 before you call say Jack Robinson(开口讲话之前),Faster than you can say Frankenstein 就是根据这个成语创造出来的。

(3)文章中的人物是在一定的社会背景下出现的,当时克隆技术大肆蔓延,作者极度担心克隆技术会对人类社会造成重创,这一担心又得到了世界上已经掀起的大辩论的证明,因此读者就将克隆技术与小说情节联系起来。

2. 比较分析

有比较,就有结果。只有在比较中,事物的特性才会表现得更加明显。经过了不同的历史轨迹,中国和西方国家在长时间的历史积淀中形成了不同的文化。因此,在大学英语文化教学中,教师可以通过母语文化和英语文化的明显比较,让学生更加深刻地认识母语文化和英语文化。在跨文化交际中,学生也因此提高了文化敏感性,会更加重视文化对交际的影响,从而减少甚至避免因文化差异引起的交际冲突。打个简单的比方,问别人的行程和年龄在中国是很正常的,但是在西方人眼里是对隐私的侵犯。

在外研社版的《大学英语》第三册第四课 Darken Your Graying Hair, and Hide Your Fright 中,主人公这样介绍了自己:"I have a wife, three daughters, a mortgaged home and a 1972 'Beetles' for which I paid cash. "中国学生乍一看,主人公开着德国大众"甲壳虫"汽车,这在中国的国情下不是很多人能担负起的,因此就会认为这位主人公过得比较富裕。但是,读者要站在西方背景的角度去审视这个问题,西方国家的汽车就如同中国的自行车一样普遍,"甲壳虫"汽车空间小又省油,是中、低收入家庭的首选车型。了解了这一点后,中国学生才发现自己的认识偏差,原来主人公介绍的是自己的家庭成员较多,生活比较紧张。另外,在消费观念上,中国人比较保守,一般不会提前预支,并且还要对未来的生活支出做好准备;但是,英美人倾向于提前消费的方式,如分期付款、抵押贷款等。这就是文化差异在消费观念上的体现。

3. 文化讨论

文化讨论是教师进行大学英语文化教学的重要策略。首先,这一策略充分尊重了学生的主体地位;其次,学生在讨论过程中可以学习关于文化的各种知识;最后,讨论策略有助于提高学生对文化学习的积极性和主动性。因此,教师在大学英语文化教学中,可以灵活采用文化讨论法进行教学。具体来说,教师以班级为单位,组织学生就某个专题开展面对面的讨论,并在讨论过程中解决实际问题或解答特定课题。教师可以提前布置一些的任务,让学生进行有针对性的讨论。

(二)师生互动法

教师要努力尝试通过和学生的互动来实施大学英语文化教学。教学的本质决定了教学不应该是单向行为,而是双向行为。因此,大学英语文化教学应该回归到教学的本质上来。互动法的完美落实,需要教师做好一些功课。首先,教师要培养学生正确的文化心态,使学生平等看待一切文化。其次,教师要营造平等、自由和开放的互动氛围,鼓励倾听和表达,使得学生尽情发挥,畅所欲言。在互动过程中,教师和学生扮演不同文化中的角色,使学生理解外来文化。

(三)外教辅助法

客观条件优越的学校可以适当地聘请一些外籍教师来授课。外教的到来对大学英语文化教学具有以下几个作用。

1. 外教对学生的影响

外教不仅可以提升学生的英语学习兴趣,还能促进学生跨文化交际能力的提高。外教作为异域文化中的成员,比较能引起一批学生的好奇心,这些学生在与外教接触和交流的过程中增强了对英语口语表达的信心,还能收获课堂上学不到的社会文化背景知识,能真正提高英语文化敏感度和英语交际能力。另外,学校可以定期利用外教组织英语角,这样就为学生创造了纯正地道的英语环境和文化环境,有利于英语听力和口语能力的提高,从而使得跨文化交际能力也有一定的进步。

2. 外教对教师的影响

在中国的大环境下，很多中国英语老师虽然是英语专业毕业的，集各种英语等级考试证书于一身，但是由于口语的练习机会很少，英语口语表达能力比较欠缺。外教来到学校以后，这些中国英语教师因为教学工作的关系，就获得了许多与外教直接交流的机会，外教可以帮助他们纠正语音上的错误，就使得中国老师锻炼了英语口语表达能力。另外，外教是在另外一种不同的文化氛围中成长和学习的，其教学模式可能更加有趣、生动，中国的英语老师就可以汲取他们教学模式中的优势，有利于提高自身的教学水平。

当中国教师的跨文化交际能力和英语教学水平有所提升以后，直接的受益者就是学生。中国教师的跨文化交际能力提升了，就能在和学生的交际中更有效地提升学生的跨文化交际能力。中国教师的英语教学水平提升了，在实施大学英语文化教学中就能取得更好的效果。

如果外教的学校教学工作让他们获得了良好的感受，外教往往会把国外的教育行业的朋友或者机构等介绍给学校，这样学校就可以通过夏令营、冬令营等形式和国外的教育行业进行互访、学习和交流，从而提高学生的跨文化交际能力。

第五章 跨文化交际视阈下大学英语基础知识教学的创新路径

在英语语言中,词汇与语法是基本的构成成分与要素,其中词汇是学生英语学习的基石,语法是学生英语学习的规律。如果学生不具备基本的词汇与语法知识,那么他们的学习就无法正常展开。因此,在当前的大学英语教学中,词汇教学与语法教学一直是重要的组成部分。随着学习的不断深入,大学英语词汇教学与语法教学有了更深的教学目标,除了要教授给学生基本的知识外,还需要让学生掌握一些文化知识,这样才能不断提升他们的跨文化交际能力。也就是说,应该从跨文化交际的视角审视大学英语基础知识教学。本章就对其展开分析和探讨。

第一节 跨文化交际视阈下大学英语词汇教学的创新路径

一、大学英语词汇教学简述

(一)什么是词汇

词汇是构成语言整体的重要细胞,是语言系统赖以存在的支柱,"如果把语言结构比作语言的骨架,那么词汇为语言提供了重要的器官和血肉"。[①] 可见,词汇对语言以及语言学习非常重要。那么,什么是词汇呢?关于这一问题,不同的学者有着不同的解释,可谓见仁见智,以下就对一些有代表性的观点进行分析。

路易斯(Lewis)站在更高的角度对词汇进行了解释,他将词汇称为"词块"(lexical chunk),并把词块分为四种类型:单词(words)和短语(polywords)、搭配(collocations)、惯用话语(idioms)、句子框架和引语(sentence

---

① Harmer,J. *The Practice of English Language Teaching* [M]. London:Longman,1990:158.

第五章　跨文化交际视阈下大学英语基础知识教学的创新路径

frames and heads)。①

陆国强指出,词是语音、意义和语法特点三者相统一的整体,是语句的基本单位,而词的总和构成了词汇。

总体而言,词汇是包含词和词组在内的集合概念,能执行一个给定的句法功能,是基本的言语单位。

关于什么是英语词汇教学,王笃勤认为,英语词汇教学是一项包含教学的进程和活动的策划在内,将词汇讲解作为教学内容,以学生充分认知和熟悉应用词汇为目标的教学活动。

简单来讲,词汇教学涵盖的范围十分广泛,而且是教学中最基础、最重要,也是最困难的环节。

(二)大学英语词汇教学的现状

1. 教师教学中的问题

(1)教学方法单一,脱离英语语境

词汇的掌握对英语语言学习的重要性是不言而喻的,但词汇的记忆和掌握的过程又是枯燥和困难的,这就需要教师来缓解这种枯燥,需要教师创新教学方法来创设教学情境,营造教学氛围,激发学生学习的积极性和动力。但是,就目前大学英语词汇教学的现状来看,教师并没有将心思花在教学方法的创新上,而是依然采用陈旧的教学方式,即教师领读单词,讲解词汇用法,学生记忆单词。基于这种课堂教学模式,学生的主体地位被忽视,学生只能被动地学习和记忆,积极性根本无法调动起来,甚至还会产生抵触情绪。此外,教师在教学中对词汇的整体性认识不足,未能将词汇放到具体的句子或情境中,最终导致学生对一词多义理解得不深,限制了学生综合能力的提升。

实际上,任何一种语言都产生于实际应用,要想掌握地道的语言,必须沉浸在相应的语境中。我国的英语教育倾向仍十分明显,很多学生学习英语是为了通过考试,教师也将通过考试作为教学的目标,这样一来,就将英语语境的创设与英语教学割裂开来,只追求语言的外在表达方式,而不深入探究其内在的文化与逻辑,从而使得学生用汉语思维去理解应用。例如,"玫瑰"(rose)这一词语在英汉文化中都象征着爱情和美好,除此之外,在中国常用"带刺的玫瑰"形容那些性格刚烈的女子,而英语中常用 under the rose 表示要保守秘密。英语中 rose 的这一文化含义源自英国旧俗,如

---

① Lewis,M. *Second Language Vocabulary Acquisition* [M]. Cambridge University Press,1997:255.

果在教学中不对此进行说明,学生很难理解和掌握其含义。但实际上,很多教师只从词汇着手,而未创设语境,这样很难让学生充分体会英语这门语言的魅力,也难以让学生更好地投入学习。对此,教师在教学中应创设符合英语文化背景的语境,从而为学生营造一个英语交流环境,培养学生的英语思维,锻炼学生的词汇运用能力。

(2)教学效果不佳

词汇的学习和掌握要借助记忆来完成,但记忆是一个漫长的过程,如果学生不能在课后及时进行复习和巩固,记住的单词往往会在短时间内忘记。在海量的词汇面前,学生常常会表现出畏惧感,由于缺乏高效的学习方法,加之教学方法单一,使得学生的学习热情不高。而且,教师也未能为学生提供应用的机会,这样学生通过死记硬背方式记住的词汇很快就忘记,进而导致教学效果低下,学生的交际能力也受到限制。

(3)忽视跨文化意识培养

很多英语词语意义深刻,蕴含着丰富的文化信息,这些词语称为"文化负载词"。经调查显示,很多学生对这些文化负载词完全不了解。这种情况在很大程度上体现了教师在词汇教学中忽视了文化负载词的部分,未有意识地运用跨文化意识来培养学生的词汇能力。具体而言,教师存在的问题体现在以下几个方面。

首先,对文化教学不够重视。这具体体现为以下几点:教师在备课环节的教学目标没有文化意识目标,教师消极地跟随应试教育的脚步,学校很少组织与英语相关的活动。

其次,教师自身的文化素养不够。大学英语教师虽然具备了扎实了英语专业知识,但英语文化素养有所欠缺。作为学生的榜样,如果教师的文化素养不高,自然也就无法提高学生的文化素养。

最后,文化教学方法不当。教师文化教学的方法比较单一,基本上是讲授法、多媒体展示法等,大部分教师只是在课堂教学中偶尔提到一些特殊词的文化背景,而很少有意识地渗透文化知识。这种教学方式就造成了学生只了解词汇的表面意义,而不理解词汇的深层文化内涵。

事实上,跨文化意识和词汇教学是相辅相成的,教师在词汇教学中融入文化知识,能提升学生的词汇能力和跨文化意识,而词汇量的增加又能进一步帮助学生更好地理解西方文化,培养自身的跨文化意识。

2. 学生学习中的问题

(1)重知识记忆,轻思维锻炼

在词汇学习过程中,很多学生仅仅依靠死记硬背来记忆单词,这种方

第五章 跨文化交际视阈下大学英语基础知识教学的创新路径

法并未将思维的锻炼融入进去,学生也很快忘记。实际上,每一个单词都有其应用的语境,只有在具体的语境中,才能保证准确性,因此学生在对词汇加以理解时需要从具体的语境出发,这样才能实现学生词汇学习的效果。

忽视英语思维的培养是在长久的汉语语境熏陶下产生的惯性思维,很多学生都习惯运用汉语的语言逻辑去理解、解释和使用英语,由于英语和汉语二者背后的文化与逻辑存在差异和冲突,因此必然会影响学生对英语的有效运用。实际上,无论是英语还是其他语言,只有深入了解语言的内在逻辑,才能做到运用自如。英语思维的培养不是仅仅通过记忆单词或背诵句子就可以做到的,还需要学生充分理解英汉语言背后的文化历史,这样才能做到掌握英语这门语言。

(2) 语义内涵的理解程度差

我国学生是在汉语环境下学习英语的,所以在理解英语词汇的语义内涵时会不同程度地受到汉语文化的影响,而英汉词汇之间的语义不对等现象会对学生的词汇理解带来困难。具体而言,一方面,学生在本民族文化传统的影响下会形成思维定式,在理解英语词汇时会出现文化语义的偏差;另一方面,中西方文化观念冲突会让学生思维混乱,对英语感到束手无策。如果教师忽视词汇文化背景知识的输入,学生在理解英语词汇时就会出现偏差,甚至会在使用中产生误用问题。

(3) 缺乏探究意识

一般来说,在大学阶段,学生应该主动地去学习词汇,但是在实际的英语词汇学习中,很多学生仍旧从教师那里获取,不寻找其他的获取渠道,这样的学习就是被动地学习,长此以往,词汇掌握的量也是不充分的。同时,学生不会去主动探究词汇,也无法得知词汇文化的背景知识,这样的词汇学习也会使学生逐渐缺乏兴趣和积极性。

(三) 大学英语词汇教学的原则

大学英语词汇教学的开展应遵循一定的原则,这样可以使教学更加有效进行,可以更好地培养学生词汇能力与跨文化交际能力。具体而言,大学英语词汇教学中培养跨文化意识应遵循以下几项原则。

1. 联系文化原则

语言与文化密切相关,很多词汇都蕴含着丰富的文化,而且词汇学习的最终目的也是进行跨文化交际,因此联系文化原则应是大学英语词汇教学遵循的一个重要原则。遵循联系文化原则是指在大学英语词汇教学过程中,词义的讲解、结构的分析都应与文化相联系。充分理解语言文化,有助于加深对词汇的理解,全面掌握词汇的演变规律,有效地运用词汇。

2. 词汇运用原则

学习词汇并非为了单纯地记忆词汇,而是为了在交际过程中有效运用词汇,因此在大学英语词汇教学中,教师应遵循词汇运用原则。这一原则是指教学中教师不仅要讲授词汇知识,还要引导学生对词汇加以运用。具体而言,教师在教学中要设计符合学生学习特点的教学活动,让学生积极参与教学互动,进而锻炼学生的词汇运用能力。

3. 新潮性原则

在科技迅速发展的大数据时代,大学生们有着开放的思想、新潮的想法,而且无论是学习还是生活,都与信息异常密切。对此,大学英语词汇教学应顺应社会的发展趋势和学生的需求,与时俱进,具有新潮性。教师除了教授教材中的词语,还可以适时传授一些热门新词,如 selfie(自拍)、bestie(闺蜜)等,这样学生就会切实感受到语言的鲜活性和发展性,学习词汇的积极性兴趣也会随之提高。

4. 循序渐进原则

任何教学都应循序渐进地进行,也就是遵循循序渐进原则,大学英语词汇教学也不例外。具体而言,在大学词汇教学中遵循这一原则是指教学中在数量和质量平衡的基础上对所教内容逐层加深。基于循序渐进原则,大学英语词汇教学不能仅仅重视学生对词汇数量的掌握,还应重视学生对词汇质量的把握,要做到在增加学生词汇数量的基础上,提升学生对词汇使用的熟练程度。

逐层加深是指大学英语词汇教学应由浅入深、层层递进地进行,因为课堂教学中不可能一次性教授词汇的所有语义,学生也不可能一次性掌握全部知识。总体而言,在大学英语词汇教学中,教师要避免急于求成,应由浅入深地推进教学,让学生一步步加深对单词意义的了解和对单词用法的掌握,进而提升学生的学习效率和英语词汇水平。

5. 情景性原则

词汇教学不应孤立进行,其应做到词不离句、句不离段,设置情景,借助情景教授词汇。学生善于模仿、记忆力好、听觉敏感,所以教师应抓住学生的这些特征,为其创设真实的语言情景。教师应根据教材的内容,努力为学生创设良好的语言环境,让学生在较为真实的语言情景中,积极开展练习活动,坚持听、说、做相结合的原则。在情景中教授英语单词,一方面有利于学生对词义的理解,加强记忆;另一方面,方便学生将所学单词应用于交际活动中。

6. 重复性原则

遗忘是伴随着记忆而行的,在学生的词汇学习中,不可避免地会产生遗忘问题,每天如果不加以复习和巩固,将很难掌握词汇。对此,大学英语词汇教学应遵循回顾拓展原则。这一原则是指在教学中将新旧词汇结合起来,利用已教授过的词汇来教授新的词汇,以便让学生对旧的词汇加以巩固,同时有效拓展和掌握新的词汇。

7. 对比性原则

大学英语词汇中的大量词汇均有与其意义对应的词,通过对比、对照等方式将学生容易混淆的词以及内容上联系密切的成对的概念找出来,加强对单词的识记。根据神经系统的对称规律,当两种性质不同的语言材料同时出现时,会促进大脑皮层的互相诱导,强化"记忆痕迹",活跃思维活动。

二、大学英语词汇教学中的跨文化因素

语言是文化的载体,文化影响着语言,二者密切相关。不同民族的文化有着区别于其他民族文化的特色,而这种差异也会在语言中表现出来,并对语言起着重要的影响作用。就英汉民族而言,二者有着不同的历史文化、生活环境等,由此产生的文化差异都对此会产生一定的影响,进而对英语词汇造成了一定的影响。了解英汉文化差异以及对英语词汇教学产生的影响,可使教师和学生充分了解文化因素的重要性,进而有意识地进行文化教学和文化学习。

(一)词汇空缺层面的影响

不同民族的语言和文化不尽相同,反映在词汇层面就会形成不同的个性,即一个民族的词汇可能在另外一个民族是不存在的,这些词汇的概念与意义对其他民族是非常陌生的,这就是所谓的"词汇空缺"。

在英汉语言中常会见到词汇空缺现象。例如,英语中有 strong point 和 weak point 的说法,但汉语中只有"弱点"而没有"强点"的说法。再如,

汉语中"长处"和"短处"的说法，但英语中只有 shortcoming 而没有 longcoming 的说法。

很明显，词汇空缺势必会对语言的转换和文化的交流造成困扰，这就需要译者在翻译过程中注意这一现象，并灵活采用一些相应的措施。

之所以产生词汇空缺，主要受如下几点的影响。

(1)地理环境差异。不同民族的人们身处在不同的地理环境中，所以该民族语言中描述地理环境的词汇在其他民族中可能会不存在，也就是存在词汇空缺。例如，"泰山"在汉语中有着独特的文化内涵，其喻指德高望重的人和强大的实力，如"有眼不识泰山"。无论是泰山这一物体还是其文化内涵，都是汉语文化所特有的，其他文化中并不存在，如果按照字面意思直接译为 have eyes but fail to see Taishan Mountain，就会丢失其文化信息，读者也会产生疑惑，不明所以。英语中的 take French leave(不辞而别)和 Spanish athlete(吹牛，胡说八道的人)也是其他民族所不具有的，也不能按照字面意思直接翻译，否则会令读者不知所云。

(2)价值观念差异。价值观念深刻地反映着文化，因文化背景的不同，所以不同民族的人们有着不同的价值观念，这在思维方式、语言表达等方面有着显著的体现。受中国传统观念和文化的影响，中国人崇尚礼仪，讲究谦让，在与人交际时常会采用很多谦辞，如"寒舍""鄙人"等。受价值观的影响，西方人追求自由，讲究平等，在与人交际时常会直接表达，而且富有逻辑，汉语中的一些谦虚表达在英语中并没有相对应的形式。

(3)社会风俗差异

英汉民族有着各自独特的社会风俗，反映在语言上，也会导致这方面的词汇空缺。例如，中国的传统节日，如"除夕""清明""中秋"等在西方国家并没有，与之相对应的一些节日风俗，如"守岁""扫墓""吃月饼"等在西方国家更是没有，这些富有中国特色的习俗在英语中根本没有相对应的表达形式。西方文化中万圣节的 trick or treat、感恩节的 turkey 等，在汉语中也没有相应的表达。可见，社会风俗差异也会导致词汇空缺现象的产生。

(二)文化缺位与文化错位层面的影响

1. 文化缺位

"文化缺位"这一概念首先是由苏联著名的翻译理论家索罗金等人提出的。所谓"文化缺位"，即在不同民族之间所有事物、所有观念存在空缺的情况。人们在接受新的文化信息的时候，往往会将已有的旧文化认知激活，从而构建对新文化信息的理解与把握。不同的民族，他们的文化认知

第五章 跨文化交际视阈下大学英语基础知识教学的创新路径

也必然存在差异,正是这种差异的存在,导致文化缺位的产生。文化缺位具有如下特点。

(1)不理解性

文化缺位的第一大特点就是不理解性。例如,在英语语言中,屈折现象是非常常见的现象,并且名词数、格、时态等也都有着深层的意义。这很难被汉语民族理解。

(2)不习惯性

文化缺位的第二大特点就是不习惯性,即两种语言在语法、词汇层面表现的差异。同时,两种语言在引发联想、对事物的区分上也存在明显的不同,因此将这种现象又称为"异域性"。其在对事物的认知与表达层面体现得尤为明显。

例如,英语中 aunt 一词是大家熟知的,很多人也知道其既可以代表"阿姨",也可以代表"舅妈""伯母"等。但是,在汉语中,由于中国人等级划分非常鲜明,因此很容易让中国人不理解、不习惯。

(3)陌生性

文化缺位的第三大特点是陌生性,即两种语言在修辞、表达、搭配等层面产生的联想与情感不同。例如:

一丈青大娘大骂人,就像雨打芭蕉,长短句,四六体,鼓点似的骂一天,一气呵成,也不倒嗓子。

上例中,就像雨打芭蕉采用了比喻的修辞,这种通过用喻体来代替本体的说法,可以给语言增添色彩。但是,对西方民族来说,这种现象并不常见,因此会是陌生的、新奇的。

(4)误读性

当不同文化在摩擦与接触中,文化之间出现误读的情况是非常常见的。也就是说,对一种文化中的现象,另一种文化中的人们会采用自身的思维对其进行解读,那么很容易出现不确定的情况或误读情况。

例如,在澳大利亚,袋鼠是一种常见的动物。18 世纪,探险家们刚见到这一动物,就询问当地居民它的名字,当地居民告诉探险家是 Kangaroo。因此,在探险家脑中,这一词就自然而然地形成了,并且含义就是"袋鼠"。实际上,其本意是"我不知道"。但是,久而久之,这个名字也就这样被固定下来。人们也就不会探究其真伪了。

2. 文化错位

所谓文化错位,即人们对同一文化事物、同一文化现象产生的内涵解读与认知联想上的错位。文化错位现象常常在不同的文化圈内发生。一一般来说,一个文化圈的人只对本圈的事物有一定的认知,而对其他文化圈的事物不了解或者缺乏认知,这会导致在跨文化交际的过程中,人们习惯用本圈的认知对其他文化圈的事物加以判断,从而产生文化错位。

同一文化事物、同一文化现象在不同的文化圈里会有不同的指称形式,也可能会产生不同的联想。即便处于同一种原因中,虽然读音相同、词语文字相近,其内涵意义也可能存在某些差异。这就是文化错位的表现。下面具体来分析文化错位的几种类型。

(1)指称错位

每一个民族,其对事物的分类标准都有各自的特征,都习惯用自己熟悉的事物对其他事物进行指称。

指称错位即在不同的文化环境下,同一事物、同一现象在语言上的指称概念存在错位性差异。当然,造成这一错位性差异的因素有很多,如历史差异、第一差异等。这些差异导致有些词汇的表面意义相同,但是实质含义不同,或者指称含义相同,但是表达形式不同,或者表达形式相同,但指称含义不同。下面就分别详细分析这三种情况。

第一,表面含义相同而实质含义不同。由于社会环境的差异,导致语言含义所指也存在差异。例如,drugstore 指的是销售化学合成药剂、杂货、美容产品或者便餐的场所,汉语中的"药房"既指出售西药的商店,有的能调剂配方,有的兼售中药的成药,又指医院或诊所里供应药物的部门。

第二,指称含义相同而表达形式不同。在不同的地域中,人们往往采用不同形式,对相同的指称含义加以表达,这可能在不同的语言中发生,也可能在同一语言中发生。例如,"中学"往往在美国英语中用 high school 表达,但是在英国英语中常用 secondary school 表达。

第三,表达形式相同而指称含义不同。在不同的地域中,有些表达形式是相同的,但是指称含义可能不同,这也是一种错位现象。这可能在不同语言中发生,也可能在同一语言中发生。例如,picture show 在美国英语中是指"电影",而在英国英语是指"画展"。

(2)情感错位

所谓情感错误,即在不同的文化背景下,人们对同一事物、同一现象所赋予的情感会存在错位现象。不同民族,其情感倾向可能是不同的,这就有可能造成情感错位。一般来说,情感错位包含如下两点。

第一,宏观情感错位。基于哲学的背景,中西方国家对同样的事物的情感倾向会存在明显差异,这就导致价值判断的差异性。中国人往往比较注重共性,比较内敛;相比之下,西方人注重个性,比较直接。因此,在跨文化交际的过程中,会出现宏观情感的错位。

第二,微观情感错位。微观情感错位是人们对具体事物的情感倾向的错位。

三、跨文化交际视阈下大学英语词汇教学的创新方法

目前,英语词汇教学存在着诸多问题,教学现状并不佳。对此,为了切实提高英语词汇教学的效果,提升学生的词汇水平,培养学生的跨文化意识,就需要在遵循基本教学原则的基础上,对教学方法进行优化,即选用新颖有效的方法开展教学。

(一)集中培训法

集中培训是在特定的时间内,将词汇学习方法作为课堂教学的中心内容,旨在让学生形成正确的词汇学习观念,获得适当的词汇学习方法。集中培训可以是一次完成,但是最好将时间控制在两周以内,然后在后续的教学中不断提供机会让学生运用词汇方法;也可以是分几次完成,可以根据观念与方法的分类,结合教学安排,在学期的不同阶段抽出专门的时间对学生进行培训。具体来讲,可以按照以下几个步骤进行。

(1)制订培训计划。首先制订词汇学习方法培训计划,明确培训目标、训练时间安排、训练内容、训练步骤和具体训练任务。

(2)方法调查。在培训开始之前,通过问卷调查的方式了解学生目前的词汇学习观念和词汇方法的使用情况,以便更有针对性地开展方法培训。

(3)小组研讨。将学生分成若干小组,让学生结合问卷上的内容和自己的学习经验,在小组内介绍与讨论自己词汇学习的观念和常用的词汇学习方法。然后,每个组选一名代表向全班同学汇报各自小组讨论的情况。

(4)修订培训计划。根据问卷调查和学生小组研讨的结果,修订词汇学习方法培训计划。

(5)教师讲解。教师结合学生问卷回答和小组研讨的情况,向学生阐述词汇学习方法的重要性和必要性,示范讲解如何调控和使用词汇学习方法。

(6)小组合作学习。学生们在小组内合作完成教师布置的方法学习任务,练习使用各种词汇学习方法,尤其要注意新的方法。在练习后,学生们可以一起研讨方法的有效性,对使用方法的情况开展自我评价和同伴评价。教师可以有意识地鼓励学生自己设计词汇学习方法练习活动,最大限度地发挥学生的主动性。

(7)训中与训后问卷调查。依据时间的充足程度,教师可以在培训中期或培训结束时再做一次问卷调查,以观察培训效果和学生词汇学习方法使用的变化情况。

(8)实际运用。教师在课堂教学中有意识地引导学生运用所学的方法处理遇到的各种词汇问题,拓展词汇的广度与深度,并逐渐形成适合自己的词汇学习方法系统。

(二)讲授文化知识法

在词汇教学中,教师可以采用教授法开展文化教学,即教师直接向学生展示文化承载词的分类及内涵等,同时通过图像、声音结合的方式列举生动的例子加以说明,直观地培养学生对文化的兴趣。只有熟悉了英语文化,才能让学生透彻地了解英语词汇。学习语言时不能只单纯地学习语音、词汇和语法,还要接触和探索这种语言背后的文化,在语言和文化的双重作用下,才能真正掌握英语这门语言。采用直接讲授法讲授文化,既省事又有效率。而且,这些文化不受时空的限制,方便学生查找和自学。

例如,"山羊"/goat,在汉语环境中,"山羊"一般扮演的是老实巴交的角色,由"替罪羊"这一词就可以了解到;在英语环境中,goat 则表示"好色之徒""色鬼"。这类词语还有很多,如 landlord(褒义)/"地主"(贬义)、capitalism(褒义)/"资本主义"(贬义)、poor peasant(贬义)/"贫农"(褒义)等,这些词语代表了人们不同的态度。在词汇学习的过程中,要深入了解和尊重中西方文化,这样才能更好地将词汇运用于交际。

再如,根据当下流行的垃圾分类,教师可以让学生翻译这四类垃圾:干垃圾、湿垃圾、有害垃圾、可回收垃圾。大部分学生都会将"垃圾"一词翻译为 garbage,实际上正确的翻译应是 waste,由这两个词就可以看出中西方文化的差异。在英语中,garbage 主要指食物或者纸张,waste 主要是指人不再需要的物质,可以看出 waste 的范围更广,其意思是"废物"。当翻译"干垃圾"和"湿垃圾"时,学生有会翻译得五花八门,实际上"干垃圾"是 residual waste,"湿垃圾"是 household food waste。所以,学生有必要深入了解中西方文化的异同,这样才能学好词汇,才会形成英语思维,进而形成跨文化交际能力。

(三)创设文化情境法

语言只有在语境中才能焕发生机与活力,单独去看某个词汇很难发现其中的韵味,但是一经组合和运用,语言便有了生命力。因此,教师应创设信息丰富的环境,为学生提供真实的语言环境和大量的语言输入,使学生

第五章 跨文化交际视阈下大学英语基础知识教学的创新路径

在逼真的语境中学习英语,给学生提供学习和运用词汇的机会。教师可以设计一些活动,如组织学生观看电影,然后指导学生进行角色扮演,让学生经历真实的跨文化交际情景,培养学生的跨文化交际能力。

除组织跨文化交际活动外,教师还可以组合一些课外活动,让学生切实感受英语文化,扩大学生的词汇文化资源,培养学生的跨文化交际能力。例如,《疯狂动物城》这部动画片深受学生的喜爱,但大部分学生并没有注意这部影片的名字 *Zootopia*,也没有对其进行探究,觉得这是电影中虚构的一个地方。如果学生知道乌托邦的英文是 Utopia,可能会理解这个复合词 *Zootopia* 是由 zoo(动物)和 Utopia(乌托邦)结合而来。实际上,很多学生连汉语文化中的"乌托邦"都不了解,更不用说英语文化了。其实,"乌托邦"就是理想国,*Zootopia* 就是动物理想国,是动物之间没有相互杀戮的地方。如果学生在观看电影前能对其中的文化进行探索,或者教师稍微引导,那么观影的效果就会更好,而且在欣赏影片的同时能掌握文化知识。

(四)词汇知识扩充法

词汇学习不能仅依靠教师的课堂讲授,还要依靠学生的课外自主学习,对此教师应有效引导学生充分利用课外时间来自主扩充词汇量,丰富词汇文化知识。

1. 推荐阅读

教师可以向学生推荐一些课外读本,如《英语学习文化背景》《英美概况》等,让学生利用课余时间进行阅读。通过阅读英语名著,学生不仅能充分了解西方文化背景知识,扩大文化视野,还能积累丰富的词汇,了解词汇的运用背景以及词汇的文化含义,更能培养学生良好的自主学习习惯,促使学生终身学习。可见,阅读英语书籍对学生的词汇学习而言是非常有意义的。这不仅能培养学生的自主学习能力,还能丰富学生的文化知识,扩充学生的词汇量。

2. 观看英语电影

现在的大学生对英语电影有着浓厚的兴趣,对此教师可以借助英语电影来提高学生的词汇能力。具体而言,教师可以选取一些蕴含浓厚英美文化,并且语言地道、通俗的电影让学生观看。这样学生可以在欣赏影片的过程中,切实感受英美文化,提高文化素质和词汇能力,同时提升学习词汇的兴趣。

第二节 跨文化交际视阈下大学英语语法教学的创新路径

一、大学英语语法教学简述

(一)什么是语法

对语法的内涵,不同的学者对其有不同的界定。

弗里曼(Larsen-Freeman,D.,2005)认为,"语法包含语形、语义、语用三个层面,三者关系紧密,如果任一层面发生改变,其他层面也会随之发生改变。"①

许国璋教授(1995)指出,语法制约着句子中的词汇、词汇关系。一种语言中的语法是对该语言中规则、规约制度的反映。基于这些规则、规约制度的指导,词汇才能组成合适的句子。

从上述定义中可知,人们对语法的界定更接近语言的本质。语法本身涉及静态与动态两种形式。就广义来说,人们的听、说、读、写、译五项技能需要语法手段的参与与描写。

(二)大学英语语法教学的现状

1. 教师教学中的问题

(1)语法教学弃而不教或边缘化

大学英语教学一直都在不断变革,教学内容随之不断改变,而随着2004年教育《大学英语课程教学要求》的颁布,大学英语语法教学内容退出了大学英语教材,大学英语语法教学也从大学英语教学中退出,最终导致大学英语语法弃而不教或边缘化。这具体体现在两个方面:首先,教材中没有了语法内容,教师便失去了教授语法的依据和大纲,学生也将无法系统地获取语法知识;其次,课时安排不合理,大学英语教学中多是精读课与泛读课,没有相应的语法课,即使教师讲解语法知识,也是零星的和碎片化的。实际上,语法对英语语言的学习是至关重要的,语法贯穿于英语学习

---

① Larsen-Freeman, D. *Teaching Language: From Grammar to Grammaring* [M]. Beijing: Foreign Language Teaching and Research Press, 2005:49-58.

的始终,对英语综合能力的提升起着重要作用,所以教师不应忽视语法教学,而应积极开展语法教学,丰富学生的语法知识,提高学生的语法能力,为学生的英语综合应用能力打好基础。

(2)教学方式单一

英语语法知识繁多,学习起来十分枯燥,因此很多学生对语法学习缺乏兴趣。想要改善这种现状,就需要教师创新教学方法,增添语法教学的乐趣,激发学生学习的积极性。但是,当前的大学英语语法教学并不乐观,教师依旧采用陈旧的方式展开,占据课堂的主体,这样学生处于被动的学习,不仅与教育理念不符,也不利于学生的学习,很难发挥学生的主观能动性。

2. 学生学习中的问题

(1)语法意识薄弱

大学生在中学阶段已经进行了很长时间的语法学习,普遍感到枯燥乏味,因此他们认为到了大学阶段就没有必要重点学习语法了。实际上,尽管到大学阶段,语法依然是英语学习的重要内容,因为不掌握丰富和准确的语法,是不可能准确、流利地进行交际的。

(2)缺乏有效的学习方法

大多数学生的语法学习的效率非常低,其中一部分学生是因为掌握的学习方法不正确,从而使得语法知识的掌握较为松散,不能成为一个系统。在语法学习中,学生往往比较被动,通常是遇到新的问题之后才会回去学习语法知识,而当他们学习完一篇文章之后,又把语法学习抛之脑后,这样的学习是很难提升学生的语法能力的。

(三)大学英语语法教学的原则

1. 以学生为中心原则

新课程教学理念提倡以学生为中心开展教学,即教学活动要以学生为主体,紧紧围绕学生来开展。这一教学理念也适用于大学英语语法教学。在大学英语语法教学中,教师应更新教学理念,认识到学生的主体地位,将学生放在教学的中心位置,有效激发学生的学习兴趣,鼓励学生积极参与教学活动,引导学生自主发展、学习和掌握语法规律,培养学生的语法能力。

2. 综合性原则

综合性原则是指大学英语语法教学要采取恰当的教学方式,具体体现在以下几个方面。

(1)归纳教学和演绎教学相结合。这两种教学方式各有所长,教师在语法教学中要根据具体的内容,将二者有机结合,以归纳为主,演绎为辅。

(2)隐性教学与显性教学相结合。隐性语法教学在教学中避免直接谈论所学的语法规则,主要通过情景让学生体验语言,通过对语言的交际性的运用归纳出语法规则。显性语法教学侧重在教学中直接谈论语法规则,语法教学目的直接、明显。根据学生的生理、心理特点,教师首先应尽可能避免机械、反复的语法识记和操练,应注重让学生在一个有意义的情景中感知、理解所教授的语法项目;然后,为学生创设生动有趣的情景,让学生在交际活动中模仿、操练、巩固语法知识;最后,在学生理解并会运用的基础上,教师帮助学生总结归纳语法规则。语法教学应以隐性教学为主,适当采用显性教学,这样能激发学生学习语法的兴趣,帮助学生增强语法意识,培养学生的语言使用能力。

(3)寓语法教学于听、说、读、写、译教学之中。学生的听、说、读、写、译五大基本技能的培养离不开语法,语法是为这些技能服务的。所以,教师要把语法教学贯穿在听、说、读、写、译教学之中,使语法真正服务于交际。

3. 实践性原则

传统的大学英语语法教学只重视知识传授,不重视技能培养,忽视语法的交际功能。《大学英语教学指南》注重学生能力的培养。教师要明确英语语法教学只是培养语言实践能力的桥梁,其目的是更好地培养学生听、说、读、写、译的实践能力,进而达到用英语进行交际的目的。因此,语法教学必须突出其实践性原则。

行为主义学习理论认为,外语学习基本上是一个形成习惯的过程。其他流派也从不同角度提出了练习在培养言语能力中的作用。英语语法主要出现在单词、句型、文章中,教师在语法教学中必须以多种方式对语言知识进行实践练习,根据具体情况适当点拨,让学生在精读多练的基础上,熟练掌握语法知识,形成语感,从而建立一套新的语言习惯。

4. 交际性原则

在大学英语语法教学中,教师应遵循交际性原则,即恰当地运用多媒体设计课堂教学,创设合理的语言交际环境,使语言交际环境符合实际环境,从而帮助学生更好地掌握语法知识,提升交际能力。提高学生成绩并不是语法教学的最终目的,掌握语法知识的使用才是语法教学的本质,所以语法教学应结合实际生活,培养学生的语法思维,提升学生的听、说、读、写、译能力,提高学生的语言交际能力。

5. 文化关联原则

语法作为语言的内部规律,与文化有着密切的联系,即蕴含和反映着丰富的文化信息。对此,在大学英语语法教学中,教师应重视文化因素对学生语法学习的影响,并有意识地进行文化教学,创设英语语言环境,从而丰富学生的文化知识,切实提高学生的语法能力和语言交际能力。

二、大学英语语法教学中的跨文化因素

语言与文化密切相关,文化差异在语言中有着集中的体现,一方面体现在词汇上,另一方面则体现在语法上。因此,文化差异对大学英语语法教学有着显著的影响,了解这种影响,对明确大学英语语法教学的目标、改善大学英语语法教学的现状具有重要意义。

(一)思维模式层面的影响

不同的民族,其思维模式也不相同,这种差异会在语言中有所体现。英汉民族的思维方式在语法上体现为英汉语法差异,具体表现是英语是形合语言,汉语是意合语言。

形合又称"显性",是指借助语言形式,主要包括词汇手段和形态手段,实现词语或句子的连接。意合又称"隐性",是指不借助语言形式,而借助词语或句子所含意义的逻辑联系来实现语篇内部的连接。形合注重语言形式上的对应,意合注重行为意义上的连贯。形合和意合是适用于各种语言的连接手段,但因语言的性质不同,所选用的方式也就不同。英语属于形合语言,其有着丰富的形态变化,语法规则众多,力求用内涵比较丰富的语法范畴来概括一定的语法意义,对句法形式要求严格。

英语句子多使用外显的组合手段,因此句子中的语法关系清晰有序。但汉语句子多用隐性的手段,语法关系并不那么清晰,而是十分模糊,如"知己知彼,百战不殆;不知己而知彼,一胜一负;不知己不知彼,每战必殆。"这句古汉语就足以体现了汉语意合的特点。汉语属于语义型语言,受传统哲学和美学思想的影响,形成了注重隐含关系、内在关系、模糊关系的语言结构特点。所以,汉语主要靠词序和语义关系来表现句法关系,并不刻意强求语法形式的完整,只求达意即可。

具体而言,受思维模式的影响,英汉语法之间的差异体现在以下几个方面。

第一，汉语句子注重达意，英语句子注重形式上的联系。例如，"已经晚了，我们回去吧。"这句话用英语表达是"Let's go home, as it is late."为符合英语的表达习惯，添加了相应的连接词。

第二，英语主要借助词形的变化来组句，汉语则主要借助词序和词在句中的作用及句子的意思来组句。

第三，英语倒装句多，汉语相对较少。为了表示强调，英语句子常将助动词放在主语前面，或者是在没有助动词的情况下，在主语前面加 do, does 或 did，形成倒装句。汉语表示强调就相对简单，有时将宾语提前，一般是不改变词序而增加某些具有强调意义的词。

总体来讲，在具体的大学英语语法教学中，教师引导学生充分了解文化差异对语法的影响，同时向学生输入相关的文化因素，使学生切实了解英汉语法的异同，进而提高学生的语法能力。

(二)语序因素层面的影响

语序指的就是词在短语或者句子中线性的排列顺序。语法语序就是表现语法关系的语序。例如，汉英都有并列式的合成词，尽管并列式都是由同等成分构成的，但是仍然存在较大差别。英语叙述说明事物时，习惯于从小到大，从特殊到一般，从个体到整体，先低级再高级；汉语的顺序则是从大到小，从一般到特殊，从整体到个体。此外，英汉语言中出现多个定语和多个状语时，定语和状语的排列顺序也是有差别的，实际上这些都源于文化的差异。因此，在大学英语语法教学中，教师应注重培养学生的文化素养，进而促进学生语法能力的提升。

三、跨文化交际视阈下大学英语语法教学的创新方法

(一)文化对比法

文化对语法教学的影响十分显著，对此教师可采用对比分析法让学生了解英汉语法的差异，培养学生的文化意识和跨文化能力。

我国学生一直都是在母语环境下学习英语的，因此形成了汉语的思维模式，这必定会对英语语言的组织有所疑虑，这主要是受文化背景和生活习惯的影响。在这种情况下，英语教师的语法教学就会受到一定程度的阻碍。

对此，教师应根据学生的学习规律和教学实际情况进行对比分析教学。教师应该使学生意识到文化差异对语言形成的重要影响作用，从而使

学生了解英汉语言之间的差异性。这样便能在发挥汉语学习正迁移的前提下,使学生掌握具体的英语语法知识。

(二)创设文化语境法

在大学英语语法教学中,教师可采用情境教学法开展教学,情境教学法有着包含语法规则和知识的真实环境,可以充分调动学生不同的感觉器官,激发学生学习的兴趣,可以让学生在接近真实的情境中确实参与到学习中,使学生系统地掌握语法知识。语法教学通过情境化实现了认知与情感的联合,颠覆了过去只讲述语法规则的陈旧方法,学生有了使用语言的空间。而且,通过情境化教学,课堂氛围更加活跃,师生关系更加和谐,学生的语法能力和交际能力会得到显著提升。具体而言,情境教学法的教学途径包含以下几个。

1. 融入音乐,创设情境

青少年通常对音乐有着强烈的兴趣,因此在语法教学中,教师可将音乐与语法教学相融合,营造轻松愉悦的气氛,在聆听中学,在欢唱中学。例如,在讲授"现在进行时"这一语法时,教师可以让学生先欣赏歌曲,并让学生持有该歌曲的歌词,然后找出歌词中含有现在进行时的句子。这样既能激发学生的学习兴趣,分散学习的难点,又能使学生在不知不觉中学到知识。

2. 角色扮演,感受情境

在大学英语语法教学中,教师还可以组织学生进行角色扮演,让学生身临其境地学习语法知识。学生可以通过自己扮演的角色,体验相应情境下人物的言行举止、思想情感,深化所学知识,提高学生的人文素养。

3. 运用媒体,展示情境

在大学英语语法教学中,有些教学情境因条件的限制无法创设,但随着多媒体技术的发展及其在教学中的运用,这一缺陷被弥补了。多媒体教学素材丰富多样,包含图像、图形、文本、动画以及声音等,将对话的时空体现得生动和形象,图像和文字都得到了充分体现,课堂范围不再沉闷死板,学生的感官得到了调动,加深了学生的印象,提高了学生参与课堂教学的积极性,教学和学习效率也得到了显著的提升。

4. 设计游戏,领悟情境

设置符合学生心理和生理特征的语法教学游戏,可以激发学生的学习积极性,让学生积极参与其中。而且,生动活泼的游戏可以调动学生的多种感官,使学生原本觉得困难的语法结构也变得简单许多,从而使学生在潜移默化中掌握语法知识。

(三)翻转课堂辅助法

翻转课堂也是随着信息技术的发展而产生的一种新型教学模式,将该教学模式运用到大学英语语法教学中,可有效调动学生学习语法的兴趣,促进学生的自主学习能力,提高学生的独立思考能力,进而培养学生的语法能力。翻转课堂这种教学模式不再以教师为中心,而是以学生为中心,教师只是起到辅助作用,学生是教学环节的重点,师生之间处于相互互动的状态。翻转课堂语法教学模式流程如图 5-1 所示。

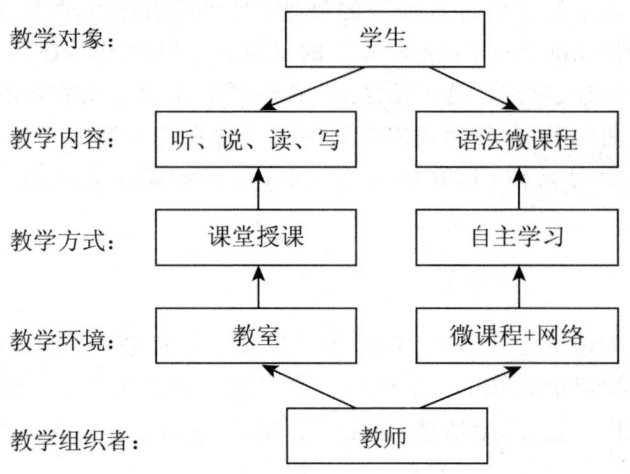

图 5-1　翻转课堂语法教学模式的流程

(资料来源:张晨晟,2019)

1. 提升微课制作水平,借鉴网络教育资源

相较于传统的语法教学模式,翻转课堂最大的特点在于以视频微课代替了"黑板+粉笔"的教学方式。但对已经习惯了传统教学模式的英语教师来说,很难在短时间内适应视频微课这种新模式,因此教师首先要熟练掌握微课的制作技术,灵活运用各种制作软件;其次,要重视视频微课内容的整合与加工,在内容选择上要围绕课本语法知识,并借鉴网络上优质的

第五章 跨文化交际视阈下大学英语基础知识教学的创新路径

教育资源制作短小精致、内容丰富的数字化课程资源。

2. 拓宽师生互动渠道，确保语法教学效果

制作视频微课是翻转课堂语法教学的前提，后期的检查、实施和监督是更加重要的部分，因此师生之间应保持多维互动。首先，教师要指导学生观看视频微课，并对学生的学习内容和时间进行计划，把握学生学习的进度；其次，教师要利用社交软件建立 QQ 群和微信群等，加强与学生线上线下的互动，对学生在自主学习中遇到的问题进行解答，促进师生和生生之间的讨论，实现英语语法知识的消化和吸收。

3. 关注语法难点，提升教师答疑解惑的能力

基于翻转课堂，教师将制作好的视频微课上传到网络平台，学生自行下载，并在固定时间内完成自主学习，而对遇到的语法知识难点，除了课堂学习小组讨论外，更多由教师在课堂上统一解答或个别辅导。对此，英语教师应不断充实自身的语法知识储备，提升自己的语法能力，从而更好地解答学生的疑难问题。

4. 开展差异化教学辅导，促进学生自主学习

在翻转课堂教学模式下，教师要更新教学理念，改变传统的教学模式，主动融入和参与到学生学习的各个环节，成为学生学习的指导者和监督者。由于不同学生之间存在着巨大的差异，有着不同的基础水平和认知结构，因此教师需要采用不同的辅导方式来对不同层次的学生加以辅导，特别是对那些自律性不强的学生，更要采取有效方式来加以辅导，促进他们进行自主学习。

5. 重视教学评价，建立激励机制

翻转课堂语法教学重在学生的自主学习，为了掌握学生自主学习的频率以及参与程度，确保翻转课堂教学的效果，对学生进行考核评价就显得十分必要，而且这种考核要贯穿于课堂教学的全过程，并且评价形式要多样化，包括学生自我评价、小组评价、教师评价等多种考核评价形式。这种全方位的考核评价机制有利于教师掌握学生在语法教学中的参与度和配合度，便于教师了解学生对语法知识的掌握程度，而且对学生有着正向的激励作用。

总体而言，在文化全球化的时代背景下，大学英语词汇和语法教学应紧跟社会和教学改革的发展趋势，结合文化开展教学，即在教授词汇和语

法知识的同时,融入英语文化知识,进而培养学生的文化素养,提高学生的综合能力以及运用词汇和语法知识进行跨文化交际的能力。与此同时,教师要持有客观的态度,不能一味地导入英语文化,还应传授汉语文化知识,从而树立学生的文化自信,使学生运用所学知识传播中国文化。

第六章 跨文化交际视阈下大学英语基本技能教学的创新路径

综合技能包含基础知识与基本技能,基础知识已经在上一章做了详细探讨,本章就来分析大学英语基本技能教学。在大学英语教学中,听、说、读、写、译是五项基本技能。这五项技能的提升对学生的综合能力的提升意义非凡。在跨文化交际视阈下,大学英语教学也应该对这五项技能予以重视。

第一节 跨文化交际视阈下大学英语听力教学的创新路径

一、大学英语听力教学简述

(一)什么是听力

1."听"

在学者罗宾(Rubin,1995)看来,"听是一个包含主观能动性的过程,它涉及听者信号的主动选择,然后对信息进行编码加工,从而确定正在发生的事情以及发话人想要表达的意图。"[1]

理查兹和施密特(Richards & Schmidt,2002)对"听力理解"进行了专门的探讨,他们认为,"听力理解涉及的对象是第一语言和第二语言,所要做的事情就是弄懂这两种语言。但是,对这两种语言的理解是有本质区别的。其中,对第二语言的听力理解比较关注语言的结构层面、语境、话题本

---

[1] Rubin,J. An Overview to "A Guide for the Teaching of Second Language Listening" [A]. *A Guide for the Teaching of Second Language Listening* [C]. D. Mendelsohn & J. Rubin. San Diego,CA:Dominie Press,1995:7.

身以及听者本身的预期。"①

著名学者林奇和门德尔松(Lynch & Mendelssohn)特别指出了"听"和"说"的内在联系,他们认为要想成功地"听",还必须在"说"上下功夫,但是"听"同时也受到其他声音信息和画面信息的影响,这就要求听者在已有经验的基础上根据语境来对话语进行准确的把握。另外,"听"不是单一的,是连续不断的一种处理过程,包含以下部分。

(1)如何将语音进行划分。

(2)如何对语调形成一种认识。

(3)如何对句法进行详细的解读。

(4)如何把握语境。

大多数时候,上述过程是在人们的无意识中悄悄进行的。

此外,两位学者还就"听"和"读"的联系与区别进行了阐释,并认为与"读"相比,"听"的作用更加显著,具体包含以下几点。

(1)让人感受到一种韵律的美。

(2)让人产生一种对追逐速度的急切心理。

(3)对信息的加工和反馈都在最短的时间内完成。

(4)耗时较短,通常不会重复进行。

"听"与"读"都是一种对信息的输入,但是在大学英语听力学习中教师绝对不能将"听"看作阅读的声音版,而应该认真研究"听"的本质属性,并据此去组织教学,从而帮助学生获得一定的听力技能。

2."听力理解"

从信息论的角度来讲,听力理解是对信息进行认知加工的过程。"听力理解"呈现出以下几种特征。

(1)时效性

时效性是指听力理解要求听者在一定的时间内高效地对声音信息进行加工。要做到这一点,听者需要认识到时间的紧迫性并且能快速地判断。声音信息输入的流线型特点也同样要求听力理解具有时效性。听力理解是否具备时效性,往往成为衡量一个人的听力能力的一个关键指标。

在大学英语听力学习中,教师可以将听力理解的时效性特点向学生进行详细的解释,这样可以督促学生做出更好的听力计划,促使学生监控和评估自己的听力能力。要想保证理解效度的最大化,听者就需要解决自身

---

① Richards,J. C. & R. Schmidt. *Longman Dictionary of Language Teaching and Applied Linguistics*[M]. London,UK:Longman,2002:313.

第六章 跨文化交际视阈下大学英语基本技能教学的创新路径

的听力时效性,如果不能解决这一问题,那么听者就很难理解发话人接下来的话语。

(2)过滤性

过滤性是指听者在听力理解的过程中能准确地筛选出有用的信息,并剔除那些无用的甚至是干扰的信息。简单来讲,过滤性就是"抓关键信息"。

显然,听者不需要原原本本地将听力内容在头脑中放映一遍,但是必须能够把握住听力内容的中心思想。因为听力理解的内容是一连串连续性的语言符号,人们必须从整体上把握内容,而不是孤立地关注某一个音素。想要把握听力内容的中心思想,不偏离听力内容的大方向,就必须先获取发话人的"主题",然后围绕这一主题探索事件的时间、地点、过程以及发话人的思想情感等边缘要素,主题和边缘要素存在着一种内在的连贯性。

(3)即时性

即时性是指听力理解无法提前安排和计划,都是随时进行、随时结束的。这就使得我们不可能提前对听力理解进行演练,从而导致了听力理解的不可预知性,这正是它的难点所在。因此,在听力学习中,教师应该尽可能地培养学生对听力材料的适应能力,能对各种情况做到随机应变。

(4)推测性

推测性是指听力理解是通过推理进行的。其实说到底,只要是含有理解的行为,就少不了推理的存在。说得具体一点,推理就是依靠自己的主观能动性不断验证先前假设的一种认知过程。

在一次完整的推理中,有两个环节是必不可少的。首先是预测将要发生的事情,其次是对结果进行推断。当然,这两个环节有其存在的前提,也就是我们不能做无缘无故的预测,那是妄想,而是要根据已有的知识经验来推测未知的事物,并且在已有的知识经验和未知的事物之间是有着内在关联的,听者需要通过这些显性或者隐性的关联来寻找发话人的信息,从而推测出发话人的意图。

(5)情境性

情境性是指听力理解发生在特定的时间、场合之下,时间、场合就构成了听力理解的情境。随着时间和场合中任何一方面的改变,情境就会改变,这就引起了不同听力情境的发生。

听者之所以要关注听力理解的情境,是因为这些情境中包含着很多重要细节,它们决定了听者对话语意义的理解,同时为即将产生的话语提供理解的线索。在日常的听力学习中,教师要提醒学生注意情境,有意识地提高学生对情境的敏感度,从而促使学生对话语有更准确的理解。另外,教师应该尽量为学生创设真实的情境,因为语言的运用就是在真实的情境下发生的。

(6)共振性

"共振性"这一概念应该是从物理学中移植过来的,表示一种瞬间感应性。听力理解具有共振性,是指听力理解是在对应原则的基础上发生的,有着自己独特的经验和惯性。

具体来讲,在听力理解中,一些新信息不断地刺激大脑,从而激活大脑中的已有知识,新知识和已有知识之间的交流就是共振。那也就意味着,你拥有的知识总量和你的感知能力的高低是成正比的,和你的共振效率也是呈正相关的。听力理解的共振性和信息加工理论中的"编码—解码"程序具有很大的关系。

(二)大学英语听力教学的现状

尽管大学英语听力教学深受重视,而且随着教学改革的深入有所发展,在教学中学生"听不懂,说不出"的问题依然存在。因此,有必要对大学英语听力教学中存在的问题进行分析,以便有针对性地解决这些问题,促进大学英语听力教学的发展。

1. 教师层面

(1)课程设置处于弱势地位

在整个大学英语课程设置中,听力教学处于弱势地位,受关注的程度并不高。在多数院校中,大学英语课的周学时为4小节,但教师常常将教学中心放在精读课上,部分院校甚至将听力课与口语课相融合,变成听说课,从而稀释了听力课的学时,这使得听力教学课时难以得到保障,对学生听力能力的培养也难以得到保障。

(2)教学目标有所偏离

大学英语教学中设置了大学英语四、六级考试,这本是为了激发学生对英语的学习兴趣,培养学生的英语能力而设置的,但有些教师将通过考试作为教学的指向标,往往忽略了学生听力能力和跨文化交际能力的培养。基于这样的目标,在时间有限的课堂中,教师常会将听力教学沦落为题海战术,这样不仅使学生感到枯燥乏味,而且很难真正提高学生的听力能力。

(3)教学模式僵化

受课程设置不合理、教学目标偏离、受重视程度不高等影响,现在的大学英语听力教学存在教学模式僵化的问题。很多教师将主要精力放在教学任务的完成上,忽视对教材的整体把握,缺乏对学生的有效指导,甚至目标不明确,只是机械地、一遍遍地播放录音,学生只能被动、盲目地听,这使得听力教学拘泥于"听听录音、对对答案,教师解释"的单一模式中。在这种教学模式下,不仅课堂氛围沉闷,而且学生的学习积极性不高,学生的听力能力更是难以得到有效锻炼。

2. 学生层面

(1)基础知识积累不足

现在,尽管听力教学受到了学生的重视,但是很多学生的听力水平不高,这很大程度上源于学生对基础知识积累得不足。一方面,学生缺乏必要的语音知识,对音节、连读等知识掌握得不牢固,加之词汇量积累有限,欠缺语法知识等,这些都会对学生的听力理解造成影响。另一方面,学生缺乏良好的英语学习环境,所以学生很难对英语音调、韵律等具有敏感性。由于基础知识积累不足,学生的听力能力将很难得到提高。

(2)对听力缺乏兴趣

由于教学方式的单一性和听力本身的复杂性,很多学生对听力学习缺乏兴趣,甚至从心理上对听力产生抵触情绪。这种抵触情绪会进一步降低学生参与听力活动的积极性,甚至是应付听力学习,使得听力学习收效甚微。

(3)学习形式单一

受传统教学模式的影响,学生在学习英语听力时,十分依赖教师的教学,依赖于学校规划和课程安排,进而导致自主学习听力的能力较低,在英语听力上获取不到成就感,学习兴趣降低,最终整体学习效果不佳。此外,学生跟随教师的课堂讲解,不利于学生建立个性化的英语知识框架和体系,不利于学生自主学习能力的提升。

(4)缺乏英语文化知识

语言与文化密切相关,很多听力材料中都渗透着文化知识。很多学生无法准确理解听力内容,部分原因就在于缺乏必要的文化背景知识。对此,学生在听力学习中不仅要学习听力技能,还要学习文化知识,了解英语国家的历史文化、思维方式等,掌握中西方文化间的差异,这样才能为听力学习扫清障碍,提高听力水平。

(5)缺乏英语听力环境

我国学生是在汉语环境下学习英语听力的,而且主要通过教材和课堂来学习英语听力,学生在课本上学到的英语都是规范英语,教师在教学中为了便于学生理解,常会放慢语速,而使得语流失去了正常的节奏。但在英美国家，人们在实际交际过程中使用的语言具有很强的口语化特征，常使用口语化的表达方式。在课堂教学中，这种口语化的语言很少出现，学生接触不到地道的英语表达，也就很难切实提高英语听力能力。

(6) 不善于利用课余时间

课堂教学的时间是有限的，因此对课堂教学起着补充作用的课余时间的利用率直接影响着学生的听力水平。但是在实际学习中，学生并没有充分利用课余时间。很多学生没有制订自己的学习计划，只是依靠课堂教学，但课堂教学是面向全体学生的，是针对学生的平均水平制订的，并不能满足学生的个性化需求。如果能制订适合自己的学习计划，并充分利用课余的零散时间，将英语听力学习与日常生活相结合，对提高英语听力水平将起到事半功倍的作用。

(三) 大学英语听力教学的原则

大学英语听力教学应遵循科学的教学原则，确保学生的听力能力得到锻炼，促使学生能有效进行跨文化交际。具体而言，大学英语听力教学应遵循以下几项原则。

1. 循序渐进原则

大学英语听力教学应层层有序地开展，从简单到复杂逐步进行，即遵循循序渐进原则。具体而言，在大学英语听力教学中，教师应充分了解学生的学习情况，选择符合学生学习阶段和水平的听力材料，同时兼顾多样性和真实性。在听力教学初期，教师要选择语速适中、吐字清晰的材料，随着教学进度逐步增加难度。听力材料也要贴近生活，最好选择社会热点话题、故事以及日常会话等，以激发学生学习的兴趣。

2. 注重情感原则

在教学中，教师除了要注重学生学习本身外，还要重视学生的情感体验。情感是学生智力与非智力发展的原动力，学生只有具有了一定的情感体验，才会有相应的智力及非智力活动，也才能对所学知识产生感情，从而在学习中获得事半功倍的效果。在大学英语听力教学中，教师也要充分重视情感因素，在教学的各个环节都要充分考虑学生的情感因素，有效降低情感过滤作用，使学生积极参与课堂上的各种活动，从而达到获得信息、吸收语言知识的目的。具体而言，教师要为学生创造一个轻松、愉快的课堂环境。例如，教师在安排学生听的过程中可以穿插一些幽默的小故事、笑话、英文小诗、英文动画或英文歌曲等，也可以根据实际情况改变听的形式

第六章 跨文化交际视阈下大学英语基本技能教学的创新路径

或更换听的内容等,努力消除学生因焦虑、害怕等产生的心理障碍,创造和谐的学习氛围,使学生获得良好的学习体验,进而提升他们的听力水平。

3. 强化文化背景知识原则

语言与文化密切相关,很多英语词语、短语、句子等都蕴含着丰富的文化信息,如果不了解语言背后的文化信息,将很难理解其内在含义,更无法有效进行交流。可以说,很多听力材料背后都蕴含着一定的文化知识,学生如果没有掌握必要的文化背景知识,即使听懂了个别甚至全部语句,也不一定能完全理解材料所隐含的深层文化含义,进而影响对材料的准确理解。因此,在大学英语听力教学中,教师必须重视强化学生的英美文化背景知识,提高学生对文化知识的敏感度。教师可以通过组织一些教学活动,如播放优秀的英美影片、引导学生阅读一些文学名著、组织具有鲜明特色的文化交流活动等,来培养学生的文化素养,进而提高学生的听力能力。

4. 激发兴趣原则

听力能力的提高需要一个过程,不可能一蹴而就,而且需要不断地练习和努力,很多学生由于自己听力能力不佳,加上进步缓慢,因此对听力学习缺乏兴趣。然而,兴趣对英语听力学习至关重要,对此教师在开展大学英语听力教学时要有意识地激发学生的兴趣,也就是遵循激发兴趣原则。具体而言,教师在进行听力教学之前,首先要充分了解学生的兴趣所在,即了解学生对哪些听力活动和听力内容感兴趣,然后以此为依据来调整教学内容和教学方法,并激发学生的听力兴趣,调动学生的积极性,进而提高学生的听力水平。

5. 情境性原则

听力是交际的重要方式,学生只有在自然、真实的环境中,才能与环境产生相应的互动,获得真实的语言体验。很多教师往往都有这样的感受,即教师竭尽全力鼓励学生参与课堂活动,但学生依然对听力学习缺乏积极性,课堂教学沉闷。实际上,良好的课堂氛围需要师生共同来营造,教师应该与学生积极沟通,充分发挥自己的主导作用和学生的主体作用,应在活跃、自然、民主的课堂环境中创建英语语言情境,进而培养学生的听力能力。

6. 综合原则

在大学英语听力教学中,分析性的听以词、词组、句子为单位,注重对细节内容的把握。在这种情况下,学生在听材料时就要"抠"字眼。例如,听力题中涉及有关时间、地点、数字等问题时,就要求学生在听的过程中对此类细节特别注意并做简单记录。综合性的听则以语篇为单位,注重对听力材料的整体理解,这种原则可以解决听力题中涉及材料主旨大意、整体思想的理解等方面的问题。分析性的听是综合性的听的基础。一般来讲,听力题往往既涉及材料的通篇理解,又注重考查细节问题,所以,在听力训练中就要求教师遵循综合性的听与分析性的听相结合的原则,设置相关的听力训练,培养学生的听力理解能力。

二、大学英语听力教学中的跨文化因素

大学生在中学甚至小学时期已经学习了多年英语,对语音、词汇、语法和句型等都有了一定程度的掌握,因此很多学生甚至教师都认为,掌握了这些内容就可以提高听力水平。但是事实并非如此,因为即便学生掌握了大量的语音、词汇、语法、句型等方面的知识,也未必能听懂所听内容。这是因为听力理解的好与坏一方面在于听者的语言基础,另外还与其对话题的熟悉程度、文化背景知识的多寡、听者心理素质的高低等有关,其中文化背景知识的积累是一个重要方面。学生只有掌握了一定的文化背景知识,才能在听的过程中充满自信。英汉民族文化存在较大的差异,这给语言交流造成了很大的困难,对听力的有效进行以及大学英语听力教学的开展都造成了一定的影响。因此,要想切实提高英语听力能力,并能运用这一技能进行跨文化交际,就要加深对西方文化的了解和认识,从深层次上提高英语听力能力。

(一)词语文化内涵差异的影响

在听力学习过程中,很多学生都反映有的听力材料看上去并不复杂,也没有生词,语言结构也不复杂,但在听的过程中总觉得晦涩难懂,无法理解其内涵。这种情况主要是由于不理解词语的深层文化内涵造成的。心理语言学认为,听者在大脑中储备的文化背景知识与听力材料互相作用的动态过程,是实现有效的听的重要前提。例如:

Wendy: What do you think of Vicky?
Chad: She is a cat.
Question: Does Chad like Vicky?

对学生而言,上述对话没有任何陌生单词,理解起来并不难,但是在回答的过程中往往会答错,这主要源于中西方文化的差异。在中国,猫是可

第六章 跨文化交际视阈下大学英语基本技能教学的创新路径

爱温顺、讨人喜爱的动物,但在西方国家,猫有着另外一层文化含义,指心存险恶的女人。上述对话中的"She is a cat."实际上是说 Vicky 是一个狠毒、心怀叵测的女人。由此可见,很多理解障碍并不是由语言本身引起的,而是由对西方文化的不了解引起的。因此,在大学英语听力教学中,教师应注意教授学生一些相关的文化知识,培养学生的文化素养,从而切实提升学生的听力能力。

(二)社交文化差异的影响

学生学习英语听力是用来社交的,如果不了解中西方社交文化差异,将会对其交际过程产生不利的影响。中西方社交文化差异在多个方面都有体现,如在俚语的表达方面。英语的俚语相当于汉语的歇后语,蕴含着发人深思的内涵。例如,fill someone in 的真正含义是"告诉某人,让他了解一些状况"。由于我国大学生对英国的社交文化不了解,很容易逐词逐句地理解这一短语,将其理解为"把某人填进去",这必然会对听力产生影响。对此,在大学英语听力教学中,教师应引导学生了解中西方社交文化的差异,培养学生的文化差异意识,切实提高学生的听力能力。

除了上述两个方面,英汉的思维模式差异、历史背景差异、地理环境差异等都会对听力产生重要的影响,在具体的教学中,教师应尽量全面地丰富学生的文化知识,提高学生的文化素养,为学生听力能力的提升排除文化障碍。

三、跨文化交际视阈下大学英语听力教学的创新方法

在大学英语听力教学中,教师应不断更新教学理念,创新教学方法,以提高教学质量和效率。具体而言,教师可以采用以下几种方法来开展大学英语听力教学。

(一)技能教学法

听力的有效进行是需要一定技巧的,因此在大学英语听力教学中,教师应向学生介绍几种常用的听力技巧。

1. 听前预测

在进行听力之前,进行一定的预测是很有必要的。在教学中,教师可以指导学生在正式听听力材料之前,先浏览一下听力问题,据此预测听力测试的范围,如地点、时间、人名等,这样可使听力更具针对性。

2. 抓听要点

在听的过程中,要学会抓听要点,也就是抓听交际双方言语活动中的主要内容、主要问题、主题句和关键字等,对一些无关紧要的内容则可以不用当重点去听。

3. 猜测词义

在听力过程中不可能听明白每一个词,而且有时难免会遇到陌生的单词,此时如果停下来思考这个词的意思,就会影响对整篇听力材料的理解。因此,这时可以继续听,通过上下文来猜测词义,这样既不会中断思路,也能流畅地理解听力材料内容。

4. 边听边记

听力具有速度快和不可逆转性的特点,听者在有限的时间内不可能听懂和记住所有的内容,此时就需要借助笔记来辅助听力活动,也就是边听边记录。听力笔记不需要十分工整,听者自己能看明白即可。

(二)文化导入法

1. 通过词汇导入

词汇是语言的基本要素,并蕴含着深厚的文化内涵,所以要了解西方文化,首先要从词汇开始。在大学英语听力教学中,通过词汇向学生导入文化知识,不仅可以提高学生的文化意识和素养,还能丰富学生的词汇量,为听力能力的提高奠定基础。例如,"狗"这一动物在中国文化中多具有贬义色彩,从"狗腿子""狗拿耗子"等表达中就能看出,而在西方文化中,dog深受人们的喜爱,被人们当作好朋友。在听力教学中,有意识地扩大学生的词汇量,丰富学生的词汇文化知识,将对学生听力能力的提升大有裨益。

2. 通过习俗导入

交际中必然会涉及习俗文化,如打招呼、称呼、感谢等,了解这些习俗文化对听力能力的提高具有重要意义。在具体的听力教学中,教师可以设计情境对话,或者安排学生进行角色扮演,让学生置身于英语环境中感受英汉习俗文化的差异,听取地道的英语表达,锻炼英语听力能力。

3. 通过网络多媒体导入

现代信息技术的发展促使网络开始普及,而且在各个领域发挥巨大作用。在信息化时代,教师可以充分利用多媒体与网络技术向学生输入文化知识。具体而言,教师可以通过多媒体设备向学生展示文化知识,引导学生进行广泛的听力活动。此外,教师可以鼓励学生通过网络寻找听力资料进行练习,这样可以培养学生的自主学习能力,锻炼学生的听力能力。

(三)电影辅助法

英语电影不仅能营造真实、生动的听力环境,而且能帮助学生更好地了解西方文化,从中体会中西方文化差异,进而提高跨文化交际能力。因此,将英语电影运用于大学英语听力教学,可有效激发学生的学习兴趣,提高教学的效率和学生的听力水平。具体而言,可采用以下步骤开展教学。

1. 观赏影片前

在观赏影片之前,教师和学生需要做一些准备工作。这些准备工作是指,在选定影片之后,教师要为学生布置好与电影主题相关的作业,鼓励学生在课下通过网络搜集一些与电影背景相关的信息,通过此方式加深学生对影片的了解。在临近观看前,教师要对影片的相关内容进行介绍,并提出拓展学生思维的问题,如影片中有哪些俚语以及主角的爱好等,这样能引导学生带着问题和好奇心去观看影片。在准备工作完成之后,学生在了解影片的基础上,边观看影片边解决问题,以期达到更好的学习效果。

2. 观赏影片中

在观看影片的过程中,教师可选择和运用影片中某个经典片段的放映来指导学生进行精听。精听要求学生听清每一个词、短语和句子,清楚每一个情节。通过精听,教师可以更好地引导学生学习影片中的语言。在精听的同时,教师还可以采取泛听的方法,让学生了解影片的故事梗概。此外,在播放影片的过程中,教师可以根据学生的英语水平和影片中的相关内容适时暂停影片,提醒学生注意影片中的一些关键对话,辅助讲解一些俗语、委婉语、禁忌语等,同时分析其中所涉及的中西方文化差异,帮助学生掌握语言精华,培养跨文化意识。

3. 观赏影片后

在影片结束之后,教师可以有针对性地进行扩展活动,即选择影片中的经典情节,组织学生进行角色扮演,从而巩固学生的听力水平,锻炼学生的表达能力,提高学生发音的准确性,培养学生的语感,同时树立学生的信心,促使学生积极学习。另外,教师可以鼓励学生谈论影片的主题及意义,引导学生撰写影评,这样可以巩固学生通过影片所学的词汇、语法等知识,进而提高学生的听力水平。

总体来说,英语电影语言丰富,情节生动,深受学生的喜爱,将其运用于大学英语听力教学,能为学生营造一个真实的语言环境,锻炼学生的听力能力。但需要注意的是,采用电影辅助法开展大学英语听力教学,在选材上要多加留意,要选择那些语音纯正、用词规范、内容健康的经典影片,这样才能让学生学到地道的英语表达,最终提高学生的听力水平。

第二节 跨文化交际视阈下大学英语口语教学的创新路径

一、大学英语口语教学简述

(一)什么是口语

对学习英语口语的学生而言,他们想要使用英语进行口语表达,首先就需要掌握一些英语的基础知识,如英语的节奏感、语音、语调,英语口语能力的提升并不是一件容易的事情。个体想要掌握一门语言,不仅要学会发音,而且还需要把握这门语言的其他方面的知识内容,如这门语言背后的社会习俗、文化背景、交际方式、社会礼仪等。可见,语言交际看似简单,其实相对复杂,是上述所有内容的一种综合体现。

人们对口语能力这一概念的理解往往不同,不同的理解通常会带来不同的教学效果。英语作为一门语言,是随着社会的发展而发展的,其学习理念同样也会逐渐变化。在以前,人们认为英语教学的理念就是发展学生的语言能力,让学生掌握基本的语音、词汇、语法、句法,学生只要对这些知识有了充分的掌握,就会自觉学会运用,流利地使用这门语言进行沟通与交流。然而,现实情况往往与人们想当然的局面大相径庭,而这种理念引导下的教学效果的弊端也越来越大。

20世纪七八十年代,西方国家涌现出大量的移民人士,在美国、新西兰、加拿大等国家都是如此,在这一现状的影响下,语言学领域的研究者以及作为一线工作者的教师对语言学习的传统模式有了很大的意见,他们的理念开始发生转变。这些人认为,学生只掌握语言的语音、词汇、语法等知识并不能真正地学会英语,更不意味着可以流利地开口讲英语,甚至不能利用自己所学的这门语言在社会上谋生。

随后,学者以及教师开始将英语语言能力看作交际能力的一个组成部分。有的学者认为,交际能力是语言学习者与他人利用语言这门工具所进行的信息互动,进而生成一种有意义的能力,这种能力区别于做语法、词汇知识选择题的能力。然而,学习者如果想要获取更加高级的交际能力,就必须对所使用语言的社会环境、文化环境有一定的了解。社会语言能力往往指的是使用语言的人在不同的场合与环境中运用语言的能力,这一能力涉及的层面如下所示。

(1)语域,即正式语言或非正式语言的使用。

(2)用词是否恰当。

(3)语体变换与礼貌策略等。

(二)大学英语口语教学的现状

口语作为一项重要的英语技能,具有显著的实践性特征。对现代的大学生来说,口语是培养他们交际能力的重要途径。但在目前来看,我国大学英语口语教学的现状并不佳,口语障碍和口语教学中的问题普遍存在。对这些问题进行分析,可以有针对性地解决这些问题,进而改善大学英语口语教学的现状,消除学生的口语障碍,提高学生的口语表达能力。具体而言,大学英语口语教学中的问题体现在以下几个方面。

1. 教师层面

(1)教学模式缺乏创新

相较于其他英语技能教学,口语教学的实践性更强,需要通过交流和沟通来达到教学目的。这就需要教师根据教学目的创新教学模式,培养学生的口语实践能力。但是就目前的大学英语口语教学来看,教师依然采用的是传统教学模式,即先讲解、后练习、再运用。这种教学模式虽然符合教学规律,却制约了学生的学习积极性。在这种教学模式下,学生只能被动地接受知识,机械地进行练习,根本没有独立思考和自主学习的空间。现在的学生都习惯接受新鲜事物,根本无法适应单调且缺乏创新的教学模式,这种枯燥的教学模式只会影响学生构建语言的创造力,也会将学生的学习热情消磨殆尽。

(2)课堂缺乏互动

在大学英语口语教学中,师生和生生之间的交流和互动是教学的重要内容,也是口语教学的核心,对培养学生口语表达能力、实现教学计划起着关键作用。但是在现在的大学英语口语教学中,教师在课堂教学中依然处于中心地位,占据着绝对的主导权,课堂教学缺乏互动与合作,学生没有开口的机会,更没有开口说的积极性,自主能力得不到培养,最终导致口语教学陷入僵局。

(3) 忽视口语实践训练

尽管当前英语口语教学受到了教师的重视，教师也尝试探索相应的口语训练措施来提升学生的口语能力。但是教师对学生的口语训练仅局限于课堂教学，忽视了学生在课后的口语强化训练，也很少向学生推荐相关的口语训练平台，最终导致学生的口语训练效果不佳。

2. 学生层面

(1) 思路不明确

思路不明确是学生口语学习过程中常遇到的一个问题。在英语口语练习过程中，学生会存储一定量的信息，并组织信息进行表达。但在实际表达过程中，学生的思维常会受到限制，尤其是遇到一些生词的时候，就无法判断要说的词汇和内容，在短时间内不能找到合适的句式来表达自己的思想。所以，思路不明确也会影响学生的口语技能。

(2) 存在心理障碍

具有心理障碍是当前学生在大学英语口语学习中存在的重要问题。这种心理障碍具体表现为自信心不足，存在焦虑情绪。这种焦虑现象的存在必然会对学生的口语学习造成影响。

(3) 口语练习手段单一

现在学生练习口语的手段依然十分单一，学生通常是在课堂上按部就班地学习英语口语，或者是找外教练习口语，这并不利于提高学生的口语水平。实际上，随着社会的发展和知识的更新，大量的口语 APP 相继诞生并广泛运用，各大高校也建立了自己的英语自主学习平台，这为学生的口语锻炼创造了条件。学生可以充分利用这些资源来练习口语，而不必拘泥于传统的学习方式。

(三) 大学英语口语教学的原则

在大学英语口语教学中，教师应遵循科学的教学原则，以有效提高学生的口语水平，提升教学的效率。具体而言，可遵循以下几项原则。

1. 先听后说原则

在英语语言技能中，听和说是相辅相成的，听是说的基础，俗话说"耳熟能详"，只有认真听、反复听、坚持听，才能最终说出一口流利的英语。因此，大学英语口语教学应当坚持先听后说原则，即教师首先应注意加强学生听的能力，其次才是说的能力。只有坚持先听后说原则，才能帮助学生掌握正确的发音，为训练口语能力打下良好的基础。

第六章　跨文化交际视阈下大学英语基本技能教学的创新路径

2. 循序渐进原则

口语能力的提升需要一个很长的过程，不可能一蹴而就，因此在大学英语口语教学中，教师应遵循循序渐进原则，即由易到难、由理论到实践，层层深入，逐步提升学生的口语能力。我国的大学生来自全国各地，不仅英语水平参差不齐，发音也会受方言的影响，因此教师在口语教学的过程中首先应该解决学生在语音、发音层面上的问题与困难，纠正他们的错误发音，让学生根据从简单到复杂的程序，从语音、语调、句子、语段等逐步进行锻炼。另外，教师在安排与设计教学步骤时也要遵循科学原则，充分把握难易程度。如果将教学目标定得太高，学生学习起来会有压力，如果目标定得太低，学生学习起来会缺乏挑战性和乐趣，因此教学目标设计要适度，要符合学生的实际水平。

3. 目的性原则

所谓目的性原则，是指明确口语教学的最终目的。在口语学习过程中，学生十分在意自己在语言交流中是否犯了语法错误，发音是否标准等。实际上，在英语口语教学中，交流沟通并不拘泥于形式上的格式要求，在语言交流过程中产生语法错误是不可避免的，即使本国人用母语交流，也会出现用词不当、语法不符合标准等问题。所以，学生口语学习和口语教学的重点不在于如何纠错，而在于如何有效地进行交流。交际中的一些小错误可以被忽略，相较于追求语言形式的准确，流利地进行沟通能更好地表达深层含义。因此，大学英语口语教学应明确目的性原则，在教学中应认真聆听学生的交谈，而不要因为某个错误而打断学生讲话，中断学生思路。教师可以在学生交流结束后，针对交流中存在的一些细节问题加以指导，并且给予鼓励，这样能激发学生大胆地说英语的积极性，也能引导学生在日常生活中学会自我纠正。

4. 互动原则

口语练习本身是一件很枯燥的事情，长期的枯燥练习很容易使学生失去对口语的兴趣。对此，教师在口语教学中要坚持互动性原则，不要放任自流，完全不管学生的练习进度与练习效果。教师应努力使学生的口语训练充满互动性，这种互动能有效保持学生对口语学习的兴趣。此外，为保证练习的互动性，教师为学生设计的话题应能使学生展开互动性的练习，使学生之间进行有效的互动练习。

5. 科学纠错原则

在口语学习中免不了出错,这是一件非常正常的事情,因此教师对学生在口语活动中出现的错误一定要采取科学的态度来对待。一般来说,如果学生正在进行口语对话训练,教师对一些无关紧要的语法问题可以酌情忽略,不要听到学生出现错误就立即打断并纠正,这样很容易打击学生说的积极性。教师应当在学生对话训练结束之后,统一指出训练过程中的错误,并提醒学生加以注意。当然,对一些重大的错误,教师也要在训练结束后立即指出并告知学生,以免再犯。

6. 主体性原则

所谓主体性原则,是指在明确教学主体的前提下开展教学。大学英语口语课堂需要主动开口交流,学生无疑是课堂的主体,应该是教学中最积极、活跃的主动参与者。与此同时,教师在教学中处于辅助地位,是学生学习的引导者,为学生提供必要的帮助。在大学英语口语教学中,无论是教学计划还是教材内容,这些都是口语教学的辅助性内容,学生能否积极参与教学活动才是关键。英语口语相较于其他学科有其本质上的特殊性,因此教师应遵循主体性原则来指导学生学习,根据学生的实际情况和需求设计具有吸引力和价值的口语课堂教学,从而激发学生的积极性,提高学生的口语能力。

7. 实用性原则

在大学英语口语教学中遵循实用性原则,是指在教学中要明确口语练习与口语教学的基本目的。口语的作用在于交际,在于传递信息,因此大学英语口语教学的最终目的在于培养学生的社会交流能力,而非单纯的书面表达能力。无论语言多么漂亮,如果不能在合适的场合发挥作用,不仅不会达到交流目的,也会影响语言的交际。语言与文化密切相关,人们在日常的交流过程中培养的是语言习惯,而不是单纯地进行内容练习。语法瑕疵并不影响正常的交流,但语言使用规则是无法逾越的雷区。也就是说,大学英语口语教学应有计划地进行文化教学,渗透社会文化背景知识的讲解,让学生明白在什么场合使用什么样的交流方式。具体而言,教师可以充分利用多媒体技术,通过电影、视频等营造语言环境,创造交流空间。教师还可以引导学生阅读英语剧本,让学生了解剧本中所隐含的社会文化背景,然后指导学生进行角色扮演,锻炼学生的口语能力。

8. 内外兼顾原则

所谓内外兼顾原则,是指考虑问题时要顾及内、外两个方面。在这一原则的指导下,教师在大学英语口语教学的过程中不仅要重视课堂教学,而且还需要引导学生合理利用课外活动来练习口语。事实上,学生的口语学习应该以课堂教学为主,并且将课外活动中的口语学习作为课堂学习的一种补充,二者相互促进、相互配合。在课堂教学练习的基础上,学生开展相应的课外活动,可以将课堂上所学习的知识在课外活动中进行充分的实践,从而达到复习、巩固知识的目的。此外,学生在课外活动中还可以运用课堂上所学习的理论知识,将知识内容转化为技能。与课堂活动相比较而言,课外活动的氛围比较轻松,学生的心情也会十分愉悦,在这种放松的心情来练习口语将会取得令人意想不到的效果。在课程结束之后,教师在为学生安排作业与练习之前,可以将学生分组,让学生以小组为单位来完成作业,通过相互讨论小组任务,可以帮助学生提升自身的口语能力,同时也可适度加强学生的团结协作能力。

二、大学英语口语教学中的跨文化因素

文化差异对口语交际有着重要的影响,对大学英语口语教学的影响也是显而易见的,因此教师在开展大学英语口语教学时要让学生了解文化差异对口语所产生的影响,培养学生的文化差异意识。

(一)词汇内涵差异的影响

词汇是人们撰写文章、用口语表达思想的基础,要想准确地传递信息和情感,首先要掌握大量的词汇,并且要了解词汇的含义,包括基本含义和内在文化含义。词汇蕴含着丰富的文化内涵,这对口语表达也有着至关重要的影响作用。英汉文化差异在词汇上有着鲜明的体现,所以了解和掌握这些词汇的文化内涵,并将其准确地应用到口语表达中,将能有效提高语言表达的水平。例如,在交际中当对方说"Paul was in blue mood."这句话时,如果不理解 blue 的文化含义,将很难顺利进行交际。在这里,blue 并不指其基本含义"蓝色",与 mood 搭配表示的是"沮丧的,忧郁的"。了解了这一文化含义,交际自然就能顺利进行了。这样的例子还有很多,如在汉语文化中,"马"(horse)被人们视为朋友,属于积极进取、奋发图强、吃苦耐劳、勇往直前的正能量的代表,如"马到成功""龙马精神"等都表达了这一象征意义。但在英语文化中,horse 常用来做普通的喻体,和马毫无关系,如

white horse(泡沫翻腾的浪峰),horse of another color(完全不同的另一回事)等。

对此,在大学英语口语教学中,教师首先应丰富学生的词汇量,同时让学生掌握词汇所蕴含的文化含义,并了解英汉词汇含义所体现出的文化差异,从而培养学生的词汇对比意识,提高学生的口语表达能力。

(二)语用规则差异的影响

语言交际有一定的规则,即语用规则。如果不了解英汉语用规则,就会对交际造成影响。例如,在寒暄方面,中国人见面习惯说"吃过了吗"表示关心。这样的表达并不在于"吃饭"本身,而是一种招呼用语,有着类似于"你好"的问候语义,相当于英语中的 hello。但是在西方国家,如果听到"Have you eaten yet?"时,会理解为对方想请他吃饭,然后会做出回应:"Thank you, it is very kind of you."

对此,在大学英语口语教学中,教师应向学生介绍英汉语言中的语用规则和英汉语用规则的差异,以免学生在交际实践中出现误解而影响交际。

(三)地理环境和气候条件差异的影响

地理位置不同,其气候条件也不同,这会对文化产生一定的影响,进而在语言中有所体现。例如,英语是个岛国,多面环海,处于温带海洋性气候带,气候四季温暖。受地理环境和气候条件的影响,英国降雨频繁,随时都有可能下雨,因此人们常随身带伞。基于这一背景,在日常生活中就不宜跟英国人开关于天气的玩笑,否则会引起交际失败或者冲突。

三、跨文化交际视阈下大学英语口语教学的创新方法

在英语口语教学中进行文化渗透需要采用科学的教学方法,将目光投向文化教学,实现口语教学与文化教学的融合,从而丰富学生的文化知识,扩大学生的文化视野,进而提高学生的口语表达能力和跨文化交际能力。具体而言,教师可采用以下方法开展教学。

(一)文化对比法

英汉文化差异对口语交际有着很大的影响,因此在英语口语教学中,教师应加入中国文化元素与西方文化元素的对比,呈现中西方文化之间的差异。以饮食文化为例,西方人宴请客人时多考虑客人的口味、爱好,菜肴

第六章 跨文化交际视阈下大学英语基本技能教学的创新路径

通常经济实惠。中国人为了表示热情好客,在请客时通常准备多道菜肴,而且讲究菜色搭配。引导学生进行文化对比,不仅能提高学生的文化适应性,也能减少汉语思维的负面影响,进而提高学生的跨文化交际能力。

(二)创境教学法

口语学习的目的是进行实际交际,所以学生只有在真实的情境中开口说英语,才能使自己的口语能力得到锻炼。对此,教师可以采用情境教学法开展口语教学,即创设真实的情境,让学生在真实的环境下学习口语。具体而言,教师可以通过角色表演和配音两种活动来创设情境,锻炼学生的口语能力。

1. 角色表演

教师可以根据教学内容让学生进行角色扮演,将主动权交给学生,让学生自主分工、自行排练,然后进行表演。这种方式深受学生的喜爱,不仅能缓解机械、沉闷的教学环境,还能激发学生说的兴趣,让学生在真实的社会场景中进行社交活动,锻炼口语能力。当学生表演结束后,教师不要急于评价学生,应先给学生一些建议,然后再进行点评和总结。

2. 配音

配音是一种有效锻炼学生口语能力的方式,教师可以充分利用配音活动来提高学生的口语水平。具体而言,教师可以选取一部英文电影的片段,先让学生听一遍原声对白,同时向学生讲解其中的一些难点,然后让学生再听两遍并记住台词,最后将电影调至无声,让学生进行配音。这种方式可有效激发学生开口说的积极性,而且能让学生欣赏影片的同时锻炼口语能力。

(三)交际教学法

交际教学法诞生于20世纪80年代,其以交际能力的培养为目标,更加注重语言的实际运用,旨在提高语言交际的质量。交际教学法认为,英语教学的根本目的就是培养学生的交际能力,因此各种语言知识与技能的学习与训练都必须为交际能力服务。交际教学法打破了传统教学教师"一言堂"的教学模式,教师不再是教学的"主角",学生也不再是被动的"观众"。在交际教学中,教师要发挥自身的主导作用,尊重学生的主体地位,合理安排课堂活动,将学生置于真实的语言环境中,帮助学生开展各种口语交际活动。

在口语教学中,交际教学法是一种行之有效的方式,课堂口语训练的内容有很多,如语音训练、会话技巧、交际技巧等,无论哪种训练,其核心内容都是语言的功能。

第三节　跨文化交际视阈下大学英语阅读教学的创新路径

一、大学英语阅读教学简述

(一)什么是阅读

阅读是人类社会的一项重要活动,这项活动是随文字的产生而产生的。正是由于有了文字的存在,人们才可以把语言的声音信息转化为视觉信息,并把它长期保存下来。这样就突破了语言在时间上和空间上的限制,使人类社会所积累起来的经验能得以系统地保留和传播。在现代社会中,不仅学习者的学习离不开阅读活动,社会生活的各个方面也都离不开阅读活动。

阅读活动的性质可从以下几个方面来理解。

(1)阅读是以书面材料为中介的特殊的交际过程。它是作为一种特殊的交际方式而存在的社会现象,"作者—文本—读者"是构成这个过程的三个基本要素。在这个过程中,读者不仅要透过文本去发现、理解作者要表现的世界,而且要通过与作者在情感、理智上的对话与交流,实现意义的生成及主体自我的创造与重构。

(2)阅读是读者从书面语言符号中获取意义的认知过程。通过阅读,读者可以把外部的语言信息转化为内部的语言信息,将文本所蕴含的思想转变为自己的思想,从而不断地丰富和完善自己的认知结构。

(3)阅读是人类社会的一种言语实践行为。它是主体感受、理解文本、建构与创造意义的过程。

(4)阅读是一种复杂的心智活动过程。在阅读活动中,读者先要运用视觉感知文字符号,然后通过分析、综合、概括、判断、推理等思维活动对感知的材料进行加工,把经过理解、鉴别、重构的内容融入原有的认知结构之中,而且这种思维活动要贯穿阅读过程的始终,必须凭借全部的心智活动及特定的智力技能才能完成。

1. 阅读理解

在语言学习过程中,阅读能力一直都发挥着重要的作用,因此很多国

第六章　跨文化交际视阈下大学英语基本技能教学的创新路径

家都十分重视阅读。例如,美国做过"美国阅读动员报告",英国启动了"阅读是基础"运动,两国还投入了大量人力和财力来推动国民阅读能力的培养。在中国教育教学中,阅读能力也深受重视。关于阅读的定义,不同的学者发表了不同的看法。

纳托尔(Christine Nuttall,2002)对阅读的理解总结为以下三组词。

(1)解码,破译,识别。

(2)发声,说话,读。

(3)理解,反应,意义。

"解码,破译,识别"这组词重点关注阅读理解的第一步,也是十分关键的一步,读者能否迅速识别词汇,对读者而言有着重要的影响。"发声,说话,读"是对"朗读"这种基本阅读技能的诠释,这属于阅读的初级阶段。朗读是将书面语言有声化,在各种感官的共同作用下加快对阅读内容的理解,这有助于语感的培养。通常,随着阶段的提升,读的要求会从有声变为无声。"理解,反应,意义"强调阅读过程中意义的理解与交流。在这一过程中,读者不再被动接受阅读材料中的信息,而是带着一定的目的,积极地运用阅读技巧去理解阅读材料的主要信息。

Aebersold(2003)认为,读者和阅读文本是构成阅读的两个物质实体,而真正的阅读是二者之间的互动。

王笃勤(2003)指出,阅读是一项复杂的认知活动,是读者提取文本中的信息并与大脑中已有的知识结合,从而建构意义的过程。读者理解阅读文本的过程中主要涉及三种信息加工活动,分别是对句子层面、段落或命题层面、整体语篇结构的分析活动。

由上述定义可以看出,很多学者都认为阅读涉及读者和阅读文本,并且认为阅读是这二者之间的交流互动。简单而言,阅读就是读者积极运用已经掌握的语言知识和背景知识等对语言材料进行处理,同时获取信息的过程。

2. 阅读模式

关于阅读的模式,不同的学者有着不同的理解,基于对阅读不同的理解,人们提出了以下四种阅读模式。

(1)自上而下模式

自上而下模式(top-down approach),该模式认为,在阅读时基于已有的知识不断进行预测、验证或修正的过程,是读者与作者相互交流的过程。基于该模式,阅读不再是从低层次的词、句出发,而是从较高层次的语境出发来推测整个语篇意义。读者在阅读过程中会积极调动已有的经验和知识,结合文章内容来推断作者意图,继而在阅读中不断对自己的推断加以验证和修正。受这种教学模式的影响,阅读教学侧重于对学习者阅读速度和推测能力的培养,主张提高学习者的阅读效率。但该模式下的阅读教学过于强调学习者已有的知识,而忽视了教学中的语言知识的积累,进而会造成学习者阅读理解上的障碍。

(2)自下而上模式

自下而上模式(bottom-up model),又称"文本驱动模式"。在这种模式中,阅读是读者由低层到高层、自下而上、被动地对文本进行解码的过程。这种解码过程具有一定的次序,是读者从简单的认读字母、单词出发,继而对句子、段落进行分析,最后达到对语篇的整体理解。受这种阅读模式的影响,传统的英语阅读教学侧重对语言基础知识的学习,注重对教学中词汇和长难句的分析,而忽视了对文章整体性的把握,最终导致学习者无法准确理解文章的含义。这种教学方式不利于学习者对文化的学习,也会对学习者的阅读理解造成文化障碍,无法激发学习者的学习兴趣。

(3)图式驱动模式

图式驱动模式提出阅读是一种心理猜测过程,整个过程都在围绕猜测进行。与文本驱动模式的区别是,该模式认为阅读过程涉及两个方面,即文本和读者。在文本阅读过程中,读者运用已有的话题知识、语篇知识、文化知识等来理解正在阅读的材料并猜测接下来要阅读的材料。

(4)交互阅读模式

交互阅读模式认为阅读是一种交互过程,这种交互包含两个方面:一方面是读者与文本的交互,另一方面是文本驱动与图式驱动的交互。该模式既注重语言基础知识,也注重背景知识在阅读中的作用。并且认为,只有将解码技能与图式相互作用,才能完成文本的理解。该模式要求教师在阅读教学中既要重视基础语言知识的传授,又要引导学习者激发脑海中的已有图式,从而促进学习者建构与新知识的联系,提高阅读效率。

(二)大学英语阅读教学的现状

大学英语阅读教学的地位在整个英语教学体系中举足轻重,是我国英语教学的重点和难点,不过依然存在着一些问题。

1. 教师层面

(1)课堂上教学模式落后

在一些英语阅读课堂上,传统英语教学的影子还没有完全消失。虽然教育学界很多专家都在倡导先进的英语教育理念,但是真正让这些理念落地,还是困难重重。我们还是会在大学英语阅读教学课堂上看到这样的情

第六章 跨文化交际视阈下大学英语基本技能教学的创新路径

景:教师在上面讲得津津乐道,学生在下面认真聆听,并且还做着笔记。教师逐句讲解阅读文章里的新词汇、句型、语法等,然后分析文章里的问题,这样的英语阅读课有点变味了,倒像是一堂语法课。关键问题是学生还习惯了这样的教学模式,久而久之养成了被动的学习习惯,自己缺乏思考、缺乏实践。课堂缺乏互动,这样不仅减少了学生的阅读兴趣,也无法真正提高他们的英语阅读能力。

(2)课外缺乏监督

大学的课时有限,因此很多的阅读是在课外完成的。虽然教师布置了课外作业,但是由于学生长期形成的依赖教师的思想,如果教师不抽时间检查学生的课外作业,学生很可能就不会认真对待课外作业。课堂的阅读量是很小的,加上学生对待课外阅读不认真,这样就无法真正提高他们的阅读能力。

2. 学生层面

(1)英语阅读的动力不足

从中学进入大学后,学生摆脱了家长和教师的严格监督,因此大学的学习主要依靠自主性来推动的。如果学习的自主性不强,学生就会浪费大把时间。另外,很多学生进入大学后一下子松懈了,错误地将考试当作唯一的学习目的,英语阅读的动力明显不足。如果阅读材料的篇幅过长,或者难度过大,学生就更加没有动力完成阅读了。

(2)词汇量和阅读量都小

篇章是由许多词汇构成的。显然,没有一定的词汇量,英语阅读是无法进行下去的。要想提高英语阅读能力,词汇量是基础,足够的阅读量是前提。在词汇量薄弱的情况下,扎实的阅读技巧是没有用武之地的,是无效的。进入大学以后,英语阅读所要求的词汇量相比于中学阶段有了大大的增长,并且同义词、近义词繁多,词义之间的区别和差异模糊、难以辨认,这给学生的学习增加了难度,对学生的目标要求也就不一样了。英语阅读综合能力的提高,需要学生在掌握充足的词汇量的前提下进行大量的阅读。当然,词汇量和阅读也是相辅相成的,词汇量是通过阅读加以积累的,而词汇量又进一步推动着阅读的进行。

(3)文化背景知识的缺乏

英汉文化差异相信已经被教师提过很多次了,但是学生需要真正认识到英汉文化差异的具体方面和具体情况。原版的英语文章都是以西方文化为背景来进行写作的,中国读者在进行阅读的时候就得转换思维。中国读者需要具备充足的西方文化知识,这样才不会给阅读带来障碍。但是,如果不了解西方文化,英语阅读就可能无法连贯地进行。例如:

The eagle always flew on Friday.

对于上述句子,如果仅看字面含义,学生可能会理解为"老鹰一般周五飞回来。"然而,这样理解显然是错误的。其实,eagle(老鹰)这一动物是美国国家的象征,美国的钱币上使用的就是老鹰的图案,所以上述句子的真正含义是"美国人总是在周五发工资。"由此可见,如果学生对文化背景知识缺乏了解,那么在阅读的过程中当碰到类似上述的句子时,在理解过程中自然就会出现纰漏,从而造成误读误解,这在一定程度上说明了熟知语言背后文化内涵信息的重要作用。

(三)大学英语阅读教学的原则

1. 激活背景知识原则

文化语境知识即所谓的背景知识,是读者在对某一语篇理解的过程中所具备的态度、价值观、对行为方式的期待、达到共同目标的方式等外部世界知识。在英语阅读教学中,背景知识是重要的组成部分,尤其是对母语为汉语的人来说,阅读那些源自汉语文化背景的著作要容易一些,但是阅读那些不同文化背景下的相关著作必然会遇到困难。要想对以英语文化为背景的语篇有着深刻的理解,必然需要具备相关的文化语境图式,这样才能实现语篇与学生文化背景图式的吻合。读者的背景知识会对其阅读理解产生影响。其中,背景知识包含学生在阅读语篇过程中所应该具备的全部经历,包括教育经历、生活经历、母语知识、语法知识等。如果教师通过设定目标、预测、讲解一些背景知识,读者的阅读能力就能大幅度地提高。如果学生对所阅读的话题并不清楚,教师就需要建构语境来辅助学生的阅读学习。

具体来说,教师在进行备课时要精心准备教材,弄清弄透英语阅读教学中存在的文化语境空白,对材料进行精心的选择,或者为学生提供某些线索,让学生通过一定的手段和方式处理语篇中涉及的文化背景知识。当然,由于课堂时间是非常有限的,学生不可能解决所有不熟悉文化背景知识的内容,这时候就需要教师充当建构新文化语境的工具。教师需要了解学生在自主学习中遇到的问题,帮助学生顺利理解所学的知识与材料。

2. 重视一般词汇教学原则

对英语阅读而言,词汇是必不可少的组成部分,也是顺利进行阅读的基础。作为一名英语教师,应该理解词汇在阅读理解中所扮演的角色。学生理解基础词汇,有助于他们在阅读上下文时猜测出一些低频词汇的含

第六章 跨文化交际视阈下大学英语基本技能教学的创新路径

义。根据研究显示,那些经常阅读学术性文章的学生对术语应付的能力要明显强于应付一般词汇的能力。因此,学生如何积累一般的词汇是教师需要关注的问题。

在词汇积累教学中,单词网络图是比较好的方式。在英语阅读课堂上,教师可以给出一个核心概念词,然后让学生根据该词进行扩展,从而建构其他与之相关的词汇。需要指出的是,高频词教学在词汇积累中是非常重要的,其有必要渗透在英语听、说、读、写、译教学中,并在细节层面给予过多的关注,这样才能便于学生顺利完成阅读,并根据这些高频词顺利猜测陌生词语的意义。

3. 把握阅读教学关键原则

受中国应试教育的影响,阅读教学与其他教学一样,教师将更多的关注点放在教学检测结果上时,往往就会忽视对阅读内容的理解。实际上,成功完成阅读的关键就在于完善与监控阅读理解。为了能让学生学会理解,可以从学生的自我检测入手,并鼓励他们同教师探讨具体的理解策略,这是元认知与认知过程的紧密结合。

例如,教师不应该在学生阅读完一篇文章之后,提问学生关于理解的问题,而是应该为学生示范如何进行理解。全体学生一起阅读,并一起探讨,这样便于每一位学生理解文章的内容。

4. 速度与流畅度结合原则

英语阅读教学存在一个严重的困难就是,虽然学生具备了阅读的能力,但是很难进行流畅的阅读。也就是说,当教师将更多的关注点放在学生阅读的准确性上,而忽视了学生阅读的流畅性。这就要求教师在阅读教学中找寻一个平衡点,不仅帮助学生提高阅读的速度,而且要保证学生阅读的流畅性,这是阅读教学培养速度的最终目的。一般来说,学生阅读的过程不应该被词汇识别干扰,而是应该花费更多的时间研读内容及语言背后的文化。要想提升阅读的速度,一个好的办法就是反复进行阅读。通过反复的阅读,实现速度与理解的结合。

二、大学英语阅读教学中的跨文化因素

阅读过程常会涉及文化问题,如果不具备一定的文化知识,不了解英汉文化的差异,将很难进行阅读。可见,文化差异对英语阅读有着重要的影响,对大学英语阅读教学也有着一定的影响,下面就对此进行具体说明。

(一)思维模式差异的影响

不同的民族有着不同的思维模式,这种思维模式在语言中有着显著的体现,即表现为英汉语篇有着显著的差异。英语语篇属于演绎型语篇,往往开门见山,在文章的一开头就表明作者态度,随后再进行验证说明。汉语语篇属于归纳型语篇,往往是先说事实、讲理由,最后得出结论,而且作者会隐藏主题思想,需要学生边阅读边体会。这就使得学生养成了精读的阅读习惯,在面对英语文章时不善于运用略读等技巧,进而影响阅读效率。

对此,教师在阅读教学中应引导学生了解英汉思维的差异以及这种差异对语篇阅读的影响,培养学生的英语思维,锻炼学生运用英语思维理解文章的能力。

(二)历史文化差异的影响

每一个国家和民族在漫长的演变和发展中形成了有着民族特色的历史文化,蕴含着丰富的文化底蕴。在阅读英语文章时,学生时常会因为不了解相关的历史文化而产生阅读障碍。

例如,meet one's waterloo 这一成语中来自著名历史事件滑铁卢战役。Waterloo(滑铁卢)是比利时中部的城镇,1815年拿破仑在这个地方大败,从此一蹶不振。Waterloo 这个小镇也因此次著名战役而出名。从字面意思上来看,meet one's Waterloo 是"遭遇滑铁卢战役之类的事",可以进一步引申为"惨败"。

对此,在大学英语阅读教学中,教师应丰富学生的历史文化知识,扩大学生的知识面,为学生的阅读能力的提升奠定基础。

(三)社会文化差异的影响

由群众创造的具有民族特征的并对社会群体发挥作用的文化现象就是社会文化。社会文化的不同对学生的英语阅读造成了一定的影响。例如,bread and butter 这一短语,bread 的意思是"面包",butter 的意思是"黄油",在西方,面包和黄油都是很日常的食物,是人们日常生活中不可缺少的,因此 bread and butter 在英语中就用来引申为"生计,主要收入来源"。如果学生不了解这一文化背景,在阅读中就会影响正确理解。

三、跨文化交际视阈下大学英语阅读教学的创新方法

(一)文化导入法

在阅读教学中导入相应的文化知识,能切实提高学生的阅读水平,而

第六章 跨文化交际视阈下大学英语基本技能教学的创新路径

且能培养学生的文化素养。

1. 介绍文化差异,激发学生阅读兴趣

在大学英语阅读教学中,教师可采用适当的方式方法来激发学生的阅读兴趣和热情,调动学生的积极性,使学生获得文化知识,提高阅读水平。其中,在阅读教学中进行英汉文化差异的介绍和分析,就是一种调动和培养学生学习兴趣的有效方法。此外,在教授英国文化知识的过程中不断地向学生渗透历史地理、风土人情、日常生活等中国文化知识,也可以有效调动和培养学生的学习兴趣。

2. 培养学生的文化意识

为了切实提高学生的英语阅读水平,提高学生的阅读乐趣,教师有必要培养学生的文化意识。具体而言,限于课堂时间有限,教师可以充分利用课外时间,向学生推荐一些英语文学作品让学生在课下进行阅读。通过阅读英语文学作品,学生能切实感受西方文学和文化,从中掌握词汇、习得语法,积累大量素材,养成良好的阅读习惯。

(二)阅读策略讲授法

1. 引导

引导过程的基本任务是确定学习目标,唤起学习者的学习动机。一般包括以下教学内容:预习、解题、介绍有关资料、导入新课。在阅读实践中,可以全部运用,也可以只运用其中的若干项。

(1)预习

预习是学习者学习的准备阶段。学习者可以在课前预习,也可以在课堂上进行预习。

(2)解题

课文标题相当于文章的"眼睛",透过课题可以了解文章的内涵和特点,所以,学习者找到理解课文的纹理脉络,课文标题与文章内容的关系是课文标题直接揭示主题、课文标题指示选材范围或对象、课文标题直接指示事件,或者课文标题隐含深刻寓意等。

(3)介绍有关资料

介绍有关资料是帮助学习者深入学习和理解课文的基础,包括介绍作者生平、写作缘起、时代背景和社会影响等内容。介绍有关资料也应根据课文特点和学习者的学情具体而定,可以对几个方面的内容都做介绍,也可以有选择地进行介绍。

2. 研读

研读过程是阅读的核心环节,主要是对课文的内容和形式做深入的研读和探讨。根据阅读活动的特点,研读过程一般分为三个阶段:感知阶段、分析阶段、综合阶段。感知阶段是对课文的整体认识,分析阶段是对课文的具体认识,综合阶段是对课文的整体理解和把握。

(1)感知阶段

感知阶段一般包括以下几个方面的内容:认识生字新词、课文通读、感知内容、质疑问难。

(2)分析阶段

分析阶段是对课文内容和形式进行深入细致的具体分析研讨,主要包括文章结构分析、内容要素分析、写作技巧分析、语言特点分析、重难点分析。

(3)综合阶段

综合阶段是在分析阶段的基础上进行的,是由局部到整体的概括过程,由现象到本质的抽象过程。综合阶段的教学任务一般包括概括中心思想、总结写作特点等。

3. 运用

运用过程的基本任务就是学习者把分析综合阶段中学得的知识应用于实践,转化为英语能力。转化的途径就是集中训练,一般采用听、说、读、写等多种方法进行,这是阅读的关键。

阅读过程中有多边矛盾,而核心的矛盾是学习者认识、学习课文的矛盾,其他矛盾都从属并服从于这一矛盾。因此,学习者应有效地认识、学习课文。

(三)阅读技巧介绍法

从横向上看,阅读的方式有朗读、默读、精读、略读、速读,相应的就有一定的技巧。

1. 朗读

朗读就是出声地读,是通过读出词语和句子的声音把诉诸视觉的文字语言转化为诉诸听觉的有声语言。朗读有助于增强对语言的感受能力,从而加深对文章思想感情的体会理解;可以促进记忆,积累语言材料;有助于

第六章　跨文化交际视阈下大学英语基本技能教学的创新路径

形成语感,提高口头和书面的表达能力等朗读训练的基本要求。朗读训练的方式主要有:范读、领读、仿读、接替读、轮读、提问接读、齐读、小组读、个别读、散读、分角色读等。对读物可采取全篇读、分段读、重点读等。

2. 默读

默读是指不出声地阅读,它通过视觉接受文字符号后,间接反射给大脑,可以立即进行译码、理解,因此,默读又称"直接阅读"。一般说的阅读能力,实际多指默读能力,因为它在实际学习和生活中运用得最多。

默读训练的要求:感知文字符号要正确,注意字音、字形、词语的搭配,句子的排列;要讲究一定的速度,要学会抓重点;在阅读中学会思考,根据文章的内容,向自己提出问题并解决问题。

根据默读训练的要求,默读训练可着重从下面三个方面进行。

第一,视觉功能的训练,主要是扩大视觉幅度的训练,增加一次辨认的字的数量,同时提高视觉接受文字符号的速度,减少眼停次数和回视次数。

第二,默读理解的训练,主要是要教会学习者如何调动想象、联想、思维和记忆的作用,以提高理解读物的内容深度和速度。

第三,默读习惯的训练,主要是帮助学习者克服不良习惯,如出声读、唇读、喉读、指读、回读等;使学习者养成良好的阅读习惯,如认真、专注、边读边思,边读边记等,良好的阅读习惯能帮助学生提高阅读效率。

3. 精读

精读是逐字逐句深入钻研、咬文嚼字的一种阅读。

精读训练的基本要求:对读物从整体到部分,从部分到整体,从形式到内容,从内容到形式的反复思考深入理解;对阅读材料中的关键词语或句子,要仔细推敲琢磨,不仅要理解其表层的意义,而且要深入领会其言外之意,画外之象;养成边阅读边思考、边阅读边做笔记的习惯,因为只有真正独立思考的主动的阅读活动,才是有效的阅读活动。

为了提高精读训练的有效性,教师在精读训练过程中要提示给学生精读的步骤和方法,给予适当的引导,使学习者逐步练习,直到完全掌握精读技能、形成熟练的技巧与习惯。

精度训练可以有不同的步骤,各有侧重。具有代表性的精读步骤有以下几种。

三步阅读法:认读—理解—鉴赏。

五步阅读法:纵览—发问—阅读—记忆—复习。

六步自读法:认读—辨体—审题—问答—质疑—评析。

在实施阅读训练的过程中,无论哪一个步骤或环节都需要运用良好的、合适的阅读方法才能保证精读的顺利完成。实际上,精读没有固定不变的步骤和方法,每个教师都可以根据自己的经验和学习者的情况提出训练方案,同时鼓励学习者在实际阅读和训练中总结出符合个人阅读情况的步骤和方法。

4. 略读

略读是指粗知文本大意的一种阅读,是一种相对于精读而言的阅读方式。略读对文章的阅读理解要求较低,略读的特点是"提纲挈领"。它的优势在于快速捕捉信息,在于发挥人的知觉思维的作用,一般与精读训练是交叉进行的。

略读训练指导应注意:第一,加强注意力的培养,提高在大量的文字信息中捕捉必要信息的能力,纠正漫不经心的阅读习惯。第二,加强拓宽视觉范围、提高扫视速度的训练。第三,着重训练阅读后,加强用简练的语句迅速归纳材料的内容或概括中心意思的能力。第四,注意教给学习者如何利用书目优选阅读书籍,利用序目了解读物全貌,如何寻找和利用参考书解决疑问,以及略读中如何根据不同文体抓略读要点等。

5. 速读

速读是指在有限的时间里,迅速抓住阅读要点和中心,或按要求捕捉读物中某一内容的一种阅读方式。速读的基本要求:使用默读的方式;扩大视觉范围,目光以词语、句子或行、段为单位进行移动,改变逐字逐句视读的习惯;具有高度集中注意力进行阅读的习惯;每一次阅读都有明确的阅读目标的习惯;减少回读;从顺次阅读进入跳读。

速读方法的训练主要有:一是提问法,读前报出问题,限时阅读后,按问题检查效果。二是记要法,边读边记中心句、内容要点或主要人物和事件等,读后写出提要。三是跳读法,速读中迅速跳过已知的或次要的部分,迅速选取与阅读目的相符的内容,着重阅读未知的、主要的或有疑问的地方。四是猜读法,即根据上文猜测下文的意思,或根据下文猜上文的意思,能迅速猜测出意思的,就不必刻意去读。当然,速读训练应注意根据学习者的阅读基础和读物的难度来规定速度的要求。

(四)构建阅读文化图式法

图式理论充分彰显了阅读的本质,即强调阅读的本质是读者及其大脑中所理解的相关主题知识与阅读材料输入的文字信息之间相互作用与交

第六章 跨文化交际视阈下大学英语基本技能教学的创新路径

互的过程。图式理论是一种关于阅读研究的科学理论,其不仅强调文化背景知识与文化主题知识的重要性,还并未忽视词汇、语法在阅读中的重要作用。下面通过读前、读中、读后三个阶段进行详细的分析。

读前阶段是信息导入阶段。在这一阶段,要发挥出图式在阅读之前的预测功能。教师可以组织学生参加一些讨论、预测或者头脑风暴等活动,从而将学生头脑中的图式激发出来。在这一阶段,通过自上而下的阅读,学生将头脑中的先验知识与文本相结合,从而将学生的图式激活并构建图式,为学生进一步的阅读埋下伏笔。

读中阶段是文化渗透阶段。在这一阶段,要发挥出图式的信息处理功能。学生们根据自上而下的模式来探究文章的整体思路。一些新的文化知识可以通过自上而下的阅读模式获得,从而构建内容图式与阅读技巧。在读中阶段,略读、细读等都是比较好的策略。

读后阶段是文化拓展阶段。在这一阶段,要发挥出图式的记忆组织功能。教师可以通过各种活动对学生的新图式加以巩固,如辩论、角色扮演、讨论等。图式理论指出,学生存储在大脑中的图式越丰富,学生的预测能力就越强。因此,课外阅读是非常重要的。

具体可以通过图 6-1 体现出来。

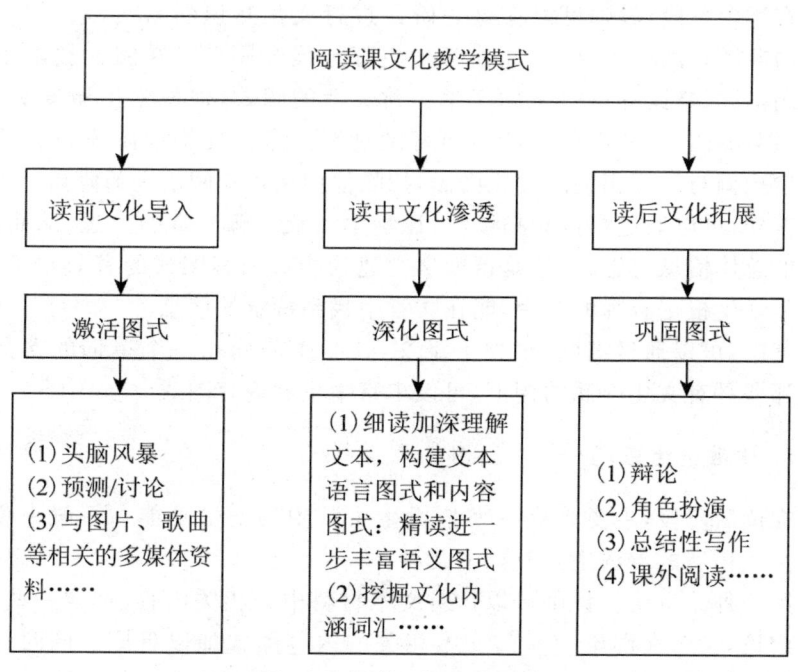

图 6-1 阅读文化图式模式

(资料来源:马苹惠,2016)

1. 读前文化导入——激活图式

(1)头脑风暴法

在英语阅读中,头脑风暴法常被用于导入环节中。学生通过这一方法可以展开丰富的联想,从而刺激头脑并形成新的图式。因此,教师在文化导入过程中要考虑话题的需要,为学生创设合理的头脑风暴,让学生更好地融入课堂。

(2)预测与讨论

在阅读之前运用图式理论时,教师应该发挥学生的推理能力。学生通过对文本材料进行解读与推理,从而刺激自身的图式。

(3)运用多媒体资料

在文化导入阶段,教师应该善于运用多媒体资料,从而让学生更好地体验文化教学的特色。通过多媒体,学生可以更直观地感受语言知识,了解中西方语言文化的差异,刺激学生的图式,让学生在激活自身图式的基础上进行内容图式的拓展。

2. 读中文化渗透——深化图式

在读中阶段,教师可以在这一阶段进行文化知识的渗透,进一步对学生的内容图式加以丰富,从而让学生更好地展开阅读。在阅读教学中,教师采用扫读、略读等策略帮助学生构建灵活的图式,促使学生激发头脑中与之相关的图式,从而便于学生更好地理解文章。在细读阶段,教师要帮助学生挖掘与语篇相关的文化内涵,扫除他们在正式阅读中的障碍。

首先,可以通过略读和扫读法,让学生大致了解文章的大意,从而获得文章的总体信息与思路,这是帮助学生建构相关内容图式的有效路径。扫读法是学生根据教师的指令,能在文章中找到特定的信息。

其次,可以通过细读,根据上下文,让学生明确每一个单词的含义,尤其是那些具有文化内涵的词汇,可以丰富学生的内容图式。

3. 读后文化拓展——巩固图式

在读后阶段,主要是充分发挥学生头脑中的记忆功能。一般来说,读后的文化拓展的方法主要有如下几种。

第一种是辩论。教师可以针对文本材料中的相关内容,选取一些视角展开辩论,学生在辩论中对与文本相关的内容图式加以巩固。同时,通过辩论,学生也可以更好地理解文本的文化内涵与文化背景知识。

第二种是角色扮演。学生通过学习与文本相关的文化知识,可以丰富自身的文化知识。然后,学生带着角色有目的地重新阅读文本,教师引导学生对文本进行改变或者情景模拟,从而激发学生学习的兴趣和积极性,提高他们在真实语境下对文本进行综合运用的能力。

第三种是总结性写作。这一方式有助于学生加深对文本的理解,让学生将文化知识从短时记忆转向长时记忆。

第四种是课外阅读。除了课后巩固之外,教师还应该鼓励学生展开课外阅读。通过大量的课外阅读,学生可以提高学习的自主性,而且还能在阅读中不断丰富自身的内容图式。

(五)信息技术辅助法

将信息技术与大学英语阅读教学相融合,大学生可以利用信息技术搜索与学习自己喜欢的英语知识。但是,这并不意味着学生的网络搜索是漫无目的的,其中离不开教师的指导与引导。如果教师对学生的阅读学习不管不问,即便信息技术再发达,学生自身的阅读兴趣以及阅读能力也很难得到有效提升。因此,在大学英语阅读教学中融入信息技术离不开教师的充分参与。具体而言,教师可以采用如下几种方式展开教学。

1. 发挥网络互动优势,激发学生的学习兴趣

教师可以利用信息技术为学生的英语阅读创建一个平台,让学生充分参与其中,利用这一平台来扩展自己的阅读能力。利用信息技术,教师可以为学生准备丰富的阅读资料,实现阅读资源共享。在教学过程中,教师可以依据教材中的内容为学生建立一个网络阅读资料库,将教材中阅读的重点、难点都上传到网络上,同时为学生补充适当的课外知识,以拓展学生的阅读视野。此外,为了避免学生在阅读学习中出现乏味情绪,教师还可以在学生阅读的资料中添加一些图片、视频、漫画、音乐等,在材料的格式、设计上也可以体现自己的特点,让学生爱上英语阅读。

2. 科学合理地选择阅读材料

显然,学生阅读能力的提高离不开大量的练习,换言之,英语阅读属于一门技巧训练的课程,需要花费大量的时间进行阅读训练。因此,这就要求教师要为学生准备科学的阅读材料。在信息技术的帮助下,教师可以为学生找到一些贴近课堂教学内容的阅读材料。在开始上课之前,教师可以为学生布置一些阅读要点,让学生自己上网搜索浏览,这可以在一定程度上培养大学生的查询以及获取信息的能力。随后,教师将自己所准备的阅读材料发给学生,让学生通过小组的形式阅读与交流,并分享心得。等到

课程结束的时候,教师可以安排学生对这次阅读活动进行总结,每一位学生都要写出总结报告,然后教师对学生的报告给予口头评价。

  3. 科学地进行评估与分类指导

教师除了利用信息技术在课堂上授课之外,还可以利用信息技术对学生的学习成果进行评估。在设计一套合理教学评估方案之前,教师可以利用网络技术搜索与阅读相关的评价理论或内容,进而结合自身所教授的阅读材料中的生词、语法、词汇量、句法等知识来设计评估内容,如此获取的评估结果将可以充分了解学生的阅读水平。同时,教师还可以对学生的评估结果进行线上统计,对学生阅读的时间、阅读的效率也有了充分的了解。

第四节 跨文化交际视阈下大学英语写作教学的创新路径

一、大学英语写作教学简述

(一)什么是写作

在英语中,writing这一单词对应的含义是"写作",该词所表达的写作含义不仅可以表示写作的结果,而且可以表示写作的具体过程。如果人们认为一篇文章写得比较出彩,那不仅意味着作者创造出了漂亮的文章,而且也意味着作者所创造的写作过程也是非常完美的。对写作者而言,写作过程的好坏将对写作结果带来直接的影响。关于写作的界定,中外学者都在自己研究的基础上提出了一些看法,下面来介绍一些比较典型且常见的看法。

瑞密斯(Raimes,1983)认为,写作具有两大功能特点:其一,为了学习一门语言而进行写作,通过写作技能的掌握,学习者可以对自己所学习的语言知识进行有效巩固,因为写作过程中需要用到这门语言中的词汇知识、语法知识、语篇知识等。其二,为了进行写作而写作。在写作时,学习者通过自己的大脑来组织语言,表达自身的观点,可以对自己的学习过程进行强化,同时也是将自己所学习的知识运用于交际的过程。只有通过学习,个人的写作技能才能得到有效提高。

我国学者王俊菊(2006)基于认知心理学对写作进行了研究,她认为,写作是一项复杂的、解决问题的信息加工活动,在这一过程中,写作者需要

第六章　跨文化交际视阈下大学英语基本技能教学的创新路径

利用视觉上的编写行为与书写动作来完成。

总之,写作是写作者利用书面语言来表达自身思想、与他人交流信息的过程集合,这一集合中需要写作者运用多方面的知识与技能,而且还需要对意义与信息进行加工与传递,所以写作不仅是运用语言的一种手段,而且也是语言运用的一种目的表现。

(二)大学英语写作教学的现状

写作教学一直都是大学英语教学的重要部分,但随着教学改革的发展以及社会需求的提高,大学英语写作教学也呈现出一定的问题,具体体现在以下几个方面。

1. 教师层面

(1)教学方法缺乏创新性

尽管目前的教学都倡导人文教育、素质教育,但应试教育现象依然存在,受此影响,在现在的英语写作课堂教学中,教师仍然采用传统的结果教学法实施教学,即在课上向学生提供不同类型的范文,稍加讲解之后要求学生参照范文模仿,并要求学生在规定的时间内利用课外时间完成写作任务,最后由教师进行批改和讲评。这种教学模式的重心是写作的结果,忽视了师生、生生之间的交流以及写作过程中对学生写作兴趣的激发和培养。久而久之,学生就会对写作产生厌倦情绪,其写作水平也就很难得到提高。

(2)教学割裂情况严重

英语教学是个整体工程,英语写作整体教学也不是孤立存在的,它与阅读教学、听力教学、口语教学之间有着密切的关系。但在实际的教学过程中,教师并没有将这几个方面联系在一起而是孤立地进行写作教学,这样是很难提高写作教学的效率的。

此外,写作涉及的内容十分广泛,涉及经济、历史、地理、文化等各个方面,因此英语写作与其他学科有着密切的联系。但在实际教学中,教师未能联系写作学习与其他学科的学习,也未能发挥各个学科之间的互促作用。这样会减少学生写作素材的来源,会限制学生的写作视野,也会影响对学生写作能力的培养。

(3)批改方法缺乏有效性

虽然时代在进步,社会在发展,然而在写作教学中,很多教师依然采用传统的批改方法来批改学生的作文。他们只是针对学生作文中的基础语言点进行批改,如语法方面的错误、词汇用法方面的错误、拼写方面的错误等,对作文的逻辑、主旨、框架等分析较少。这样做导致的直接后果就是学生在写作中仅关注简单的、表面的错误,尽量保证在写作过程中不出现标点、拼写、语法方面的错误,他们想当然地认为这样做写出来的文章就是好文章,显然并不会对作文的内容、结构等方面的错误进行反思与总结,那么这些学生的作文水平往往难以提升到一个新的高度。

(4)课程设置缺乏合理性

目前,虽然很多高校的教师与学生都已经意识到了英语写作教学的重要性,然而英语写作课程在整体设置上仍然存在不合理之处。例如,很多院校都没有开设专门的英语写作课程,而只是将写作课融入其他技能教学中,这么做往往导致写作教学的时间得不到有效保障。另外,英语教师在教授英语课文时往往先讲解词汇,然后分析课文、组织听力练习、组织阅读练习,最后完成课后作业,按照这一教学顺序,课堂时间已经所剩无几,教师根本没有充裕的时间来为学生讲解英语写作的理论知识与安排实践,这就导致了英语写作课变成了可有可无的内容,对学生英语写作能力的提升而言是相当不利的。

2. 学生层面

"以学生为中心"和尊重学生的主体地位是教学改革大力提倡的观点。但在实际的写作教学中,对学生角色的定位并没有准确把握。在写作教学中,教师通常会先确定写作主题,然后向学生提供范文并加以分析,最后布置课外作业。可以看出,无论是主题的选择、课堂讲解还是任务的布置,基本都是由教师来决定的,学生在整个过程中都处于被动地位。教师忽视学生的主观能动性,将很难激发学生的写作兴趣和积极性,也很难培养学生积极的写作态度,这对学生写作能力的培养十分不利。

(三)大学英语写作教学的原则

1. 循序渐进原则

任何一件事情的顺利完成都是需要花费时间的,都是一个循序渐进的过程,大学英语写作教学也不例外。在英语写作教学中,循序渐进原则主要涉及以下几个方面。

(1)语言层面:由低到高

在语言层面,教师可以先让学生进行句子写作方面的练习,然后逐步过渡到段落与篇章的写作。由于课堂教学时间有限,教师可以将对句子的写作训练穿插在其他技能课中,如精读和听说课。此外,教师可以组织各种训练活动,如连词组句、补全句子、合并句子、扩充句子等,学生对句子写作逐步熟练后,教师就可以增加难度,过渡到篇章写作。

(2)语法结构层面:由易到难

在写作过程中,很多学生都因语法欠佳而无法使用哪怕稍微复杂一点的表达,这样势必会影响输出效果,写作质量也不会太高。因此,学生一定要重视语法学习,掌握基础的语法结构,在此基础上掌握更为复杂的语法结构。具体来说,在写作学习中,学生要先掌握简单句,然后掌握复杂句和并列句;先掌握短句,然后掌握长句;先掌握陈述句,然后掌握虚拟句和感叹句。对教师来说,也要坚持循序渐进的原则,在语法结构上由易到难,帮助学生巩固基础,进而攻克薄弱环节。

(3)话题层面:由熟到生

学生对自己熟悉的话题往往更有写作兴趣,写起来也相对容易。因此,教师在写作训练中,可以先从学生熟悉又感兴趣的话题开始,等学生掌握了一定的写作技巧后,可以让学生就一些社会热点问题等表达自己的观点,锻炼学生的写作水平。

(4)体裁层面:由简到繁

对学生来说,不同文体其难易程度各不相同。一般来说,记叙文的写作难度较低,其次是议论文,然后是说明文,议论文的写作难度最大。因此,在写作体裁方面,学生应从记叙文的写作训练开始,逐步向其他文体过渡。

2. 恰当性原则

英语写作教学的恰当性是指写作任务的设计应该恰当。具体来说,写作任务需要具备如下两点特征。

一是能激发学生思想交流的需求,使学生有内容进行写作。

二是对学生语言能力的提升有帮助,如增加词汇量、学习新句型等。

这两点虽然是作者对写作方法的要求,但也是对写作任务的设计要求。具体来说,如果教师想要设计出一个好的写作任务,那么就需要与学生的实际相符,让学生有充足的内容与经验展开写作。同时,还需要符合学生实际的语言能力,这样才能完成写作,将理论知识运用到具体的实践中。

3. 文化对比原则

受文化背景的影响,英语写作教学中需要坚持文化对比原则,即教师在教学中将中西方文化的差异引入教学中,从而为学生的写作学习奠定基础。

很多学生到了大学阶段,已经掌握了一定的写作技巧,但是他们掌握的写作大多都是中式写作,忽视了英语写作的编码与解码。也就是说,他们的写作大多是将汉语翻译成英语进行写作,导致文章中出现了很多的中式英语,这样很难让读者理解。

因此,在英语写作教学中应该坚持文化对比原则,让学生明确中西方语言与文化的差异,从而写出地道的文章。

4. 多样性原则

英语写作教学中需要坚持多样性原则,主要体现在训练方式与表达方式上。

从训练方式上说,教师应该采用多样化的方式,如可以通过扩写、仿写等办法训练学生的写作能力,同时教师应该把握好每一种方法的优缺点,让学生在多种方法下掌握适合自己的方法。

从表达方式上说,教师应该引导学生在写作中运用多种表达方式,这样的写作才是灵活的写作。这不仅可以对学生写作中的问题加以弥补,还可以提升学生的灵活运用技巧。这样写出来的文章才能更吸引读者的注意力。

5. 建立科学的评价机制原则

教师对学生的作文进行评价时,要注重对写作过程而不是结果的评价,建立以学生为中心的评价体系。具体来说,教师首先要了解写作能力的基本评价标准,如标点符号的使用、单词拼写、语法运用、写作内容、表达的逻辑性与创造性等,都要纳入评价范畴。其次,教师的评价应以激励为主,尽量采用描述性语言,避免直接批评学生。最后,对学生写作中存在的问题,教师要帮助学生分析原因,并提出相应的解决错误。总之,教师建立以学生为中心的评价体系,既维护了学生的自尊心,又激发了学生对英语写作的兴趣。

二、大学英语写作教学中的跨文化因素

写作不仅是语言传递的过程,也是文化交际的过程,所以文化差异也会对写作以及写作教学产生一定的影响。了解这种影响,能更好地开展写作教学,培养学生的文化差异意识和文化素养,为学生写作能力的培养奠定基础。

第六章　跨文化交际视阈下大学英语基本技能教学的创新路径

（一）词汇差异的影响

词汇最能反映文化差异，表达相同概念的词汇在不同的文化中具有不同的联想意义和文化内涵。我国学生在学习英语单词时，只记忆其基本含义，而不了解其内在的文化含义，因此在写作中时常会误用。针对这种情况，在大学英语写作教学中，教师应首先从词汇入手，让学生了解英汉词汇的差异，理解词汇的深层文化含义，改变中式英语，提升写作水平。

（二）话语表述差异的影响

英汉思维有着显著的差异，而这种差异对英汉话语表述以及写作也产生着重要的影响作用。具体而言，英语话语表述属于"主语—谓语"结构，汉语话语表述是"话题—说明"结构，受话语表述方式的不同，很多学生常采用汉语话语表述方式来进行英语写作，形成了中式英语。针对这种情况，教师在写作教学中应引导学生了解英汉话语表述的差异，锻炼学生的英语思维，避免学生受母语迁移的负面影响，从而使学生写出地道的英语文章。

（三）语篇差异的影响

在语篇方面，英汉语言也有着显著的差异，具体表现为英语语篇结构严谨，注重句子以及段落之间的衔接与连贯，汉语语篇结构则较为松散，句子和段落之间主要靠意义来衔接。由于缺乏对英汉语篇结构差异的了解，很多学生在英语写作过程中常会出现表达跳跃、逻辑不严谨、缺乏连贯性等问题。对此，教师在写作教学中应重点向学生介绍英汉语篇的差异，提高学生的英语写作能力。

三、跨文化交际视阈下大学英语写作教学的创新方法

（一）写作策略讲授法

1. 自由写作

自由写作（free writing）就像是一个开启思维情感的闸门，是一种思维激发活动（brainstorming）。其主要目的是克服学生写作的心理压力，激发思维活动和探索主题内容。

(1)寻找写作范围

在进行自由写作时,首先要确定写作范围。将头脑中能想到的内容都写下来,这些内容看似无用,但仔细品读就会发现,这些杂乱甚至毫无联系的句子隐含着自己最为关心的情绪,只是隐藏在思想深处,无法注意到。这样就可以确定一个代表着自己真情实感的写作范围,而且找到最为闪亮的句子或词语,为接下来的写作奠定基础。

(2)寻找写作材料

在确定写作范围后,就要寻找写作素材。在特定的范围内开展自由写作,尽管这是有所约束的写作,但是还要放松地进行。在停笔之后,通读所写的文字,分门别类地整理这些写作的材料,提炼出文章的基本线索和层次结构。

(3)成文

在两次自由写作的基础上,构建真正属于自己的完整的文章。前两个阶段的自由写作实际把构思过程通过文字语言给外化了,是对构思过程的一种自由解放,在无束缚中发挥出写作主体的创造性和能动性。

2. 模仿写作

这是最常用的写作教学方法,即采取已有的形式,利用原有的语言材料,学习者可以加上自己的思想进行写作。模仿是学习写作的基本途径,因而看重范文的作用。其结构主要包括仿写、改写、借鉴、博采四个依次递进的层次。

仿写就是按照范文的样子(包括内容)进行"依样画葫芦"的训练,主要有仿写范文某一点的点摹法和仿写全篇的全摹法两种形式。

改写是对范文的内容或形式进行某种改动,写出与原作基本一致而又有所不同的新作的训练方式,包括缩写、扩写、续写、变形式改写和变角度改写等几种形式。

借鉴是吸取范文的长处,为我所用,来写出有新意的文章的训练手段。具体方式有貌异心同、辞同意不同和意同辞不同三种。

博采是博采百家之义,训练学习者从多篇文章中吸取营养,经过一番咀嚼、消化,然后集中地倾吐出来,写成自己的文章。这样,就已完成了从模仿到创造的过渡任务。

3. 单项作文

这就是我们通常所说的小作文,主要是针对学习者在写作过程中出现的具体环节进行局部或片段训练。比如,学习者的作文普遍存在命题

第六章 跨文化交际视阈下大学英语基本技能教学的创新路径

随意或题目不新颖的问题,因此教师就可以进行"让作文题目亮起来"的专门针对题目的训练;比如,学习者的作文中只是叙述,缺少生动的描写和有深度的议论性语句,教师就可以进行表达方式的综合运用的训练、让学习者将叙述、描写、抒情、议论放在一起做综合训练,或者直接针对作文的立意、命题进行训练,针对提高学习者作文中的文采进行训练等。这种训练针对性强,一次作文解决一个问题,目的明确,篇幅短小,易操作,见效快。

(二)文化导入法

文化知识的丰富对学生的写作而言是非常重要的,所以在英语写作教学中,教师应适时导入文化知识,为学生写好文章奠定基础。

1. 在语言教学中融入文化教学

在大学英语写作教学中,教师可以融入文化教学,在培养学生语言知识的同时,丰富学生的文化知识,培养学生的文化意识。具体而言,教师在写作教学中可以向学生介绍一些相关的西方风土人情、思维模式、价值观念等背景知识,培养学生的文化敏感性,提高学生的文化素养,为提高学生的写作水平奠定基础。

2. 培养学生的英语思维模式

中国学生的英语写作体现着明显的汉语思维,语言表达也是中式英语,而且重点不突出、结构不严谨等问题十分常见。为了改善这一状况,教师在写作教学中可以有针对性地锻炼学生的英语思维,并引导他们将英语思维运用于写作中,从而解决学生写作中出现的问题,改善学生的英语写作现状,提高学生的英语写作水平。

3. 开设文化选修课

教师还可以组织开设文化选修课,并鼓励学生积极参加,以扩大学生的视野,丰富学生的文化知识。具体而言,教师可以开展"语言与文化""跨文化交际"等文化选修课,这能扩大学生接触西方文化的途径,培养学生的英语思维和文化意识,而且对学生的英语写作十分有帮助。

(三)多技能综合教学法

所谓综合教学法,是指将写与听、说、读几项基本英语技能相结合,使之相互作用来提升学生的写作能力和培养学生的英语综合能力。

1. 听、写结合

听是语言输入性技能,可以为写作积累丰富的素材,加快写作的输出。教师可以采用边听边写和听后笔述或复述的方式开展教学。

边听边写可以是教师朗读,学生记录,也可以是播放录音,学生记录。听写的内容可以是课文内容,也可以是其他故事或内容。

听后笔述或复述是指教师以较慢的语速朗读或者录音播放听写材料,一般朗读或播放两至三遍,在这一过程中学生只听不写,在朗读或播放录音完毕后,教师要求学生凭借记忆进行笔述或复述。在笔述或复述时,学生不必拘泥于原文的词句,也不用全部写出或背诵出,只要总结出大意即可,这种方式能有效锻炼学生的语言组织和概括能力。

2. 说、写结合

说与写密切相关,说是写的基础,写与说相互贯通。以说带写,可以有效激发学生的写作兴趣,提高学生的写作能力,还能锻炼学生的口语表达能力。具体而言,教师可以采用改写对话和课堂讨论的方式开展教学。

3. 读、写结合

读与写的关系十分密切,通过阅读可以获取大量写作所需的素材,通过写作可以进一步巩固阅读能力。写作作为一种输出活动,是离不开语言知识的输入的,如果没有语言知识的积累,将写不出内容充实的文章。而阅读作为积累语言知识的重要途径,能为写作奠定良好的基础。但学生的阅读需要教师的指导,因为很多学生都将理解文章内容作为阅读目的,而很少从中吸取有利的写作素材。对此,教师应引导学生体会作者遣词造句的技巧,并培养学生记笔记的良好习惯,从而使学生积累了大量的利于写作的语言知识。通过阅读,学生的阅读能力不仅会得到锻炼,写作水平也会显著提高。

总体而言,在大学英语写作教学中,要重视英语基础知识和技能的教学,并不断进行创新,从而提高教学质量,培养学生的英语综合能力。

(四)文化知识积累法

在跨文化交际视阈下,英语写作教学应该重视让学生积累丰富的文化知识,摆脱汉语负迁移作用对学生英语写作的影响。在日常的写作中,如果学生遇到难写的句子,他们往往会选择用汉语思维对句子进行组织,这就会出现明显的语言错误。

第六章　跨文化交际视阈下大学英语基本技能教学的创新路径

因此,在英语写作教学中,教师除了对学生的词汇、语法等语言知识进行训练,还需要训练他们的文化知识,避免学生在写作中出现负迁移的现象。同时,教师应该鼓励学生多进行阅读,让他们在阅读中挖掘文化知识,从而对自己的语言进行充实,写出一篇得体的文章。

(五)语块教学法

如前所述,受负迁移作用的影响,学生习惯用汉语思维来组织文章,这样很容易出现各种错误,如句式单一、语言不通顺等。因此,在跨文化交际视阈下,教师可以采用语块教学法展开写作教学。

根据语块教学法,本族语者之所以能表达顺畅,是因为他们在脑海中会存储一些各种情境下的语块,而不是某一个词。在发话或者写作中,他们可以调用这些语块,无须进行排列加工,这样的语言输出才更有速度与质量。同样,将这一理论运用到写作教学中就是要求教师应该对学生加强语块训练,让学生在脑海中形成整体的语言知识,以语块来组织写作练习,这样写出来的文章才具有整体性与格局性。

(六)阅读促写法

无论写什么题材或者体裁的文章,要想真正地打动读者,就必须要言之有物。如果缺乏文化知识的积淀,那么这样的写作必然是单调与死板的。要想顺利展开跨文化交际,不能仅仅在自己的小圈子里说话,而应该从与他人沟通的角度展开写作。当然,在这之前,学生需要阅读大量的文章,首先充实自己,这样才能有话可写。

因此,在写作教学之前,教师可以让学生读一些相关的资料,通过收集与选择,将这些资料运用到自身的写作中,提升自身的写作水平,培养自身的归纳与总结能力,从而写出与众不同的文章。

(七)信息技术辅助法

利用当前的信息技术,教师可以充分激发学生学习写作的欲望,让学生积极掌握写作技能,规范自己的写作语言,进而提升自身的写作能力。可见,信息技术是当前大学英语写作教学的重要拓展手段。下面就针对大学英语写作教学融合信息技术的路径展开分析。

1. 倡导学生运用信息技术支持英文写作

教师利用信息技术进行英语写作教学可以打破时空限制,实现写作资源的合理共享,并且充分补充英语教学资源。教师在英语写作教学中融合信息技术,可以让学生在网上搜索相关的写作内容,并且对所搜索的内容进行整理与分析,把得出的结论应用到自己的写作内容中,顺利完成写作任务。

现代高校大学生都熟悉网络,每天都利用手机上网,对此,教师可以利用网络资源为学生增加写作的机会,充分激发学生对英语写作的兴趣,并在学生写作的过程中给予充分指导,形成一种和谐、融洽的交流氛围。

2. 利用计算机文字处理程序辅助大学英语写作,代替原有写作形式

当前,随着计算机技术的快速发展,人们可以利用计算机完成很多工作。在写作练习的过程中,学生也可以利用计算机的快捷、方便等特点来完成写作任务,如很多计算机中都带有对写作中的标点、大写、小写、拼写等进行检测的功能,那么学生就可以利用这些工具来检测自己所完成的作文中的错误并进行改正。

其中,拼写、语法功能可以有效减少学生作文中的拼写、语法错误,编辑功能还可以帮助学生完善段落之间的连接、组织、转移等要求。另外,学生还可以利用添加、剪切、复制等来修改自己的作文。此外,很多计算机还带有词典,学生可以利用这一功能迅速找到自己想要使用的词,或者检查自己所使用词语的正确与否。

计算机文字处理程序的功能在一定程度上减少了写作的重复劳动,省下了很多的时间,因此学生能将更多精力用在写作上,增强了他们对写作的兴趣和积极性。

3. 利用微信、QQ辅助大学英语写作教学,加强师生间、生生间的交流

微信、QQ可以成为英语教师教授写作课程的助手,帮助教师加强与学生之间的沟通与交流。在写作过程中,学生可以将自己完成的作文通过微信、QQ发给教师,教师在完成批改之后,再利用微信、QQ传给学生。学生对教师批改的作文进行修改与反思,最终形成一篇优秀的作文。此外,教师可以鼓励学生利用微信、QQ等与同学、他人用英语进行交流,尤其是与英语为母语的人进行交流,这可以有效帮助学生提升自身的英语运用能力。经过一段时间的沟通,学生可以将自己的交流心得写成作文,可以写生活、学习、旅游、家庭、爱好等各个方面的主题作文,从而实现自身英语写作水平的提升。

第五节 跨文化交际视阈下大学英语翻译教学的创新路径

一、大学英语翻译教学简述

(一) 什么是翻译

1. 翻译的概念

翻译的概念是翻译理论的基础与原点。翻译理论的很多流派都对翻译进行过界定。人们的翻译活动已经有2 000多年的历史了,对翻译概念的认知也随之发生了改变。学者威尔斯说:"一部翻译史事实上就是对'翻译'这个词的多义性进行的论战。"从威尔斯的论述中可知,对翻译的理解需要从多个层面进行考量。

(1) 翻译认识的过程,从感悟式到通论式

对翻译的认识过程,经历了感悟式、语文学式、文艺式以及通论式这样一个过程。

人们对翻译最初的认识是感悟式的,主要是通过隐喻或者比喻的方式来进行表达。著名学者谭载喜(2006)通过对大量关于翻译的比喻说法进行总结,认为翻译主要是由作为行为或过程的翻译本身、作为结果的译文、作为主体的译者构成。从作为行为与过程的翻译本身来说,很多形象说法都对翻译的特点、性质等进行论述。

语文学式是对翻译的进一步认识,在这一层面上,人们往往通过一些简单的话语表达对翻译的看法,这些看法虽然构不成系统,但是也存在着一些真理,甚至有些对后世的翻译研究有着深远影响,如严复的"信达雅",至今仍被视为翻译工作的一大重要标准。

翻译可以被视作一种对问题进行解决的活动,因为源语中的某一元素可以采用目的语中的某个元素或者某几个元素来处理。之后,由于翻译活动多为文学作品的翻译,因此对于翻译概念的探究主要是从文学层面展开的,因此是文艺式的研究。这类研究强调文学作品的审美特征,并将文学翻译的本质特征揭示出来。文艺式的翻译主要是针对文学这一语体来说的,将那些非文学翻译活动排除在外,所以缺乏概括力。

进入20世纪中期,人们认识到无论是文学翻译还是非文学翻译,语言

的转换是必须的,因此就语言学角度对翻译进行界定是最具有概括力的,能将不同的翻译类型揭示出来,也开启了现代意义上的翻译研究,将传统的对翻译的界定转向翻译的通论研究,将传统的对文学翻译的研究转入翻译专论研究,这就是通论式阶段。从整体上说,通论式翻译研究对翻译的普适性是非常注重的,因此其概念也更为大众化。

(2)翻译的任务:源语文本的再现

在翻译的定义中经常会出现"意义"一词,其主要包含翻译的客体,即"翻译是什么?"应该说,"意义"相比费奥多罗夫的"所表达出的东西"更具有术语性,用其解答什么是翻译的问题是翻译学界的一大进步。但也不得不说,有时候运用"意义"对翻译进行界定会引起某些偏差,因为很多人在理解意义时往往会受到结构主义语言学的影响,认为语言是有固定的、明确的意义的。但就实际程度来说,语言的意义非常复杂。

著名语言学家利奇(L. N. Leech)指出意义具有七大类型,同时指出"我不希望给人留下这样的印象,即这些就是所有意义的类型,能将所传递的一切意义都表达出来。"利奇还使用 sense 来表达狭义层面的意义,而对包含七大意义在内的广义层面的意义,利奇将这些意义称为"交际价值",其对人们的认知翻译十分重要。换句话说,源语文本中的这种广义层面的意义实际上指代的都是不同的价值,将这些价值结合起来就是所谓的总体价值。

很多学者指出,如果不将原作的细节考虑进去,就无法来谈论原作的整体层面。但需要指出的是,原作的整体不是细节的简单叠加,因此从整体上对原作进行考量,并分析翻译的概念是十分必要的。

王宏印在对翻译进行界定时指出:"翻译的客体是文本,并指出文本是语言活动的完整作品,其是稳定、独立的客观实体。"但是,原作文本就是一个整体如何成为译本呢?作者认为,美学中的"再现"恰好能解释这一过程。

在美学中,再现是对模仿的一种超越。在模仿说中,艺术家的地位是不值得提出来的,他们不过是在现实之后的一种奴仆,他们的角色如镜子一样,仅仅是对现实的一种被动的记录,自己却没有得到任何东西。换句话说,在模仿说中,艺术品、艺术表现力都是不值得被提出来的,因为最终要对艺术品进行评论,都是看其与真实物是否相像。实际上,模仿说并未真实地反映出艺术创作的情况,很多人认为模仿的过程是被动的,但是在看似被动的情况下,也包含了很多表现行为与艺术创造力,其中就包括艺术家的个人体验与个人风格。同样,即便是那些不涉及艺术性的信息类文本,其翻译活动也不是模仿,而是译者进行的创造过程;对那些富含艺术性

第六章 跨文化交际视阈下大学英语基本技能教学的创新路径

的文本,模仿说更是无稽之谈了。

用"再现"这一术语对翻译概念进行说明,可以明确地展现翻译的创造性,可以将译作的非依附性清楚地表现出来。因为再现与被再现事物本身并不等同,而是一个创造性的艺术表现形式,同时再现可以实现译作替代原作的功能。

2. 翻译的特点

随着国与国交往的日益频繁,翻译在国际交往中扮演着非常重要的角色。在跨文化交际的过程中,翻译也呈现了自身的特点,具体表现在社会性、文化性、创造性与符号转换性上。

(1)社会性

翻译活动具有社会性,这主要是因为翻译活动对国与国之间的交流起着巨大的作用。具体来说,表现为如下三点。

首先,翻译的社会性体现在交际性上。翻译能打开人们的思想和心灵,而交流是人们能进行理解的前提与基础,理解则是人们从窄到宽的动力。学者邹振环指出,中国古代的翻译工作虽然不能说是尽善尽美的,但是确实对当时的社会交往起着非常重要的作用,有助于推进社会文化的进步与发展。当然,这种影响分为积极的影响和消极的影响,也有正面的影响和负面的影响。

其次,翻译的社会性体现在民族精神与国人思维上。对这一点,可以从鲁迅的翻译经历体现出来。鲁迅的翻译经历了三个重要时期。第一个时期是鲁迅在日本留学的时期,他翻译了法国作家凡尔纳的科幻小说《月界旅行》以及雨果的《随见录》,并且还编译了两本小说。在这一时期,鲁迅的思想是偏向于弱者的。第二个时期是鲁迅思想的转变时期,从民主主义思想转向共产主义思想。受当时形势的影响,鲁迅翻译一些《文学与革命》等类似的文章。第三个时期是鲁迅最辉煌的时期,这一时期鲁迅彻底地转变成一名共产主义者,因此为了革命的需要,鲁迅翻译了一些战争作品。从鲁迅的三个时期可以看出,翻译有助于塑造国人的精神与思维,使他们奔向革命的浪潮中。

最后,翻译的社会性体现在对社会重大政治活动的影响。例如,对易卜生的《玩偶之家》的翻译,让国人体会到中国妇女应该解放出来,也使得中国社会发生了巨大变化。

(2)文化性

翻译对世界文明的进步与发展作用巨大,而社会的发展与文化有着紧密的关系,因此翻译的社会性中其实也渗透了翻译的文化性。

著名学者季羡林这样说道:只要交谈双方具有不同的语言文字,不管是在一个国家,还是在一个民族,都需要翻译的参与,否则彼此就很难进行沟通,文化也很难进行交流,人类社会也无法向前迈进。

从季羡林的观点中可以看出,翻译需要民族之间的交往,而在交往中必然会涉及文化内容与信息。

(3)创造性

翻译具有创造性。传统的翻译理论认为翻译仅仅是两种语言之间的转换,其实不然,因为从翻译的社会性与文化性中可以明显看出翻译的创造性。

首先,从社会角度来说,翻译是为了语言之间的交流,是为了传达思想,而思想是开放的,是翻译创造性的前提和基础。

其次,从文化角度来说,翻译中将文化因素导入,是为了激活翻译中的目的语文化,实际上这也是在创造。

最后,从语言角度来说,为了能传达新事物、新观念,创造是必须的,当然翻译也不例外。

在郭沫若看来,好的翻译就等同于创作,甚至可以超过创作。翻译工作是非常艰苦的工作。在创作过程中,译者需要具备足够的经验,除了要熟悉本国语言,还需要熟悉他国语言,这一难度甚至可以超过创作。因此,翻译是一种艺术,是一种创造性艺术。

茅盾也指出,文学翻译与文学创作有着同等重要的地位。中国近现代社会实际上是一个充满矛盾的社会,很多人认为翻译等同于临摹,认为译者与创作者是无法比拟的。针对这一问题,茅盾对其进行了多次批评。在茅盾看来,翻译的困难与创作是一样的,甚至比创作更难。因为要想翻译一部好的作品,首先就需要把握作者的思想,进而找寻作者写作的美妙之处,从而将自己带入作者的作品中,感受作者笔下的妙处。

(二)大学英语翻译教学的现状

大学英语翻译教学存在的问题主要体现在以下几个方面。

1. 教师层面

(1)理论与实践脱节

翻译是具有实践性特征的一项语言技能,需要理论与实践的有机结合。对此,在大学英语翻译教学中,教师除了传授学生基本的翻译知识与技巧外,还需要不断带领学生参与到翻译实践中,在实践中验证学生对课堂的掌握情况。但是就目前来看,我国很多学校在翻译教学中都存在理论

第六章 跨文化交际视阈下大学英语基本技能教学的创新路径

与实践脱节的现象,仅传授翻译理论,导致学生学习了大量的翻译理论知识,但无法有效运用于翻译实践。

(2)教师素质有待提升

教师要教书育人,首先自身素质要高,这样才能起到榜样的作用。但目前,翻译教师的整体水平较差,很多教师翻译功底不足。在翻译教学中,很多教师也没有足够的经验,并未形成科学、规范的教学习惯,因此对翻译人才的培养是十分不利的。另外,很多教师也并非翻译专业出身,对翻译的基础知识掌握得并不透彻,因此很难有效地开展翻译教学,更不能有效培养学生的翻译能力。

2. 学生层面

(1)双语能力薄弱

翻译涉及两种语言的转换,所以要想有效进行翻译,就要具备双语能力。所谓双语能力,就是两种语言沟通所需要的程序知识,包括两种语言的语用、社会语言学、语篇、语法和词汇知识。在翻译文本中,双语能力主要体现在一定语境下的翻译能力,如连贯与衔接、语法差异等方面。但由于学生普遍缺乏语境知识,双语能力薄弱,译文常会出现连贯性不强、语法错误较多等问题。

(2)语言外能力不足

翻译涉及的内容和主题十分广泛,除了要具备翻译技能外,还要具备语言外能力,即关于世界和特定领域的陈述性知识。具体而言,语言外能力包括源语文化知识和目标语文化知识,也包括百科全书知识,还包括其他领域的学科知识等。但大部分学生在语言外能力上有所欠缺,文化知识的翻译表现不佳。例如:

我小的时候特别盼望过年,往往是一过了腊月呀,就开始掰着指头数日子,好像春节是一个遥远的、很难到达的目的地……

I felt particularly expected to celebrate the New Year when I was a child. After the end of Lunar December…

源于文化知识的欠缺,学生在翻译"腊月"一词时,误译成了 the end of Lunar December,其中 Lunar 一词的确有"阴历"的意思,但并不是中文"腊月"的意思。

(三)大学英语翻译教学的原则

在大学英语翻译教学中,教师要想取得良好的教学效果,必须遵循一定的原则,在此基础上灵活采取各种教学方法。具体而言,应遵循以下几项原则。

1. 循序渐进原则

翻译能力的提高不可能一蹴而就,而是要经历一个过程。相应地,翻译教学也不能操之过急,应遵循由浅入深、循序渐进的规律,所选的语篇练习也应该是先易后难,逐步帮助学生提高翻译能力。从篇章的内容来看,应该是从学生最熟悉的开始;从题材来看,应该从学生最了解的入手;从原文语言本身来看,应该是从浅显一点的渐渐到难一些的。这样由浅入深,学生对翻译会越来越有信心,兴趣也会逐渐增强,翻译技能也会相应得到提高。

2. 题材丰富原则

当今社会迫切需要实用型、综合型的翻译人才。因此,翻译练习的材料应该做到多样化和系统化,这样才能更好地满足社会对翻译人才的需求。教师在教学过程中要遵循题材丰富原则,让学生接触不同的文体,进行有针对性地进行训练。具体来说,翻译的文体应该涵盖各种实用文体,如广告、新闻、法律、影视、科技、文学等。此外,教师需要注意,每一种文体的练习都不是孤立进行的,教师可以将学生在翻译中常见的问题进行归纳与总结,如果某类翻译问题在某种文体练习中出现得比较多,那么教师要及时进行解决,帮助学生更顺利地进行翻译训练。

3. 学以致用原则

学习翻译是为了将来进行交际,所以在翻译教学中教师要遵循学以致用原则,尽可能地为学生创造实践机会,如安排学生到翻译公司参与实际的翻译工作。翻译的好坏最终取决于译文读者的反馈,译作能否被接受要看其是否符合客户的需求。这就决定了翻译教学不是封闭的,而是一门实践性很强的课程。因此,学生在正式从事翻译工作之前,进行一定的社会实践锻炼是非常有必要的,这有利于他们在毕业之后快速融入社会环境,更好地投入工作。

二、大学英语翻译教学中的跨文化因素

文化与翻译之间的密切关系是不言而喻的,翻译深受文化差异的影响,同时大学英语翻译教学也受文化差异的影响。对此,在大学英语翻译教学中要注意文化差异所产生的影响。

(一)思维方式差异的影响

不同的民族有着不同的思维方式,具体表现为,英语民族擅长抽象思维,习惯用抽象的概念来表达具体的事物。但汉民族则习惯具体思维,常用具体的事物来表达抽象的概念。因此,在翻译实践中就要根据译入语的思维习惯对原文进行改动。例如:

Is this emigration of intelligence to become an issue as absorbing as the immigration of strong muscle?

知识分子移居国外是不是会和体力劳动者迁居国外同样构成问题呢?

上述原文中,intelligence 的基本含义为"智力,理解力",muscle 的基本含义为"肌肉,体力"。如果直译为其基本含义必然会造成言语不通,所以译文并没有进行死译,而是灵活地将它们译为了"脑力劳动者"和"体力劳动者"。

(二)风俗习惯差异的影响

中西文化差异在风俗习惯上有着显著的体现,而风俗习惯的差异对翻译也有着很大的影响。例如,在饮食方面,中西方就有着显著的差异。中国人对饮食向来十分注重,俗话说"民以食为天",中国人不仅讲究吃,而且追求美味,将美味作为评价食物的最高标准。西方人在饮食上非常注重营养,往往以营养作为饮食的最高标准。在西方人的饮食观念中,维系生命,保持身体健康,是饮食的主要目的,饮食并不是为了享乐。在饮食对象方面,西方人主要以面包为主,而中国人则通常以米饭或面食为主食,这种差异在翻译中体现得很明显。例如,英文中有 a piece of cake 这一短语,如果直译为"一块蛋糕",会让读者感到莫名其妙,不知其意,这是因为蛋糕在中国人的主食中并不常见。但是,如果将其译为"小菜一碟",那就很容易被中国读者所理解。同理,在汉语中有"画饼充饥"这一成语,译者在翻译时最好译为 draw a cake and call it a dinner,这样会更容易被西方读者所理解。

三、跨文化交际视阈下大学英语翻译教学的创新方法

基于跨文化交际视阈,大学英语翻译教学在遵循科学教学原则的基础上,应优化教学方法,采用创新的教学方法来提高教学效率,提升学生的翻译能力。

(一)文化导入法

在大学英语翻译教学中导入文化是很有必要的,教师可以采用以下方

法来丰富学生的文化知识,培养学生的文化意识,为学生翻译水平的提高奠定基础。

1. 比较法

在英语翻译教学中,教师可以采用比较法来进行文化教学。具体而言,就是教师在翻译教学中向学生解析英汉民族文化差异,将英语运用能力与跨文化能力结合起来进行培养,使学生同时掌握语言知识和文化知识,进而培养学生的跨文化意识和翻译实践能力。例如,在教授关于动物的翻译时,教师可以引导学生对比英汉动物的文化内涵差异,进而在丰富学生文化知识的同时,避免学生造成误译。

2. 课外补充法

课堂教学是学生接受知识的主要场所和途径,但课堂时间毕竟有限,加上翻译课时较少,因此学生很难通过课堂教学全面掌握翻译知识和进行翻译实践。但学生的课外时间相当充足,教师可以对此加以充分利用,引导学生在课外进行自主学习。具体而言,教师可以鼓励学生在课外阅读英美书籍,观看英美原声电影,或通过网络查阅与学习相关的资料等。这样不仅能培养学生的自主探究精神,还能提高学生的文化意识,培养学生的翻译能力。

(二)翻译策略讲解法

翻译的进行需要相应的技巧来依托,所以教师在教学中应向学生传授各种翻译策略,帮助学生更好地处理翻译中遇到的问题,避免产生错译或误译,确保翻译的有效进行。通常,翻译策略包括直译、意译、增减译等,这些翻译策略相对简单,因此在这里不多做介绍,下面将重点介绍文化翻译策略。文化翻译策略具体包含以下几种。

1. 归化策略

归化策略是以目的语为中心,主张用目的语来代替原文中相异于目的语的要素,从而确保译文通俗易懂。在采用归化策略时,译者会以目的语读者为中心,常采用自然流畅的本族语言进行翻译,这种翻译策略可使译文更加生动地道。例如,"The man is the black sheep of family."如果直译为"那人是全家的黑羊"会使人非常迷惑,但译为"害群之马",其意思便十分明了。

采用归化策略进行翻译,可有效消除不同文化之间的隔阂,尤其是在

第六章　跨文化交际视阈下大学英语基本技能教学的创新路径

目的语中找不到与原文相对应的表达时。例如：

You seem almost like a coquette, upon my life you do——They blow hot and cold, just as you do.

你几乎就像一个卖弄风情的女人，说真的，你就像——他们也正像你一样，朝三暮四。

原文中 blow hot and cold 其字面意思是"吹热吹冷"，但这样翻译显然是不正确的。实际上，这一表达源自《伊索寓言》，是指一个人对爱人不忠诚。采用归化策略将其译为"朝三暮四"，更能清晰表达其含义。

2. 异化策略

异化策略是指译者不打扰作者，让读者向作者靠拢，即译者对源语文化进行保留，并尽量向作者的表达贴近。受不同思维方式与文化背景的影响，不同民族对同一事物的认知存在明显的差异。译者在对具有丰富历史色彩的信息进行翻译时，应尽量保留其文化背景知识，而采用异化法有助于传递源语文化，保留异国情调。例如：

As the last straw breaks the laden camel's back, this piece of underground information crushed the sinking spirits of Mr. Dombey.

正如压垮负重骆驼脊梁的最后一根稻草，这则秘密的信息把董贝先生低沉的情绪压到了最低点。

上例将原文中的习语 the last straw breaks the laden camel's back 进行了文化异化翻译，汉语读者不仅完全能理解，还可以了解英语中原来还有这样的表达方式。

3. 归化与异化互补策略

归化策略与异化策略相互对应，二者均有自己使用的范围。但有时在翻译文本时只采用一种翻译策略是很难译好文本的，还需要将二者互补并用，才能更好地进行翻译。

归化策略和异化策略二者并不矛盾，而是各具优势、相辅相成。这就需要译者在翻译过程中，根据具体语境综合运用这两种翻译策略，从而使译文既保留本民族的文化特色，又便于读者理解。例如：

I gave my youth to the sea and I came home and gave her (my wife) my old age.

我把青春献给了海洋，等我回到家中见到妻子的时候，已经是白发苍苍。

上述译文同时采用了归化和异化策略，将原文含义准确、恰当地表达了出来。

(三)翻译技巧介绍法

1. 词汇翻译

对普通词汇的翻译,一般需要考虑词汇的搭配、词汇的词性、词汇上下文关系、词义的褒贬与语体色彩等层面。下面就对这几个层面加以具体分析。

(1)确定词汇搭配

由于受历史文化的影响,英汉两种语言都有各自的固定搭配。因此,译者在翻译时应多加注意这些搭配。例如:

heavy crops 丰收

heavy road 泥泞的道路

heavy sea 汹涌的大海

heavy news 令人悲痛的消息

浓郁 rich

浓茶 strong tea

浓云 thick cloud

浓眉 heavy eyebrows

(2)弄清词性

英汉语言中很多词汇往往有着不同的词性,即一个词可能是名词也可能是动词。因此,在进行翻译时,译者需要确定该词的词性,然后再选择与之相配的意义。例如,like 作为介词,意思为"像……一样";like 作为名词,意思为"英雄、喜好";like 作为形容词,意思为"相同的"。下面来看一个例句。

I think, however, that, provided work is not excessive in amount, even the dullest work is to most people less painful than idleness.

然而,我认为对大多数人来说,只要工作量不是太大,即使所做的事再单调也总比无所事事好受。

上例中,如果将 provided 看作 provide 的过去分词来修饰 work,从语法上理解是没有问题的,但在意义上会让人产生困惑。如果将其看作一个连词,翻译为"只要、假如",那么整个句子的含义就很容易让人理解了。

(3)考虑上下文

上下文之间存在着紧密的关联,这种关联构成了特定的语言环境。正是由于这种特定的语言环境,才能帮助读者判定词义,并且衡量所选择的

词义是否准确。事实上,不仅某一个单词需要从上下文进行判定,很多时候一个词组、一句话也需要根据上下文来判定。例如:

Fire!

火!

上例可以说是一个词,也可以说是一句话。如果没有上下文的辅助或者一定的语境,人们很难确定其含义。其可以理解为上级下达命令"开火",也可以理解为人们喊救命是因为"着火了",但是要想确定其含义,必须将其置于具体的语境中。

(4)分析词义褒贬与语体色彩

词义既包含喜欢、厌恶、憎恨等感情色彩,又包含高雅、通俗、庄严等语体色彩,因此在翻译时需要根据上下文来进行区分,并且将其代表的情感色彩与语体色彩体现出来。例如:

An aggressive country is always ready to start a war.

好侵略的国家总是准备挑起战争。

An aggressive young man can go far in this firm.

富有进取心的年轻人在这家公司前途无量。

显然,通读完上述两句话就可以得知,两句中的 aggressive 的情感色彩是不同的,第一个为褒义色彩,而第二个呈现的是贬义色彩。

在进行句子翻译时,首先要了解英汉句子的差异,这对翻译工作具有重要指导作用,其次要恰当运用翻译技巧,这是确保翻译有效进行的基础。

2. 句子翻译

(1)顺译

顺译即按照顺序进行翻译。顺译法并不意味着每个词都按照原文的顺序进行翻译,允许小范围局部的词序变动。顺译法通常适用于英语表达顺序与汉语表达顺序基本一致的情况下。例如:

As soon as I got to the trees I stopped and dismounted to enjoy the delightful sensation the shade produced: there out of its power I could best appreciate the sun shining in splendor on the wide green hilly earth and in the green translucent foliage above my head.

我一走进树丛,便跳下车来,享受着这片浓荫产生的喜人的感觉:通过它的力量,我能够有心情赏玩光芒万丈的骄阳,它照耀着开阔葱茏、此起彼伏的山地,还有我头顶上晶莹发亮的绿叶。

显然,在翻译时,译文按照原句的顺序来翻译,当然并不是字字翻译,而是有些许的变动。同时,译文也体现了汉语的独立分句的表达习惯,也易于汉语读者理解。

(2)逆译

逆译即逆着原文的顺序进行翻译,因此通常从原文后面部分开始翻译。逆译法通常适用于英汉表达顺序存在较大差异甚至完全相反的情况下。例如:

A great number of graduate students were driven into the intellectual slum when in the United States the intellectual poor became the classic poor, the poor under the rather romantic guise of the beat generation, a real phenomenon in the late fifties.

20世纪50年代后期,美国出现了一个任何人都不可能视而不见的现象,穷知识分子以"垮掉的一代"这种颇为浪漫的姿态出现而成为美国典型的穷人,正是这个时候大批大学生被赶进了知识分子的贫民窟。

如前所述,这种翻译技巧的产生主要是从英汉的语序差异来考虑的,即英语句子为前重心,而汉语句子为后重心。因此,在翻译时将 A great number of graduate students were driven into the intellectual slum 这一主句放到最后翻译出来,体现了汉语的表达习惯。

3. 修辞翻译

语言是表达思想的一个重要工具,而修辞是语言的艺术。在语言应用中,修辞格起着非常重要的作用,其不仅可以使句子更加铿锵有力,还使得语言表达更加鲜明、生动。由于英汉两种语言有着悠久的历史,它们各自的修辞方式也是非常丰富的,但由于思维方式、风俗习惯等差异的存在,导致修辞方式在运用上有相同也有相异的地方。

(1)直译法

在英汉两种语言中,明喻(simile)、隐喻(metaphor)、拟人(personification)、夸张(hyperbole)等修辞格是常见的修辞格,对这些修辞格的翻译,我们可以采用直译的方法,这样才能做到神形的相似。例如:

In his dream he saw the tiny figure fall as a fly.

在他的梦中,他看见那小小的人影像苍蝇一般地落了下来。(明喻修辞)

The red flower smiles to the sun.

鲜红的花冲着太阳微笑。(拟人修辞)

显然,从上面的例子可以看出,英汉语在这些修辞格的运用上存在着相似性。

(2)意译法

由于英汉语在思维方式、行为习惯等层面存在着差异性,在修辞格的

第六章　跨文化交际视阈下大学英语基本技能教学的创新路径

运用上也会存在一些不同的地方,对这些修辞格的翻译,我们可以采用意译法进行表达。具体来说,可以采用如下几种技巧。

其一,转换修辞格。所谓转换修辞格,就是译者在进行翻译的时候,需要将一些修辞格转换成另外一种修辞格,这样便于读者理解和把握,同时有助于增强语言表达的感染力。这一类的修辞格主要有矛盾修辞(oxymoron)、头韵(alliteration)等。另外,还有一些修辞格在汉语中是不存在的,这时候就不能机械地采用直译的手法,而应采用其他合适的修辞格展开翻译。

矛盾修辞是将意义相反或者看似矛盾的词语进行搭配,从而构成修饰关系,以对事物的复杂性与矛盾性加以强调。虽然读者乍一看可能觉得不合逻辑,但是仔细分析又觉得很有道理。例如:

bad good news 既坏又好的消息

bitter-sweet memories 苦甜参半的回忆

这种修辞格在汉语中不常出现,因此在翻译时要采用灵活的方式进行处理,从而保证行文的流畅性。

头韵是指一组词、一句话中的开头音重复出现的词,是英语中常见的修辞形式,用来对语言的节奏感加以增强,对语言的旋律进行美化。现代英语中头韵常常出现在谚语、散文中。在翻译的过程中,需要根据不同的情况加以选择。例如:

Money makes the mare go.

有钱能使鬼推磨。

其二,更换比喻形象。不同的民族其比喻形象有着不同的内涵,并且少数事物有着其自身特有的典故,因此在对英语修辞格进行翻译时,译者可以更换比喻形象,避免发生偏离。例如:

as timid as rabbit 胆小如鼠

在中国,兔子是敏捷的动物,但是西方人认为兔子比较胆小,因此在翻译时我们需要了解这一形象,明确英汉文化对兔子的不同认识,从汉语的习惯出发,翻译成"胆小如鼠"更为妥当。

其三,增加用词。在翻译的过程中,我们往往需要从原文的意义与语法进行考虑,增添一些词或者短语,从而保证与原文的思想相符合。

Success is often an idea away.

这句话如果直译的话可以翻译为"成功往往只是一个念头的距离,这样的表达与汉语的习惯不符,因此我们可以增加"与否",翻译为"成功与否往往只是一念之差",这样的行文才更为流畅,才能让读者理解。

(四)信息技术辅助法

1. 利用多媒体展开翻译课堂教学,增加英语习得

在大学英语翻译教学中,教师可以利用与教材配套的多媒体光盘辅助教学,不过,由于各个学校的多媒体设备资源配置不同,而且教材所配套的光盘往往在内容上缺乏系统性,所以教师需要酌情使用。对此,最好的方法就是教师可以根据教材内容自己动手制作课件,然后利用多媒体进行播放。多媒体课件的制作过程相对烦琐,需要依据具体的教学过程、教学内容、教学目标、教学媒体等,只有将这众多条件融合在一起,并体现互动性原则,方能制作出优良的多媒体课件。当然,这样的课件对学生翻译能力的提升也是大有裨益的,可以促进不同层次学生的翻译能力能得到不同程度的提升。

为此,在进行翻译教学活动之前,教师可以利用声音、图片、动画等教学辅助手段来调动学生的学习兴趣,使学生在学习过程中始终保持较好的兴趣,将枯燥的翻译理论变得生动、有趣。针对具体的教学过程,教师不仅要教授学生英汉互译的技巧,而且还需要补充中西方文化背景知识,让学生对翻译理论形成一定的系统。虽然教师在翻译教学过程中所使用的教学模式相对陈旧,但在内容与形式上与传统的翻译教学已经大不相同。这种不同主要体现在如下方面。

(1)形式上不再是单调的板书形式,而是以媒体的形式呈现出来,节约了大量时间。

(2)内容上是针对不同层次的学生展开的,在课堂上由教师指导和学生自主选择,这有利于改善课堂教学的氛围。

2. 利用网络培养学生的跨文化意识,教授学生文化翻译策略

在翻译的过程中,学生经常会出现误译、错译等问题,其主要可以归结为英汉语言文化背景的差异较大。例如,在西方文化中,得到亲人的帮助后会说"Thank you!",但在中国家庭,如果夫妻之间用这种方式表达感谢,会显得两人的关系比较疏远。可见,翻译不应仅仅完成语际转换,还必须充分了解其中涉及的文化内容。因此,在英语翻译教学中,教师应该注意对学生跨文化交际意识的培养,并教授学生掌握一定的文化策略。在这方面,网络这一工具就可以起到很好的辅助作用。教师可以利用电脑与网络为学生播放一些有关西方文化的纪录片、电影等,从而帮助学生充分了解西方文化。

第六章　跨文化交际视阈下大学英语基本技能教学的创新路径

总体而言,随着大学英语教学改革的发展,文化教学开始融入英语教学,成为大学英语教学的一种发展趋势。对此,大学英语阅读、写作和翻译教学都应更新观念,转变视角,站在跨文化交际的视角下来丰富教学内容,优化教学方法,从而培养学生的文化素养,提高学生的语言能力,促使学生成为优秀的跨文化交际者。

第七章 跨文化交际视阈下大学英语教师的转型

尽管现在的教学倡导以学生为中心,但并没有否定教师的引导作用,在英语教学中,教师依然发挥着重要作用。在跨文化交际视阈下,英语教师的专业能力决定了其能否正确地引导学生进行语言学习,培养出具有世界格局的中国人且造福于民。可见,英语教师的专业能力发展对英语教学以及学生的发展都起着重要作用。本章将对跨文化交际视阈下大学英语教师的转型进行研究,期望能推动英语教师的专业能力的发展,促进英语教师更好地服务于学生和教学。

第一节 跨文化交际视阈下大学英语教师的角色

在教学活动中,教师处于组织者的身份,也是对教学效果产生影响的一个重要变量。教师的主导作用往往需要通过与学生的互动和交往才能实现。在教学中,教师应该将自身的主导作用发挥出来,不断提升自身的素质与能力。在跨文化交际视阈下,英语教师有了新的角色。

一、英语教师的传统角色

在传统的英语教学中,教师扮演了两种重要的角色:一是知识的复制者;二是知识的传授者。

(一)知识的复制者

在传统的英语教学中,教师的工作就是将知识原封不动地传授给学生,在传统英语教师的眼中,书本知识就是金科玉律,教参就是真理,因此教师往往将书本知识视作教授学生的来源,并且根据书本来设计教案。对教师教学好坏进行评价主要看教师能否把书本知识传达到位、准确。显然,基于这样的观念,大多数教师从书本内容出发展开教学,教师很自然地就成了英语课本的复制者。在传统的英语教学中,学校往往为教师配备了一整套教材、教参等,并且为教师设计了教材上要求的每一堂课的活动,甚至对教师说的话都进行了明确的规定。教师如同批量生产的工人一般,千

第七章　跨文化交际视阈下大学英语教师的转型

篇一律地展开教学，将大纲内容复制给学生。

但在新环境下，教学过程被看作师生互动的过程。就建构主义学派的观点来看，这一过程是师生对客观事物的意义加以构建的过程，并且是合作性的构建，并不是单纯地对客观知识加以传递。在英语教学中，教材、教参等是重要的资源，师生需要对这些资源进行开发，尤其对教师来说，他们需要对这些资源加以分割与整合，之后通过与学生的互动，将固有内容转化成丰富的、可供学生理解与接受的知识。之所以将教材静态的知识转换成动态的资源，将课堂上单一的知识转变成生动的课堂，最终目的都在于帮助学生获得知识。就这一角度而言，学生固然是知识的构建者与参与者，而教师更应该将自己置身于开放的环境中，成为资源的积极构建者。也就是说，教师的角色应该发生改变。

（二）知识的传授者

传统的教育观依然在教师的心中存在，这与现代的信息环境有着较大差距。在信息技术环境下，很多教师的理念中仍旧存在"教书匠"的意识，他们侧重以书本作为经验与教学方式，采用灌输的手段进行教学。一些教师将学生看作被动接受知识的容器，认为教材是学生获取知识的对象，教师是将这些知识灌输给学生的人。显然，教师充当了一个"传话筒"的角色，学生是接收器，将教学简单地视作知识传递的过程。这种对知识过于重视而忽视具体能力的教学方法，势必会造成教学过程的重复、单一，也会制约教师的创新意识与研究精神，让教师的教学思想与观念更加保守、陈旧。

在新形势下，信息技术迅猛发展，教师在技术、知识上所具备的权威性受到极大的挑战。在新环境下，高校英语教师对知识传授者的角色是否有新的理解？是否对教师新的角色进行重新定位？教师对自身的教学手段、角色观念是否感到不适？教师如何转变自我并适应这一环境？这些问题都说明，教师作为知识传授者的角色应该改变。

二、跨文化交际视阈下英语教师的新角色

说到角色，一般人会觉得其与身份、地位有关，认为角色是对人们身份、地位的一种诠释。在当今社会，教师扮演着十分重要的角色，他们以各种方式调动与引导学生参与活动，并引导学生在自己设定的环境中展开探索。传统的英语教师所扮演的角色已经很难适应当今社会的需要。在这个多元化的社会，教育具有多样性，他们需要适应不同层次、不同族群人的

需求。教师需要将文化传承执行者的角色展现在人们的面前,他们通过间接的形式逐渐实现文化传递。只有具有多元文化教育观的教师,才能与多元文化社会教育相适应。也就是说,教师不再是知识的传授者与复制者这样简单的角色,而是被赋予了新的多样角色。下面就具体分析英语教师角色的转变。

(一)知识与技能引导者

1. 语言知识的诠释者

英语教师是英语语言知识的诠释者,他们在开展课程教学之前,首先要具备渊博的知识。简单来说,英语教师需要对英语专业知识有系统、全面地把握,并能从这些知识中分析出语言现象。一般来说,英语教师需要掌握的专业知识包括理论知识、语境知识、实践知识等,这些知识中囊括了语音、词汇、语法、语篇、文化等知识,英语教师只有掌握了这些知识,才能解决学生在学习中遇到的实际问题,帮助学生提升自我,实现更好地语言输出。

2. 语言技能的传授者

当然除了英语知识,英语教师还需要掌握语言技能,并且将这些技能传授给学生。在学生学习语言的过程中,掌握语言知识是基本条件,而最终目的是为了提升自身的语言技能。一般来说,语言技能包含听、说、读、写、译五项。就语言的发展规律而言,听、说居于重要地位,读、写、译其次,但就外语教育的角度而言,读、写、译居于重要地位,听、说其次。这就说明高校英语课程教学的目标是让学生具备一定的读、写、译能力,而听、说能力是实现读、写、译能力的前提与基础。高校英语教师要想提高教学质量,熟练地驾驭英语这门课程,就必须掌握这五项技能,并且保证五项技能的有机结合,从而提升学生的语言综合技能。

3. 课堂活动的组织者

无论是英语课程教学还是其他教学,课堂活动都是必不可少的一部分。在高校英语课程教学中,课堂教学是其重要的载体与媒介。英语教师要想提升自身的教学质量,就必须设计出合理的课堂活动,如辩论、对话、对话表演等,这些都是能让学生参与其中的活动,让学生有真实的语言训练机会,提升自身的语言表达能力。在这之中,学生也会不断加深对英语语言知识与技能的印象,巩固自身的知识体系。

4. 教学方法的探求者

英语教师在英语教学中不能仅使用一种教学方法,应该承担起教学方法的开发者与设计者的角色,创新教学方法,使教学课堂更多样有趣。与其他学科相比,英语教学具有极强的实践性,因此其与教学方法的关系更为密切,甚至教师对语言知识的分析、学生语言技能的掌握、教师课堂活动的组织等都需要考虑相应的教学方法。

随着很多学者对英语教学进行深入的研究,探索出了很多教学方法,如翻译法、交际法、任务法、情境法等,这些教学方法各有利弊,高校英语教师需要考虑教学的实际情况以及学生的实际水平,选择适合自己的教学方法组织教学,有时候甚至需要多种方法并用,从而实现最佳的教学效果。

(二)多元文化驾驭者

1. 多元文化环境的创设者

学校的文化环境会对学生的学习产生影响。作为一种社会化机构,学校的目标、功能、管理等都属于主流文化,如果教师不知道如何对学校的教学环境进行塑造,就很难在家庭—社区—学校之间构建一个平衡点,很难让学生适应。因此,教师要努力创建多元文化教育环境。具体来说,可以从如下几点着手。

第一,师生之间要构建信任关系。师生间的人际关系对学生的成绩产生重要影响,文化差异的存在、教师的偏见容易造成师生之间的隔阂与误解。如果师生之间存在这种隔阂与误解,就会对学生的自我观念产生负面影响,让学生受到挫折,甚至孤立无援。

第二,教师要努力构建一种积极的家庭式氛围。教师要为学生提供一种尊重与关怀的环境,让学生领略到家庭语言与文化。教师要对学生的文化背景有充分的了解,不断搜寻相关的信息,并将这些相关信息自然地融入教学中。

第三,教师只有充当一名多元文化者,才能对学生所处的文化环境有清楚的了解,对学生的文化价值观有清楚的把握。同时,教师只有从多种角度对文化加以理解,才能为每一位学生创造合适的教学策略与内容。

2. 中西文化差异的解释者

在多元文化背景下,英语教师充当了中西文化差异解释者的角色。由于中西方文化传统不同,二者在价值观、思维模式上存在明显差异,而这些差异逐渐成为学生跨文化交际的障碍。

　　就社会文化角度而言,语言属于一种应用系统,具有独特的规范,是文化要素中的一项重要组成部分。因此,在英语教学中,英语教师除了要教授英语知识与技能,还需要囊括文化背景知识,实现英语知识、英语技能、文化背景知识三者的融合与补充。

　　就语言文化知识的内容而言,除了要教授本土文化知识,还需要讲授西方文化背景知识。中西方语言文化的差异性主要体现在风俗习惯、思维模式、价值观念等层面,而这些差异性在语言上有明显的呈现,无论是在词汇中,还是在篇章中都很常见,因此高校英语教师应该充当中西方语言文化的解释者这一角色,将中西方语言的差异性解释给学生,让学生在了解这些差异的基础上,掌握好英语语言。

　　需要指出的是,教师在充当中西方语言文化的解释者这一角色的时候,对中西方文化要保持中立的态度。文化没有优劣之分,因此高校英语教师在选取素材时,应该尽量选择那些不会对其他文化造成伤害的素材,避免引导学生对某些文化产生偏见,从而使学生对不同的文化有清楚的认识。

3. 本土文化知识的传授者

　　前面提到英语教师应该对西方文化背景知识有清楚的了解,除此之外,他们还应该对本土文化有清楚的了解与认识,甚至需要成为本土文化的专家,挖掘本土文化所蕴含的特色与思维形式。英语教师既是知识的引导者,也是文化的传承者,他们应该以一个真诚的面孔展现在学生面前,将本土文化知识融入自己的课堂中,与学生展开平等的交流,从而为英语教学提供更为广阔的空间,同时构建和谐的师生关系。

　　教师要比其他人对本土文化知识有更敏锐的直觉,对本土文化知识的价值更注重保护与发展,并且懂得如何对学校所处社区的本土文化知识进行挖掘。在英语教学过程中,英语教师应该对学生在本土社会中获取的知识予以尊重,而不是一味地否定或者贬低。教师可以引导学生对本土文化知识与书本知识进行比较,培养学生将本土文化知识与书本知识紧密融合,从而完善自身的知识体系。

(三)网络技术应用者

1. 语言单元任务的设计者

　　要想实现单元主题目标,就需要对单元任务进行设计,这是英语教师的一项重要任务。学生通过教师设计的这些真实的任务,可以拓宽自己的语言知识面,还能提升自身解决具体问题的能力。因此,在英语学习中,语言单元训练任务的设计是非常重要的。这要求教师应该在网上设计相应的单元任务,让学生在规定的时间内完成,最后提交完成任务的结果。通过这种方式,学生可以降低自身的压力,并愿意参与其中。

另外,通过网络,学生可以根据自身的实际情况选择教师设计的任务,遇到问题时也可以与教师或其他同学进行网上交流,最后呈现自己的作品或观点。显然,这种方式不仅锻炼了学生的英语语言水平,还有助于提升学生的兴趣和积极性,加强人与人之间的交往与合作。

2. 有效主题教学模式的设计者

在新形势下,英语教学要求教师不断探求新的教学模式与方法。具体来说,英语教师不仅需要发挥网络的优势,还需要提升学生的学习效率。对此,英语教师在设计主题教学模式时,应该选择学生感兴趣的话题,并且整个教学模式都围绕这一主题开展,以小组合作讨论的形式完成任务,最后提交讨论结果。当然,由于处于网络环境下,英语教师设计的每一个主题应该能让学生在网络上找到丰富的资料,包括这一主题的文化背景与发展动态,然后由学生进行总结与归纳,进而让学生在网上进行讨论,这样的设计模式实际上帮助学生摆脱了课本的限制。另外,在设计有效主题教学模式时,英语教师要尽量提供一些有效网址,帮助学生接触更多的国内外文化知识。英语教师还可以下载一些前沿性的资料,以吸引学生,提升他们的求知欲。当然,对一些敏感性的话题,英语教师要进行正确指导,避免学生出现文化偏见。

3. 学生网络学习的帮助者

在英语教学中,网络能起到监控的作用。通过网络监控,英语教师可以对学生的学习过程有所了解与把握,从而帮助学生实现自己的学习需要。高校英语教师是学生进行网络学习的帮助者,尤其对差生而言,英语教师更是发挥了不可磨灭的作用,他们通过记录学生浏览网页的情况,了解学生是否参与其中,从而清楚学生在学习中遇到的困难,之后帮助学生解决实际的问题。

另外,由于不同的学生遇到的困难不同,因此英语教师应该给予分别指导,促进不同层次学生的进步。显然,英语教师对学生网络学习的帮助更具有人情味,不仅有助于提升优等生的水平,还有助于避免差生的畏惧心理,帮助不同层次的学生解决不同的问题,真正帮助他们实现有效的自主学习。

4. 在线学习系统的建立者

网络为学生的英语学习提供了便利,而教师在这之中充当了调控学生学习、提供个别指导的作用,但在这之前,首先就需要建构一个完善的在线学习系统。在这一系统中,有教师与学生两个端口。学生通过填写自己的信息,向教师端提出申请,教师负责审核,使学生加入这一系统中。

根据在线学习系统的导航提示,学生可以获取自身所需的资料,也可以下载下来。例如,某一在线学习系统可能包含"单元测试"与"家庭作业"两个项目,在"单元测试"中学生可以进行训练与测试,在"家庭作业"中学生可以提交自己的作业。之后,学生可以通过论坛、QQ 等与教师进行讨论,实现网上交互。

第二节 跨文化交际视阈下大学英语教师的素质要求

一、英语教师的传统素质要求

根据林崇德先生提出的"三层次五成分"教师素质观,从当前英语教师的基本情况考量,高校英语教师的素质涉及如下几个层面。

(一)职业理想

教师的职业理想是教师从事教学工作的兴趣与动机的体现,是其献身于教学工作的原动力。在高校英语教学中,教师的职业理想表现为积极性、事业心、责任感,英语教师具备的崇高的职业理想是他们开展英语教学活动的有利层面。

(二)教育观念

教师的教育观念是他们在教学活动中形成的对教育现象的主体性认知,是从自身的心理背景出发进行的认知。一般来说,教育观念包含知识观、教育观、学习观、学生观等。

(三)监控能力

教师的监控能力指的是他们为了保证教学能顺利实现预期目标,在教学过程中对其进行主动计划、检查与反馈等。具体来说,包括对课前教学的设计、对课堂进行管理与指导、对课堂信息进行反馈。事实上,教学监控能力是教师对其认知的调节与控制,是教师对自身进行反省与反思的体现。

(四)教学策略与行为

教师的教学策略与行为是教师为了实现教学目标,从学生的特点出发,采用各种教学手段展开因材施教。在高校英语教学中,教师的教学策略与教学行为是教师根据不同学生的学习风格与水平差异,创造符合学生风格的课件,采用网络多媒体技术,将自身的教育思想与学生容易接受的方式完美地融合。

二、跨文化交际视阈下英语教师应具备的素质

(一)解读多元文化的能力

在跨文化交际视阈下,教师需要具备对多元文化进行正确解读的能力,具体而言表现为如下三点。

首先,多元文化是一种历史事实。不同的文化具有差异性与多样性,这是人类文化从诞生开始所体现出来的一种客观存在。就历史角度而言,多元文化的差异性与多样性是一个不争的事实。就宏观的世界历史而言,早期有古希腊文化,中国有春秋战国文化、隋唐文化、明清文化等,这些都可以说明,历史时期不同,文化内容也就不同。因此,多元文化是一种历史事实,指的是在一个地域、社会、区域等特定存在的、相互关联的却又具有独立文化特征的几种文化。

其次,多元文化是一种政治诉求。多元文化不仅是一种事实存在,还是一种价值存在,是人们在文化上所秉持观念的展现。多元文化源自不同族群争取平等的经济、文化权益斗争的结果。多元文化不仅仅限于文化层面,而是包含了不同民族、不同族群的经济、社会等多种概念。

最后,多元文化是一种思维方式。从哲学的角度而言,多元文化体现的是一种思维方式,对多元文化的理解就是对多元文化差异性、多样性的承认,并要认识到所有文化都应该是平等的,彼此之间会产生直接或者间接的影响。与之相对的认识就是对客观世界的认识,人们对其的认识不应该从单一的角度出发,而应该从多个视角来认识和理解。多元文化这一思维方式打破了传统的一元的思维方式。

多元文化是一种历史事实、政治诉求,也是一种思维方式。教师应该对多元文化进行正确的解读,从多样的视角对不同文化予以尊重、学习与理解,不能毫无保留地全盘接受社会主流文化,对其他文化全盘否决,应该

批判地看待不同文化。需要注意的是,教师在对多元文化的解读中,应该持有平等、公正、多元的理念。

(二)师德素质

师德是英语教师必备的素养,也是英语教师从事教育活动的动力源泉。教师的师德具体体现在对学生的热爱、对事业的忠诚、对教学执着的追求和人格的高尚。与此同时,教师的师德直接影响着学生的成长。因此,英语教师在日常的工作中要有理想的信念,科学的世界观、人生观、价值观,忠于人民的教育事业,具有爱岗敬业的奉献精神,热爱学生。可以说,英语教师只有先懂得奉献、体现公正,具有责任感,才可能实现言传身教。

1. 教师职业道德的形成

同其他事物的发展一样,教师职业道德品质的形成有其内在的规律性。从品德心理学的角度看,教师职业道德的形成也是一个知、情、意、行的培养过程。为此,教师职业道德品质的培养也需要从道德观念、道德情感、道德意志、道德信念、道德行为和道德习惯几个方面入手,进行全面的培养和提升。

(1)坚定教师的职业道德信念

教师有了坚定的职业道德信念,就会使其道德行为表现出坚定性。教师的职业信念一旦确立,其道德行为和道德观念的一致性就不可动摇。

(2)磨砺教师的职业道德意志

教师职业道德意志是教师在道德修养实践中克服困难的一种力量。教师要培养自身的治学严谨的品格,就必须要有顽强的意志。教师有时为了证明一道数学题,往往会牺牲自己很多休息的时间,如果没有顽强的意志是做不到的,正是在这样的实践中,教师的道德意志得到了磨砺,同时也培养了教师良好的职业道德品质。

(3)培养良好的道德行为和道德习惯

教师的道德行为是教师在道德观念、道德情感、道德意志和道德信念支配下采取的行动。教师在教育教学活动中的道德行为,是评价教师道德品质好坏的重要标志。教师在职业道德修养中有良好的道德行为,久而久之,就形成了教师良好的道德习惯。从道德观念到道德行为,再形成道德习惯,是教师职业道德形成的全过程。

(4)陶冶教师的职业道德情感

教师的职业道德情感是关于教师在教育教学过程中的言行举止,是否符合职业道德规范而产生的情绪体验。作为教师,应该有高尚的职业道德,这就需要教师不断陶冶自己的道德情感,使自己对善与美的认识具有价值认同感。

(5)增强教师的职业道德观念

教师在职业道德形成的过程中要理解和掌握教师道德的基本原则,提高道德认识。为此,学校领导、各级教育行政部门应该加强对教师进行教师职业道德基本常识和基本理论的教育,使教师懂得自己哪些行为符合教师职业道德,哪些行为违背教师职业道德,这样就能首先在思想认识上构筑起一条道德防线,为教师教育教学行为的合道德性奠定思想基础。

综上所述,教师职业道德形成过程中有教师职业道德观念、教师职业道德情感、教师职业道德意志、教师职业道德信念、教师职业道德行为习惯等诸要素。它们是相互联系、相互促进、相互作用的。只有这样,教师才能在实践工作中形成崇高的教师职业道德,表现出高尚的职业道德品质。

2. 教师职业道德发展的阶段

从教师的专业成长历程来看,教师职业道德的发展阶段可以分为职前教育阶段、职业实践阶段和终身追求阶段。

(1)职前教育

教师职业道德是社会道德的重要组成部分,是道德在教师职业领域中的特殊表现。职前教育的目标主要在于使教师成为一个具有良好道德修养的人,即先为人,后为师。

(2)职业实践

职业实践是教师职业道德养成的根本保证,在教育教学过程中,教师会遇到各种各样的问题,在解决这些问题时,教师总是被要求要具有独特的方式,即要有所创新。因此,教师需要不断提升自己的专业素养,在实践中不断践行职业道德规范,提升职业道德水准。

(3)终身追求

社会在发展,知识在更新,教师要想跟上时代发展的脚步,必须要不断学习,终身学习。当然,教师所追求的职业理想也是没有止境的,教师必须不断学习,从各方面抓住一切机会来提高自己。另外,教师需要在面对学生和教学工作时产生一定的成就感,这样才会拥有不断学习的动力,否则,教师容易出现心理倦怠,从而缺乏追求理想的动力。

3. 教师专业道德的要求

(1)爱国守法

爱国守法包含两个方面的含义,即爱国和守法。爱国是一种高尚的道德心理体验,可表现为对祖国深切依恋的归属感;对祖国地理、历史、发展现状和国际地位的自豪感;对国家利益的责任感和使命感。对教师这一特殊职业而言,最好的爱国方式是把对祖国的热爱、对学生的关爱、对教育事业的责任感结合起来,在强化自身的爱国情怀的同时,也对学生进行爱国主义教育。

强化教师自身的爱国情怀。教师肩负着对学生进行爱国主义教育的重任,为了更好地对学生进行爱国主义教育,教师必须强化自身的爱国情怀,成为一位忠诚的爱国者。具体来说,教师可以通过以下途径来强化自身的爱国情怀。教师不仅要了解国家辉煌灿烂的历史,也要了解国家曾经历的屈辱和挫折,并且要关注国家目前的处境以及国家对国民的需要和期望。教师要做热爱祖国的典范,为人师表,努力使自己的言行有利于维护祖国的国格完美,给学生树立爱国的榜样。在遇到关乎国家利益的关键问题时,教师要注意对学生进行引导,表现出在政治上、道德上的坚定性和坚韧性,要捍卫国家的尊严和维护国家的统一,表现出对国家和民族的自信心。教师必须认识到自己的本职工作是与祖国的未来、国家的繁荣昌盛紧密联系在一起的,必须加强自身的职业道德修养,必须发扬爱国主义精神。

对学生进行爱国主义教育。在对学生进行爱国主义教育时,教师一定要对祖国有全面深刻的认识,要了解当下的国情、中国共产党党情以及各民族的风土人情,并把这些融入自己的血脉中,化为自己思想的重要组成部分。只有这样,教师才能用自己的爱国主义思想和情感,点燃学生的爱国主义火花,使爱国主义精神代代相传。在当下全球化教育改革的背景下,对学生进行爱国主义教育还要注意以下几点。对学生进行爱国主义教育要强调形成一种理性精神,辩证地看待各国间的文化、文明的碰撞。要做到与不同国家和民族和平共处、求同存异、互相学习、取长补短、共同发展。要告诉学生,任何国家的历史和现实,既有光辉的一面,也有阴暗的一面;自己的国家也一样,不能美化、粉饰自己国家的历史。在经济全球化的背景下,各国间的联系日益密切,相互依存度越来越高。教师在对学生进行爱国主义教育时要让学生知道中国的发展和进步只是世界发展和进步的一部分。教师对学生进行爱国主义教育,要有开放心态,强调全球意识,反对狭隘的民族主义和狭隘的爱国主义。对学生进行爱国主义教育是学校德育工作的重要内容。学生对祖国的了解、认识,对祖国发自内心的爱,主要是在学校学习期间培养形成的。因此,培养学生的爱国情感,最重要的是引导学生发奋图强、刻苦学习。只有如此,学生才能了解自己的国家、人民和政治制度,才能产生对国家和人民的爱,才能掌握为祖国和人民奋斗的本领。

第七章 跨文化交际视阈下大学英语教师的转型

《中华人民共和国教育法》第五条规定的国家教育方针是:"教育必须为社会主义现代化建设服务,必须与生产劳动相结合,培养德、智、体等方面全面发展的社会主义事业的建设者和接班人。"国家以法律形式明确规定的教育方针,体现了教育的目标和价值。全面贯彻落实国家的教育方针,必须实施素质教育,即以提高人的思想道德素质、文化素质、专业素质、身体心理素质为根本内容和目的的教育。社会、学校、家庭都应当注重培养学生上述四个方面的素质,即人类普遍认同的价值标准:真、善、美、爱。教师作为国家教育方针的执行者,必须具有良好的道德素质和法制意识,才能全面贯彻国家的教育方针,全面实施素质教育,培养德、智、体、美全面发展的社会主义事业建设者和接班人。自觉遵守教育法律法规。作为公民,教师要带头遵守国家法律;作为从事教育职业的公民,应当自觉遵守与自己的职业活动有关的法律,依据法律法规从事教育工作,自觉遵守教育法律法规。依法行使教育权利、依法履行教育义务。教师的权利是指法律规定教师在履行教育教学职责时,必须享有的权益。《教师法》第七条明确规定了教师享有的权利。教师的义务是指法律要求教师在从事教育教学活动中做出或不做出一定行为,是对教师一定行为的约束。规定教师义务的目的在于促使教师忠实地履行自己的法定义务。《教师法》第八条明确规定了教师必须履行的义务。

爱国是一个公民最起码的道德。一个公民,不管是属于哪个国家和民族,也不管其信仰和政治立场如何,都承担着爱国的责任和义务。爱国主义是中华民族精神的核心,也是中国特色社会主义核心价值的一个重要方面。爱国是教师的政治使命,他们应该把这种使命与国家和民族的生存和发展结合起来,为国家培养出热爱祖国、具有社会责任感和使命感的合格人才。守法是公民的基本行为准则,也是我国实行依法治国的必然要求。我国要想实现法治国家的目标,需要社会中的每个成员都能知法懂法和用法,能用法律武器来维护自身的合法权益。作为教师,只有做到依法执教,才能为国家培养出依法治国的人才,也才能不断提高人们的法律意识。爱国守法有如下要求。认真学习相关的法律法规,自觉做到依法执教。近年来,我国颁布了许多教育方面的法律法规,其中,《中华人民共和国教师法》对教师的权利和义务等进行了明确规定,教师必须认真学习和贯彻这些法律法规,真正做到依法执教。将爱国守法融于教育活动中。在教育教学过程中渗透爱国主义教育,培养学生的爱国情感。在日常教学过程中,教师应通过主题教育和社会实践等形式对学生进行民族自豪感和责任感的教育,让学生明白,爱国是每一个公民的责任。教师在日常教育教学中,通过各种方式教育学生爱国守法,使学生知法懂法,并且学会用法,培养和增强其法律意识,形成良好的守法、用法和护法习惯,自觉树立法律权威。做爱国守法的模范。教师具有神圣的使命,是社会主义建设者的培育者,这一神圣的使命要求教师要具有强烈的爱国主义情感,要做爱国守法的模范,只有这样,教师才能用自己的言行去熏陶、感染和教育学生。

(2)爱岗敬业

爱岗敬业是爱岗与敬业的总称。爱岗是教师对自己工作岗位的热爱,安心从事本职工作,有强烈的使命感和责任感,并能稳定、持久、恪尽职守地做好教育教学工作。敬业是指教师认识到了自己本职工作的道德价值和社会意义,具有从事本职工作的荣誉感和自豪感,从而专心致志、兢兢业业地从事教育教学工作。爱岗与敬业之间有着密切的关系。爱岗是敬业的基础,敬业是爱岗的升华。爱岗与敬业互为前提、相辅相成。爱岗敬业是教师职业道德规范的重要内容之一,是处理教师个体与教育职业之间关系的准则。爱岗敬业具有如下要求。教师要在教育实践中培养爱岗敬业精神应从以下几个方面做出努力。

①要认识到职业的价值。人民教师是历史文化的传承者,是我国社会主义事业的建设者,教师职业的价值是重大的。教师只有充分认识到了这一点,才会爱岗敬业,树立为教育事业奋斗终生的信念。

②要有职业认同感。教师职业认同是指教师对职业的性质、内容以及教师职业的社会价值和个人价值的认可。教师认同具有重要的意义,概括来说主要包括以下几个方面。教师职业认同有利于教师职业道德的发展。教师在工作中保持了愉悦的情感,自然会优化自己的教育教学,不断丰富自身,提高自身的能力,加强自身的职业道德修养。教师职业认同有利于入职阶段的教师形成职业道德。认同教师职业的新手教师对学校日常教学事务有较快的接受能力,能更快地适应并熟悉学校环境。认同教师职业的新手教师在教育教学活动中能恪守教师的职业道德规范,自觉表现出对职业岗位的热爱,体验做教师的快乐。职业认同能帮助教师度过职业受挫阶段,保持良好的师德修养。教师日复一日,年复一年地备课、上课、批改作业、管理班级。有些教师会在循规蹈矩中度过余下的工作时光。但是,有职业认同感的教师会努力寻求突破,从挫败或倦怠的情绪中走出来。

③要甘为人梯,自觉提升精神境界。教育工作者只有在深刻理解教育事业地位和作用的基础上,才会产生对教育工作的真挚、深厚的感情,才会将满腔的热情投身于教育事业;教师只有不断超越个人私利,提升精神境界,把教育事业视为为人民谋利益的事业,才能有甘为人梯的胸怀,把学生的成长发展和进步视为自己人生价值的体现。

④要勤业精业。勤业表现为忠于职守、认真负责、积极进取,勤业是实

第七章 跨文化交际视阈下大学英语教师的转型

现教师职业功能的基本保证,教师一定要认真对待自己教学过程中的每个环节,必须要对自己的工作抱有高度的责任感,尽职尽责。精业表现为教师的业务纯熟、精益求精,精业是实现职业劳动最高效益的价值追求。勤业与精业相辅相成,勤业是精业的前提条件,精业是勤业的必然结果。以精益求精的精神和态度来完成国家赋予的神圣使命,是一名教师对国家、对社会、对学生最有道德的表现。

⑤要有积极的工作态度。一个具有积极工作态度的教师能尊重学生、团结其他教师、遵守各项法律法规,能积极投入工作并无私奉献。只有具有积极的工作态度的教师,才能在自己的平凡岗位找寻到人生价值的依托和教育幸福的源泉。

⑥教师要克服职业倦怠。教师职业倦怠是教师在一定时间内不能应对工作压力而出现的一种极端的反应,是教师在长期的工作压力下产生的情感。教师是职业倦怠的高发群体。教师职业倦怠的表现是多维的,经研究发现,经受着职业倦怠的教师往往会有身体、智力、社会、情绪和精神等方面的症状。因此,教师要想做到爱岗敬业,一定要有效预防职业倦怠。概括来说,教师可以通过以下几种方法来预防职业倦怠。固化的思维方式往往使出现职业倦怠的教师无法从职业倦怠的循环中走出来,然后一直倦怠下去,没有思考过怎么样改善当前的状况。因此,教师一定要注意改变自己的思维方式,思维方式决定了我们生活、学习和工作的质量和效果,改变思维方式有利于消除职业倦怠。宣泄是排解职业倦怠的好方法。当一个人被愤怒、痛苦、恐惧等情绪占据时,可以大声地喊出来或者哭出来,也可以向朋友或家人倾诉心中的苦闷,通过这样的方式,心中的抑郁情绪得到了宣泄,不良情绪就会消失。要永远保持一颗平常心,凡事都要量力而行,要时刻注意进行自我调节,千万不要让自己的压力过大,压力过大会出现头晕、失眠等症状,对自己的健康极为不利。要合理地安排自己的作息时间,比如要严格按照自己的作息习惯去生活和工作,保证自己的生活有规律。

(3)关爱学生

关爱学生具有如下要求。

①尊重学生。学生既是教育教学活动的对象,也是教育教学活动的主体,具有独立的人格和尊严,渴望得到教师的尊重和理解。教师要尊重学生,必须认识到学生与教师在人格和尊严上是平等的。教师要客观地看待学生的种种表现,学会自制,不要因为自己情绪的失控而伤害学生。学生是一个整体概念,能否公正、平等地对待全体学生,是衡量一个教师是否真正关爱学生的重要标志。

②激励学生。教师要善于赏识学生,鼓励学生的点滴进步。每个学生都希望自己是学习上的成功者,都期待得到教师的肯定和赞许。教师要懂得学生心灵深处的渴望,赏识自己的学生,用放大镜关注学生的优点和进步,帮助其改正缺点和不足。

③信任学生。信任是人际交往中一方对另一方给予自己正面且积极反馈的心理期待。教师对学生的信任和期待是学生积极进取的动力。教师对学生的信任既表现为相信学生有积极向上、向善、向美的愿望,有自主学习、自主选择的能力,有改正错误的想法和能力等,同时还表现为不断地给学生提出新的行为目标。在学生实现目标的过程中,教师及时给予鼓励和肯定,学生的主体意识不断地被激发,从而完成对自我的不断超越和发展。

④严慈相济。教育关爱的目的,是让学生得到良好的发展,这意味着教师对学生的关爱中要有一定的要求。教师对学生的关爱,要体现严慈相济,坚持做到以下几点。教师要对学生有慈爱之心。教师要把学生培养成对社会有用的人,就要对他们倾注无私的爱和真挚的情。教师对学生慈母般的关爱,是一种更崇高而伟大的爱,能强烈地感化学生,使他们感悟人生,走向人生。教师对学生的严格要求要有科学标准。教师对学生的关爱是建立在高度的责任感和理性基础上的爱。教师的关爱既要体现对学生有严格的要求,又不损害学生的生理、心理健康。这就要求教师对学生提出的一切要求要符合法律法规,要符合国家的教育方针和政策,要符合教育教学规律。教师对学生的严格要求要掌握一定的度和方法。要掌握一定的度,是指教师对学生提出的各种要求要切合实际,符合学生的特点。教师对学生的严格要求,要寓教于教育教学活动中,采用耐心疏导的方法。只有方法得当,对学生的严格要求才能真正得到落实,才能取得好的教育教学效果。

⑤保护学生的安全。保护学生安全是教师不应回避的责任。教育职业特点决定了教师要承担更大的责任,在面对困难、危险时,教师要冲在前面,不惜牺牲自己也要保护学生的生命安全。这要求教师在教育教学活动中,不仅要传授学科知识,还要有生命安全、生命价值教育,引导学生认识生命、尊重生命、珍惜生命,提升学生对生命意义与境界的认识,促进学生健康成长。

⑥维护学生的合法权益。学生既是国家公民,又是正在接受教育的未成年人。因此,学生不仅享有宪法所规定的公民应享有的各项权利,还享有其他公民不具有的特殊权利。学校既是从事教育的场所,也是保护学生权利的部门。教师要做学生权利的维护者,尊重、保护学生的各项权利,让

学生健康成长。

⑦关注学生的情感需要。教育活动是生命体之间的交流活动,是一个用智慧开启智慧、用心灵唤醒心灵、用人格影响人格、用热情去温暖生命的活动。教育的目的不仅是知识的丰富、智力的成长,还有情感的浸润、人格的完善、心灵的圆满,进而体验到一种精神上的幸福。因此,教师不仅要指导学生学习知识,更重要的是要努力学习做学生心灵世界的守护神,尊重他们的个性人格、生命潜能、多样化、独特性;善于站在学生的角度理解学生,从学生的视角看待问题,与学生进行心灵的沟通。在此基础上指导学生,引领学生的精神发展。

⑧促进学生全面健康发展。学生健康包括生理健康和心理健康两个方面。从总体上看,由于我国学生课业负担较重,这导致他们的身体素质严重下滑,如体质较差、近视率持续走高等。对此,教师要负起改善学生体质的责任,引导和督促学生加强锻炼,不能随意侵占学生的休息、娱乐、体育锻炼的时间。另外,随着年龄的增长,学生成长的烦恼会伴随而来,尤其是处在青春期的学生在社会环境、家庭教育等因素的影响下会出现心理障碍和心理缺陷。这要求教师要加强与学生的沟通与交流,了解他们内心真实的感受和想法,坦诚交换意见,及时加以疏导,防微杜渐,避免学生的心灵出现扭曲的现象。

(4)教书育人

教书育人,是指在教育教学过程中教师根据社会发展需要和学生身心发展规律,既传授科学文化知识,又进行思想品德教育,把学生培养成为德、智、体、美等全面发展的社会主义现代化建设需要的接班人。教书育人具有如下要求。

①遵循学生的个体发展规律,实施素质教育。人的发展有其自身的规律,不同年龄阶段有不同的身心发展特点。因此,在实施素质教育的过程中,教师必须从教育对象的实际出发,具体来说,教师教书育人要遵循学生生理发展、认知发展、品德及人格发展的规律。

②遵循社会发展规律,实施素质教育。目前,我国经济发展正从粗放型向集约型转变,从高能耗型向节约可持续发展型转变,转变的根本在于科技进步和劳动者素质提高。在这一社会背景下,教师应顺应社会发展潮流,转变教育观念,抓住社会转型所带来的机遇,全身心地投入教书育人的工作中,大力实施素质教育,为培养社会发展所需的高素质劳动者而努力。

③循循善诱,诲人不倦,因材施教。"循循善诱,诲人不倦,因材施教"既是我国教书育人的优良传统,也是教师实施教书育人的具体原则。

④培养学生良好的品行。教育主要是培养受教育者的品行。培养学

生良好的品行是每一位教师的义务。培养学生良好品行既要继承传统美德，培养学生高度的社会责任感、高尚的道德情操、强烈的爱国热情、文明的生活方式，以及良好的个人生活习惯、学习习惯及公共生活习惯，也要结合时代要求，对学生开展适时的教育，培养他们公正、诚信、感恩、合作、奉献等一系列良好的品行。培养学生良好的品行，教师的言传身教至关重要。教师的一言一行、一举一动，会在学生的精神世界里起着无声的作用，潜移默化地塑造着学生的人格和品德。

⑤激发学生的创新精神。创新是国家兴旺发达的不竭动力，是民族进步的灵魂。在当今日趋激烈的国际竞争中，取胜的关键在于具有创新能力的人才。创新人才的培养关键在教育。因此，要充分发挥教育在培养创新人才中的作用，鼓励广大中小学教师通过教书育人，实施创新教育，激发学生的创新精神，培养学生的创新能力。教师要引导、鼓励、支持和帮助学生敢于追问、大胆想象、勇于探究，培养学生的自信心、好奇心、探索性、挑战性等创新人格品质。

（5）为人师表

为人师表，就是要求教师自觉地以自身纯正品德为学生做示范和榜样，即言传身教、以身立教。具体来说，为人师表要做到以下几个方面的内容。

①知荣明耻。知荣明耻是良心中的知耻心、自尊心、自爱心的表现。人们只有知荣明耻，才能自觉地履行道德义务，保持尊严、荣誉和人格。不做可耻、毁誉和损害人格的事。因此，作为新时代的教师必须要知荣明耻。

②严于律己。教师要严于律己、以身作则，这是由教师职业的示范性决定的。教师的职责在于教书育人，既要用自己的学识教人，又要用自己的品格育人。正人先正己，这要求教师要严于律己，在思想品德、学识才能、言语习惯、生活方式和举止风度等方面树立自己的良好形象，处处做学生的表率，借此教育和感化学生。

③语言文明。教学过程是一个信息传递的过程，而在这一过程中，教师的语言是传递信息的载体，教师语言素养的优劣以及口语表达的能力对教学效果具有重要影响。这就要求每位教师必须加强自身的语言修养，提高自己的教学语言表达能力。

④仪表端庄。良好的仪表能得到学生的认同，获得学生的好感，而邋遢的仪表则会引起学生的反感，对教学效果也具有负面的影响。

⑤关心集体。教师事业是一项集体的事业，将青少年培养成社会主义合格的建设者和接班人需要全体教师的共同努力。因此，关心集体、维护集体的荣誉就成为全体教师职业道德的重要内容。

⑥团结合作。在现代分科教学的情况下,教师要特别注意以团结协作的精神来对待教学,这是教育目的统一性的要求,也是教育发展规律的需要。不同科目、不同年级的教师之间,不同年龄、具有不同特长的教师之间,都要从学生的利益出发,团结一致,通力合作,互相学习,取长补短,勇于创新,共同提高。教师能否自觉为加强教师集体的团结而努力,是衡量教师道德水平高低的一个重要标志。在团结协作的过程中,教师之间要互相尊重、互相学习、共同进取。

⑦作风正派。在教育领域,作风正派是教师道德的应有之义,历来为立志于献身教育事业者所践行。教师职业要求教师要十分珍视自己在学生心目中的形象,十分珍视自己在社会上的形象。作风正派既是教师职业的要求,又是形成良好社会风气的需要。

(6)终身学习

终身学习指学习是贯穿个人一生的自觉行动。新时期教师职业道德规范将终身学习作为教师职业道德的一个重要内容,为此,教师应该做到以下几个方面。

①树立终身学习理念。树立终身学习理念既是提升教师自身素质的内在动力,也是教师职业的现实要求。教师作为知识和文明的重要传播者和创造者,必须树立终身学习理念。只有如此,教师才能不断完善自己,充分发挥自己的潜能。但是,目前教师的工作量普遍较大,真正有效进修的时间不多,从客观上给教师拓宽眼界带来了困难。因此,教师应努力克服困难,找准自己的定位,树立终身学习的理念,掌握科技知识。只有如此,才能在教学中及时反映所任学科的前沿成就。

②更新知识结构。为了适应教育的未来发展,教师必须拓宽知识视野,更新知识结构,才能提高教育教学质量。

③积极探索教育规律。现代社会对人才的要求越来越高,教师只有把教育活动作为自己的研究对象,反思自身的教育实践,不断探索育人规律,才能适应时代的要求,才能创造性地完成教育工作。如果教师仅仅是教书育人而不从事探索创新活动,那么其教育教学便不会有大的进步。我国教育发展要求教师具有基本的探索创新能力。实践表明,教育要创新,就要通过提高教师的探索能力去实现。

④认真钻研专业知识。教师只有不断提高专业素养,才能成为高师,培养合格的人才。

(三)以学生为中心的教学意识

在现在的英语教学模式中,学生形成了一个多元文化语境,他们来自不同的地区,具有不同的成长背景,这就使得他们有着不同的接受能力、不同的思维方式等。如果教师对所有学生都一视同仁,那么必然会削弱学生学习的积极性与主动性,也势必会导致教学效果不佳。对此,教师应该"以学生为中心",教师自身的角色也应该发生改变,从原本对课堂的控制者转变为对学生英语学习的辅助者,同时对待每一位学生都应该持有平等、公平的姿态。教师要认识到不同学生的文化差异与多样性,对不同的学生采用不同的方法,使学生成为教学的主体,展示自身的个性,从而更好地在多元的环境中习得英语这门语言。

(四)信息能力

信息能力是指人获取信息、加工处理信息和利用信息的能力,具体包括文献信息检索能力、信息分析能力、信息加工处理能力等。具体体现在人们对信息存储机构,如图书馆、互联网等的应用能力和运用计算机、网络、通信技术的能力。当今世界已经进入知识经济时代,信息与智能革命正席卷全球,在这种经济背景下,产品的智能成分大大增加,劳动者智能劳动成分也大大增加,信息技术的发展将成为新技术的核心。英语教师作为智能劳动的主力军,无疑在整个社会变化过程中起到了重要的作用。作为21世纪的英语教师,便捷、高效地获取信息是从事教学、科研与社会服务活动的基础,有效地搜索、分析、利用信息既是自身发展的需要,也是培养英语教师所必须掌握的技术和必备的能力。

第三节 跨文化交际视阈下大学英语教师跨文化意识的培养

教师是教学的灵魂,是提高教学质量的关键,并且对学生的跨文化交际能力培养起着重要的作用。为了适应英语教学的跨文化转型,实现英语教学跨文化能力培养的目标,英语教师的素养和跨文化能力等都应满足教学要求,即提高教学素养,培养跨文化能力。

一、大学英语教师跨文化意识培养的基础

英语教学的跨文化转型对教师素质提出了更高的要求,要求教师不仅要具备普通教师的基本素质,还要具备符合跨文化交际能力培养需要的知识、态度和技能等。张红玲(2009)指出,能胜任跨文化交际教学的教师必须要具备跨文化交际能力和跨文化教学能力。

第七章 跨文化交际视阈下大学英语教师的转型

(一)跨文化交际能力

教师要想顺利开展跨文化教学,首先必须要具备跨文化交际能力,包括跨文化知识、跨文化意识和跨文化技能。跨文化交际能力主要由四个要素构成,即知识、能力、态度和素养,对此,教师也应从这几个方面来培养自身的跨文化交际能力。

1. 知识层面

在知识层面,教师应具备文化知识、语言知识和专业知识,并且这些知识要符合跨文化交际能力培养的需求。就文化知识而言,教师应掌握一定的目的语文化知识,具备一定的文化素养。虽然教师没有必要了解所有目的语国家的文化知识,但有必要了解一些目的语国家的社会文化。此外,教师应具有多元文化意识,了解本民族文化、目的语国家的文化和其他国家的文化,清楚不同文化之间的差异,了解那些容易引发交际误解、导致交际失败的文化知识。教师要有意识地与目的语文化密切接触、保持联系,了解和掌握多样化的文化知识,进而提高自身的文化意识和素养。就语言知识而言,由于学生基本都是在母语环境下学习外语的,如我国学生是在汉语环境下学习英语的,母语对英语知识的习得产生了较大的影响,母语可能会对英语学习产生正迁移,也可能对英语学习产生负迁移,因此这就需要教师切实掌握英语在使用语境中的语用规则,并且透彻了解母语和英语两种语言的区别。就专业知识而言,教师应掌握跨文化交际的基本含义和相关理论,具备与之相关的社会文化和心理层面的知识;清楚跨文化教学的综合目标和具体目标;了解跨文化教学的核心思想、基本原则和有效方法,掌握语言文化教学的主要理念,具备开展跨文化教学的策略。

2. 能力层面

在能力层面,教师应具备三种能力,即语言能力、跨文化能力和学习能力,以满足跨文化交际能力培养的需求。首先,教师应具备扎实的语言能力,这是教师开展跨文化教学的基本前提和保障,教师要具备语言交际能力和非语言交际能力,并且具备一定的交际技巧和策略。其次,教师应具备一定的跨文化能力,这是有效实施教学的重要保障。教师应具备跨文化意识,同时要发展自己的本族文化身份认同,以更加有效地进行跨文化教学。最后,教师应具备一定的学习能力,能在教学中和学生一起进步,共同成长,培养和提高跨文化意识和跨文化交际能力,从而使教学开展得更加顺利、有效。

3. 态度层面

在态度层面,在面对他族文化时,教师要持有尊重、理解和宽容的态度,对不同的文化具有一探究竟的兴趣,愿意积极主动地与其他民族的人们进行交流。有研究表明,那些乐观、具有好奇心、灵活、善于思考、对他族文化具有浓厚情趣的教师,即使不参加文化培训,也能很好地将语言教学与文化教学相结合,完成跨文化教学任务。

4. 素养层面

在素养层面,教师要具备三个方面的素质。首先,教师要具备与跨文化交际相关的个人品质,具有积极、活泼、富有感染力的性格,并且具备相应的理论知识,包括心理学知识和教育学知识,从而改变学生对文化学习的态度,激发学生学习文化知识的兴趣。其次,教师要具备移情和包容能力,教师要能站在学生的角度考虑问题,能推断和猜想学生的需要,包容学生,从而使学生学会移情和包容。最后,教师要了解文化差异,并且正确对待文化差异,从而引导学生避免产生文化偏见。

(二)跨文化教学能力

教师在教学中培养学生的语言能力和跨文化交际能力,就要向学生传授语言知识,发展学生的语言能力,提高学生的跨文化意识,培养学生的跨文化交际能力。而这也对教师的专业水平和教学能力提出了较高的要求,要求教师具备一定的跨文化教学能力,具体包含以下几个方面的内容。

1. 教材的评估、选择和使用

教师的教学要以教材为依据,因此教师要具备对教材的评估、选择和使用的能力。具体而言,教师应从跨文化角度出发来评价和选择相应的教材,能根据教学需要合理地选用其他教学材料,并保证教学材料的真实性,能根据具体的教学情况和学生的学习情况对教材进行调整和改编,从而达到跨文化交际教学的目标。

2. 跨文化课堂教学

跨文化课堂教学是英语教学跨文化转型的重要途径,也是培养学生跨文化交际能力的重要环节,因此教师应具备有效开展跨文化课堂教学的能力。首先,教师应对学生进行分析,了解学生对目的语文化的态度,了解学生对目的语文化知识的掌握程度;能针对具体的教学环境、不同的教学目标和基本教学原则选择教学内容、选择教学方法、设计教学活动。其次，在教学过程中，教师要客观地看待教学，将教学视为动态的过程，积极鼓励学生参与教学活动，确保师生、生生之间主动地交流。最后，具体到语言文化教学，教师应适应教学的素质要求，合理运用语言文化教学方法；帮助学生掌握文化知识，比较不同文化之间的差异，避免学生在跨文化交际中出现失误。

3. 课外学习与实践的组织和指导

课外活动是课堂教学的延伸与补充，二者紧密相关、相辅相成。教师除了要在课堂上做学生的引导者和帮助者，也要做学生课外文化学习的组织者和指导者，鼓励学生积极参与课外学习和实践，扩充接触知识的途径，扩大文化知识的积累。通过对学生的课外学习与实践的组织和指导，帮助学生丰富文化知识，使学生可以与来自不同文化背景的人们顺利地进行交际；教师要能激发学生学习文化知识的兴趣和欲望，帮助学生梳理本族文化和他族文化之间的关系，使学生树立正确的价值意识。

4. 跨文化交际能力评价

英语教学的跨文化转型要求教师具备对学生跨文化交际能力进行评价的意识和能力。现在很多的英语评估和测试都忽视了对跨文化意识、跨文化交际能力的评价，即使是评估，也多采用书面测试，或者传统的陈述、角色扮演、案例分析等，而很少采用其他方式，也缺乏学生的自我评价。对此，教师应充分考虑文化因素，调整测试模式，设计符合跨文化交际能力培养要求的测试活动，对自己的教学和学生的学习进行双向评价。

5. 使用现代信息技术

现代信息技术的快速发展以及在教育领域的广泛使用，对教学产生了巨大且积极的影响作用。在跨文化教学中，教师应充分利用现代信息技术来丰富学生的文化知识，提升学生的跨文化意识，培养学生的跨文化交际能力。教师应根据教学和学生的需要，合理运用现代化信息技术创设跨文化交际语境，为学生提供实践的机会，有效开展跨文化教学。简单来讲，在瞬息万变的社会发展中，教师不仅要懂得语言文化知识和技能，还要紧跟时代发展的步伐，合理使用现代化信息技术，将信息技术与教学相结合，优化教学环境，提高教学效果。具体而言，教师在现代信息技术使用方面应具备以下能力。

教师应具备基本的信息技术知识，对信息技术与语言教学的整合有系统的理解,能使用常用的办公软件,能利用PPT制作课件,了解相关的多媒体和网络知识。此外,教师应具备扎实的信息技术应用能力,能在教学中优先选择和合理地运用信息技术,并将信息技术与教学相整合,包括将信息技术用于课程准备、课程设置、课程管理等方面,能将信息技术、信息资源和课程内容有机地结合起来,高效完成教学任务。其次,教师应成为网络资源的探索者和研究者,成为促使学生有效进行网络学习的帮助者,帮助学生恰当地借助信息技术和网络资源进行语言文化学习。最后,教师应通过便利、交互的网络环境进行学术交流和学习,提升自己的专业能力,促进自身不断发展。

具体到教学实践中,教师应有效运用信息技术组织教学和管理教学。在课前结合教学内容和网络资源制作各种课件,然后将课件、教学计划和安排发布到网上,方便学生预习。课堂上充分利用多媒体和网络资源,激发学生的学习积极性,促进学生互动,使学生吸收和内化课堂知识。

教师还应利用信息技术将课堂教学延伸至课外,通过E-mail、QQ、微信等工具与学生、家长进行课外沟通,做好教学反馈,完善教学体系。总体而言,信息技术教学的开展有赖于教师的努力和负责,在教学过程中教师首先要掌握信息技术知识和技能,然后精心指导学生丰富知识,进行学习实践。

二、跨文化交际视阈下大学英语教师跨文化意识培养的方式

教师的素质与能力是决定教学质量的重要因素,是教学改革成功的关键,没有教师素质的提高,就不可能有较高的教学质量,没有教师的教学发展,就不会有学生的积极发展。有学者指出,教师培养目标与内容的制订要综合考虑教师的现状,依据教师在教学中所扮演的角色,明确教师所需要的知识、技能、态度、价值观等,以及教学所需要的专业知识和跨文化交际能力。

就我国英语教师而言,教师发展应满足跨文化交际能力培养的需要,要转变教学观念,提升跨文化交际能力和跨文化教学能力。转变教师观念,增强教师跨文化交际能力培养的信念,是教师发展和培训的重要内容之一。在知识方面,教师应丰富跨文化知识和理论,增强对文化差异的敏感性。在能力方面,教师应注重跨文化交际能力和跨文化教学能力的提升。

(一)跨文化校本教研

在强化教师跨文化交际能力培养观念、培养教师跨文化交际能力方面,跨文化校本教研是非常重要的一种方式。校本教研不仅充分利用了院校自身的资源,而且节省了教师的培训费用,教师们形成了共同体,可以共同学习、共同进步。在校本教研中,教师之间可以通过协作来相互学习,分享教学心得,进而得到共同提高和发展。跨文化校本教研活动的方式有很多,这里简要介绍以下几种方式。

(1)可以在院校内部开展跨文化知识和经验分享沙龙,请具有留学、访学经验或者参加过跨文化培训的教师讲解相关的跨文化知识、跨文化技能和跨文化教学情况。

(2)可以在校内定期开展跨文化教学教研活动,在活动中教师之间就跨文化能力的培养与提高交流经验、发表感想等。

(3)可以借助信息技术搭建网络化跨文化交流平台,开展信息化校本教研,教师通过网络开展交流、相互学习、分享资源。

(二)跨文化体验与跨文化交际实践

教师进行跨文化体验和跨文化交际实践的方式有很多,这里简要介绍其中的两种。

第一,可以开展教师出国研修项目,让教师进行短期的文化沉浸活动,为教师提供出国学习的机会。这样可以让教师置身于国外的文化环境,切身感受当地的历史、文化、艺术等,进而丰富教师的文化体验,培养教师的跨文化意识和跨文化交际能力。

第二,开辟国际交流渠道和项目,从学校层面推进国际学术交流,组织教师开展国际合作,鼓励教师与国外的教师沟通合作,进而更新教师的知识结构,加强教师的文化意识,提高教师的跨文化交际能力。

总体而言,教材和教师是英语教学的重要组成部分,并且是英语教学跨文化转型中的重要内在推动力。在英语教学跨文化转型中,教材的编制、选择和使用以及教师文化观念的增强、素质和能力的提升都发挥着重要的作用,因此应对教材和教师加以关注,并有意识地开发英语教材、提升教师的跨文化能力。

(三)提高专业意识

当前很多年轻的教师由于教学时间短、缺乏教学经验,也没有过多参与课题研究的机会,因此经过一段时间的教学工作后,往往比较厌烦,这都是自我专业发展意识薄弱的表现。因此,在当前的跨文化交际视阈下,大学英语教师应该不断提升自身的专业意识,具体而言可以从如下两点着手。

1. 理想意识

教师的理想对教师的专业发展起着十分重要的作用,为教师指明了前进的方向。大学英语教师的专业理想主要指的是他们对工作的热情。只有具备了热情,他们才能富有积极性,才能具有专业认同感,愿意在自己的工作中付出努力。

2. 科研意识

通过记录专业中的关键事件与自我专业发展保持对话,并对未来的发展规划做出适当的调整,教师在专业化发展的过程中必能有所收获。教师能否具有科研意识,决定了教师能否尽自己所能投入科研活动中。也就是说,教师要想从事科研工作,就必须具备科研意识,要在思想上对科研有所重视,在理论上不断加强学习,获得科研的理论指导,在时间上还要不断提升自身的问题与思考意识等,这样才能真正地投入科研活动中,并为大学英语教学研究贡献自己的一份力量。

(四)提升专业能力

教师要想在跨文化交际视阈下提升自身的跨文化意识,首先就需要提升自身的专业能力。具体来说,可以从如下几点着手。

1. 实行专业引领

当前,我国的英语教学在不断革新,先进的理念需要有骨干、研究者的带领,才能促进自身的专业发展。一般来说,教学专家、资深教师等都可以起到专业引领的作用。普通大学英语教师要向他们学习,接触先进的思想与经验,从而推动自身的专业化发展。一般来说,专业引领具有如下要求。

(1)要发挥专家与普通大学英语教师之间的能动性与积极性

不同的引领人员,所侧重的层面也必然不同。科研专家对教学理论非常注重,因此在其引领上更注重理论与实践的结合。骨干教师注重教学实践,因此在其引领上更注重具体操作。但是无论是哪一种引领,他们都需要较高的引领能力,既能在理论上进行指导,还能在具体操作中提供建议。对普通的大学英语教师而言,他们应该配合专家与骨干教师,对他们给予的建议要认真听取,并择优采纳,从而分析与总结自身的教学问题,对自己的教学活动进行反思，提升自身的专业素质。

(2)英语教师要保证内容、目标等的正确，采用恰当的方法

英语教师专业发展的总目标在于让他们能对新知识、新信息予以把握，并且能在这些新知识、新信息的基础上提升自身的专业素质。不同的英语教师存在着个体的差异，因此在专业发展、水平上也必然不同，因此在进行专业引领时，需要考虑不同教师的具体情况，对不同的教师制订与他们自身水平相符的方法，从而实现专业引领的合理性与有效性。

从上述分析可知，专业引领对英语教师专业素质的提升非常重要，具体而言可以从如下几个层面着眼。

首先，阐述教学理念。在很大程度而言，英语教师的教学行为往往会受到教学理念的影响，因此在专业引领中，专家、骨干教师等应该尽可能引导普通的大学英语教师熟悉与掌握教学理念，可以采用讲座或者报告等形式。

其次，共同拟定教学方案。当普通的英语教师掌握了先进的理念后，专家、骨干教师应该与普通的英语教师共同探讨先进的教学方案。在这一过程中，专家、骨干教师不仅是引领者，还需要对普通的英语教师的教学设计提出建议、给予指导，从而让普通英语教师的教学设计更为完善。在专家、骨干教师等的引领下，普通的英语教师能顺利地制订出与教学理念相符的教学方案，并将这一方案付诸实践。

最后，指导教学实践尝试。当制订完教学方案之后，就需要将其付诸实践，从而对教学方案进行验证。在验证时，专家、骨干教师应该参与其中，对教师的教学行为进行记录，从而与具体的方案进行对比，找出差距。在课程结束后，专家、骨干教师与普通的大学英语教师进行分析与探讨，对教学方案进行修订，从而使方案更完善、更切合实际。

2. 提高教师实施能力

英语教师的教学实施能力是教师专业素养的核心部分，是在教师专业知识的基础上促进教师生成专业理念、专业智慧的根基。开展英语教师教学实施能力训练，必须在扎实掌握英语专业知识的基础上，切实将所学的学科知识和教育理论转化为从师任教的行为方式。

(1)英语教师教学实施能力的基本认知

英语教师的教学实施能力，指英语教师为保证教学的成功，达到预期目的，对整个教学活动进行计划、控制、检查、评价、反馈和调节的能力。这种能力包括以下三个部分的内容。

第一，英语教师对自己的教学活动的事先计划和安排。

第二，对教学活动进行有意识地监察、评价和反馈。

第三，对教学活动进行调节、校正和有意识地自我控制。

教学活动包括的内容和涉及的因素多种多样。因此，英语教师的教学实施能力也具有多方面的内容和多样化的表现。英语教师的教学若想走在新课程改革的前沿，则需要通过课堂实践，探索既符合新课程精神，又符合英语教师自身实际的教学方式，不断提高各方面的能力。

通过提升英语教师教学实施能力的专题实践研究，我们期望在学校的课堂教学中切实实现以下几个方面的转变：将以知识传授为中心转向以学生发展为本；由过去"依教案教学"转向"以学定教"；由过去只关注教学结果转向兼顾结果与过程，特别是关注学习过程中学生获得的自信、养成的科学态度和习惯以及培养出来的人文精神等，这比单纯追求拥有知识的多少更有价值。这样才能使广大英语教师基于新课程标准理念下的教学设计，在现实的课堂情境中尽可能高质量地达成课堂教学的目标。

①厘清影响英语教师教学实施能力提升的因素。英语教师教学实施能力的提升受到多方面因素的影响，通过实践研究与反思发现，影响英语教师教学实施能力的因素主要包括以下几个方面的内容。

英语教师的教学基本功。英语教师的基本功，除了传统的板书、班级管理外，还包括对专业知识的理解，对课程标准和教材的整体把握，对英语教师心理的了解，沟通与合作的能力，搜集、整理、运用信息的能力，主动学习并积极反思的能力等。

英语教师的主观因素。通过调查问卷发现，英语教师的主观因素对教学的实施能力及效果也产生明显的影响。

英语教学的经验主义。近40%的英语教师选择"我心中有数，常常提前一天考虑第二天的工作"。关于课堂设问，超过30%的英语教师选择"心里知道是哪几个问题，但谈不上精心"等。这表明在现实中，英语教师的思想相对滞后。不少英语教师习惯运用传统的教学模式，存在思想守旧、满足于现有的办法与成绩，改革创新意识不强，有畏难情绪，缺乏实施新课程的主动性等。英语教师工作负担过重，也是参与课改的积极性不高的重要原因。

②自觉反思的习惯。绝大多数的英语教师缺乏系统、深入的反思。超过一半的英语教师只在脑子里回顾一下或是在教案后稍做记录，多数英语教师会"和同事就某一方面展开讨论"。问卷还反映出多数英语教师"不知如何表述"或是苦于没人能指导，这也从侧面反映出培训不到位的问题。虽然进行了大规模的培训，但无论是全员培训还是学科培训，基本属于通识培训。

第七章 跨文化交际视阈下大学英语教师的转型

③追求卓越的意识。问卷显示,绝大多数英语教师认为"态度决定高度,专业发展的高低跟自身的努力追求成正比";有75%的英语教师反映平时很注意"想出各种方法使自己的课生动有趣",并意识到对教育科研应积极了解、参与,对自己的专业发展会有帮助;42%的英语教师将"提高自身素质"作为未来发展的第一需要,这显示了英语教师非常关注学科教学的"软实力"——关注自身的学科教学素养、学科的内在价值和学科教学的实施过程,这种内驱力与英语教师的专业发展紧密相伴且更易长久保持。

④情绪波动的情况。超过四成的英语教师承认"前一节课上得不愉快,会影响自己在下一个班级的教学质量";并且,情绪产生的时间与进行教学的时间间隔越短,对教学的影响越大。这就向我们提出了一个问题——课间的时间短暂,英语教师应如何调节自身的情绪,以达到最佳教学状态? 也许我们可以通过系统的心理知识讲座、特聘心理专家专设网络信箱等为英语教师提供心理疏导,以提升英语教师自我心理调节的能力。

⑤自身的沟通需求。调查显示,近四成的英语教师自认"与受教育者的沟通能力一般",两成多英语教师认为自己最擅长与受教育者进行"全班整体交流",而这样的交流相对而言是缺乏个体针对性的,效果较差。当前教育强调"以人为本",但更多的时候,人们停留在关注"共性"的"人",而忽略了"个性"的"人"。

⑥职业的归属认同。调查显示,绝大多数英语教师喜欢自己所任教的学科,有较高的工作热情。近七成的英语教师明确表示以学科为单位常态的教学研讨对促进教师对职业的认同和提升自己的教学实施能力帮助很大。这说明教研组的建设是较成功的,得到了大多数英语教师的认可,成功地为英语教师营造了集体归属感,英语教师队伍的师德建设、职业成就感的培养也是成功的。

(2)提升英语教师教学实施能力的机制与保障

①制订教学能力自我提升计划。在英语教师教学能力提升培训的基础上,每个英语教师参照评课标准进行自我教学能力的测评,根据结果制订相应的教学能力自我提升计划。通过英语教师教学能力自我提升计划的实施,计划由学期到学年,可侧重每学期重点改进的一个方向,将目标分阶段,力求合理化。这让每位英语教师自我的改进方向变得更明确、更具体、易操作、易测评,促使英语教师课堂教学水平明显改进和提高。

②以英语教师专业发展电子平台为载体,提升教学质量。英语教师专业发展电子平台建立后,要求全体英语教师定期上传自己的教案、案例、教学随笔和论文。电子平台如同档案室,也像阅览室,可以真正地交流,不限地点与时间,实现真正地便捷。在英语教师的成长历程中,电子平台上的

教学设计、案例、课例、课件绝大多数是常态课,不像公开课那样遥不可及,具有极强的实效性、真实性。

以前被推广展示的都是公开课的教学设计与课件,但一堂公开课的工作量之大,是日常教学不可能保持的;台前幕后参与的方方面面之多,也是日常教学所做不到的。这就是为什么听讲座报告时心潮澎湃,但之后这份澎湃却因发现不实用或是没能消化而烟消云散;听公开课、优质课时,感觉非常好,因欣赏而照搬设计,却发现效果不能复制,因为我们没有看到被呈现的理论、理念的背后内容,没有机会感受过程,缺乏过程的支持,理解的深度与反思自然不足。在平台上我们可以看到同伴的日常教学,以及互动教研后改进的教学设计与反思,感受整个过程,这一过程对英语教师成长的帮助将更实在,更有效。可以说,电子平台建立之前,教研活动主要是针对公开课;建了电子平台,教研活动转向主要立足于常态课。这样的校本教研、校本培训才真正体现出"校本"的优势、特色及意义。

当然,互联网上也会有许多的案例、课件、教学设计,但由于教材不同(全国各地同一年级、同一学科,教材版本众多),英语教师背景不同,自然没有身边同事的资料来得亲切、实在、实用。另外,时常会发生这样一种情况:当我们在教育教学中遇到问题,尤其是在发生课堂突发事件时,往往会第一时间在办公室里发出感叹,但这种感叹大多属于一种即时的情感宣泄,同事的回应大多是与我们的情绪相呼应的,希望能给我们一些安慰。

这时人们分析问题往往带有极强的主观性和情绪,强调客观原因,归因分析表面化,不能平心静气地从学科知识思维方式、学习方法、学生的视角等方面客观地分析问题的本质,反思性地看问题,更多的时候是感叹过后一切归于平静,甚至被遗忘,问题并没有解决,不了了之。敬业的英语教师会把这些写成教学随笔,及时记录下自己的感想、反思、困惑、问题,以备一段时间以后再回顾、梳理,看看是否会有新的感悟或解决策略。但能够定期将自己的教学随感进行重温的英语教师并不多,而且自己的回顾毕竟依然局限于个人的思维。因为按中国人的文化习惯,常态课一般不会主动把教案、教学反思拿给别人看,请别人提意见。有了电子平台后,这一切都在悄然地发生变化……

在以往的教学管理中,要求教师在每节课后,至少在每个章节的教学后,必须完成书面的教学反思,以培养教师养成记录教学反思的习惯。现在如果教师能及时将自己的教学随感写在电子平台上,既可以完成资料的积淀,又便于梳理资料,同时还可避免局限于个人的思维。借助电子平台,同事可以随时浏览,他们瞬间的思维灵感可以与我们形成互动,课题或策

第七章 跨文化交际视阈下大学英语教师的转型

略就在这种积淀、梳理、互动中生成了。或许当你在第一时间用语言宣泄时，同事们由于忙于自己的事情，或者由于当时的心境、情绪等，没有什么想法，而浏览电子平台时，由于心境、情绪的不同，思维状态自然也不同，就会有新的思维火花。

电子平台的又一优势是持续的开放性。它让校本教研可以随时随地地进行。也许初看时没有感觉，但当自己在工作中遇到困惑时，哪怕是无意中的浏览，也会引发共鸣，产生交流互动，这也是在平台上开展校本教研的价值所在。尤其是在本校内，因为对学生、班级都很熟悉，在某种意义上可谓是零距离接触，更易产生共鸣，更具现实意义，更易产生校本研修的课题。

这样一个多元、开放的载体，让教研活动的形式更多样，范围更扩大，并可改变传统的教研活动多局限于本学科组内的弊端。平台上的各类信息向所有的英语教师开放，不同学科之间在教学方法上，对学生的分析上，对科研课题的筛选上，对教育问题的反思上都是相通的。平台上的对话、交流甚至碰撞，既可弥补按教研组划分办公室而造成的英语教师间交流的缺乏，又可避免按年级组办公而造成的教研组交流的缺失。

③进行英语教师创新教育能力培养。英语教师创新教育能力的激励和培养涉及很多方面，大到社会环境、教育体制，小到学校管理、培训教育、物质条件和实践机会都是其中基本的因素，都对英语教师创新教育能力的形成与发展产生直接而重要的影响。学校环境是对英语教师创新能力的形成发展产生影响的多种学校因素，其中较为重要的有学校的校长、学校管理、教学的评估体系等。适宜、合理的学校环境是英语教师创造力顺利发展的必要条件。

④学校各层面执行政策不走样。只有校级、中层、基础层都很好地贯彻和执行政策——相关管理与评价制度，使政策不走样，才能提高英语教师的课堂实施能力。

⑤多渠道培养英语教师的学习习惯，养成愿意学习的心态。平心而论，英语教师今天面对的诱惑与生活的琐事也远多于以前，我们的心"收"住了吗？我们还有苦读的精神吗？我们面对新理念、新教材、新教法这些我们赖以立身的新知识，我们在"自主学习"还是在"被动接受"？鉴于上述思考，高校应实行并完善一系列的制度，促进教师在态度、习惯等方面正向发展。

(五) 文化培训

要想塑造高质量的教师，培养教师的跨文化意识，必然需要对教师进行文化层面的培训。

1. 培训的内容

根据不同的分类标准,培训有着不同的内容,如可以分为岗前培训与在岗培训,也可以分为教学方法培训与教材运用方法培训,还可以分为长期培训与短期培训等。对教师开展培训,应该具有系统性,并定期进行,不可能仅通过一次或几次培训就可以了。因此,要将文化教学作为考量因素,为教师提供一个文化教学培训的框架,并且能用于不同学科的教师培训系统中,为教师的文化教学培训提供一定程度的参考。总体而言,教师的文化教学培训包含以下两个方面的内容。

(1)文化能力培训。个人文化能力包含如下三个层面:文化知识、文化意识、文化行为。据此,文化能力培训的目的可以总结为如下几点。

首先,帮助教师补充文化知识。通过对教师进行文化教学培训,让英语教师真正地掌握如下能力:对语言、文化、交际三者的关系有所理解和把握;对本土文化与目的语文化的差异性有清楚的认知;对文化、跨文化意识、跨文化交际、跨文化能力等相关概念有清楚的理解和把握;对英语在国际上的地位和作用有清楚的认识。

其次,帮助教师提高文化意识和跨文化敏感性。通过对教师进行文化教学培训,让英语教师真正掌握文化能力。具体包括:认识到文化在个人、社会所起的重要作用,尤其认识到文化对跨文化交际的作用;具备对文化差异的捕捉、欣赏、理解能力;能对自己的言行、跨文化交际经历等进行反思;能发挥出文化教学的功能,并有意识、有计划地开展跨文化外语教学。

最后,帮助教师调整自己的文化行为,提高跨文化交际能力。通过对教师进行文化教学培训,让英语教师真正掌握如下几个方面的能力:根据不同的文化背景,对自己的交际方式进行调整,并采用多种策略、多种手段来进行交际;让教师能与不同文化背景的人建立友好平等的关系。

(2)文化教学培训。在开展文化教学培训时,需要做到以下几点:明确教学目标、设计教学大纲、选择教学方法、合理利用教材、布置学习任务、确定评价方法。此外,在对教师进行文化教学培训时,也要与语言交际紧密结合。

2. 培训方法

(1)文化意识的培训方法。文化、文化差异以及外语教学的文化教学潜力是客观存在的,关键的一点是让教师意识到它们的存在,即要提高教师的文化敏感性和文化教学的意识。教师来参加培训时,自带着丰富的文化体验,他们的文化参考框架经过长期、不断地建构和修改,已经成为他们个人身份和个性的一个象征。他们在日常工作和生活中,在与他人进行交流时,都会自动地、无意识地使用其文化参考框架。为了使教师意识到文化参考框架的存在和作用,以及来自不同文化环境的人们通常使用不同的文化参考框架,最有效的方法是利用文化冲撞、关键事件和反思练习等跨文化培训的方法。

(2)文化知识的培训方法。文化人类学全面而系统地阐述了文化概念和知识的学习,是英语教师获取相关文化知识的可靠来源。因此,它理应成为英语教师培训的一门必修课。具体而言,应该由来自不同领域的专家,如英语教学研究者、文化学家、跨文化交际研究者、教师培训专家等,共同完成对文化人类学研究成果的筛选和选用工作,选择那些教师需要掌握的理论和信息,作为培训的内容。另外,社会学和跨文化交际学的研究成果同样是教师培训应该关注的内容。这两门学科清晰地描述了语言、文化、社会和交际之间的复杂关系。

(3)文化能力的培训方法。文化能力的培训不仅包含教师的认知心理,还囊括教师的行为、教师的情感等。对英语教师进行文化能力的培训是相对复杂的,文化能力的培训主要包含如下两种。

第一,跨文化交际能力培训。具体来说,主要有四种方法:给教师提供跨文化交际实践的机会,如到外国人家里做客、到外企见习等;可以通过观察跨文化交际的成败案例来汲取经验,避免进入交际误区;可以通过讲座等活动,让教师不断了解跨文化的本质,弄清文化冲撞为何要产生,进而调整自身的心态。在整个培训过程中,培训者应该反复强调反思的重要性,受训者正是通过不断学习、不断体会、不断反思才能有效地增强自己的跨文化意识和跨文化交际能力。

第二,文化学习和探索能力培养。文化学习和探索能力首先是基于勇敢、敏感等情感状态的,如果对文化没有敏感性,忽视文化差异,那么必然导致文化学习障碍。面对陌生的文化环境,很多人选择逃避和退缩,而善于学习和探索的人则会勇敢地尝试和体验,积极参加各种有利于自己了解该文化群体的活动。与不同文化背景的人相处时,具备了宽容和移情这两种素质,就能有效地避免误解和冲突的发生,文化学习和探索才可能顺利完成。

第八章 跨文化交际视阈下大学英语教材与评价的创新

教材是教学的依据,离开了教材,教学将无内容可教授。教师是教学的主导者和组织者,离开了教师,教学将无法开展。教材和教师在英语教学中发挥着十分重要的作用。随着英语教学的跨文化转型,英语教材与教师也发生了相应的改变,本章将对跨文化交际视阈下大学英语教材与评价的创新进行研究。

第一节 跨文化交际视阈下大学英语教材的选用与编写

教材是教学不可或缺的构成要素,是教学内容的主要载体和教学的有形核心,是学生可以接触到的重要语言输入,也是教师开展教学的重要依据,更是教师与学生交流互动的媒介。无论对教师的教学还是学生的学习而言,教材都起着不可或缺的作用。在我国的英语教学中,教材是教师教学的主要依据,也是学生学习的重要导向,适合跨文化交际能力培养的教材是实现英语教学目标的关键。对此,在跨文化交际视阈下,应有意识地对英语教材进行挖掘和开发,使英语教材更好地为实现英语教学的目标服务。

一、英语教材的内涵

教材对教学的重要性是不言而喻的,这里首先来简要分析英语教材的内涵,以便对教材有一个基本的了解。

(一)知识体系

从知识体系上来看,教材是一个结构体系。从横向角度而言,教材由语言知识、事实知识和价值知识构成。通常而言,英语教材中的语言知识主要包括词汇知识、句法知识和篇章知识。传统意义上的英语教材是以词汇知识和语法知识为核心内容的结构系统,语法的序列决定了教材编制的序列,现如今的英语教材更加注重篇章知识。

第八章 跨文化交际视阈下大学英语教材与评价的创新

从纵向角度而言,教材主要由主题、图像和作业三个部分组成。现在的教材在编制和建设过程中都十分注重语篇主题系统在教材中的作用,主题系统的确立和构建是教材编制的关键。图像系统是主题系统的辅助和说明。作业系统是学生知识和能力生成的主要途径。

可以看出,从知识本身或知识生成角度来看,系统是知识赖以生存和发展的根本。学生在学习过程中的知识积累都是以系统为基础的,并且通过系统演绎而实现。可以说,系统的知识和知识的系统生成是教材编写和建设的基本要素。尽管不同时期的教材编写者对教材的编制和建设有着不同的认识和主张,但坚持系统性原则是始终不变的理念。

(二)技能体系

所谓技能,是指行为的机构体系,即通过某种行为模式而实现目的的能力。语言技能本身就是一个结构系统,其发展经历一个由语言技能的认知到语言技能的训练再到语言能力的形成这样一个不断系统演进的过程,其发展也是一个动态系统运作的过程。表面来看,英语教材主要是通过文字来呈现知识的,但实际上则是透过文字来实现技能的系统表达。

(三)媒介体系

1. 教材是知识的媒介

教材是知识的媒介,学生所学的知识和技能都是通过教材呈现的。传统的英语教材以"课"(lesson)为基本单位,由一个相对独立且完整的主题构成,课的内容以语言知识或语法为线索,通过大量的练习活动来实现教学目标。现在的英语教材主要以"单元"(unit)为基本单位,每个单元都围绕某一主题展开,十分注重语篇主题知识在教与学中的地位和作用,但同时也不能忽视语言知识的作用。总体而言,教材是知识的载体,也是知识的重要媒介。

2. 教材是知识传授与学习的媒介

教学需要教师与学生的互动,在互动中生成并让学生获得知识,而教材使教师的教和学生的学建立了关系。一方面,教师要吸收教材中的知识系统,进而传授知识。另一方面,学生要积极主动地建构知识。教材是教师和学生建构知识的主要来源,是教师传授知识和学生学习知识的媒介,只有通过对教材的过滤与吸收,才能使师生双方的知识构建成为可能。

3. 教材是学生思维的媒介

教材是学生思维的媒介。思维是一个内在的、复杂的过程,常借助符号表征来体现,如语言、直觉、动作等,其中语言是最高的符号表征形式。英语教材是依据知识的结构序列编制的文字符号系统,符号表征是实现师生互动的主要途径,教师通过教材的文字符号系统来传授知识,学生通过文字符号系统来吸收、内化知识并形成能力。

4. 教材是教师教学思想的媒介

教材是教师开展教学的基础,也是教师教学思想的媒介。教师想要有效展开教学,就要从教材中提取信息,获取教学智慧,然后再传递给学生。可见,教材是教师教学思想的源泉,教师需要借助教材中的知识和经验来帮助学生获取知识,解决学习中的问题。

二、选择大学英语教材的前提

在教材选择时,教师首先需要考虑英语教学的需求分析。具体而言,教师应该根据以下四大需求合理地选择教材。

(一)针对国家需求

1. 是否能提高教育质量,发展学生的综合能力

在我国现代化建设与发展中,"人才强国"是一项重要的战略手段。因此,教育质量的提升已经成为当前高校教育改革的目标。英语教材是否优秀,直接关乎着现代化建设下英语综合型人才的培养。因此,对教材进行多维度的开发,要考虑教学环境、教学资源等多个因素,从而提升学生的综合能力。

2. 是否能培养具有国际视野的国际化人才

教育部颁布的《国家中长期教育改革和发展规划纲要(2010—2020)》中指出:"国家需要大批知晓国际规则、具有国际视野、能够参与国际竞争以及国际事务的国际型人才。"因此,对教材进行多维度的开发时,教师不仅要考虑学生的英语水平与能力,还需要引入先进的文化,让学生扩大视野,培养自身的跨文化意识,逐渐培养他们容纳其他文化的意识,成为具备国际视野的人才,并在国际竞争中崭露头角。

3. 是否能传承民族文化,推动中西文化交流

教材不仅是英语知识、英语技能的载体,也是中西文化之间相互交流的手段与途径。因此,对教材进行多维度的开发时,不仅要考虑英美文化的传播,还需要考虑中西文化的分析与介绍,并引导学生使用英语来传播中国文化,推动中西文化之间的互动与交流,使英语教材真正地为传播文化而服务。

(二)针对社会需求

1. 是否能培养专业知识与英语能力兼具的复合型人才

当今社会对复合型人才的要求越来越高,学生除了要学习本专业必需的知识外,还需要学习大量的英语知识与英语技能。但是,英语教材不可能做到囊括所有,因此面对当前的社会环境,编写者要努力做到专业知识与英语知识的融合,将专业知识纳入英语教学与学习中,不断拓宽英语教材的广度与深度,使英语教材能反映出学科的前沿内容,让学生成为具备英语能力与知识的复合型人才。

2. 是否能培养应用能力与创新能力兼具的高素质人才

对教材进行多维度的开发,必须要为培养学生的创新能力与应用能力服务。因此,英语教材要包含多个层次、多个目标的活动与练习,要做到从简单到复杂地推进,不仅要将模仿记忆活动包含在内,还要以对话的形式展开口语输出,在培养学生实际应用、独立思考的过程中,锻炼学生分析问题、解决问题的能力。

(三)针对自身需求

1. 是否能提供教学理论和教学方法的指导

虽然英语教材的编写大多是由国家教育部门或权威人士完成的,教师往往不负责编写,但是作为直接开展教学的人,教师需要从教材中获取教学方法、教学理论,并对学生进行恰当的指导。

同时,教材编写者为了更大程度地提升教材价值,需要在前言中对内容安排、背景知识等进行简要的说明,便于教师进行选择,也让教师的教学更具有明确性。

2. 是否合理安排教材内容,提高教材的使用率

对教材进行多维度的开发,要保证教材内容的安排更具合理性。一些高校英语课程中使用的教材往往比较复杂,但是每周的课时却比较少,这就使得一些教材没有实际的使用价值。

因此,英语教材编写者需要将学生的英语水平、学习时长等考虑进去,对教材的单元数予以缩减,对知识点进行整合,使得教材更加精练。

(四)针对学生需求

1. 是否能明确学习目的,清楚教材编写的意义

在编写英语教材时,教材编写者要考虑学生的兴趣和积极性,将提升学生的综合能力在教学中的各个项目中体现出来,将培养学生的综合能力纳入项目之中。教材编写的意义明确,可以为顺利完成英语语言知识与技能的培训提供支持,也可以成为英语考试的辅导书。

2. 难度是否适中,有区分度

由于各地经济发展不平衡,教育发展水平也存在差异,不同地区学生的英语学习水平也存在差异,因此如何使英语教材的内容适合不同层次的学生,成为教材编写的一个重难点。

在教材多维度开发之前,需要对教材进行不同水平的测试,同一教学主题下需要配备不同梯度的辅助材料。同时,对同一册的不同单元之间,同一系列教材的不同册之间,应该保证难度系数的稳定,避免出现大的波动与起伏。

3. 教材内容是否具有趣味性

英语教材要具有多样性与趣味性。随着信息化时代的到来与发展,学生的行为与思想都会或多或少地受到影响。因此,英语教材在选题时,要对热点话题予以关注,紧扣时代脉搏,保证题材广泛、主体多样,这样才能以多样的形式不断提升学生的综合能力。

4. 是否能提供学习建议

英语教材编写者在考虑学生学习规律的基础上,与学习过程的任务设置、不同阶段相结合,可以为学生提供更有意义的学习方法。通过课前预习、课后评估等,加深学生对学习过程的认知,从而有意识地成为知识的建

构者,培养学生的自主学习能力与意识。

三、使用大学英语教材的要求

对英语教学而言,英语教材是有用之材,是英语教师的宝贝。英语教材对英语教师的职业生涯、学术发展、英语技能的个性化发展来说非常重要。作为英语教学的载体,英语教材也是教学大纲在教学目标、内容等层面的反映。就知识的呈现方式而言,英语教材也是教学法的应用与体现。英语教师对英语教材的认知水平决定着他们对教材的使用水平。对英语教材进行深层次地了解与把握,是提升高校英语教师专业发展的一项有效途径。

高校英语教师对英语教材的实际运用,从教学维度来看,主要包括三个方面。

(1)对英语教学目标、教学内容的理解,并对这些教学目标、教学内容等进行取舍。

(2)对英语教学环节、教学方法进行安排与设计。

(3)对英语教材的使用结果进行反馈,并预知整个教材的经验。

这三个层面解释了高校英语教师对教材使用的大致过程。

(1)对教材进行理解与判断,获得教学目标,选择教学内容。

(2)组织实施教材,运用一定的教学方法,对教学活动环节予以安排。

(3)进行预设和反思,对教学效果予以检测,总结教材使用过程中的经验。

教师对英语教材的实际运用主要围绕上述三个维度进行。

英语教材是编写者教学思想与理念的反映。通过对教材进行多维度的开发,英语教师可以了解"教什么""如何教"等问题,并且也能明确"为何要这样教"。在教材多维度的开发过程中,英语教师不仅是实践者,还向着理论家的层面迈进。教师对教材的运用也从经验的、直观的过程逐步上升到理性的、自觉的过程,从而促进专业的发展。

(一)探究教材体现的语言学习规律

以语言学习为主要内容的英语教材,包含了编写者对语言学习规律的基本理念。一般情况下,英语教材往往涉及两种提升语言习得的方法:一是语言现象直接呈现,对语言规则进行讲解,对语言运用进行解释,然后设置大量练习来让学生复习和掌握;二是在教材中编入大量的语言实践,让学生接触大量的英语情境,在运用过程中理解与掌握语言。

通过对教材的分析可知，教师能将隐藏于教材中的学习规律挖掘出来，判断编写者是采用的归纳过程还是演绎过程，是分析还是综合，是以结果为导向还是以过程为导向等。基于此，英语教师才能帮助学生更多地接触语言情境，发挥教师的指导作用，引导学生积极地参与到教学活动中，最终习得语言。

（二）学习教材采用的语言知识学习与技能培养的教学方法

现代英语教材的编写原则通常体现前沿性，并符合语言教学思想，反映出语言学习与技能培养的方法。但是这很难被教师发现，导致教材编写原则与教师的实际教法并不一致。在实际的英语教学中，很多教师视教材中的课文为知识传输载体，将学习课文的过程作为讲解语言点的过程，在这些教师眼中，只要学生掌握了这些语言点，那么就理解了课文。实际上，这样的观点存在一些问题。首先，学习语言并不意味着是对语言点的学习。其次，所谓阅读，主要是为了培养学生的阅读能力。可见，教材是教材编写者教学思想与方法的物化形式，对教材进行全面有效的使用，就能挖掘出教材中隐藏的教学方法，从而为教师处理语言知识、培养语言技能提供更多的方法。

利特尔约翰（Little john,1998）认为，教材中的"任务"是了解教材设想的窗口，"教材设计者关于语言学习的最佳路径的假设正是通过课堂任务的性质而变得清晰，教师和学生的角色由此得到界定"。教材中任务或练习的设计往往折射了编制者的学习观。

教师通过研究教材，理解教材内容是如何体现隐藏在其中的教学理念，领会教材编写者的意图，理解和学习编写者通过教材传递的教学方法，从而促进自身专业水平的提高。

（三）理解教材中语言材料的选择思路

教材编写者首先需要考虑的问题就是从大量的语言素材中选择合适的材料。入选教材的材料通常要具有真实性与代表性，通过对这些材料展开细致的分析，探究材料入选的原则与理由，能帮助教师对资料进行整合，并为增删教学内容与设计课堂教学提供指导，也为教师进行教材开发提供途径。

（四）理解教材如何帮助学生发展自主学习能力

自主学习是学习者对主导自己的学习进行主动性构建的过程，是基于教育的民主化、终身化、个性化等理念而发展起来的教育策略。随着英语

第八章　跨文化交际视阈下大学英语教材与评价的创新

教学实践的开展,加之语言学习"终身教育"理念的兴起,英语教学已经不再仅仅局限于课堂之上,其在课外也是可以进行英语学习的,这就是所谓的英语自主学习。

国内外学者对自主学习进行了广泛的研究,并在诸多层面上取得了卓越成果。其中,Dickinson(1987)曾提出了理想的促进自主学习的材料所具备的特性。

(1)有明确的目标。
(2)有意义的语言输入。
(3)材料的灵活性。
(4)学习指导。
(5)语言学习建议。
(6)反馈与测试。
(7)保持学习记录的建议。
(8)参考材料。
(9)索引。
(10)动机因素。
(11)进步的建议。

加德纳和米勒(Gardner D. & Miller. L.,2002)对自主学习环境的五大因素界定如下。

(1)人(教师等)。
(2)资源(教材等)。
(3)管理(系统的组织协调等)。
(4)个性化。
(5)目标设立与监控。

由此可见,英语教师和教材都在学生培养自主学习能力中起着关键性的作用。学生自主学习能力的培养,关系到他们的创新学习、个性化学习,甚至是终身学习的发展。因此,通过对教材的合理运用,英语教师不仅能充分挖掘与理解出教材对学生自主学习能力提升的意义,还能将教材中体现的自主学习理念运用于具体的教学实践中,从而形成新型的以学生为主体的教学模式。

教材对学生自主学习能力的促进主要体现在两个方面。

第一,教材能为学生自主学习能力的培养创造条件并提供资料支持。

坎宁斯沃思(Cunningsworth,2002)提出,教材是对材料进行讲授的资源,学习者开展交际互动、进行实践的资源,也是课堂活动的灵感来源,还是学生学习词汇、语法等的参考书。如果教材中涉及自主学习的内容,不仅是对学习目标大纲的反映,还能为缺乏经验的教师提供指导。教材是课堂、学生、教师开展各种活动的资源提供者,可以为学生的英语自主学习创造有利条件,并服务于他们自主能力的培养。

第二,教材能帮助学生形成良好的学习习惯,培养有效的学习策略。

学习策略是学习者为了有效学习而采取的各种方法、技巧和步骤,通常可以分为三种类型:元认知策略、认知策略、社会与情感策略。

体现自主学习理念的教材是学生自主学习的客体,是与学习者互动的主要材料,能为学习者提供具体的文化、社会等层面的语境。教材能满足学生的多层面的需要,并通过对内容进行精心的安排与组织,鼓励学生独立学习。就某种意义上说,教材承担了教师在传统课堂中的一部分角色,有助于启发学生进行思考,帮助学生养成良好的习惯,并提供各种学习的建议与策略。教材与学生之间的互动,能培养学生的策略意识与自主能力,发展学生独立使用语言的能力。

英语教师培养学生自主学习的过程实际上也是培养教师自主学习的过程。英语教师从之前的主要是向学生传授语言知识,变成现在的以学生为主,辅导他们的英语学习,是学生意义建构的指导者与帮助者。英语教师通过对教材中映射的自主学习理念进行领悟,从课程内容出发,激发学生的学习积极性,努力创造与教学内容相符的情境,提示新旧知识的线索,帮助学生建构知识学习的意义,并在可能的情况下开展合作学习,使这些建构的意义更具有有效性,同时学生的自主学习能力也能得到培养,教师的专业化程度不断提升。

四、大学英语教材的深度开发

程晓棠(2002)曾指出,就我国目前的情况来看,英语教师在教材编写中并没有发挥出应有的作用。究其原因,主要有四大方面。

(1)很多英语教师认为,编写教材与自己无关,编写教材是教育主管部门和教材出版部门的职责,不是教师的职责。

(2)有关教育主管部门不鼓励教师甚至不允许教师编写和出版教材。

(3)大多数教师不具备编写教材的能力,也不具备编写教材的资源。

(4)即使教师编写了教材,也可能出版不了。

事实上,教师作为教材的第一使用者,作为实现教材编者与学生之间知识传递的桥梁,对开发和编写教材具有得天独厚的优势。

教师在教材编写的过程中,需要考虑如下问题:围绕这门课程有哪些先进的教学理论、学习理论、语言理论;指导教材编写的课程要求有哪些;

第八章 跨文化交际视阈下大学英语教材与评价的创新

教材如何平衡听、说、读、写、译五项技能；对教材进行使用的教师如何开展终结性评价与形成性评价；教材该如何对学生的个性差异予以照顾；教材是否考虑了教师职业发展与教学的需要；使用这本教材需要什么样的支持性教学资源与材料。通过对这些问题加以考虑，英语教师才能真正地对这门课程有所了解与把握，而个人也能得以锻炼与专业的发展。

针对这些问题，教师可以做到如下几点。

（一）增删、整合教材内容和教学资源

英国英语教学专家杰里米·哈默认为，必要时教师可以对教材进行四步处理——删除、替代、补充和改编，即将教材中不合适的内容删除；用适合学生的教学材料代替；增加教学活动与练习来提升学生的时间运用能力；采用学生容易接受的形式完成教材中的部分内容。

在教材的编写过程中，编写者往往会追求体系、内容的普遍适用性。其并不是专门为某些特定群体制订的，教材的体系、内容难免与某个学生群体的需求存在出入。因此，教师在使用教材时应该从学生群体的需求与特点出发，对教学内容进行重组，目的是为了增强教材对学生群体的适用性。在教学过程中，教师应该根据学生的实际需求，对教材内容展开适度的删减，从而合理整合教材与教学资源，实现教学资源的有效配置。

1. 补充与删减教材内容

对教材内容进行补充和删减是教师处理教材的有效方法。当然，教师对教材内容的补充和删减并不是依靠自己的喜好来决定的，而是应该清楚地定位补充与删减的形式、内容、目的，这样才能保证教师在补充和删减之后，还能保证与教材的编写原则、课程标准、学生的需求相符。

一般情况下，对教材内容进行补充往往出于三个目的：一是使教材内容更加全面与完整；二是使教材与学生的实际需要相符合；三是使教学内容与学生的实际生活更加贴近，保证教材内容的吸引力和缺位性。换句话说，教材内容的补充主要是为了对原教材内容上的不足予以弥补，通过这些弥补的内容来更加符合学生的实际需要与教学情境，激发学生的学习兴趣和积极性。

但是，教师在哪些情况下对教材内容进行补充呢？在当前的英语教学中，往往有下列情况需要对教材内容进行补充。

（1）课程标准中要求学生应该掌握的内容在教材中未得到应有体现或者体现的程度不够。

(2)教材中各个部分的衔接与学生的实际情况不符。

(3)教材中呈现的内容不足以让学生对知识完全理解和掌握。

(4)短时间内国内外发生的事件、校园内外发生的事件或者与学生密切相关的内容可以添加进去。例如,在当前的"一带一路"倡议下,教师可以补充相关的中西方文化背景知识,让学生了解不同国家、不同民族的风土人情、历史地理、行为规范、生活习俗等,这样可以帮助学生在了解英语国家文化的基础上,正确理解语言,进而更好地实现交流。

对教材内容进行删减与上面所说的补充是相反的行为,是教师将那些与教学要求不符、与学生实际情况不符的内容删除。我国地大物博,东西部学生的英语接受能力也存在明显差异,因此统一编写的教材很难照顾到所有学生,这就可能会影响学生对语言的理解,从而影响他们消化吸收语言。因此,教师有必要从学生的实际水平、接受能力出发,对教材进行有目的的删减,并寻找一些合适的素材进行补充,以满足教与学的需要。

2. 整合教材和教学资源

教材内容的整合不仅包含对教材各个单元内部知识的整合,还包含不同单元之间相近知识的整合,或者是不同版本教材的整合,更甚者是对不同学科知识的整合。对教学资源的整合则指的是教师基于教与学的需要,对固有的教学资源进行筛选、重组和利用的过程。对教材与教学资源的整合能让教学更加适应学生的兴趣和实际需要,让教学内容更容易被学生理解和接受。

(二)及时调整教材顺序和教学进度

调整教材的顺序包括单元间顺序的调整、单元内课与课之间的调整,还包括每一节课课内板块的调整等。教材的编写虽然是从简单到复杂的过渡过程,但是这种简单与复杂并没有绝对性的标准。教材编写者对教材内容顺序的安排也就没有了客观性的标准,因此教师在使用教材的过程中,可以从教与学的需要出发,适时调整教材的顺序,既可以将各个板块的教学顺序打乱,也可以将各个板块的内容综合起来,以获得最佳的教学效果。

教学计划是教师从教材内容出发,对教材进行的预先安排,但是教学活动并不是完全遵循教学计划来进行的,教学内容的不同与学生的主观能力都会对教学计划的实施产生影响。因此,教师可以从教学的难易程度出发,结合学生对教材内容的理解程度,对教材进行适度调整,对容易的部分可以加快教学进度,对困难的部分可以延缓教学。当然,这需要教师在教学过程中不断积累教学经验,熟悉教材,并对班级与学生的情况有清晰的把握,以期获得最佳的教学效果,让每位学生都学有所成,实现预设的教学目标。

(三)合理制作课堂教学设计与教学课件

教学课件是指根据课程标准(或教学大纲)要求,分析教学目标、教学内容、教学任务和教学活动,通过对展示内容、结构及界面的精心设计而加以制作的课程软件。现代意义上的课件基本上指的是多媒体课件,即从课程要求、教学需要出发,通过对教学内容进行整合,并以多媒体的方式呈现出来的课程软件。

随着当代科学技术的发展,原有的"教师+黑板+粉笔"的模式已经远远落后了,课件制作能力已经成了教师专业能力发展的一部分。在当前的新的教学模式下,教师需要借助多媒体和网络,基于以学生为中心的课堂设计理念,不断提升学生的语言能力。

课件集合了各种信息素养,是教师能力与智慧在多媒体条件下的呈现。教师对教材进行研究,然后将教材内容转化成可以操作的课件和教案,并通过教学予以检验,遇到不足的地方进行改进和修正,如此不断地循环重复,有助于形成良性循环,不断提升教学水平。

多媒体课件集技术、教育、艺术于一身,要想制作一个优秀的课件,离不开教学科学理论,同时还需要具备高超的教学水平与技艺表现能力,将教学内容与多媒体形式密切结合,这样才能使教学内容更好地为教学服务。课件的设计与制作也应该遵循"源于教材,高于教材,还原于教材"。[①]所谓"源于教材",是指课件的主要内容、主要信息应该基本从教材而来,教师要以教材为纲,熟悉教材,把握教材的主要内容与主题。课件的制作要服从于教材,并为教材服务,与教材内容相呼应,但是并不是直接把教材作为课件,即不能照抄照搬,而应该适当取舍与增添。"高于教材"是从表现形式上来说的,是对课件提出的新要求。由于教材内容为文本形式,在表现形式与容量上是有限性的,而多媒体课件能传达出视觉、听觉信息,这要比传统教材更为直观地展现给学生。但是不得不说,教学工具、教学方法总是为教学目标服务的,因此在教学过程中,无论教师采用何种教学工具、教学方法,最终都是为了实现既定目标。

---

① 李梁.正确处理多媒体课件与教材、教师和教学之间的关系[J].思想理论教育,2008,(5):53.

五、跨文化视阈下大学英语教材的选用

（一）英语教材的选择

随着英语教学的跨文化转型，现在的英语教学已经将跨文化能力的培养提升到了与语言能力培养同等重要的地位，在选择英语教材时就应对此加以注意，并体现这一理念。英语教材的选择应充分考虑跨文化交际能力培养的需要，在选用教材之前，教师和管理者应深入分析教材的优缺点，对教材进行全面评估，进而选择最佳的教材。

具体而言，在选择英语教材时，要充分考虑学生的学习动机、学习兴趣和语言水平；考虑所涉及的文化内容的广度以及系统性，注重文化信息和主题的呈现形式，注重文化传播的过程；考虑教材运用的实践性和可操作性；注重文化意识和跨文化交际能力的培养。当选择原版教材时，就要注意教材要满足教学实际的需要，也要考虑学生的语言能力和需要。

（二）英语教材的使用

课堂上如何使用教材，即如何保证学生、教材、教师之间的交互质量，对学生的文化学习和跨文交际能力的培养起着重要的作用。

每一个教学环境都有其独特性，而且受多种因素的影响，如学生的学习动机、资源的可供性、课堂的动态性等、教学大纲的限制等。为了更有效地开展教学，切实培养学生的跨文化交际能力，教师需要对教材进行必要的改编。

具体而言，教师在使用教材的过程中要具有一定的自主性、灵活性和创造性。教师在教学实践中以课本为主，同时辅助其他教学材料，也可以根据实际教学情况对教材进行必要的增减、改动和替代，科学、有效地使用教材。自主、灵活、创造性地使用教材具有显著的优势，即通过课本，教师可以获得课堂教学的通用框架，使教学有据可依；采用其他教学材料，可以弥补课本的不足；对教材进行必要的调整，能有效满足学生的需要，也为多样性教学活动的开展和教学技术的运用提供了空间。对此，教师除了要依据教学大纲、教学目标、学生需求使用核心教材，还要自主地、灵活地、有选择性地利用、整合其他各类教材内容和多媒体技术、网络资源、影视节目等课程资源，并且根据学生的实际情况和教学需要对这些资源进行改编、加工等，以激发学生的学习兴趣，为学生提供练习的机会，满足学生的学习需求。需要注意的是，教师在改编教材时，应首先对教材和教学环境有深入

的了解,同时要充分考虑学生的实际情况,包括学生的学习动机、学习兴趣和学习风格等。

总体而言,教师在使用教材过程中,应不拘泥于课本,从实际情况出发,合理筛选、整合、利用教学资源,灵活、创造性地使用教材。

六、跨文化视阈下大学英语教材的编写

英语教学的跨文化转型对英语教材的开发提出了新的要求,不仅要求英语教材符合外语教材的基本特征、基本编写原则,而且要求教材中的文化知识内容、教材的建设等均符合跨文化交际能力培养的要求。

(一)英语教材的基本特征和编写的基本原则

在跨文化交际视阈下的英语教学中,英语教材作为教学的主要载体,应该能满足教师的教学需求,更重要的是能满足学生的不同需求,能够潜移默化地丰富学生的文化知识,培养学生的文化素养,锻炼学生的自主学习能力、语言应用能力和跨文化交际能力。可见,切实将教材的编写与学生跨文化交际能力、实践创新能力的培养相融合并落到实处十分重要。具体而言,新时代的英语教材应具备以下几个基本特征。

第一,教学内容和语言与时代发展相吻合,能反映快速发展和变化的时代。

第二,要梳理好专业知识、学科知识和语言训练之间的关系,并处理好它们之间的关系。

第三,教材不能局限于知识的传授,要着眼于对学生思维能力、鉴赏批评能力、文化能力和创新能力的培养。

第四,教学内容要重点突出,具有针对性和实用性。

第五,教材要能与多媒体、网络等先进的教育技术相结合,并能充分利用这些教学手段。

就编写原则而言,英语教材的编写应遵循系统性原则、交际原则、认知原则、文化原则和情感原则。具体而言,英语教材应系统地介绍英语的基础语言知识和基本语言技能;英语教材中材料的选择和练习的设计要具有可操作性和实践性;英语教材中语言材料的编排和练习的设计要充分考虑英语学习的基本规律;英语教材中语言材料的选取要体现主流文化。

(二)英语教材的文化内容

英语教学的跨文化转型对英语教材的文化内容提出了相应的要求。

大部分的教材都十分关注和重视对学生语言能力的培养,却忽视了对学生文化意识和跨文化交际能力的培养。实际上,英语教材应能培养学生的实际交际能力,能帮助学生在实际生活中进行交际,教材中的文化内容应满足学生跨文化交际能力发展的需要。具体而言,英语教材的文化内容应体现以下特征。

第一,英语教材中的文化内容应体现国际性和跨文化特征,除了要涵盖英语国家的文化知识,还要包括丰富的国际性文化知识。在经济全球化和文化全球化的背景下,英语已经成为一门世界性语言被人们广泛使用,越来越多的并非以英语为第一语言的人们开始学习和使用英语,并试图和不同的对象进行交际,因此英语教材中不仅要包含英语国家的文化背景知识,还要包含其他非英语国家的文化背景知识,也就是国际文化知识。

第二,英语教材的文化内容应覆盖面广,并且具有多样性,能体现关于人本身、环境、生活方式、文化等方面的多样化知识,能体现文化内容的核心,即价值观。

具体来讲,英语教材的文化内容应体现在以下几个方面。

首先,英语教材应具有真实意义,也就是说英语教材中应包含目的语国家的文学、艺术、音乐等内容。

其次,英语教材应具有社会意义,也就是说英语教材应反映目的语国家的习惯、家庭、娱乐等。

再次,英语教材应具有语义意义,也就是说英语教材应体现语言的概念系统。

最后,英语教材应具有社会语言意义,也就是说英语教材应体现出礼貌原则,能让学生了解社会地位、年龄等对语言的影响,并能帮助学生熟悉不同的写作文体。

除此之外,英语教材应包含本民族的文化知识,丰富学生的本民族语言和文化知识,帮助学生树立文化自信,使学生能用英语传播本民族的文化。

(三)立体化英语教材建设

建设立体化的英语教材,是指教材在类型上要多样化,在形式上要立体化,要实现文本、多媒体、网络相结合。也就是说,教材、教辅和学习资源要丰富多样,既要有印刷版,又要附有光盘,还要有网络版本和网络连接,便于学生通过网络进行自主扩展和练习。近年来,英语教材呈现多样化的发展趋势,不仅包括传统的纸质材料,还包括多媒体和网络学习资料。

随着现代信息技术的运用,立体化的教材能提供丰富的语言知识和文

第八章 跨文化交际视阈下大学英语教材与评价的创新

化内容,能展示大量的资源、实例、评论和研究文献,能有效帮助学生进行知识构建。网络化教材中的文字、视频等资料能够引导学生深入了解文化话题,对此英语教材应广泛开发多媒体和网络配套资源,构建立体化的教材资源库。

现在,英语教材的概念和内容发生了显著改变,教辅材料也日渐丰富和多样,涉及面广,形式生动有趣,深受学生喜爱。基于此,研究者指出,有必要加强有利于跨文化交际能力培养的立体化英语教材建设。

有利于跨文化交际能力培养的英语立体化教材建设的方式有很多,这里主要以英语影片在英语教学中的应用为例来说明立体化英语教材建设对培养学生跨文化交际能力的作用。在我国,英语学习者缺乏英语学习的环境,缺乏到英语国家生活、学习和旅游的机会,而英语影片资料可以说是这种真实体验的代替品,它向学生展示了一个包含丰富文化知识的真实英语世界,为学生打开了了解英语文化的一扇窗。相比较而言,教师和传统的课本只能在有限的时间、有限的空间内展示有限的内容。

英语影片应吸引学生的注意力,激发学生的兴趣,使学生在观赏影片的过程中调动多种感官。例如,借助视觉元素,学生更容易理解对话的内容和情节,更能深切感受英美人的讲话方式;通过英语字幕,还能激发学生的阅读兴趣,培养学生的阅读能力。

实践表明,在英语教学中结合课本内容,选择和播放与课本内容相关的英文影片,有助于培养学生的跨文化交际意识和能力。在英语教学中,教师可以通过播放电影来帮助学生进行跨文化体验,为学生创设真实的跨文化情境,引导学生思考西方文化。教师还可以组织学生根据课本中所学的文化知识和价值观,对影片中的文化偏见展开讨论,进而加深学生的文化意识,引导学生建构多样化的文化观念。

第二节 跨文化交际视阈下大学英语教学测试与评价

当今时代,英语教学改革势在必行,这就需要一套与时俱进的教学评价体系与之相契合。想要形成一套完备的评价体系,除了应用本身的传统评价方式外,还需要附加多元的评价体系才能实现。简单来说,就是要考虑当前教学的实际情况,用创新的思维丰富英语教学评价的内容与手段,从而提升英语跨文化交际教学的效果。教学评价在长期的发展过程中形成了相对完善的体系,其中也有很多概念、理论依据为人们所熟知。为了帮助读者对教学评价有一个详细的了解,下面首先针对教学评价的相关概念与理论基础进行分析。

教学评价是教学目标得以实施的保障,评价内容、评价方式都会对教与学产生直接的影响。教学评价是英语教学的一项重要组成部分,其有助于提升教师的教学能力与学生的主动性。那到底什么是教学评价?下面将对其进行简述。

一、评价、评估与测试

很多人一提到评价,就将其与评估、测试等同起来,其实三者有着一定的区别与联系。简单来说,测试为评估与评价提供依据,评估为评价提供数据,评价是对教与学效果的整体评估。三者的关系可以表示为图8-1。

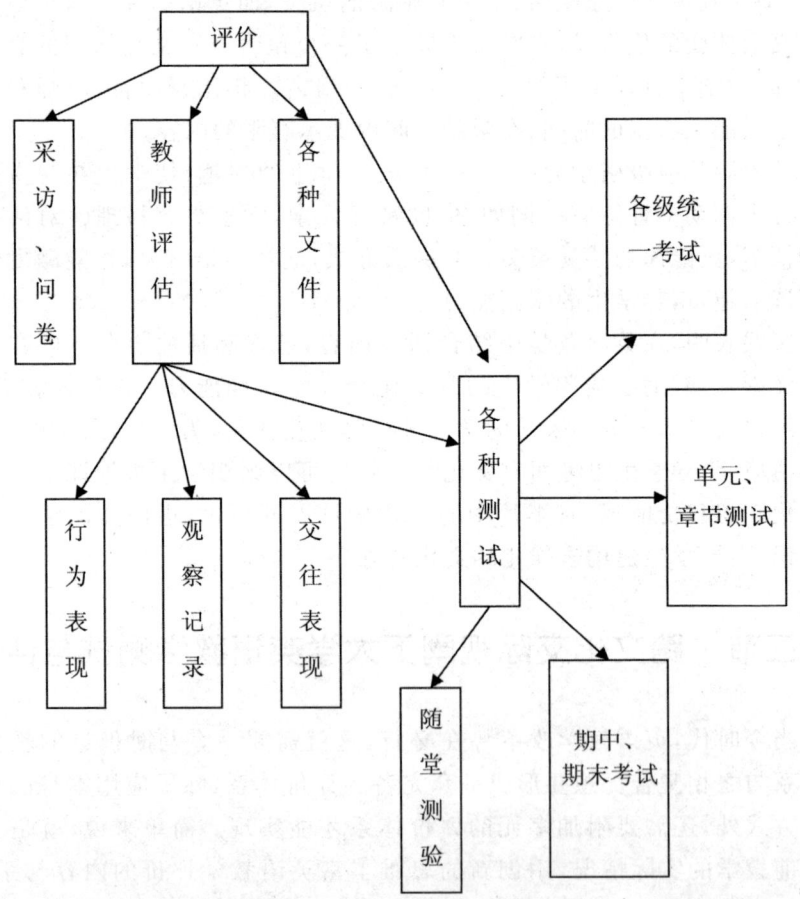

图 8-1 评价、评估与测试的关系

(资料来源:黎茂昌、潘景丽,2011)

第八章 跨文化交际视阈下大学英语教材与评价的创新

从图 8-1 中可知,三者有着紧密的联系,又有着明显的区别。就关系层面来说,三者体现了一种包含与层级的关系。测试充当其他两者的支撑信息。在包含与层级关系的同时,三者又存在明显的区别,具体表现为如下三个层面。

(一)目的层面

三者的目标不同。就某一程度来说,测试主要是为了满足家长、学校的需要,因为他们需要知道自己的孩子或学生的情况与其他学生是否存在差距。当今社会仍旧以应试为主,因此测试为家长、学校提供了很多信息,也是家长、学校关心的事情。评估主要是为了教师、学生提供依据,如学习效果、学习中遇到的问题等,有助于教师提高教学的质量,也有助于学生提高自身的学习效率。评价有助于行政部门制订政策,对教学进行合理配置。可见,三者的作用不同,导致开展的范围与采用的方式也有明显的不同。

(二)数据信息层面

测试所收集的数据一般是学生的试卷信息,反映的也是学生的语言水平。从学生的语言运用能力来说,有些部分是无法用测试来评判的。评估可以划分为终结性评估与形成性评估两大类,前者依据的是测试,后者依据的是教与学的过程,注重学生对任务的完成、概念的理解等层面。当然,其依据更多的是定性分析,而不是定量分析。评价所依据的信息多为问卷、访谈、测试、教师评估等,是定量分析与定性分析的结合,是一种综合性评估。

(三)展示方式层面

测试的展示方式往往是考试,最终结果也通过分数排序来展现。相比之下,评估与评价往往是以鉴定描述或等级划分的方式展现出来的。

二、教学评价理论基础解析

(一)教学评价的界定

评价在人们的社会活动中广泛存在。有人认为,"评价是确定课程能否达到既定目标的一种手段。"[①]也有人认为,"评价是运用不同的渠道,对

---

① B. Tuckman. *Evaluating Instructional Programs*[M]. Boston: Allyn & Bason Inc., 1979:1.

学生的相关资料加以收集,并将这些收集的资料与预定的标准相比较,进而做出判断与决策的过程。"① 还有人认为,"评价是对相关信息进行收集、综合、分析,从而用这些信息促进课程的发展,对课程的效度、参与者的态度进行评定。"②

但也有人将评价等同于价值判断。就英语教与学来说,评价指的是学生能否达到某项能力,学生能实现课程目标,教师的教学与学生的学习能否帮助学生实现既定目标的一种判断手段。

(二)教学评价的划分

由于评价的方式、内容等存在明显的差异,因此对评价的划分也有所不同,具体而言可以划分为如下几种。

1. 过程性评价与目标达成评价

所谓过程性评价,即在学习过程中,对学生的学习活动进行评价与判断,目的在于将学生的学习行为能否与学习目的相符解释出来,用于评判学生能否实现学习目标。评价的内容包含学习策略、阶段性成果、学习方式等。

目标达成评价既可以是对课堂教学目标达成情况的评价,也可以是对单元学习目标达成情况的评价,还可以是对教与学目标达成情况的评价,其包含理解类、知识类与应用类三种目标达成评价方式。理解类目标评价方式表现为解释与转化,往往会采用阅读理解、听力理解等方式,或对阅读文本、听力文本进行选择与匹配等。知识类目标评价方式主要表现为对知识掌握情况的评价,并采用再次确认的方式。应用类目标评价方式即采用输出表达的方法,要求学生根据阅读与听力材料,进行转述或表达。

2. 表现性评价与真实性评价

所谓表现性评价,是指让学生通过完成某一项或者某几项任务,将自身所掌握的知识与技能表现出来,从而对其获得的成就进行评价。③ 简单

---

① K. Montgomery. *Authentic Assessment:A Guide for Elementary Teachers*[M]. Beijing:China Light Industry Press,2004:8.
② 李雁冰. 课程评价论[M]. 上海:上海教育出版社,2002:113.
③ 魏亚琴. 新课程下学生评价方式的变革——浅谈表现性评价[J]. 辽宁教育行政学院学报,2004,(110):63-64.

来说,表现性评价就是通过对学生完成任务的表现情况及获得的成就进行的评价。表现性评价属于一种发展性评价,其核心在于通过学生完成现实的任务,将自身所掌握的知识与技能展现出来,从而促进自身学习的进一步发展。一般来说,表现性评价具有如下几点特征。

(1)属于教学过程的一部分,其要与课程教学相互整合。

(2)关注的是学生知识与技能的发展,而不是对知识与技能的再次确认与回忆。

(3)一般情境都是真实的,往往需要学生将在现实学习中遇到的问题进行解决。

(4)学生需要完成的任务一般较为复杂,往往需要学生将多个学科的知识与技能相融合。

(5)形成性评价与终结性评价的结合。

综合来说,表现性评价有助于对学生的学习过程与学习结果展开更真实、更直接的评价,能将学生的文字、口头等表达能力以及想象力、应变能力等很好地展示出来,因此对英语教学是非常适用的。

所谓真实性评价,是指基于真实的语境,对学生的表现进行评价,是一种要求学生完成真实任务之后,对自身所学知识与技能的掌握与运用情况进行的评价。与表现性评价相比,真实性评价更加强调真实,即任务的真实,一般来说其任务都是人们在现实生活中遇到的问题。

真实性评价也具有表现性评价的那些特征,是表现性评价的一大目标。由于真实性评价要求评价成为教学过程的一个重要组成部分,因此真实性评价也具有形成性评价的特征。同时,真实性评价又注重任务的整体性与情境性,对终结性评价有很大的影响,因此真实性评价又具有终结性评价的特征。可以说,真实性评价融合了多种评价手段,是多种有效评价手段的结合。

3. 形成性评价与终结性评价

所谓形成性评价,即在教与学的过程中,通过对信息进行收集与整合,进而促进教与学的发展。简单来说,形成性评价即在教学过程中,教师与学生获得反馈信息,对教与学加以改进,让学生真正地掌握知识的系统评价手段。一般来说,形成性评价具有如下几个特点。

(1)往往作为教与学的一部分在教与学过程中呈现。

(2)不是将等级划分作为目标,而主要将指导、诊断、促进等作为目标。

(3)学生往往充当主体参与其中。

(4)评价的依据是在各个情境下学生的表现。

(5)通过有效的反馈,教师确定学生的水平是否达到预期。

所谓终结性评价,是一种对教师的教学与学生的学习结果的评价,是在教学结束之后,对教与学目标实现程度所进行的评价。[①] 因此,其又可以称为"总结性评价"。从定义中可以看出,终结性评价往往出现在教与学结束之后,用于对目标达成情况进行的评价。因此,这一评价方式有时可以等同于之后要讲述的目标达成评价。

(三)英语教学评价的功能

英语教学评价能不断促进学生在学习过程中的成功与进步,从而使学生能真正地认识自我,促进他们综合能力的发展。另外,英语教学评价能为教师提供反馈信息,从而不断改进自己的教学情况,提升自身的教学水平。总体而言,英语教学评价有如下几点功能。

1. 导向与促进

英语教学评价应该有助于英语教学目标的实现。我们知道,英语教学评价不仅需要评价学生对知识的掌握情况,还需要评价学生的学习态度、发展潜能等,只有通过综合性评价,学生才能在英语学习中保证积极的态度,从而形成有效的学习策略,并且具备跨文化的意识。英语教学评价应该为英语教学目标服务,这就要求学生应该从目标出发,对自己的学习计划加以制订,并不断检验自己的学习方法与学习成果,这样才能将自身的潜力挖掘出来,提升自身的学习效率。因此,英语教学评价对学生来说有着积极的导向作用。

英语教学评价会对学生日常学习表现、学生学习中获得的成绩、学生学习的情感与态度等展开评价,通过对学生学习的激励,可以帮助学生对自己的学习过程加以调整,让他们逐渐获得自信心与成就感,培养学生之间的合作精神。为了让评价与教学过程有机融合,学校与教师应该采用宽松、开放的评价氛围来评价学习活动与效果,可以建立相应的档案袋等,这样对教师与学生进行鼓励,从而实现评价的多元化。

[①] 鲁子问,王笃勤. 新编英语教学论[M]. 武汉:华中师范大学出版社,2006:215.

2. 诊断与鉴定

英语教学评价对教与学的情况进行了整体评判。在教学过程中,学生往往会通过评价量表等对教师的教授情况、学生的学习情况展开检测,这样便于学校、教师、学生了解具体的教与学的情况,判断学生在学习过程中有无偏差,从而找出出现问题的原因,加以改进与提高。

3. 反馈与调节

师生通过问卷访谈等,发现教与学中的优点与不足,对教与学过程中的得失进行评价。通过评价,教师以科学的方式反馈给学生,促进学生建立更为全面与客观的认识,为下一阶段的教与学规划内容与策略,有效地开展教与学的活动。

4. 展示与激励

英语教学评价对学生的学习过程是非常关注的,让学生认识到自身学习中的成功之处,不断鼓励自己,取得更大的成功。当然,教师还需要适当地指出学生在学习中出现的错误,让他们产生一种焦虑感,从而更加勤奋地参与到英语学习中。这种正反鼓励方式,都会不断提升学生学习的主动性与积极性。

(四)英语教学评价的原则

在英语教学评价中,还需要坚持一定的原则,这样对评价的实践有更好的指导意义。以这些评价原则为基准,教师才能更好地制订出与学生实际情况相符合的评价手段与方法。

1. 主体性原则

所谓主体性原则,即英语教学评价主体需要考虑教学价值主体本身——学生的需求,对教学价值客体进行评价。

在学习中,学生处于主体地位,但是传统的英语教学评价仅将教师作为核心地位,认为教师充当的是教育主体的地位,是知识的灌输者,而学生仅是知识的被动接受者,这样就会导致教学评价主要是针对教师来说的,评价的内容也主要是教师的教学情况。表8-1是一个典型的对教师评价的体现。

表 8-1　教师课堂教学评价表

项目	内容	权重	得分
教学目标	(1)是否体现明确的教学目标、教学大纲、教材的特点,是否与教学实际相符 (2)是否落实了教学知识点,是否培养了学生的能力 (3)是否将德育教育寓于知识教育中	15	
教学内容	(1)教材的处理是否恰当,是否突出了重难点,是否突破了重难点 (2)教学组织是否有清楚的条理,是否简明扼要,是否准确严密,是否难度适中 (3)教学训练是否定向,是否有广度,是否保证强度适中	25	
教学方法	(1)教学的设计是否得当,是否体现了教学改革的精神,是否处理好主导与主体之间的关系问题 (2)教学是否有合理的结构,是否做到教学方法的灵活性,是否将各个环节分配恰当 (3)教学是否有开阔的思路,是否采用现代化的教学手段,是否能将学生的学习兴趣激发出来 (4)教学是否注重学习方法与学习习惯的指导	25	
教学基本功	(1)教学中是否运用了清晰、生动、规范的语言 (2)教学中是否保证书写的清晰与特色鲜明 (3)教学中是否有自如的神态,保证大方得体	15	
教学效果	(1)教学中是否保证热烈的气氛,是否给学生留下了深刻的印象 (2)教学中是否能面向全体同学,是否完成了教学任务,是否实现了良好的教学效果	20	
综合评价		总分:	等级:

(资料来源:任美琴,2012)

显然,从表 8-1 中可知这类评价主要是评价学生能否接受教师传授的知识以及接受的程度;评价学生的学习情况来对教师的教学内容与教学方法的合适程度进行审查;评价教师的学习策略是否得当等。简单来说,这

第八章 跨文化交际视阈下大学英语教材与评价的创新

种教学评价是为教师服务的,并没有展现出学生的主体地位。

当前的教学强调有效教学,即发挥学生的认知主体地位,因此教学评价的对象需要从以教师为主导转向以学生为主体,对学生学习情况的评价内容与手段应该从单一转向多元,如对学生学习动机、学习兴趣等都可以进行评价。基于此,教学评价的对象才能转向学生,当然这里并不是说不对教师进行评价,只是说以学生的评价为着眼点,为学生创造更多适合学生学习的环境。因此,主体性原则要求将学生作为评价主体,即评价活动以学生的发展作为目标,评价设计要有助于学生的多元化、个性化发展,发挥学生的主观能动作用,帮助学生形成积极的态度,同时不能损害学生的自尊心,要对学生予以爱护与尊重。

2. 过程性原则

英语教学评价应该坚持过程性原则,这主要体现为两点。

其一,要全程性,即评价要在学生学习的全过程中得以贯穿。

其二,要动态性,即对发展过程加以鉴定、诊断、调控等,对整个过程的发展方向加以把握。

英语教学评价对过程评价非常关注,这一点,有助于提升学生的学习兴趣,增强学生英语学习的动机与主动性,从而有助于他们的自主学习。

3. 多样化原则

英语教学评价应该坚持多样化原则,这主要体现为三大层面。

其一,评价主体要多样化,即不仅涉及教师,还涉及家长、学生等,通过宽松、开放的评价氛围,对教师、家长、学生的参与予以鼓励。

其二,评价形式要多样化,即对学习过程予以关注,要从不同的内容与对象出发,考虑采用自评、互评等评价方式的多元化。

其三,评价手段要多样化,即可以是教师观察,也可以是学生量表等,教师从不同学生的学习差异与教学策略出发,采用恰当的评价手段,选择适合他们的评价方式,从而彰显学生自身的优势,让每一位学生都可以体会到成功的喜悦。

4. 实效性原则

英语教学评价强调实效性,即主要是从教育的现实意义与评价行为等层面来考量的,其要求在具体的评价实践中,能将评价的实用价值体现出来。

英语教学评价的实效性原则体现在评价方式上是非常方便的,即不要使用烦琐的程序,但是要保证评价的时机与质量,因此在设计评价内容与方式时,不能与英语教学的目标相脱离,要非常关注评价之后产生的实际效果。

5. 发展性原则

英语教学评价应该为学生的发展服务,注重学生信心的树立,发现学生发展过程中所出现的问题,通过反馈对这些问题进行解决,促进他们更好地向前发展。对发展性原则,一般包含如下几点。

其一,发展性原则要求英语教学评价应该从学生主体出发,将学生的需求作为出发点与落脚点。

其二,发展性原则要求英语教学评价的目的是促进学生的发展,即只要是对学生发展有利的层面,任何手段与技术都可以运用其中。

其三,发展性原则要求英语教学评价对每一位学生的个性特点与原有基础有所把握与关注,从而为每一位学生获得最佳的发展而做出努力。

通过评价,教师才能更好地引导学生,对学生的原有基础、认知水平等进行鉴定,认识自己在发展过程中的不足,从而有针对性地进行改进与调整,对自己的学习过程进行优化,使学生获得最佳的发展。除此之外,发展性原则还要求教师对学生的态度、情感等进行关注,以帮助学生形成正确的价值观。

三、跨文化交际视阈下大学英语教学评价的内容

评价主要是对教学进行完善与查缺补漏。在英语文化教学中,评价的作用同样是不容忽视的。一套完善的教学评价体系的建立将有助于学生提升自身的文化素养,顺利实现教学目标。

(一)英语文化知识

在跨文化交际视角下,文化知识评价也是大学英语教学评价的一项重要内容,具体表现为如下两点。

其一,交际双方的社会文化知识。

其二,交际双方在交际过程中,需要运用到的对交际进程加以控制的社会文化规则等知识。

(二)英语文化意识

在大学英语教学中,培养学生的文化意识显得十分必要,因为这样有助于学生在跨文化交际实践中了解不同背景下人们的行为方式,对他国文

化有所了解,并采用积极的心态对他国文化进行学习与认知。因此,大学英语教学评价的内容必然包含文化意识评价这一项。

(三)英语文化技能

除了文化意识与文化知识,文化技能评价也是跨文化交际视角下大学英语教学评价的一项重要内容,具体包含如下两点。

其一,对两种文化进行理解与说明的技能。

其二,对新信息得以发现并在交际中得以运用的技能。

四、跨文化交际视阈下大学英语教学评价方法创新的必要性

(一)传统教学评价落后于前沿理论

目前,我国教育体系已经进行了多方面的改革,取得了较大的成果,这导致传统教学评价已经落后于当前的教学系统,表现在重视结果、轻视过程;重视定量,轻视定性;重视教师;轻视学生。

1. 重定量、轻定性

在传统的英语教学评价中,教师往往只重视定量评价学生,完全忽视了从定性层面来评价学生。虽然定量评价具有一定的优点,如可以准确反映评价对象的学习成果,并且方便对评价成果进行统计与分析,然而对学生学习过程中并不能进行量化的内容,定量评价就无法进行合理评价,所以想要全方位地对学生展开评价,就不能仅采用定量评价方式,而需要将定量评价与定性评价相结合来进行。然而,定性评价在大学英语教学中受到的重视程度依然不够,还需要教师在这方面加以努力改进才行。

2. 重结果、轻过程

在传统的英语教学中,教师多使用终结性评价方式来评价学生,很少使用形成性评价方式。利用终结性评价,教师往往只重视对结果的评价,无法对学生学习过程中的情况进行把握。换言之,教师只有在期中、期末考试中才能了解学生掌握知识的情况,是否达到了学习目标,而对学生在学习过程中的学习情况毫不知情。此外,期中、期末考试题目设计有限,教师并不能把一个学期所讲授的所有内容都放在考试题目中,因而所选择的考试题目或许存在片面性、偶然性,这对学生的整体学习而言都是极其不利的。

3. 重教师、轻学生

在传统教学与评价过程中,教师都是主体,是不可或缺的部分,教师对学生而言,始终处于居高临下的地位,学生往往被动或者被忽略,这对学生自主学习积极性的培养来说是十分不利的。

(二)传统教学评价难以适应时代发展

在我国英语教学的发展过程中,很长一段时间采用的都是应试教育方式,教学评价的目的很明确,即选拔人才,将考试作为评价教师教学成果以及学生学习成绩的重要方式。然而,时代在发展,社会在进步,全球化格局的形成将世界上的各个国家带入了一个多元化的格局中,各国文化都进行着前所未有的交流与碰撞。另外,科学技术也飞速发展,将人类带入信息化时代。在这样的发展趋势下,我国应试教育的弊端也越来越明显。

应试教育不合理的评价方式导致英语教学评价内容的不全面,仅重视学生在学习中认知的发展情况而忽视智力的发展情况。事实上,兴趣、态度、情感、习惯等非智力因素对学生的英语学习产生着重大影响。如果在教学过程中仅重视对语言知识的学习,忽视对语言能力的培养,那么就会造成学生只是记住了英语知识,并不能将这些英语知识运用到具体的交际实践中。由此可以看出,对传统英语教学评价进行改革十分必要。

五、跨文化交际视阈下大学英语教学评价方法创新的表现

(一)文化知识与技能评价方法

1. 语言和社会变量的相互作用

人们的话语与行为往往会受到一些变量的影响和制约,如年龄、性别等。在跨文化交际中,交际双方需要对这些变量有所把握,这样才能使交际更加有效、顺畅。因此,在大学英语教学评价中,对学生的语言与社会变量进行评价是一个重要的方法。

2. 对文化观点的评价

学生应该具备概括英语国家文化的能力,同时对已有观点加以评价与修改。对文化观点的评价,一般有如下方法。①

---

① 严明. 跨文化交际理论研究[M]. 哈尔滨:黑龙江大学出版社,2009:204.

题目:评价10个用英语给出的对德国文化做出的概括,分别给出下列结论。

(1)可能正确。

(2)可能错误。

(3)我不知道其是否正确。

对可能错误的概括,需要找出对错误进行驳斥的依据。对不知道是否正确的概括,需要给出你所认知的附加信息,以便添加这些信息后得出结论。

要求:10个概括应在评价时给出。答题时间为45分钟。

评分标准:必须答对80%或80%以上。

在跨文化交际视阈下,大学英语教学评价可以是填空形式、判断形式、选择形式,也可以是主观题形式,但是无论采用何种方式,目的都是为了评测学生的文化知识掌握情况,这样才能将评价的效果体现出来。

(二)文化意识评价的方法

对文化意识的评价主要可以采用以下几种方法。

1."社会距离"量表

在跨文化交际中,文化背景不同的人,其社会心理距离也必然存在差异,社会距离量表就是对他们进行的社会心理距离测试(如表8-2所示)。

表8-2 "社会距离"量表

	1.作为结婚对象	2.作为亲密朋友	3.作为邻居	4.作为同事	5.仅作为认识的人
法国人					
西班牙人					
美国人					
英国人					
日本人					
阿拉伯人					
俄国人					

(资料来源:严明,2007)

2. 问卷评价

在跨文化交际视阈下,问卷评价是一种常用的评价方式,主要对学生的自尊心进行检测。一般来说,问卷评价的方式可以是口头的,也可以是书面的,受试者通过回答同意与不同意来进行测试。

3. 单一文化态度评价

单一文化态度评价是由格赖斯提出来的,受试的题目是对多种态度的描述,受试者需要根据自身的情况来进行评判。

(三)网络系统文化评价法

在网络的影响下,英语文化教学评价体系也得到了进一步的完善与发展。当前,基于网络技术构建的英语文化评价系统有如下几个方面。

1. 网络实时评价系统

网络实时评价系统以网络通信手段为依托,通过利用文字、图像、音频、视频等方式进行相互交流,在沟通过程中实现具体的评价。利用这一评价系统,学生可以不再受时间、空间方面的限制,及时获取教师的有效反馈。这一系统可以帮助教师有效监控、管理学生的学习,可以大大提升学习效率。

2. 网络考试系统

网络考试系统通常涉及针对学生的考试系统、题库系统、自动批阅系统等。学生可以随时随地登录这一系统,通过从题库中抽取试题进行回答,在完成之后就会给出结果,系统会对学生的回答情况进行评判。教师可以利用这种系统进行阶段性测试或者综合性测试,学生也可以自由控制题型、时间、难度等。网络考试系统通常可以自动生成答案,并且给出评估报告,对学生的学习风格、学习效果、学习倾向等进行汇报。

3. 网络答疑系统

网络答疑系统一般包括在线讨论、互动交流两种形式。当前,很多外语教学网站中都设置了在线互动讨论区,学生在这个讨论区中可以自由发帖发表自己的学习看法与成果,并通过回帖与其他学生进行沟通与互动。网络答疑系统可以对学生提出的知识难点进行记录,教师可以通过系统记录的难点分析学生的学习情况,进而发现自己在教学中存在的问题,及时调整与改变教学策略。通过网络答疑系统的搜索引擎功能,学生可以通过搜索关键字等技术快速得到答案。

4. 网络多媒体考试系统

网络多媒体考试系统是针对网络在线考试系统的进一步改进之后所形成的。在传统文本考试的试卷上,网络多媒体考试系统增加了一些多媒体数据,如音频、视频、图像、漫画等,利用虚拟现实技术组建虚拟的考试环境,非常适合运用到英语网络教学评价中,网络多媒体考试系统使得全面、多元的评价成为可能。

第九章　跨文化交际视阈下大学英语教学的新发展

当前,时代与社会都在快速发展,相应地大学英语教学也需要与时俱进,因为只有不断更新与发展才能跟上时代发展的步伐。在跨文化交际视阈下,大学英语教学的新发展表现在很多方面,如网络技术的应用与渗透、线上线下混合式教学模式的实施、学生自主学习能力的养成等。为此,本章就针对这几个方面对跨文化交际视阈下大学英语教学的新发展展开分析。

第一节　采用网络技术辅助教学

网络是由节点与连线构成,是不同对象间的相互联系。网络在不同领域有不同的意义,在数学领域,网络一般指代加权图;在物理领域,网络是基于某种相同类型的实际问题而抽象出来的一种模型;在计算机领域,网络被定义为一种虚拟平台,主要用于信息传输与接收。总体而言,人们运用网络可以连接各个点、面、体,从而实现资源的共享。因此,网络在人类生活中有着十分重要的作用。目前,网络的发展日益迅速,人们的生活几乎离不开网络这一媒体。

一、网络技术的特征

网络技术是人类体力、脑力的扩展与延伸,促进人类迈入新的生存方式,对人们固有的生活方式、思想观念等进行冲击与改变。网络技术这一术语最早源于美国军事领域的 APPANET,是一种对人类器官功能进行扩展与延伸的技术。1970 年年初,美国政府发现了网络具有巨大的潜能,因此将网络从军事领域扩大到民用领域,主要用于商业贸易与交流。因此,APPANET 与其他网络进行联合,形成了现如今我们所说的 Internet。现如今,网络技术一般被定义为将两台或者多台计算机进行连接而实现信息资源共享的技术。

当计算机借助铜芯电话线、光纤或卫星中继等电信媒介进行联通后,

第九章 跨文化交际视阈下大学英语教学的新发展

网络就形成了。当然,为了更好地发挥其效用,还需要借助专用接线器和路由器等设备。网络技术将分布在世界各地的计算机进行连接,在网络管理软件、操作系统等的辅助和协调下,实现各个计算机的通信,从而实现资源共享与信息传递。其具有如下几点特征。

（一）开放性

随着网络技术的快速发展,人们有了全方位的、四通八达的交往平台。网络技术分散于世界上的各个角落,无论人们处于何地,都可以享受到网络带来的便捷。通过网络技术的应用,人们对自己传统的交往方式进行改变,逐步进入一种全新的非集中化的人际交往模式。随着网络技术在人们生活的方方面面得以渗透,人们的交往方式也突破了时空的限制,任何地域、任何国籍的人们都可以摆脱地域、身份、职业等的限制和制约。通过网络技术,人们可以自由地表达自己的思想和观点,并充分应用广阔的信息资源。

（二）虚拟性

很多人将网络技术定义为一种虚拟空间,因此网络技术具有虚拟性,其有着虚拟的空间环境,也有着虚拟的人。首先,网络空间环境的存在是一种虚拟无形的状态,是基于现实的空间环境而建立起来的。通过网络技术,人们可以交换信息、交流思想,接触文字、声音、图片等并对其进行加工,最终给人以身临其境之感。因此,网络技术的虚拟性并非无中生有,是一种客观的事实存在。其次,人们可以通过网络技术使用虚拟的身份与他人进行交往与沟通,也可以选择自己喜欢的角色进行角色扮演,还可以从自己的喜好出发选择适合自己的交往对象,尝试一种在现实生活中无法体验到的新的生活。

（三）互动性

当人们与他人进行交往时,网络技术的出现为人们提供了一种新的交往形式。以前,传统的通信工具使得信息资源的接收与发送是单向流动的,而网络技术的出现使得信息资源的接收与发送呈现互动流通。在虚拟的网络空间中,人们很容易找到他人进行聊天,也可以自主创建微博,与他人分享自己生活中的点点滴滴。通过网络技术,他人可以了解自身的想法,自己也可以了解他人的想法,并对他人的观点进行评论,随时随地地发表自己的观点。可见,在网络技术环境下,人们可以更深层次地进行交往,同时具备信息资源的提供者、生产者、消费者与传播者的综合身份。网络技术的互动性也使得人们的交往兴趣更为高涨,刺激人们的参与欲望,扩大交往范畴,提高信息的价值。

二、网络技术辅助英语教学的意义与理念

(一)网络技术辅助英语教学的意义

1. 提高教学质量

网络技术的应用极大地提高了英语教学质量。具体来说,英语教学质量的提高表现在英语教学过程中真正实现了英语教学目标,促进了学生的德、智、体、美等多方面的发展。网络技术在英语教学过程中的应用对学生的多方面素质的发展均有较高要求,学习过程中学生的各项知识与技能不断得到提高,将手、眼、耳、鼻、口各个感官应用到英语学习过程中,还促进了学生大脑思维的发展,可实现学生的全面发展。网络技术对英语教学质量提高的促进作用具体分析如下。

首先,网络技术为教学提供技术支持,能为现代英语教学提供一个良好的交互环境,给学生提供自主学习的机会,使学生更加主动地投入到学习中去,更加积极地去收集、处理、加工、反馈各种学习信息,有助于增强学习效果,促进学生主动发展、个性化发展,提高个体化英语教学品质。

其次,在新时代,网络技术与英语教学的结合无时间、空间的限制,有利于创建英语教学的大格局,能更加高效地调动各种英语教学资源,使得优质的英语教学资源得到有效整合,扩大优质的英语教学资源的受益面,进而促进英语教学质量的整体提高。

最后,现代化的英语教学强调对高素质全面发展的人才的培养,强调学生的发展应与社会发展相适应,现代英语教学为提高教学质量和促进英语教学为社会现代化发展服务,新的英语教学观念将会催生新的英语教学质量评估体系和评价方式,并有助于建立信息全面的大数据跟踪与检测系统,促进每一名学生的发展。

2. 提高教学效率

生产技术的改革必然会促进生产效率的提高,在教育领域,技术也具有相同的提高教学效率的作用。所谓教学效率,具体是指在一定时间内完成更多的教学任务,或者完成相同的教学任务量使用更少的教学时间。网络技术的发展和英语教学的结合可缩短英语教学时间,能更加高效地实现

第九章 跨文化交际视阈下大学英语教学的新发展

教师和学生在英语教学过程中的知识输出与输入。在网络英语教学过程中,丰富而先进的网络技术可使学生综合利用多种感官进行学习,使学生充分获取知识,有实验证实,在学习过程中,学生利用的感官越多,越有利于学生对知识的记忆、理解,就越能帮助学生获取较佳的学习效果,进而提高英语教学的效率。

3. 扩大教学规模

网络技术能扩大教育规模,加速英语教学的发展。从当前我国的英语教学现状来看,国家正在实施科教兴国战略,充分利用网络技术,开展各种远程教育,使更多的偏远地区的学生受益,大大节省了师资、校舍和设备,并有效促进了英语教学规模的扩大。

4. 更新教学观念

网络技术的创新与应用可使教师对教学过程与教学资源利用有新的思考,进而促进教学观念的更新。传统的英语教学以教师为中心,教师作为传授知识的主体,在英语教学过程中发挥着十分重要的作用,而且这种作用被放大化,整个教学都围绕教师来进行,学生只是被动地参与学习。教师是教学技术(黑板、教学教具模型)的绝对使用者,学生只是被动观看。

在英语教学观念方面,网络技术的应用为英语教学的发展提供了新思路、新思想、新办法,促进了现代教育观、现代学校观、现代人才观的形成。在现代英语教学中,网络技术在英语教学过程中得到了广泛利用,不仅增加了师生之间的交流与沟通、实现了师生之间的交互的双向教学,教师从单纯地讲授书本知识转变为利用多媒体技术进行教学设计,网络技术在英语教学过程中的应用,学习者从被动地接受知识转变为利用网络技术进行自主学习,学生能更加主动地获取知识,教师也在英语教学过程中逐渐建立起以学习为中心的观念;"应试教育"更加彻底地向"素质教育"转变。

5. 转变师生角色

在网络英语教学中,最大的障碍是教师角色的转变。很多研究者认为,网络环境下的英语教学通过"传递信息"和"吸收内化"过程的转变,教师由知识的传授者转变为学生学习的指导者、服务者;学生由被动的接受者转变为主动的研究者。

6. 促进教学改革

网络技术的发展是英语教学改革与发展的制高点和突破口,引起了英语教学领域的多方面变革,具体分析如下。

(1)英语教学组织形式的变革

在传统的英语教学中,英语教学组织形式是以学校、班级和课堂为主要场所,在英语教学过程中,也重视学生的个体化发展,提倡个别答疑、分组学习,但是,受多种条件限制,学生的统一化教学仍是主要教学形式,学生的个性化教学难以实现。随着网络技术在英语教学中的应用,学生的小组学习、个别化学习成为可能。例如,网络化的传输功能可在各种学科中实现实时交互学习。

(2)英语教学手段与方法的变革

网络技术在英语教学实践中的应用,为教师的多样化灵活教学提供了更多的技术支持,也能丰富学生的感官体验,有助于提高教师和学生的教与学的积极性与主动性。教育手段多媒化,教学方法多样化,在英语教学实践过程中,教师对多样化的英语教学工具与方法的选择,能为学生学习不同的英语教学内容提供最佳的教学环境与教学体验。

(3)英语教学模式的变革

在英语教学模式上,传统的英语教学模式限于教室、教师、黑板和教科书。现代教学媒体改变了原有英语教学过程的结构,形成了人机结合的教育新模式。网络技术在英语教学中的应用突破了有围墙的学校模式,使教师的"教"与学生的"学"均摆脱了学校、课堂、时间、地域的限制,远距离教学的模式——"网络大学""开放大学""全球学校"得以实现。

7. 匹配学习活动与学习环境

按照学习过程是否需要交流协作或独立思考,可以将学习分为独学和群学。独学以独立思考为特征,如知识传授;群学以协作交流为特征,如知识内化。学习环境也有两类:私环境和公环境。私环境如家里,安静、干扰少,适合用于独立思考,适用于独学;公环境如课室,公共场所,适合交流分享、协作探究,适用于群学。

网络英语教学将"在课堂学习知识,在家完成作业"的方式转变为"在家观看视频学习知识,在课堂讨论中学习",实现了学习方式与学习环境的完美匹配,即适宜群学的学习内容和与适宜群学的环境相互匹配;适宜独学的学习内容与适宜独学的学习环境达到高度的统一。网络英语教学的最大潜力和最大特色可以认为是实现学习活动与学习环境的完美结合与匹配。

(二)网络技术辅助英语教学的理念

既然是教学,那么必然与教学理论和学习理论有着密切的关系,当然,英语跨文化教学也不例外。在网络技术背景下,跨文化交际视阈下的大学英语教学还需要遵循特定的教学理念。下面就对其进行具体分析。

1. 视听教育理论

(1)视听教育理论的核心——"经验之塔"

在教育中,教师会运用到各种视听教学媒体,这些教学媒体也发挥着非常重要的作用,视听教育理论也指出了这一点。视听教育理论是现代教育技术应用的基础理论之一,也是教育技术应用需要遵循的一个基本规律。

关于视听教育理论的研究,戴尔(美国教育家)撰写了《教学中的视听方法》(1946年),在当时产生了巨大的影响。其中,视听教育理论的核心——"经验之塔"理论就是出自这本书。"经验之塔"理论将人们获得的经验划分为三种类型:做的经验、观察的经验和抽象的经验三种类型,并将经验获取方法分成若干层次。

做的经验主要源自如下三个层面:直接有目的的经验、设计的经验、游戏的经验。其一,直接有目的的经验。在"经验之塔"模型中,位于最底部的是直接有目的的经验,指的是从日常生活的具体事物中获得的知识,这类经验最具体也最丰富,从日常生活中总结而来,学生获得直接经验是形成概念和进行抽象思维的基础。其二,设计的经验。通过间接材料(如学习模型、学习标本等)获得的经验就是设计的经验。由人工设计、仿制的学习模型和标本与实物是有差异的,如大小差异、结构差异、复杂度差异等,尽管如此,学生利用这些材料可以更好地理解实际事物。其三,游戏的经验。通过演戏、表演等获得的经验更接近现实。学生要获得关于社会观念、意识形态、历史事件等事物的经验,通过直接实践是行不通的,因此要根据这些事物的特点来设计相应的戏剧活动,让学生在活动中通过角色扮演获得一些经验。上述这三种经验的共同特征是都通过学生的亲自实践而获得,比较具体、丰富。

观察的经验主要源自如下几个层面。其一,观摩示范。学生先模仿别人,再亲自尝试,以获得直接经验。其二,广播、录音、照片与幻灯。学生听录音、广播,看幻灯与照片,可获取相关信息,形成视听经验。这些经验来源的真实性不及电视、电影,比较抽象,但和完全抽象的经验相比,还是具有直接性的。其三,参观展览。学生通过观察展览活动中陈列的实物、图表、模型、照片等事物而获取经验。学生在参观展览中看到的事物缺乏真实性,也不具有普遍意义。其四,电视与电影。学生观看电视与电影获得的经验是间接的。利用电视、电影艺术可以将教学中的难点内容形象地表现出来,表现手法有编辑、动画、特技等,采用这些丰富的手法可以生动形象地呈现教学内容,使学生理解起来更方便。电视和电影相比,具有直接功能,学生观看电视获得的经验比观看电影获得的经验相对来说更直接一些。其五,见习旅行。学生在参观访问、考察等活动中对真实事物进行观察与学习,从而增长见识,获得丰富的经验。在学生的学习过程中,抽象思维伴随其整个过程,只是在程度上存在某些差异。随着信息技术的推广与发展,应在这层经验和电视电影之间增加"计算机互联网"这个新的层次经验。以上经验的共同点是都通过学生的"观察"而获得的,它们在"经验之塔"中的分布越高,就越抽象。

抽象的经验主要源自言语符号与视觉符号这两大类。其一,言语符号。在"经验之塔"模型中位于最顶端的言语符号的抽象程度是整个模型材料中最高的。言语符号是事物与观念的抽象表示方法,包括口头语、书面语等。言语符号几乎不能单独发挥作用,而要和模型中的其他材料结合起来发挥作用。其二,视觉符号。学生在示意图、图表等事物中获得的经验都是视觉符号经验,如水的流动方向用箭头代表,铁路用线条代表等。这些符号是真实事物的抽象表示形式,学生在这些视觉符号中无法看到真实事物的形态。和语言文字相比,视觉符号更直观一些,学生要对视觉符号所代表的事物有正确的理解,这样才能学到知识,获得有价值的经验。

(2)"经验之塔"理论的要点分析

"经验之塔"理论的基本要点如下所述。

第一,"经验之塔"模型中最底层的经验是最直接和最具体的学习经验,学生容易掌握,层次越高,经验的抽象程度和间接程度就越强。最抽象的是顶层经验,这一层次的经验便于形成概念,应用起来较为便捷。学生并不是一定要经历从底层到顶层的这个过程才能获得经验;也没有说哪个层次的经验比其他层次的经验更有价值,对经验进行层次划分,只是为了对不同经验的抽象程度有一定的认识。

第二,观察经验在经验值塔中处于中段位置,和抽象经验相比,这类经验相对更形象、具体,更容易被学生理解,有利于对学生的观察能力进行培养,并使其直接经验得到弥补。

第三,获得具体经验并不是学习的目的,要在获得具体经验后过渡到抽象经验,以形成概念,便于应用。在推理中需要用到概念,思维与求知都要以概念为基础,这有利于对实践进行有效的指导。在教育中不能过分重视直接经验和过分追求具体化的教学,而要尽可能地使学生达到普遍化的充分理解。

第四,在学校教学中,为了使教学更直观、具体,应充分运用丰富的教学媒体手段,这也是使学生获得更好的抽象内容的重要手段。

总之,"经验之塔"理论模型对学习经验进行分类,说明各种经验的抽象程度,这与人们的认知规律相符,即从具体到抽象、从感性到理性、从个别到一般。

(3)视听教育理论的优劣

视听教育理论的核心是"经验之塔",其对现代教育技术起到以下几个方面的作用。第一,经验之塔理论划分出具体学习经验和抽象学习经验两种类型,提出学生的学习规律是从直观到抽象的,这与人类的基本认识规律相符,为教学中对视听教材的应用提供了重要的理论依据。第二,为划分视听教材的类型提供了重要的理论依据,即划分视听教材时,应参考的一个主要依据就是各教材所对应的学习经验的抽象程度,对视听教材的合理分类能为划分教学媒体的类型和优化选择教学媒体奠定基础。第三,有机结合视听教材与课程,这也是现代教育技术研究与应用的思想基础。

除了上述这些贡献,视听教育理论也具有局限性。第一,只对视听教材本身的作用进行强调,而对设计、开发、制作及管理等一系列环节不够重视。第二,视听教育理论对媒体在教学中的地位与作用认识得不到位,认为视听教材只是教学的辅助手段,这会导致教育改革的不彻底和视听教育的作用得不到充分发挥。

2. 教育传播理论

在现代教育学中,用传播学理论对媒体与教学过程进行研究,从中对教学过程中媒体的作用机理进行探索,这是一个比较传统的研究手段,教育传播学就产生于这个研究中。下面主要对教育传播理论的模式、应用、传播过程的功能条件及教学传播中媒体的作用进行分析。

(1)传播理论及模式

传播源自拉丁文 communicure,是共享、共用的意思。英语中的传播 communication 被译为沟通、交流、传播等。当前,传播一般被解释为传播者运用某种媒介与受传者之间进行信息传递和交流的社会活动。传播有自我传播、人际传播、大众传播和组织传播四种类型,这是按照传播涉及人员的范围及传播对象划分的结果。关于传播的理论与模式,下面主要列举几个具有代表性的观点。

美国伟大的数学家香农曾喜欢研究一些电报通信问题,他在 20 世纪 40 年代提出了一个和通信过程有关的单向直线式数学模型。之后又与著名信息学者韦弗共同对这个模型进行了改进,将反馈系统加入该模型,于是便形成了香农—韦弗模型(如图 9-1 所示)。该模型在技术应用方面发挥了重要作用。

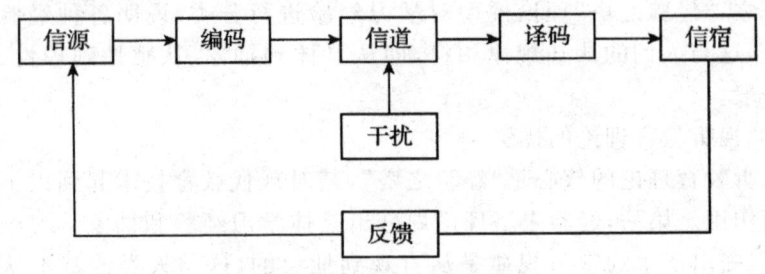

图 9-1　香农—韦弗模式

（资料来源：瞿堃、钟晓燕，2012）

美国学者拉斯韦尔指出，传播过程是由"谁""说什么""采取什么途径""对谁""产生什么效果"五个线性要素共同组成的一种线性结构，也就是"5W模型"。从传播学的角度来看，这五个因素分别对应的是信息源、信息本身、受传者、媒体以及期望的产出。它们之间的关系如图 9-2 所示。

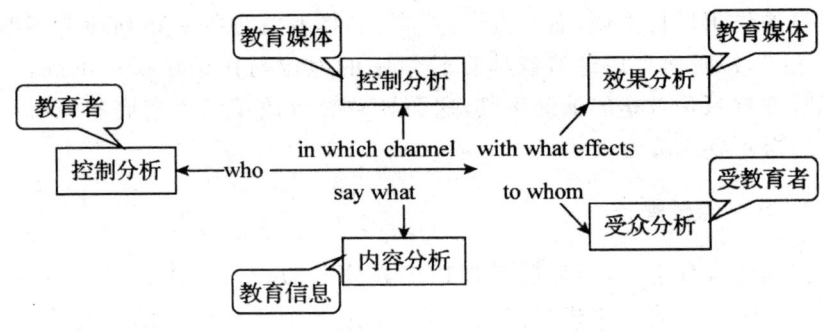

图 9-2　拉斯韦尔模式

（资料来源：瞿堃、钟晓燕，2012）

（2）传播理论对教学过程的解释与说明

利用以上传播模式可以对教学过程进行解释与说明，这些模式为教育传播学研究奠定了重要的理论基础。

其一，指出教学过程的双向性。早期传播理论片面地认为传播过程是单向的，也就是受传者被动接受信息内容的过程。这种理论对信息接收者作为独立个体所拥有的主动性和自主性是没有正确的认识的。施拉姆模式指出传播过程是双向的互动过程，传播主体不仅包括传播者，还包括受传者。之所以能循环不断地进行传播，主要是反馈机制在起作用，这也说明了受传者的主体作用。按照施拉姆传播模式，教学过程包含教师与学生共同的传播行为，教师传播教学信息，学生接受的同时也作出反馈，因此要从教与学两个方面出发来设计与安排教学过程，并将学生的反馈信息充分

第九章 跨文化交际视阈下大学英语教学的新发展

利用起来,及时调控教学过程。

其二,说明教学过程包含的要素。拉斯韦尔提出了"5W"直线性传播模式,用该模式可以解释一般传播过程。有人以此为基础构建了"7W"模式。该模式指出,传播过程包含7个要素,将该模式运用到教学中,也能说明完整的教学过程包含七个要素(如表9-1所示)。

表 9-1 教学过程的要素

who	谁——教师
says what	说什么——教学内容
in which channel	用什么方式——教学媒体
to whom	对谁说——教学对象
where	在什么情况下——教学环境
with what effect	有何效果教学效果
why	为什么——教学目的

(资料来源:瞿堃、钟晓燕,2012)

需要注意的是,在教学过程研究、教学设计安排及教学问题解决中,这些要素都应纳入考虑范围。

其三,确定教学过程的基本阶段。传播是一个连续的不断变化的过程,具有明显的动态性。为便于研究,可将其划分为七个阶段,每个传播阶段都对应教学过程的一个环节,具体分析如下。

①确定教学信息。将所要传递的教学信息确定下来,这是教学传播的首要环节。教师要从教学目标出发来确定要传递的教学信息。通常,要传递的教学信息出自专家按照教学大纲精心编写的课程教材中。在这一阶段,教师要对课程教材认真钻研,细致分析各教学单元的内容,并进行适当分解,确定被分解后的内容所要达到的传递效果。

②选择传播媒体。这个阶段主要是进行信息编码,选择适当的媒体手段来呈现并传递信息,这个过程比较复杂,需要在科学原理的指导下循序渐进地完成。教师所选的传播媒体要满足以下要求:能将教学信息内容准确呈现出来;方便获取,传播效果较好;与学生的知识水平、经验相符,使学生接受和理解起来更快一些。

③传递信息。在这个阶段重点是将以下两个问题解决好:确定媒体信号传播的范围;合理安排信息内容的传递问题,利用媒体对教学信息进行有序传递,尽可能减少外界环境对媒体信号的干扰。

④接受和解释信息。在教学过程中,学生作为教学主体,不仅要接收

教师利用教学媒体传递的教学信息,还要对此进行解释,做出反应。从传播学的角度来看,这个环节主要是进行信息译码。学生先用感官接收信号,然后从自身知识水平与经验出发将接收的信号解释为信息意义,并在大脑中加以储存。

⑤信息反馈与教学评价。学生接收并解释信息后,知识得到增长,智力得到发展,但还需要通过评价来判断预期的教学目的是否实现。观察学生的行为变化、课堂提问、课后作业、阶段性测试等都是可采用的评价方式。

⑥调整再传递信息。对比信息传播效果与预期的教学目标,发现教学的不足,及时调整传播内容、传播媒体,然后再传递,以达到预期的教学目标。例如,对课堂上出现的问题,要在课堂上迅速解决;对学生课后作业中存在的问题,如果是个别问题,以个别辅导为主,如果是共性问题,需要在课堂上集中解决;对远程教育中出现的问题,多提供有价值的资料,或创造条件提供面授辅导。

⑦揭示教学过程的规律。随着传播学与教育学的不断融合,现代教学与信息传播逐渐拥有了共同的规律,将传播学与教育学理论方法综合运用起来对教学过程与规律进行研究,可有效提高教学效果。

(3)教学传播过程的功能条件

教学系统的结构是在系统各要素相互组合和联系的基础上构成的,这种结构可能是功能较弱的静态结构。只有在信息传播中让系统各要素相互联系与作用,并产生连续循环的动态过程,才能形成系统的多重功能。

教学传播过程就是在教学系统各要素相互作用的基础上产生的循环动态过程。教学系统内部的信息传递是实现教学系统多重功能的基本条件,而要维持教学传播过程,需要教学系统各要素具备一定的条件或满足一定的要求,并在此基础上实现自己的功能,具体分析如下。

①在教师层面,作为在教学系统中起主导作用的重要组成部分,他们应达到较高的标准,如精通专业、熟悉教材、了解学生、教学态度端正、传播技能良好等。此外,教师在教学中必须对教学系统的其他要素及相互关系有深入的了解,如教学对象、内容、方法、媒体、环境等。教师自身功能的实现需要具备以下几个条件:教师在所教学科领域的知识水平要高于学生,教师通过不断的学习来提高自己的知识水平;教师要有良好的教学技能,如语言表达技能、教学媒体运用技能等;教师对教学活动要有良好的调控能力,包括调节自身状态和师生关系等。

②在学生层面,完成学习任务,各方面素质协调发展是教学系统功能实现的首要标志。学生实现其功能要具备几个条件:明确的学习目的、一

定的学习能力、良好的自控能力。

③在教学内容层面,具体来说,要做到随着社会的发展与时代的进步而不断更新教学内容;在教学内容体系中纳入具有潜在发展意义的前沿知识,注重理论与实践的有机结合;按照学科逻辑、学生认知规律来编排教学内容,如从已知到未知、从整体到部分;教材内容纵横联系、融会贯通,便于学生接受,又能启发学生探索。

④在教学方法层面,根据教学规律、教学目的任务、教学内容特点、教学环境、学生的适应性及教师的教学能力选用教学方法;对各种有效的教学方法进行适当的优化组合,达到优势互补、相得益彰的效应。

⑤在教学媒体层面,根据教学目标任务、学生特点、学校教学条件合理选用教学媒体;了解各类教学媒体的优缺点,综合使用教学媒体,达到相得益彰的效应;教学媒体功能的发挥受其自身特点及一些实践因素的影响,如媒体操作的复杂程度、媒体资源软硬件添置的可能性、媒体资源配合使用的灵活性等。在教学媒体选用中要综合考虑这些影响因素,将不良影响降到最低。

教学系统中每个要素的功能都直接影响教学系统的运行,只有充分发挥教学系统各个要素的功能,才能保证教学系统的正常运行。此外,教学系统中各要素之间的相互关系与作用情况直接决定了教学传播效果,因此要按照信息传播的规律与法则来传播教学信息,以最大化地提高教学传播效果。

三、网络技术辅助英语教学的常见模式

随着信息技术的发展和在英语教学中的运用,英语教学产生了新的基于网络的教学模式,即翻转课堂教学模式、慕课教学模式和微课教学模式。这些先进的教学模式不仅更新了当代英语教学的理念,也改变了传统的"满堂灌"的教学模式,对促进英语教学质量的提高具有重要意义。

(一)翻转课堂教学模式

翻转课堂是运用互联网思维创新教学的产物,核心在于将互联网开放、自由、平等的特征与英语教学的本质与规律紧密结合,形成对教学活动、师生关系等要素的重新思考与定位。在基于班级授课的框架下,翻转课堂引入网络学习新思维,实现传统课堂与网络课堂的有机结合。也就是说,在互联网背景下,翻转课堂作为一种全新的英语教学模式融入了传统课堂中,颠覆了传统课堂的基本结构,为英语教学注入了新的活力。

1. 翻转课堂教学模式的内涵与特征

从一般意义上说,所谓翻转课堂,即将传统的课堂学习与课后作业的顺序进行颠倒,将课堂上知识的吸收转向课外知识的吸收,将课后知识的内化转向课堂知识的内化。在课堂开始之前,学生通过网络学习课程资源,进行个性化自学,在课堂上,在教师的引导下,师生之间、生生之间进行合作探究与反思巩固,从而实现知识的内化。

当前,美国著名的教授罗伯特·塔尔伯特(Robert Talbert)提出了最初的翻转课堂的模型(如图9-3所示)。

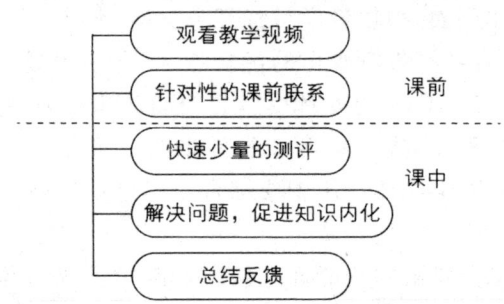

图9-3 罗伯特·塔尔伯特的翻转课堂教学模式结构图
(资料来源:孙慧敏、李晓文,2018)

这一模型的提出对后续关于翻转课堂教学模式的研究意义重大。随着教学过程的颠倒,教学过程、教学主体责任、教学师生角色、学生学习地点等都发生了改变。与传统的英语教学相比,翻转课堂是对传统课堂模式的颠覆,对学生的学习流程加以改变,从新的视角阐释课堂的新含义。

有人认为,翻转课堂打破了延续了几千年的教学手段与结构,对人们头脑中理解的传统课堂进行了颠覆,倡导先学习后教授、通过学习来确定教授内容,这就赋予了学生更多的选择性与自主性,将师生之间的关系加以强化。这不仅与国家教育信息化发展规划的指导思想相契合,也因此被称为对传统教学模式的"破坏式创新",称为信息技术与学习理论高度融合的典型代表。

2. 翻转课堂教学模式的理论根据

学习金字塔理论、掌握学习理论等理论,从教学本质层面对翻转课堂教学的实施奠定了理论基础。它们从认知观、学习观等角度出发,对翻转课堂教学的实施提供了理论指导,也印证了翻转课堂在实施过程中对学生的学习成果与多元发展的促进价值。

第九章 跨文化交际视阈下大学英语教学的新发展

(1)学习金字塔理论

美国学者埃德加·戴尔(Edgar Dale,1946)率先提出"学习金字塔(Cone of Learning)"理论,它用数字形式形象显示了学生采用不同的学习方式在两周以后还能记住的内容多少(平均学习保持率)(如图9-4所示)。

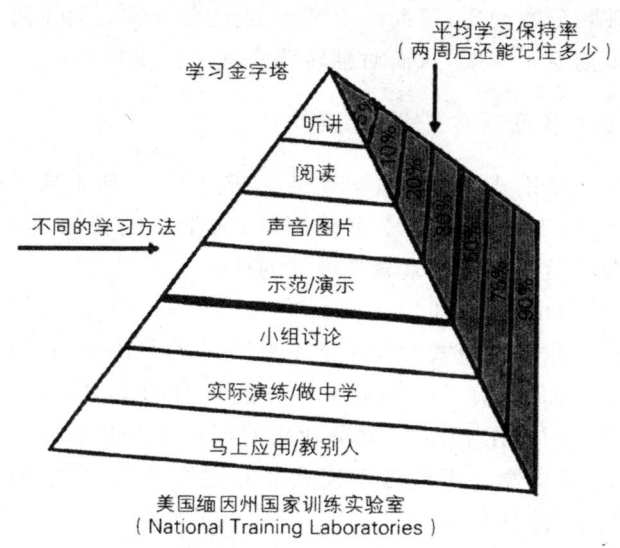

图9-4 学习金字塔理论

(资料来源:孙慧敏、李晓文,2018)

从图9-4中可以看出,不同的学习方法达到的学习效果不同,研究表明在两周之后,学生对知识的保持率为5%至90%不等。

通过进行定量分析,学习成效金字塔揭示出从简单的灌输式学习到深入体验式学习对学生影响的转变,也对提高学习效率的途径进行描述,启示学生应该动用自身的多种器官来展开学习。学生只有主动掌握多种知识才能真正地实现在做中学。

(2)掌握学习理论

"掌握学习"指的是学生基于足够的时间与最佳的学习条件,对学习材料进行掌握的一种学习方式,这一理论源自20世纪60年代美国北卡罗里那大学的约·卡罗尔。在卡罗尔看来,有的学生学得快,有的学得慢,但是只要给予他们充足的时间,那么每一位学生都可以获得学习内容。之后,芝加哥大学心理学家本杰明·S.布卢姆(B. S. Bloom)基于卡罗尔的理论,提出了"掌握学习"教学法,这一理论对后期的教学模式改革提供了帮助。在布卢姆看来,掌握学习这一策略非常有效,其核心思想在于强调学生之所以未获得优异成绩的根源不在于智力,而在于他们未能获得充足的时间与教学帮助。

因此,如果学生能得到教师和其他学生的帮助,并能与个别需要相适应。根据布鲁姆的研究可知,如果采用上述方式,80%的学生可以掌握80%的内容,这就超越了实际的教学效果,可以提升教学的质量和水平,还有助于学生破除分数观念,帮助学生掌握规定的内容。上述两大理论为翻转课堂的提出描绘了框架,从而对翻转课堂理论提供指导。

3. 英语翻转课堂教学模式的优势

翻转课堂教学模式为英语教学提供了新的平台,从本质上体现了英语教学改革的深化,帮助英语教学突破困境,为学生的英语学习提供便利。下面就具体分析英语翻转课堂教学模式的优势。

(1) 学生可自由安排时间

英语翻转课堂教学模式有助于学生对自己的英语学习时间进行安排,尤其是对毕业生而言,有助于他们平均分配自身的学习时间,将一部分时间用于自身的实习工作上,另一部分业余时间用于开展知识的学习。对这部分学生而言,英语翻转课堂教学模式非常适合他们,便于他们恰当安排自身的工作与学习时间。

(2) 师生之间可以互动

与传统的英语课堂教学相比,英语翻转课堂教学模式便于师生之间进行互动,改变了他们传统的相处模式,彼此之间是一对一的交往方式。如果学生对某一或某些知识点存在疑惑,那么教师可以将这些知识点加以整合,并对其进行解析。除此之外,在英语翻转课堂教学模式上,学生也会不断地进行互动,他们不会再将教师作为唯一的知识来源,还可以通过与其他同学的互动来获取知识。

(3) 差等生可以反复学习

在传统的英语课堂教学中,教师将教学的重心置于那些优等生身上,因为在教师的眼中,这些学生可以紧跟教师讲课的步伐,愿意参与到自身的教学中。但是,教师不能忽略的一点是,班级除了这些优等生之外,还有一些英语水平薄弱的学生,这些学生在课堂上往往是被动地听课,很难追赶上教师讲课的步伐,基于这些学生的情况,英语翻转课堂教学模式可以帮助他们开展反复的学习,即对教师课堂讲授的内容进行循环播放,以获取与理解所讲授的知识,直到他们真正地明白。另外,英语翻转课堂教学模式有助于教师节省时间,让他们将更多的精力放在那些差等生身上。

(4) 学生可以个性化地学习

由于很多学生是来自各个地方的,他们的基础水平不同,对英语的认知程度与爱好程度不同,因此呈现出明显的参差不齐的现象。虽然,现代的教学研究领域对这一点已经予以关注,但是传统的英语教学模式很难改变这一现状,尤其是很难实现分层教学,相比之下,英语翻转课堂教学模式恰好能从学生的学习兴趣出发,根据学生自身的能力展开教学,这样可以使不同阶段的学生获取符合其自身水平的知识,从而循序渐进地展开英语学习。

(5) 课堂管理趋于人性化

在传统的英语课堂教学中,教师为了让学生能更好地获取知识,往往对课堂管理非常注重,强调学生应该集中注意力。这是因为在教师的眼中,如果学生被某些事情扰乱了思绪,那么必然会影响他们学习的进度。相较于传统的英语课堂教学,英语翻转课堂教学模式是不存在这一情况的,这可以从如下三点来理解。

第一,英语翻转课堂教学模式将学生的主动权归还给学生。英语翻转课堂教学模式强化了师生间、生生间的互动关系,让学生有了足够的主动权,发挥自身的主观能动作用,投入到学习中。虽然在传统的英语课堂教学中,教师也会对学生进行辅导,但是基于传统理念,教师的辅导仅限于形式上,教学活动仍旧在于讲授,学生并未占据主体地位。在互联网背景下,英语翻转课堂教学模式使得学生的主体地位得以确立,学生能根据教师给予的资源开展自主学习,然后遇到不懂的情况,可以在课堂上与教师展开讨论,这样自己的知识久而久之就不断深化了。

第二,英语翻转课堂教学模式对传统的教学模式中学生的学习态度与观念进行扭转。在英语翻转课堂教学中,学生的学习内容是从自身的需要考量的,根据自身的兴趣来定位。基于总体学习目标,学生根据教师提供的学习资料与路径,对自身的知识进行建构,提升自身的英语水平。

第三,英语翻转课堂教学模式逐渐降低了学生对教师的依赖程度。也就是说,在英语翻转课堂教学模式下,学生知识的习得是最主要的,他们并不完全依赖于教师,因此学生占据主体地位。英语翻转课堂教学模式要求学生要自主学习,在他们的自主学习中,往往会需要其他同学的帮助,久而久之就会形成一种习惯,然后愿意去接受与学习知识,并展开与其他同学的探讨,这样不仅有助于提升自身的英语水平,还有助于加强自身与他人的交流。

4. 英语翻转课堂教学模式的实施

根据相关学者对英语翻转课堂教学模式的研究,一些学者提出了具体的实施流程(如图9-5所示)。

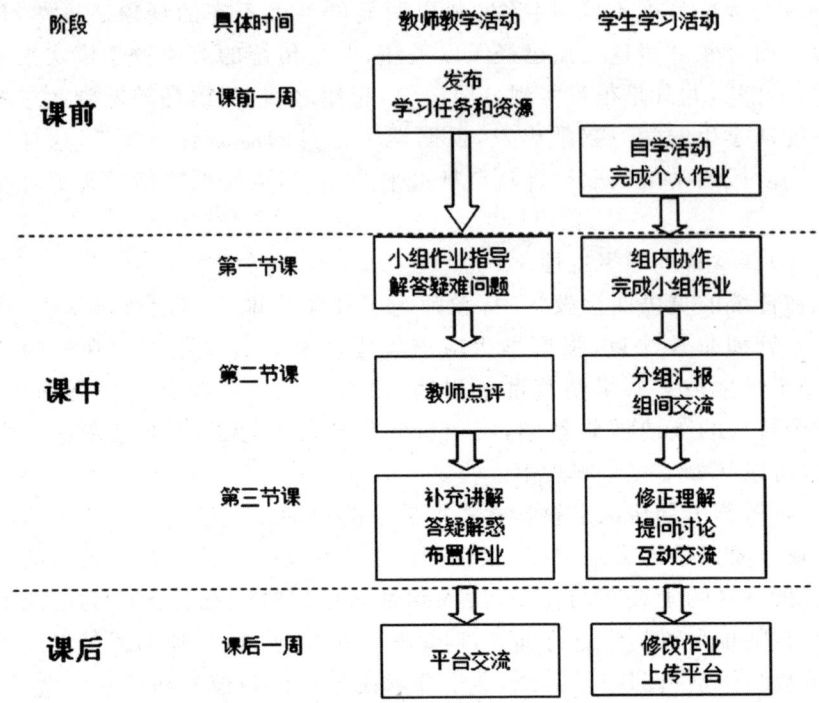

图 9-5　英语翻转课堂教学模式的基本流程

（资料来源：汪晓东、张晨婧仔，2013）

通过图 9-5 对英语翻转课堂教学模式的基本流程的分析可知，英语教师主要可以从如下两个层面来着手安排。

(1) 课前安排

根据英语翻转课堂教学模式的基本流程可知，教师需要在课前进行安排，即为学生准备充足的资料，如电子教材、演示教材及微视频教程等。

第一，电子教材的设计。一些学者认为，电子教材设计的最高原则应该是完整性。换句话说，除了将纸质教材中的内容以及附加内容，如音频、录像等必须录入电子教材中，还需要将相关网站、数据库等资料的链接纳入其中，以备使用者随时取用。

第二，演示教材的设计。作为一种可选择性教材，演示材料主要是为教师提供一个可供参考的教学模式，在设计时需要遵循开放性与可教性两大原则。开放性是指在演示教材的设计中需要为教师留有自由选择的空间，即教师可以自由选择其他教学内容开始课程教学；可教性是指教师可以直接将演示教材用作教学软件，在学术上、技术上不存在其他问题。

第三，微视频的设计。在英语翻转课堂教学模式中，微视频是非常常用的、针对性非常强的学习资源。在开始英语教学之前，教师可以从学习

第九章 跨文化交际视阈下大学英语教学的新发展

目标出发,设计两三个微视频,一个微视频仅对一个知识点加以介绍即可。如果一个微视频介绍了太多的内容,那么就会对学生英语学习的接受与理解情况造成影响。对微视频的设计,需要考虑几个层面的内容。

英语教学视频的长度、视觉效果等会直接影响学生的学习情况,因此在微视频的设计中,教师需要考虑学生的学习内容,并对练习的数量与难度进行分析,从而帮助学生将即将学习的新知识与自身掌握的旧知识紧密联系起来。

在课前学习中,学生可以运用网络,与其他同学展开交流,尤其是交流自己在学习中遇到的问题,通过彼此解决这些难题,从而促进自身自主学习能力的提升。在设计微视频时,教师还需要将学生的适应能力考虑进去,即对未接触微视频的学生来说,他们可能很难集中自己的注意力,甚至更多的是对自己的笔记进行关注。因此,为了对学生的这一情况进行改善,教师可以构建一些副本文件,帮助学生解决刚接触时遇到的问题,从而引发他们对微视频内容的关注。

在设计微视频时,教师不仅需要融入视觉效果,还需要将主题与要点加以凸显,从知识结构本身对教学活动进行设计,这样可以为学生构建一个新平台,让他们提升对英语学习的积极性与主动性。当微视频制作完毕后,教师需要将其传到网络上,便于学生阅读与下载。当学生学习完微视频后,他们还需要总结与归纳自己的学习情况,如果在学习中遇到问题,而且其他同学也很难解决时,可以集中起来向教师求助,进而教师在课堂上进行集中讲授。

(2)课堂组织

在翻转课堂上,教学大概涉及五大步骤:合作探究、个性化指导、巩固练习、反馈评价以及课程总结。

第一,合作探究。首先,要合理进行分组。合作学习即学生结成小组进行学习,其组员的结构设置是非常重要的,这就要求教师在分组时需要考虑每一位学生的能力,从而保证每一组组员的知识结构的多样化。同时,小组成员还需要保证个性的均衡,这样才有助于各个小组之间的竞争。当然,在进行分工时,每一位组员都要体现出自身的价值,定位好自身的作用,在任务完成后也需要积极地进行思考。其次,对问题进行策划并提出新的问题。合作的内容需要保证可操作性,即能在小组成员之间进行讨论。在课堂开始之前,教师应该考虑不同的学习内容与任务,对分组的原则予以明确,确定完成时间。在进行分组学习时,教师是引导者,为学生设定任务,让小组成员不断合作,从而实现共同学习与进步。最后,要合作实施,并对过程进行控制。小组合作学习并不是从任务一开始就需要一起努力完成规定的任务,而是从任务一开始,小组成员开始展开探究,各个成员需要开拓自己的思维,独立进行思考。之后,小组内成员开始交流与探讨,将自己的观点表述出来,最后进行汇总。当然,一个大家都认可的发言人是必不可少的,他需要统一大家的意见,进而反馈给教师。

第二,个性化指导。在这一阶段,教师需要为学生答疑解惑。这是因为,在上一阶段中,学生在讨论中不免遇到问题,这时候教师需要对这些问题进行汇总,思考不同的问题,并为学生做出解答。

第三,巩固练习。在这一阶段,基于教师的指导,各个小组内成员需要总结与回顾,加深自身的印象。另外,这一阶段仍旧需要小组内成员间的交流与探讨,引导他们分享自身的知识与经验。

第四,反馈评价。这一阶段一般包含两个层面。其一,评价学习过程与结果。其二,评价小组表现与小组内成员的表现。在评价过程中,教师需要将重心置于整个小组的完成情况上,而不是置于某一个人的完成情况上。另外,教师需要对小组内成员的参与情况进行评估,优秀的成员可以为他人树立榜样,差一些的可以提高自身的热情,调动自身学习的主动性与积极性,为以后的小组学习服务。

第五,课程总结。这是最后一步,各个小组之间进行沟通与交流,教师给予他们足够的支持,让他们能顺利完成目标与任务。

(3)课后评价

这一评价形式与课堂中的小组评价不同,其主要是评价学生对知识的掌握情况,避免学生在以后的学习中出现同样的错误,并从学生的认知情况出发,为学生提出合理化的学习建议。

由于英语翻转课堂教学模式兴起的时间较短,因此还未形成一个统一的评价规范。因此,英语翻转课堂教学模式的评价要求师生之间多进行沟通,要求教师考虑学生的个性化特点,对其进行个性化的指导与建议。另外,教师还需要为学生提供多种学习渠道,让他们树立足够的自信与自豪感,从而愿意去学习、去获知。

总之,英语翻转课堂教学模式不仅是强化课前预习的情况,还是对课堂学习效率的提升。对教师而言,通过对课堂活动进行设计,有助于学生对知识的内化。基于此,教师在设计时应该考虑情境因素,引导学生参与到真实的体验中。

(二)慕课教学模式

在互联网背景下,慕课教学模式是基于关联主义理论,建构起来的一种在线的教与学的方式。慕课教学模式的诞生并不是偶然的,是随着互联

第九章 跨文化交际视阈下大学英语教学的新发展

网技术的发展而不断发展的。

1. 慕课教学模式的内涵

慕课(MOOC),全称是"大规模在线开放课程(Massive Open Online Courses)",源于美国,在短短的时间里,被全世界广泛运用。慕课这一模式是具有分享与协作精神的个人组织而成的,将优异课程予以上传,让世界各地的人们可以下载与学习。慕课教学模式与传统模式的比较如图9-6所示。

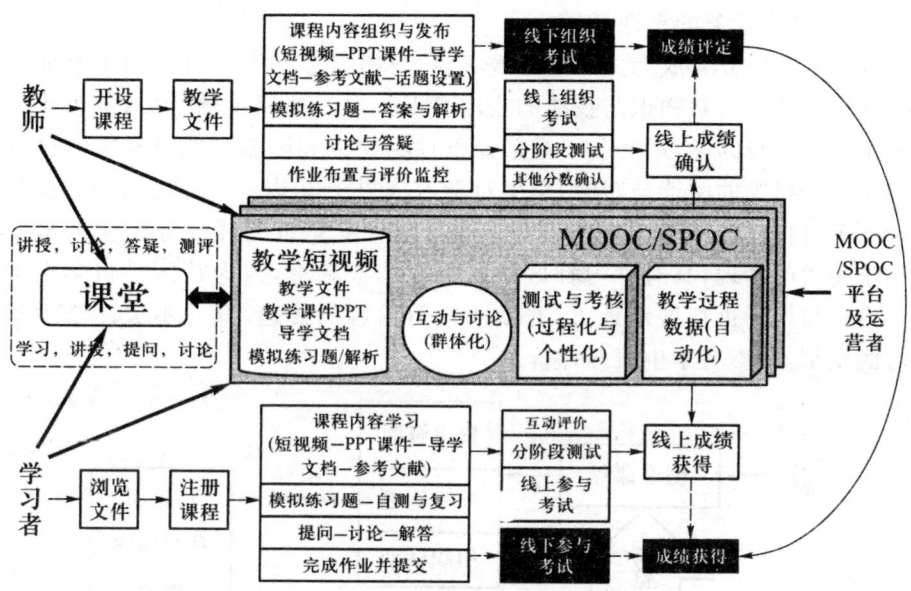

图9-6 慕课教学模式与传统课堂的比较

(资料来源:战德臣等,2018)

从形式上说,慕课教学模式就是将教学制成数字化的资源,并通过互联网来进行教与学的一种开放环境。从本质上看,慕课教学模式是一种与传统课堂相对的课堂形式,因为其基于互联网环境而发送数字化资源,实施的是线上教学。学生完成了网上课程学习之后,通过在线测试,可以获得证书或证明。一般情况下,慕课教学模式的要素包含如下四点。

其一,具有完整的教学视频,一般时间设置为6~10分钟。

其二,具有完善的在线考试体系,往往可以实现过程考核与个性考核。

其三,具有一定量的开放性话题,可以集中学生的学习兴趣与积极性。

其四,具有PPT、电子参考教材、模拟试题与解析等其他辅助资源。

在这些要素的基础上,慕课教学模式需要教师与学生之间的互动,如教师对信息的发布、回答学生问题等。慕课教学模式本身为学生提供了学习的数据,教师和学生都可以通过该模式对学习状态进行分析,从而改善自身的学习情况。

2. 慕课教学模式的具体分类

根据蔡先金等人所著的《大数据时代的大学:e课程 e教学 e管理》一书,慕课教学模式一般划分为两大类,一种是基于任务的慕课教学模式,另一种是基于内容的慕课教学模式,下面就对这两种模式展开论述。

(1)基于任务的慕课教学模式

基于以任务完成为主的慕课教学模式(如图9-7所示)即侧重于研究学生完成任务之后对知识与技能的获取情况。学习按照步骤开展,学生才能采用符合自身的学习方式,不受其他条件的约束和限制。通过对文本材料或录像材料等的阅读与观看,学生对学习成果予以共享,并通过音频、视频设计等将自己的某一项技能展现出来。这种就是以完成任务为主的慕课教学模式的体现,其对学习社区的研究也非常看重,因为社区是将学生学习案例与设计进行展示地方,有助于学习内容的传递,其并不关注学生学习的结果,也不对学生展开评价。

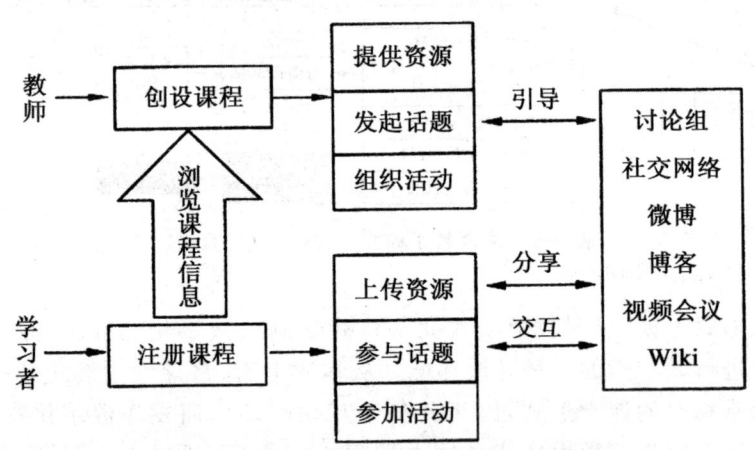

图9-7 基于任务的慕课课程设计开发模式

(资料来源:蔡先金等,2015)

(2)基于内容的慕课教学模式

基于内容的慕课教学模式(如图9-8所示)主要强调学生对内容的掌握,往往会通过总结性评价、形成性评价等形式对学生的学习结果进行评价。当然,其对学习社区也非常看重。

这一模式构建了很多名校的讲课视频,同时设置了专门的测试平台,学生可以免费学习,并获得证书。

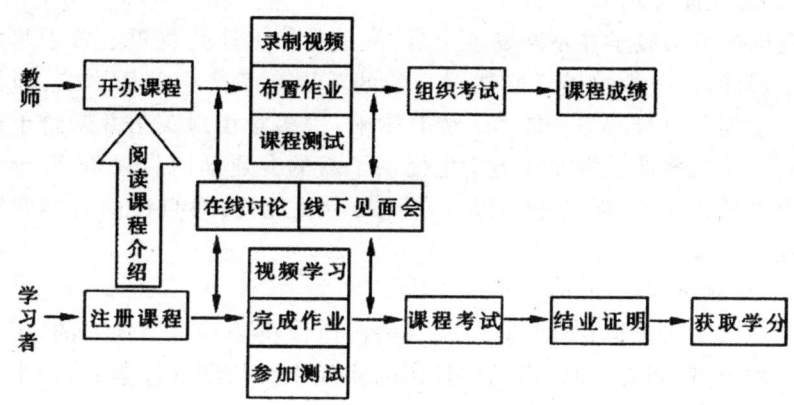

图 9-8　基于内容的慕课课程设计开发模式

(资料来源:蔡先金等,2015)

但综合来说,上述两种模式具有如下几点特征。

其一,慕课课程的设计与组织是基于网络建构的。

其二,慕课课程的设计不仅涉及课程资源、视频等,还涉及学习社区等。

其三,慕课视频一般在 8~15 分钟之内。

其四,学生可以自由选择慕课课程的学习内容。

其五,慕课课程的设计对象是大规模的,面向大多数学生,设置的学习目标也是多样化的。

其六,慕课课程的设计具有交互性,是开放的、不断创新的。

3. 英语慕课教学模式的优势

英语慕课教学模式在英语教学中的运用必然会导致教学方式与理念的变革。这就是说,慕课教学模式对当前的英语教学具有重大的作用,具体而言主要有如下优势。

(1)平衡不同学生的水平

如前所述,很多学生来自不同地区,学生之间也存在明显的差异,因此,学生的基础水平也明显不同,如果教师实行大班课堂,那么很多学生很难学到自己想要学习的知识,甚至丧失学习的积极性。英语慕课教学模式是一个开放性的平台,为学生展开一对一教学提供了机会,便于缓解师生之间的教与学矛盾。同时,英语慕课教学模式也不受时空的限制,有助于学生在任何地方、任何时间巩固自身的英语知识,提升自身的英语水平。

(2)提供能力培养平台

我国的英语教学在不断发生变革,但是总体上还是将重心置于基础知识教学层面,这一教学模式必然对当前的英语教学产生负面影响,即很难帮助学生提升自身的综合能力。受其影响,很多学生对英语并未给予过多的关注。英语慕课教学模式为学生提供了新的专业动向与视角,便于学生调动自身的积极性,促进他们提升自身的专业能力,对自己的教学问题进行专业化解读。

(3)形成语言使用环境

对我国学生来说,英语属于第二语言,所以英语环境是缺乏的,很多学生很难将自身学到的知识运用到具体的实践中。长期这样学习,学生的成就感也就逐渐降低了,十分不利于之后的英语学习与英语能力提升。

慕课教学模式为学生创设了真实的语言学习环境,帮助他们与真实的语言环境接触,学生可以和世界上其他国家的人们进行交流,从而不断提升自身的英语能力。

4. 英语慕课教学模式的实施

一般来说,作为一种新型的教学模式,英语慕课教学模式往往会通过如下几个步骤来展开。

(1)多样化的课程设置

就当前的英语教学而言,慕课教学模式对传统的教学模式的单一状况进行了改革。从教师资源来说,传统的教师资源是非常有限的,很多课程的讲述也缺乏针对性。就课程设置来说,很多学校仅教授语音、词汇、语法知识等课程,也会涉及听、说、读、写、译等,但是对其他相关课程都设置为选修课,这些选修课也都是为了考试设置的。基于这一点,慕课教学模式从学生的需求与兴趣出发,对课程进行设置,大大提升了学生的学习兴趣和积极性,便于学生提高学习的质量与效率。

(2)多样化的教学方式

虽然很多学校都推进英语教学改革,上课方式也不再是单一的形式,但是仍旧以知识点讲授为主,即便应用了多媒体,也都是以辅助形式呈现的,是教师板书的一种替代形式。但是,慕课教学模式使得教学方式更加多样化,学生即便不在校内,也可以获得知识,甚至通过Ipad也能学习。

(3)多样化的考核方式

在互联网背景下,英语慕课教学模式设置了多样化的考核方式,如果仅靠传统的笔试或论文形式,那么很难检测出学生的综合能力与实际水平。在英语慕课教学模式下,可以实施开放性考核与个性化考核。这种多样化的考核方式可以不断激发学生的学习兴趣与积极性,从而更好地进入下一阶段的学习。

(三)微课教学模式

随着互联网的推广,人们的学习方式在逐渐发生变化,这时微课悄然进入人们的视野,并对各个领域产生了重要影响,其中英语教学领域就是其中最突出的表现。可以说,微课为英语教学开辟了一个新视角,提供了一个新平台,逐步推动英语教学向前发展。

1. 微课教学模式的内涵

对"微课"的概念,目前还未统一,不同的学者观点不同,下面将介绍一些具有代表性的关于微课的观点。最早提出"微课"这一概念的学者是胡铁生,他通过借鉴慕课的定义,认为微课即微课程的简称,即以微型视频作为载体,对某一学科的重难点等教学知识点与教学环节来设计一个情境化且支持多种学习方式的网络课程。之后,胡铁生又对这一观点进行了改进,认为微课是根据新课程标准及课堂教学的实际情况,以教学视频作为载体,对教师在课堂中针对某一知识点或教学环节而展开的精彩教学活动的有机结合体。黎加厚认为,微课即时间设定为十分钟之内,具有明确的目标,能针对某一问题进行说明的短小的课程。

上述众多学者的概念是非常具有针对性的,在一定程度上将微课的特征反映出来。笔者对胡铁生的定义更为推崇,认为从本质上说,微课是一种支持教与学的微型课程。

2. 微课教学模式的具体分类

当前,在微课教学中,有几种模式是非常常见的。下面这几种模式的构成要素有着较大的差异,但是各有各的特点与使用范围,下面就对这几种模式展开详细的论述。

(1)非常4+1微课资源结构模式

这种模式在教育部组织的全国高校微课教学比赛中是极力推崇与倡导的,该模式主要由五个要素组成,具体如图9-9所示。

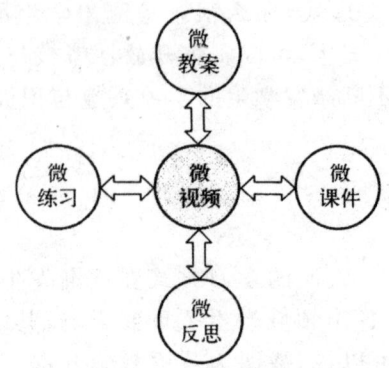

图 9-9　非常 4+1 微课资源结构模式

（资料来源：王亚盛、丛迎九，2015）

在图 9-9 中，"1"代表的是微视频，占据着最核心的位置，是核心的教学资源，其他四项包含微教案、微课件、微练习、微反思，是围绕这一核心建立起来的，并配合这一核心完成教学过程的构建。因此，"4"是指与微视频关系最为密切，并与之配套的四种资源，即上面提到的微教案、微课件、微练习、微反思。这一模式的结构非常简单，但是适用性非常强，对那些独立的、内容简单的微课设计具有借鉴意义。

（2）可汗学院微课教学模式

这一教学模式是非常独特的微课教学模式，其建设成本较高，但是适用面是非常广泛的，具体如图 9-10 所示。

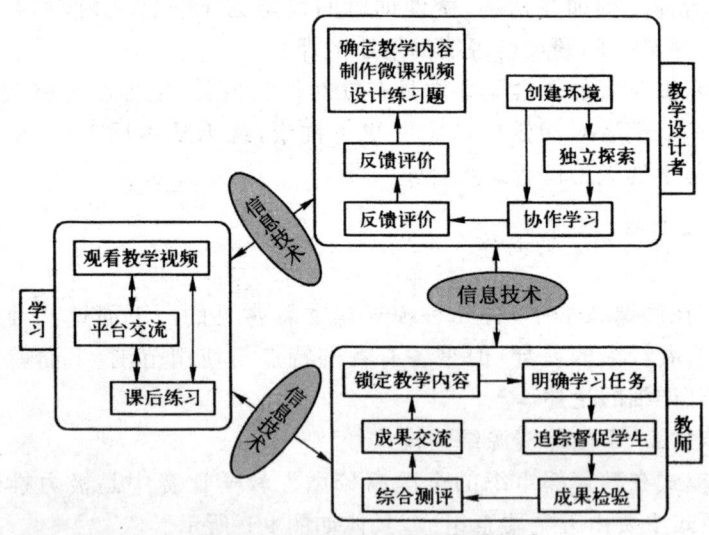

图 9-10　可汗学院微课教学模式

（资料来源：王亚盛、丛迎九，2015）

第九章 跨文化交际视阈下大学英语教学的新发展

在这一微课教学模式中,教学设计者、教师、学生三者之间相互促进,但又是相对独立的。可汗学院主要将完成教学设计工作作为主要目标,合作学校的教师应用可汗学院的微课视频和练习等作为自己的教学资源,组织学生展开自主学习。同时,也组织学生在课内展开翻转课堂教学。这一微课教学模式有如下几点特征。

第一,可汗学院本身并不存在翻转课堂教学模式。

第二,可汗学院与学校是独立的实体。

第三,可汗学院属于一种在线教育。

第四,可汗学院对知识的传授非常看重。

第五,可汗学院的教学很难实现人才的综合发展目标。

第六,可汗学院很难提升学生的综合能力。

(3)111 微课内容构建模式

这一微课教学模式是指在每一集的微课设计中,注重把握好这三个"1"的教学环节,结构模式如图 9-11 所示。

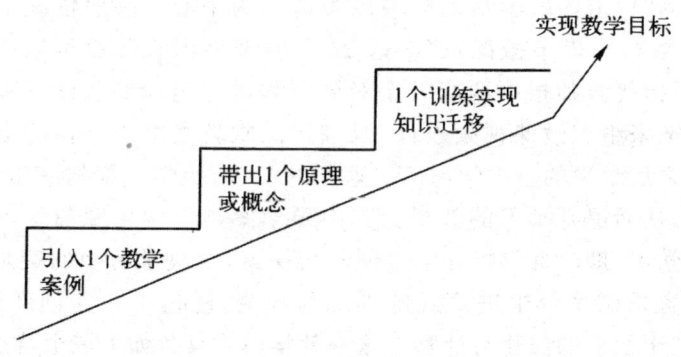

图 9-11　111 微课内容构建模式

(资料来源:王亚盛、丛迎九,2015)

第一个"1"指的是用 1 个案例将教学情境引入,在教学中最好使用一些行业的适用案例进行导入,这样能让学生明确学习的意义和价值,也能引起学生学习的兴趣和积极性。

第二个"1"指的是通过前面的导入,引出一个本集微课需要学习的知识点,通过导入案例,对知识的理解加以强化。导入案例与知识点的关系要保证是密切、自然的关系,如果是勉强地引出或者关联性不强,那么会导致结果不佳。

第三个"1"指的是微视频结束之后,利用 1 个总结、测试操作,实现知识的内化与迁移,从而保证学生能形成自己的能力。

教学案例应该确保知识点明确。三个"1"所包含的内容应该要环环紧扣,使学生能自然地实现知识的内化。

(4)123微课程教学运作模式

通过微课、微课程、慕课、翻转课堂等模式的研究,并考虑现在国内外学校学习的情况,构建了一种如图9-12所示的微课教学模式。

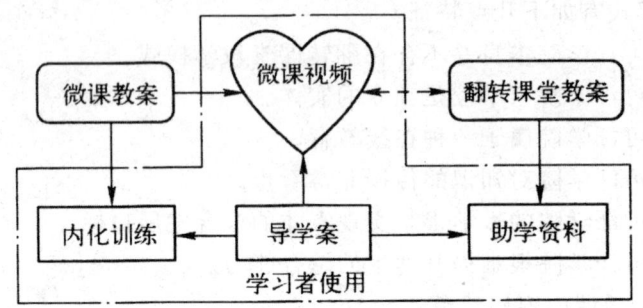

图9-12　123微课程教学运作模式

(资料来源:王亚盛、丛迎九,2015)

这里的"1"指代教学活动应该以微课程为中心。一般情况下,一门微课程中包含20~30节微课,那么这20~30节微课视频就可以称为一组。这里的"2"指代教师根据两套教案对微课程进行组织的教学活动。其中,以微课教案来组织微课视频设计,以翻转课堂教案组织具体的学习内容、课程结束之后学生的自主学习等。这里的"3"指代学生根据三组资料展开自主学习,从而提升学习的效果。其中导学案指导学生课前学习、课中学习与课后学习;助学资料指导学生创新与探索,解决学习中的疑难问题;内化训练包含微课平台中进阶式的训练与检测,还包含一些创新课题研究等,从而便于知识的内化与迁移。这一教学模式具备如下三个特点。

(1)运行模式分别考虑到教师和学生两大主体的活动内容和关联要求,使微课程教学运行有机统一,不会产生割裂。

(2)两个教案均以微课视频为核心且各有侧重点和目的性,构建了一个系统性、完整性的教学方案。

(3)指导学生自主、有序和科学地进行学习的三组教学资料密切配合,使不同基础的学生都能得到相应的支持和帮助,减少因学习差距引起的恶性循环,促进全体学生基本上能同步提高学习业绩。

3. 英语微课教学模式的优势

从微课教学模式的内涵与构成来看,微课是基于现代的信息技术建立起来的,与英语教学大纲相适应,是一种新型媒体在英语教学上的运用。可以说,基于微课模式的英语教学有着很多现实意义,下面将做具体分析。

(1)教学内容少、时间短

英语微课教学模式是针对某一知识点而建构起来的,是对某一环节、某一主题的反映。与传统的英语教学模式相比,英语微课教学模式内容少、时间短,与教师和学生的需求相符。在时间设置上,英语微课教学模式一般要求视频设置在 3~8 分钟,很少有超过 10 分钟的情况。在当前的英语教学中,运用英语微课教学模式有助于教师从重难点出发,对教学内容进行精讲,让学生集中于这些问题,帮助他们解答疑惑。

(2)资源容量小、构成情境化

一般来说,英语微课教学模式的中的视频占据着几十兆的容量,因此是非常小的,在格式选择上也多为流媒体格式。在英语教学中,微课教学模式更有助于师生之间、生生之间的互动。除此之外,英语微课教学模式凸显主题,趋向于明确性与完整性。视频片段作为微课的主线,并对教学资源进行统一整合,构成一个资源包,为学生创造一个真实的学习环境。这些都体现了英语微课教学模式的情境化特点,有助于教师与学生提升自身的英语的教与学的水平。

(3)反馈及时、针对性强

如前所述,英语微课教学内容少、时间短、容量小,因此这些都有助于师生对信息的快速捕捉与习得。另外,每一位学生都可以参与到课前组织活动中,有助于自身能力的提升,这在一定程度上也可以减少教师的教学压力,便于教学活动的开展。

(4)成果简化、多样传播

由于英语微课教学模式具有鲜明的主题与具体的内容,因此便于成果的简化与传播。同时,其传播的方式也是多样化的,如可以通过微博进行传播,也可以通过网络视频进行传播。

4. 英语微课教学模式的实施

从当前的教学实践分析,英语微课教学模式有着广阔的前景。虽然英语微课教学模式的设计是当前人们关注的问题,但是也不能忽视英语微课教学模式的实施,因此,下面将对英语微课教学模式的实施提出一些基本的建议。

(1)微课学习平台构建

英语微课教学模式主要是基于视频建构起来的,同时需要互动答疑、微练习等辅助的模块。这些模块的构建对学生学习兴趣的提升、教师信息化应用能力的提高等都是十分有帮助的。在这之中,微慕课平台是一个较为创新的平台,即运用微课教学模式展现慕课教学模式的专业化与系统性。这一平台结构更为灵活、知识含量更高,是一个较好的平台。

(2)微课录制技术提升

英语微课教学模式要求录制技术较高,尽可能保证简单化,便于教师执行,同时不断提升自身的录制技术。另外,微课视频研发人员也应该不断对技术进行提升,追求卓越的技术,使得英语微课教学模式得到更大范围的推广。

(3)资源开发与共享

当前的英语教学中教学资源设置得不平衡的现象突出,而微课教学模式的出现,使得教学资源可以通过互联网传送到各个地方,便于各个地方及时更新与推进,实现真正的资源共享。

四、网络技术辅助下英语跨文化交际教学的原则与方法

(一)网络技术辅助下英语跨文化交际教学的原则

实施任何一种教学,都有着特定的准则。在英语教学跨文化交际能力培养过程中,教师要根据文化的属性制订相应的原则。具体来说,网络技术辅助下英语教学中的跨文化交际能力的培养应该遵循如下几项原则。

1. 以学生为中心原则

英语是一门实践性很强的学科,在英语学习过程中学生需要大量的实践才能获得语言的应用能力。学生是学习的主体,英语教学中的网络技术应以学生为中心,为他们的学习活动提供环境支持。在网络技术支持的英语跨文化教学中,教师应让学生积极参与语言学习活动,主动建构知识与意识,按个人实际水平和特点,选择所需的语言学习内容,自行安排学习进度。如学生可以通过人机交互,自己动手操作,积极思维,进一步激发、增强学习兴趣和学习内部动机。

学生如果在语言学习过程中遇到问题,也可以通过与教师或与同学的讨论或人机对话加以解决。在现代网络技术的支持下,英语学习内容高密度、大容量,教师在英语跨文化教学中起着合作者和中介者的作用,因此教师应该以学生为中心,科学地掌握教学进度,及时地了解学生学习效果的反馈信息并对教学进行适当的调节,这样才能使多媒体外语教学获得显著的效果。

总之,以学生为中心原则,要求教师在英语跨文化教学中应用网络技术时要分析研究学生的需要、英语水平、性格特点等,能调动他们积极性和

第九章 跨文化交际视阈下大学英语教学的新发展

主动性,刺激他们思考和使用英语,并能满足他们的学习需要。

2. 最优化原则

英语跨文化教学中网络技术手段的选择与组合,要遵循最优化原则,取得最好的教学效果。网络技术的效果因人、因时而异。因此,应按具体情况选择最佳的网络技术手段,使网络技术的选择与组合最优化。以多媒体在英语跨文化教学中的应用为例。贯彻最优化要求应注意以下几点。

(1)选择教学媒体要全面考虑,综合运用多种教学媒体,包括传统的与现代化的。要考虑教学的需要、各种媒体的特点和功能,同时还要考虑现实条件,如教学环境、设备状况、教师素质等,做到因地制宜、因人而异,使教学媒体发挥最大的教学作用。

(2)在选择能取得相同教学效果的媒体时,以简便为上,力求内容精练、主题鲜明、操作方便、演示简易、效果显著,切忌为了体现英语教学中网络技术的先进性而使用过于复杂的教学媒体。

(3)媒体的组合要合理,要把各种媒体的使用有机地组合起来,合理地应用在教学过程中,力求使各媒体在教学中各尽所长,切忌不顾教学内容的不同,总是使用同一种教学媒体。

3. 多维度互动原则

在英语教学跨文化交际能力培养过程中,教师既要实现教师和学生之间的互动,还要实现语言和文化的互动,也要实现中西文化的互动。就教师和学生之间的互动而言,教师教学影响着学生的学习,而学生又反过来影响着教师的教学传播行为。跨文化教学教育应该紧贴时代的教育脉搏,改变以前的单向传递模式,在互动中求得发展和优化。

至于语言和文化的互动,学生应该了解语言和文化的相互联系,用发展的、动态的眼光看待二者之间的关系。在这个全球化的时代,不同文化之间的互动表现得越来越突出,互动的频率有所提高,互动的范围有所扩大,互动的深度有所增加。跨文化教学交流本身就要求进行文化的双向交流,语言本身也是在交流中产生和发展的,因此跨文化教学过程应是一个互动的过程。

4. 文化输入原则

依据语言教学的整体目标,单纯的语言教学已经慢慢向跨文化教学倾斜。在英语教学中实施跨文化教学时,教师应从宏观入手,帮助学生掌握文化学习的整体性。整体文化输入原则包括纵向和横向两个维度,从纵向来看,文化的形成是一个源远流长的过程,时间横跨古今,学生应该对文化的生成和发展脉络有一个清晰的把握;从横向来看,文化具有多样性,不同的文化具有不同的特色,所以文化的输入类型也应是兼而有之的。另外,为了提高学生在跨文化交际中的文化自信心,教师应该引导学生尊重母语文化,适度适时地宣扬母语文化中的精华部分。但是,教学内容应保持理性中立的态度。

总之,教师不应该将教学孤立起来,应注重引导学生关注文化的整体性,即整体地输入古今中外文化。从文化的支配地位的角度来看,文化分为主流文化和非主流文化。主流文化是当前社会提倡的文化,是大多数人认可的文化。在英语教学中实施跨文化教学时,教师应该选择具有广泛代表性的主流地位文化来进行输入,从而使学生更能适应当下的社会生活。

5. 教育性原则

教育性是英语教学中网络技术运用的特性要求,要求网络技术在确定跨文化教学目标、选择跨文化教学内容、设计跨文化教学材料、安排跨文化教学活动等各个方面都要符合英语文化教育和教学的基本规律和原则。网络技术是跨文化教学的手段与工具,开发网络技术必须围绕着一定的教学目的进行,英语跨文化教学中网络技术运用的教育性,是指课件的设计应遵循认知规律,要有明确的教学目的,有助于教学对象加深对知识的理解和掌握,并通过各种网络技术的合理运用和巧妙组合来增强教学内容的广度、深度和趣味性,激发学生的求知欲。英语跨文化教学中网络技术运用的教育性原则主要体现在以下几个方面。

(1) 要充分体现教学规律

利用网络技术辅助英语跨文化教学,切忌仅仅是为了追求英语跨文化教学的现代化、先进性,必须以教学大纲为依据,并根据跨文化教学目的与要求,发挥多媒体图文并茂、形声并举的优势来表达教学内容。网络技术应能对学生获取知识、发展能力、培养品德和促进健康起到良好的教育作用,有益于学生的个性发展。为了体现教学规律,应注意以下几点。

①明确教学目的。既然网络技术是为了促进英语跨文化教学,网络技术是依照教学大纲编制的,就应该首先明确教学目的。为什么要运用网络技术,教学中要解决什么问题,希望达到什么目标,编制者要心中有数,有的放矢。

②教学对象要有针对性。在英语跨文化教学中运用网络技术是为特定的教学对象设计制作的,其内容的选择和阅读的难易确定要有明确的针对性。要考虑到应用此课件的学生的年龄特点、知识层次水平和智力的实

第九章 跨文化交际视阈下大学英语教学的新发展

际情况,切忌追求形式上的时髦和视听感受上的新鲜。

③突出重点难点。运用网络技术进行跨文化教学必须根据教学大纲的要求,围绕教学中的重点、难点或关键性的问题来设题立意。要充分发挥网络技术在英语跨文化教学中的优势,采用恰当的表现方法,将复杂问题或难点问题简单化,并在如何消化、接受和理解上下工夫。

④灵活变换教学形式。利用网络技术辅助教学具有传统教学方式所无法比拟的优势,教学形式要灵活多样,要用图、文、声、像交替地表现教学内容,突出教学内容的主体。

(2)要充分运用认知心理规律

①记忆规律。记忆规律表明,学生加工信息时要受到学生自身的经验、需求及信息特性等诸因素的影响。学生记忆的效果与学生自身的经验、需要有关。对涉及学生自身的利益、荣誉等有关信息和对学生情绪具有正面激励作用的信息,学生的关注程度比较高,投入大,学生也能轻松地记忆。因此,在英语跨文化教学中运用网络技术进行辅助教学时,对学生已掌握的内容要及时强化,给予强烈的、积极的评价性语言,从而唤起学生的荣誉感;对学生没有掌握的知识点,评价性和提示性语言应是鼓励性的。

在英语教学中,学生记忆的效果与教学内容的性质有关。如果教学内容新奇有趣,易于形成独立而清晰的记忆痕迹,那么学生就能轻松地记忆。学生对新奇的教学信息的记忆效果明显优于一般的教学信息。因此,在英语跨文化教学中运用网络技术要充分运用这一规律,一方面要突出教学内容中已有的形式新颖的信息;另一方面是将重点内容运用色彩、闪烁或动画等技术使之与其他信息区别开来,增强其呈现方式的新奇感和趣味性,从而增强学生的记忆效果。

②语义层网络。语义层网络的概念源于认知心理学的长时记忆模型理论,是知识的一种表征方式。语义层网络的每个节点代表一个对象、概念或一种情景,节点之间的连线表示节点的关系。在英语跨文化教学中运用网络技术时,尤其是运用多媒体进行教学时,多媒体课件的信息结构应是类似于语义层网络的树状、网状或复合的非线性结构,它们可以把各知识点之间的上下位概念关系、从属关系、并列关系等层次组成清晰地反映出来。

在设计多媒体课件时,可以依照语义层网络原理,将知识之间的逻辑层次作为主信息流表示出来,从而对学生的学习起到引导作用。学生在使用多媒体课件进行学习时,也可以任意改变学习顺序,自由选择其中的任意节点进行学习,无须一页一页地查找要学的内容。这种以时间和空间为主要线索来反映知识的结构,非常符合学生的联想、跳跃的思维方式。再加上通过文字、图形、图像、声音、动画、视频等多种媒体形式呈现知识信息,不仅创设了情景,还提供了丰富的语境信息;既促进了学生对语义信息的理解,又调动了学生的学习积极性,符合学生的认知心理。总之,以语义层网络来实现多媒体课件的结构,不仅改变了学生逐行阅读的习惯,而且还拓宽了学生的视觉广度和认知广度;多媒体课件中的生动的视觉元素可以启动情绪机制,有利于知识的内化和深化,使学习变得轻松而容易。

③认知容量与速度。人的短时记忆以组块为单位,而一个组块内的信息总量不是固定不变的,而是变化的。学生在加工处理信息时,将其重组或再编码,组合为一些有意义的组块单位。美国著名的认识心理学家米勒通过实验证明,个体能在短时记忆中保留的信息的组块数是 7 ± 2,这就是短时记忆的容量。认知速度受学生的年龄大小、信息媒体的形式的直接影响。因此,利用网络技术进行跨文化教学,要将语义信息、语境信息进行合理的组合,其呈现数目要适合学生的记忆容量,教学内容的呈现速度不要太快。

总之,教学信息的数目以及教学内容的呈现速度都要与学生的认知容度以及认知速度相符合。例如,在利用多媒体进行教学时,内容不应过长,字数不宜过多,若条件允许可将多而长的文字采用分段、块状、移动、滚动的方式呈现。多媒体课件在内容呈现速度上要考虑学生的年龄特征,如低年级的课件的呈现速度应低一些,知识点要少而精,可利用多媒体的优势,用图像、动画、视频等媒体多角度、多方式地呈现教学内容;在知识的广度上进行延伸,扩大知识面,以使学生产生积极的联想和想象;精心设计视觉信息,为学生提供丰富的视觉表象,形成通过视觉特征直接转换的加工方法,训练学生提高加工速度。

(3)要充分突出启发性教学

①比喻启发。比喻是一种常用而有效的表达策略,可以变抽象为具体,化深奥为浅显。网络技术在英语跨文化教学中的使用,使教师在教学过程中能更多地利用视听表现手段的直观形象,使比喻变得更加生动,从而启发学生的联想、分析、综合、抽象、概括等思维活动,促进学生更有效地学习。

②兴趣启发。兴趣是最好的老师。因此,在英语跨文化教学中,教师应该采用易于引起学生兴趣的视听表现形式,激发他们的求知欲望,把他们的注意力和思维活动引导到教学过程中来。例如,引导参与,让学生身临其境,积极投入教学过程;设置悬念,刺激学生的好奇心和求知欲等都是比较好的方法。

③对比启发。在英语跨文化教学中,对比是一种比较有效的教学方

式。通过对比,使学生能在认真思考之后,分清是非,辨明正误,启发学生的思维,加深对知识的理解,使学生获得更好的学习效果。

④留白启发。所谓留白,就是给学生的思维活动留有必要的空间和时间。教师既可以通过画面留白也可以通过解说留白。画面留白要在画面简洁、主体突出的基础上,在画面组接上产生一个"空白",可采用画面的虚化、定格、淡入、淡出等手法,给学生进行思考、回味的余地;解说留白的处理应让解说少而精,在问题的结论处留有足够的时间间隙,让学生思考,达到此处无声胜有声的境界。

⑤设题启发。根据跨文化教学内容,在课件中适时地、恰当地设置一些富有启发性的问题,充分调动学生的学习积极性,启发学生进行积极思考,并及时强化学生的思考。对启发性问题的设置,可诱发其创造性思维,培养、锻炼其思维的灵活性、发散性、求异性和独创性。

总之,英语跨文化教学内容的展示要符合心理学规律,教师应充分分析和研究教学对象的心理状态,利用巧妙构思和不同的节奏形式来推动学生的学习思维活动,帮助学生进行分析、对比、判断、综合,把教学中深奥抽象的概念转化为有条理的具体形象,做到由表及里、由此及彼、从感性到理性,从而提高教学效果。

6. 交互性原则

英语跨文化教学中网络技术运用的交互性原则,是指教师或学生在教与学的活动过程中能实现对网络技术的灵活操作和控制,可根据教学或学习的程度与需要随时搜索、寻求帮助或评定,人与机器之间形成相互交流信息的特征。交互性是网络技术教学资源区别于传统教学资源的最重要的特征之一。传统的教学信息在展示时间和空间上是线性的、不可逆的,并且是静态的,不便于学习者任意选择与组合,更无法为学习者的自学和自测提供良好的交互功能。

交互性是教师与学生之间沟通的桥梁。英语跨文化教学中运用网络技术应该遵循互动性原则,充分发挥网络技术的优势,提高英语教学效果。

7. 文化包容性原则

大工业的发展以及对剩余价值最大化的追求,导致人类历史的发展跳出了地域限制,成为利益相关的命运共同体。在文化全球化的大格局之下,引领潮流的世界性文化不再单单由某个国家或民族来创造,而是由更多主体来创造。因此,文化全球化是世界文化创造主体和世界文化元素的多元化。

如今的时代已经远离了文化霸权,而是你中有我、我中有你,倡导文化包容。文化只有具备包容的品质,世界不同国家和民族的文化才能在共存中达到更多的一致,进而使得世界各个国家和民族联系得更加紧密。在人类文化发展史上,封闭的文化会被推到边缘的地带,并且阻碍世界历史的前进脚步;而那些包容性的文化才能主导世界文化,推动着世界历史的发展。

包容性的文化比较能接受其他文化中的先进成分,因此能较好地发展,也比较容易被其他文化所接受,因此就能从地域性文化向世界性文化转变,进而成为推动世界文化进步的强大力量。从根本上讲,一种文化之所以缺乏包容性,是因为文化创造主体的思想狭隘,并且这种封闭的文化也会影响生活在其中的人们的思维方式,使得他们也变得狭隘,缺乏开放精神,难以接受其他文化,从而导致世界在文化上的割裂。过于强调世界上的文化冲突,不利于世界文化的发展。只有包容性的文化,才有利于推动世界文化的车轮滚滚向前。

8. 多元文化与情境结合原则

在英语教学跨文化交际能力培养的过程中应该改变传统的教学模式,将先进的科学信息、教学理念等输入到课堂中。教师可以运用丰富的网络资源对自己的课件进行改良。在讲授新课之前,教师可以为学生布置预习任务,让学生提前上网查阅下节课将要讲述的内容,这样不仅有助于激发学生的学习积极性,也有助于学生增进对相关背景知识的了解与把握,加深他们对文化的理解,扩充自身的知识面。

让学生沉浸于目的语文化氛围的目的在于让学生培养自身的跨文化交际能力,提升自身的跨文化教学能力。在课堂上,教师为了方便操作,可以在教学计划实施的同时,在每堂课中抽出一定的时间培养学生的文化意识。教师可以设计一些与文化相关的话题与活动,让学生进行讨论,从而加深学生对文化差异的感受与理解。课外活动也是对学生语言能力与文化意识培养的最好的检验,教师可以让学生在真实的情境中对自己学过的文化知识进行体验与运用,如定期举办角色扮演的活动,这样学生就可以对西方文化有深刻的理解,从而真正地做到学以致用。

(二)网络技术辅助下英语跨文化交际教学的方法

在英语教学跨文化交际能力培养的过程中不仅要教授目的语文化知识,还需要让学生掌握一些现有的规约与事实,同时要注重搜寻各种有效的学习途径,引导学生对现实事物有主观的感受。

1. 组织协作

在网络视角下,要想在英语教学中培养学生的跨文化交际能力,进行有效的组织和安排是其中的一大关键要素。根据建构主义理论,英语学习的关键在于教师如何进行分组,如何组织学生共同完成学习任务。通过学生之间的协作学习,教师和学生之间能建立一个学习共同体,实现学生与其他学生之间、学生与教师之间、学生与媒体之间的交互。在交互协作的过程中,学生大脑中的图示可以被激活,建构更为准确、全面的语言意义。通过这种协作学习,可以将学生的学习积极性调动起来,激发学生学习的智慧与思维,使整个团队完成意义的建构。在具体的英语跨文化教学中,教师应该基于文化主题、交际内容,为学生安排与创设一些操作性强、任务重的教学任务,并对任务的内容给予具体的要求与建议。之后,教师对学生进行分组,确保组内成员之间的差异与互补,让小组内成员与成员之间实施互动与交流,对教师交代的任务进行归纳、总结,最终掌握文化知识,提升自身的跨文化交际能力。

2. 务实手段

在网络视角下,要想在英语教学中培养学生的跨文化交际能力,教师应该利用网络技术,将现代媒体作为教学手段,实现教学过程的完善、教学资源的优化、教学效果的达成。网络技术有助于教师创设真实的教学环境,通过声音、图像、动画等的结合,有助于增强教学的直观性,让教学更为形象。

3. 塑造角色

教师可以通过以下策略来提高自身文化素质。

(1) 尊重文化差异,建立平等的文化观

各民族文化都有其独特的魅力,文化没有优劣之分。对文化的差异,我们应予以承认、尊重、欣赏,同时注意将异域文化与本民族文化进行比较,进而取长补短,使本民族文化得以丰富,在与不同文化进行交流的过程中促进本民族文化的发展。

(2) 充分发挥外籍教师的作用

客观条件优越的学校可以适当地聘请一些外籍教师授课。外教的到来对跨文化教学教育具有以下几个作用。

外教对学生的积极影响。外教不仅可以提升学生的英语学习兴趣,还能真正促进学生跨文化交际能力的提高。外教作为异域文化中的成员,比较能引起学生的好奇心,这些学生在与外教进行接触和交流的过程中增强了对英语口语表达的信心,还能收获在课堂上学不到的社会文化背景知识,能真正提高英语文化敏感度和英语交际能力。另外,学校可以定期通过外教组织英语角,这样就为学生创造了地道的英语环境和文化环境,有利于他们的英语听力和口语能力的提高,从而使得跨文化交际能力也有了一定的进步。

外教对教师的积极影响。在中国的大环境下,很多中国英语教师虽然出身于英语专业,集各种英语等级考试证书于一身,但是由于练习的口语机会很少,英语口语表达能力依然比较欠缺。外教来到学校以后,这些中国英语教师因为教学工作的关系,就获得了许多与外教直接交流的机会,外教可以帮助他们纠正语音上的错误,使得中国教师锻炼了英语口语表达能力。另外,外教是在另外一种不同的文化氛围中成长和学习的,其教学模式可能更加有趣、生动,中国的英语教师可以汲取他们教学模式中的优势,也有利于提高自身的教学水平。

当中国教师的跨文化交际能力和英语教学水平得到提升以后,直接的受益者就是学生。中国教师的跨文化交际能力提升了,就能在和学生的交际中更有效地提升学生的跨文化交际能力。中国教师的英语教学水平提升了,在实施跨文化教学教育中就能取得更好的效果。如果外教觉得自己在学校的教学工作中获得了良好的感受,外教往往会把国外的教育行业的朋友或者机构等介绍给学校,这样学校就可以通过夏令营、冬令营的形式和国外的教育行业进行互访、学习和交流,从而提高学生的跨文化交际能力。

4. 组织会话

在网络视角下,要想在英语教学中培养学生的跨文化交际能力,会话是必不可少的组成部分,学习小组之间往往需要会话与协商,对教师交代的任务予以完成。在小组会话的过程中,每一位学生都能发散自己的思维,并与组内成员进行分享,最终实现学习任务意义的建构。当学生讨论完成后,教师可以让学生对成果进行展示。当然,展示的形式有很多,如演讲、角色扮演、案例分析、情境模仿等。

在展示的时候,学生可以用PPT课件,也可以使用录音材料等。通过对学习任务成果的展示,教师可以了解学生是否掌握了文化知识,从而为下一步骤的教学做准备。例如,在做演讲时,教师可以让小组内所有成员都参与其中,共同配合完成演讲。根据教师提出的问题,对任务的完成情况进行汇报。其他小组在听取演讲的过程中,对其中存在的问题进行记录,等到小组演讲完成之后,可以提出并要求解答。通过这一过程,全班所有成员都会扩大自身的知识面,尤其是对英美习俗、英美文化背景知识等有系统的了解与把握。

第二节 实施线上线下混合式教学

中国教育将最先迎来线上与线下相融合的时代,通过线上和线下教学活动的有机结合,开展混合式教学,把课前、课中、课后甚至实验等教学环节,整合在一起并且融合起来,以实现更高目标的教育培养和产出。正是在 OMO 的教育背景下,天津大学无机化学教学团队多年来积极投身"线上与线下融合"的混合式教学,一改传统的灌输式教学模式,以学生为中心,在教师的引导下进行主动学习。

由于新型冠状病毒感染肺炎疫情的影响,新学期,教师们告别了自己熟悉的传统的英语教学课堂,不得不采用在线教学方式进行授课。很多教师没有混合式教学的经验,直接从完全的线下教学到完全的线上教学,来不及了解线上教学的特点。多数教师会采用直播课的方式把课堂教学内容完全搬到直播课中,但实际上,直播课与面对面上课还是有区别的,网络拥堵和师生硬件条件等不确定因素太多,互动交流效果也大打折扣。这就需要设计和实施符合学习规律的、有效率的完全线上教学模式。

一、线上线下混合教学的内涵

具体而言,线上线下混合式教学模式指的是将传统意义上的面授教学与以互联网为依托的教学相融合,打造线上资源联合线下辅导的一体化教学模式,教学过程呈现多维度性,训练具有多层次性。线上线下混合式教学模式使得教师的主导作用和学生的主体地位相融合,课堂教学与在线学习相融合,最大限度地发挥了教师的引导、启发和监督作用,体现出以学生为本的教学思想,尊重学生的个性发展,注重学生知识和技能的培养,体现出优质的教学效果。

二、线上线下混合式教学的优势

(一)整合多重教学资源

在大学英语教学中运用线上线下混合式的教学模式,能有效加强学生的学习体验,提升学生的学习效率,而且切合学生的实际需求。首先,网上含有大量的英语教学视频,学生可以根据自身的水平和学习需求,自主选择优质课程,有针对性地利用教学资源。其次,通过线上线下混合式教学模式,学生可以获得丰富的学习体验,会形成自主探究的学习习惯,满足个性化的发展需求。

(二)突破时空的限制

信息科技与互联网的发展及其所带来的便利,使得英语教学视频可以在网上广泛传播,多样化的视频教学形式,如专题讲解、碎片化学习、视听说一体的视频教学等教学形式开始出现,使得英语教学的灵活性大大提高。首先,学生可以通过网络方便快捷地获取多元化的教学资源,不受时间和空间的限制而进行碎片化的学习。其次,教师可以网络资源提升自身的专业素质和水平,从而开展形式灵活、多样化的优质教学,提高英语课堂的教学效果。

(三)拓展学习空间

相较于传统的教学模式,线上线下混合式的教学模式切入点精准,在整体上能扩展学习空间。该教学模式引发了教师主导的课堂格局的改变,通过丰富的线上资源来充实课堂内容,并且通过线下的形式多样的个性化实践措施丰富学生的学习体验,进而精准地切入学生的爱好点,拓展学生的学习空间。将线上线下两种模式混合应用,能有效改变教学思路,切实优化教学质量。

三、英语跨文化教学中线上线下混合教学的实施

线上线下混合式教学模式在英语跨文化教学中的应用分为以下三个阶段。

(一)课前助学阶段

在基于线上线下混合式教学模式的英语教学中,教师在授课之前要针对具体的教学内容和学生的学习情况选择切合的课程资源,并且结合实际情况设计能培养学生自主学习能力的学习任务,以充分利用教材和网络课程资源。例如,"朗文交互学习平台""新理念外语网络教学平台"等都是可使实现师生交互的移动网络平台,通过这些平台,教师可以将教材中所涉及的学习计划、学习目标、学习重点、学习难点、学习主题等相应的预习内容和学习任务等,及时发到学生手中,学生可以根据任务的要求通过不同

第九章　跨文化交际视阈下大学英语教学的新发展

的方式,如个人独立思考、小组讨论等,有效地获取知识背景,高效地完成预习任务,而且在这一过程中,自主学习能力也会相应地提高。在这一阶段,教师可以利用自主式的学习平台,充分实现师生之间的互动,为学生提供有效的在线咨询,为学生答疑解惑,向学生提供辅导和帮助,进而切实提高学生的自主探究精神和自主学习能力。

(二)课堂面授阶段

所谓线下,就是课堂上的面授。在这一阶段,主要是通过课堂的教学平台和自主学习平台的相互融合,展开具有针对性的多媒体辅助教学。首先,教师根据学生对课前预习的完成情况进行检查和分析,重点指出相关问题。其次,运用多媒体创设富有情境化的教学内容,进一步提出问题,引发学生积极思考,进一步激发学生的探究意识。再次,教师结合教学实际情况和单元主题,设计相应的学习任务,鼓励学生积极讨论,也可以通过情景对话、角色扮演等方式,激发学生参与的积极性,促使学生主动参与课堂教学活动。最后,教师鼓励和引导学生进行总结和反思,可以让学生进行自评或互评,进而总结学习内容,激发学生的学习动机和自主探究精神,巩固学习知识,同时提升协作互助意识和英语应用能力。

(三)课后巩固阶段

在课后阶段,教师可以通过线上线下混合教学模式进一步补充相应的学习材料,有效拓宽学生的视野,加深学生对所学知识的理解和掌握程度。在课后,学生也可以利用网络平台寻找相应的复习资料,进一步加深学习效果,增加练习的实践,扩大知识范围,更好地完成相应的学习任务。课后巩固延伸了课堂教学的空间,能显著培养学生的自主学习能力,也能为学生养成良好的终身学习习惯打好基础。自疫情防控以来,已证明线上线下混合式教学实践是切实可行的,可以用直播课替代原来的见面课,也可以用平台和微信以及其他的线上方式替代见面课。对简单易理解的教学内容用线上的方式开展,培养学生的自学能力,利用平台讨论区、微信群、智慧教学工具来实现互动。直播课应该针对课后互动不能解决的教学内容,而不是全部课程内容。疫情期间的直播课是教学手段的补充,不应该处于主导地位。这样可以减轻在线学习时的网络拥堵的情况,减轻师生参与直播课的压力,提高学习效率,学习过程留有痕迹,培养学生的自学能力以及归纳总结能力。

目前,师生们每天使用在线方式开展教学,已掌握了很多平台和智慧教学工具的使用,熟悉了在线教学的特点和资源的建设方法,这些将为传统的英语跨文化教学改革提供良好的机遇。教师可根据各自课程的特点，设计出多维度的教学环节，确保学生跟得上、学得稳、有的问。只要全体教师牢固树立以学习成效为中心的教育理念，让学生身在家而心在学，通过师生共同努力可从教育系统层面打赢这场疫情防控阻击战。

第三节 鼓励学生自主学习

教育的最终目的是让学生成为独立的学习者，当然大学英语课程教学也不例外。近些年，自主学习越来越成为教育界研究的重点。就当前大学生的英语学习效果来看，他们虽然花费了大量的时间在英语学习上，但是收到的效果并不理想，归结原因主要在于学生缺乏自主学习的能力。因此，学生有必要转变自己的学习方式，从被动学习转向自主学习。下面就对自主学习进行分析。

一、自主学习的定义

对于自主学习，国内外很多学者都进行过研究和探讨，并发表了关于自主学习的一些文献。下面就重点来介绍几位有代表性的学者。

国外有两位权威的学者对自主学习进行过论述。一位是亨利·霍里克(Henri Holec)，一位是齐莫曼(Zimmerman)。

亨利·霍里克在他的《自主性与外语学习》一书中指出，自主学习能力应该包含学生对学习目标与内容的确立、对学习技巧与方法的选择、对学习过程的监控与评估这几大层面，并且指出学生只有做到了这几点，他们才能真正地对自己的学习负责。[①] 亨利·霍里克认为，学生的自主学习能力并不是与生俱来的，往往是后天形成的，甚至需要专门的训练来形成。显然，从亨利·霍里克的论述中可以看出，他的自主学习观实际上挑战了传统的学习模式，因此受到了很多学者的认可与支持。

齐莫曼是一位著名的心理学家，因此他对自主学习的论述主要是从心理层面考虑的。齐莫曼基于前人的研究，指出学生只要在动机、元认知、行为三个层面做到积极参与，那么就可以认为他们的学习是自主学习。[②] 换

---

① 严明. 大学英语自主学习能力培养模式研究：体验的视角[M]. 哈尔滨：黑龙江大学出版社，2009：42.

② 严明. 大学英语自主学习能力培养模式研究：体验的视角[M]. 哈尔滨：黑龙江大学出版社，2009：42.

句话说,齐莫曼指出了自主学习的三个影响因素,即动机、元认知与行为,其中动机指学生从被动学习转向主动求知;元认知指学生能对不同阶段的学习进行反思;行为指学生能从自己的意愿出发选择与创设学习环境。

除了国外学者对自主学习进行研究,我国学者也对自主学习进行了激烈的探讨,他们基于国外的研究成果,并且考虑我国的实际情况,对自主学习进行初步的研究。我国学者主要围绕自主学习中师生的角色、自主学习的原因与意义、自主学习的实施等层面展开研究。

我国学者庞维国在他的《自主学习——学与教的原理和策略》一书中,对自主学习的概念进行了明确的界定,这标志着我国关于自主学习的研究取得了突破性进展。在庞维国看来,自主学习是基于能学、想学、会学、坚持学这四个层面基础上的一种学习方式。庞维国还从横向与纵向两个视角来阐释自主学习的概念。就横向角度而言,如果学生能对自己学习的各个层面进行自觉选择与控制,那么就可以说他们的学习是自主学习;就纵向角度而言,如果学生能在整个学习过程中挖掘与把握自主学习的实质,那么也可以说他们的学习是自主学习。

虽然国内外学者对自主学习的界定存在差异,但是大多数学者已经基本达成共识,即自主学习是将学生作为中心,根据学生的自身需求进行自主学习规划、自主学习管理、自主学习监控、自主学习评价等。具体而言,自主学习可以划分为如下五个步骤。

(1)学生基于不同需求,分清学习主次,对自己的学习目标进行规划。

(2)学生基于需求选择学习材料,并制订与自己学习风格相符的学习策略。

(3)学生对自己的学习进度、学习时间要合理把控。

(4)学生在学习中要不断反思与调整。

(5)学生要对评价标准有明确的把握,从而对自己的学习效果进行衡量。

二、自主学习的意义

(一)体现终身教育体系的需要

随着科技、社会的发展,人们认识到需要建立终身教育体系,这一教育体系打破了传统教育体系的封闭性与终极性,使教育成为一个伴随终身、持续不断的过程。未来的社会是一个持续学习的社会,为了与社会的发展相适应,人们就必须不断学习、不断发展。因此,这也是对学生的要求,通过自主学习,学生能适应不断变化的社会、不断变化的职业要求,从而不断提升自我价值。

(二)满足信息化社会发展的需要

当今社会是一个科技迅猛发展的社会,信息化时代使人们越来越认识到,学校教育已经远远不能满足学生的知识储备,因此学生需要适应不断变化的环境,满足自身不断变化的职业要求,这仅仅依靠学校获得的知识是远远不够的。学生要想适应信息化社会发展的需要,除了要接受学校教师传授的知识,还需要从各种途径、各种渠道挖掘知识,以便充实自己,这就是自主学习的力量。

(三)符合学生自我发展的需要

相较于其他国家,我国对英语课程教学的投入是巨大的,但不得不说,虽然投入巨大,但效果不甚理想。出现这种情况的主要原因就在于我国的英语课程教学模式过于单一,即只注重教,而不注重学,简单来说就是严重忽视了学生的主体地位。

众所周知,不同学生的学习存在明显差异,这些差异的形成有先天原因,也有后天原因。在这些原因中,先天原因无法改变,但后天原因是可以弥补与改变的,如学习风格、学习动机等,这恰好是自主学习的要求。

三、自主学习的实施

(一)培养自主学习习惯

良好的学习习惯对学生的自主学习是非常重要的。在自主学习中,大学英语教师应该努力培养学生的自主学习习惯,使学生努力克服自主学习中的不适感,发挥自身优势,从而完成学习目标。

(二)训练自主学习技能

自主学习需要一定的技能,这些技能并不是先天的,而是经过一定的训练和实践获得的。因此,在大学英语教学中,教师应该注意训练学生自主学习的技能,从学生个体的需求出发,制订符合学生的自主学习计划,帮助他们掌握适合自己的自主学习技能。

在学生的自主学习过程中,教师的责任就是指导学生掌握学习策略,并且学会运用学习策略。教师可以为学生推荐一些阅读材料,并且给学生介绍一些阅读技巧,指导学生写读书笔记,从而不断提高学生的自主学习能力。

(三)营造自主学习氛围

现代信息技术在英语课程教学中迅速普及,并且为学生的自主学习提供了便利。教师可以运用网络为学生创造自主学习的氛围,激发学生英语学习的欲望与积极性,增强学生学习的效果。例如,学生可以利用电脑进行语言专项训练、与他人进行交流、浏览英语文献资料等。当然,教师可以为学生介绍一些优秀的学习网站,让学生自主学习;以扩充自己的知识储备。

(四)激发自主学习兴趣

兴趣是学生学习的动力与源泉。设计出与学生学习兴趣相符的活动有助于开发学生的潜能,促进学生的自主学习。在传统的大学英语课程教学中,学生是被动的接受者,教师常常忽视学生的兴趣,但在自主学习中,学生是学习的主体,是主动的学习者,因此学生学习的兴趣也会被激发出来。为了激发学生的自主学习兴趣,大学英语教师可以从如下几点着手。

(1)对学生展开需求分析。大学英语教师首先要对学生进行需求分析,然后从不同学生的需求出发,帮助学生制订学习计划。当然,为了更好地与学生的学习计划相适应,教师要不断调整与改进自己的教学策略。

(2)尊重学生的个性差异。不同学生,他们的学习风格、学习水平等必然存在差异,因此大学英语教师要考虑学生的这些差异,让学生对学习内容、学习步骤进行自主学习,以提高不同学生的自主学习能力。

(3)关注学生的反应。在学生的自主学习中,大学英语教师要观察学生的反应,包含自主学习目标的建立、自主学习的适应情况等,从而根据学生的反应调整与改进教学计划,并帮助学生解决在自主学习过程中遇到的问题。

参考文献

[1]包惠南,包昂.中国文化与汉英翻译[M].北京:外文出版社,2004.

[2]程晓堂,孙晓慧.英语教材分析与设计[M].北京:外语教学与研究出版社,2011.

[3]崔刚,孔宪遂.英语教学十六讲[M].北京:清华大学出版社,2009.

[4]何广铿.英语教学法教程:理论与实践[M].广州:暨南大学出版社,2011.

[5]何少庆.英语教学策略理论与实践应用[M].杭州:浙江大学出版社,2010.

[6]何自然,冉永平.新编语用学概论[M].北京:北京大学出版社,2009.

[7]胡春洞.英语教学法[M].北京:高等教育出版社,1990.

[8]胡文仲.跨文化交际学概论[M].北京:外语教学与研究出版社,1999.

[9]胡文仲.英美文化辞典[M].北京:外语教学与研究出版社,1995.

[10]胡壮麟,朱永生,张德禄,李战子.系统功能语言学概论(修订版)[M].北京:北京大学出版社,2008.

[11]黄国文,辛志英.系统功能语言学研究现状和发展趋势[M].北京:外语教学与研究出版社,2012.

[12]黄勇.英汉语言文化比较[M].西安:西北工业大学出版社,2007.

[13]金惠康.跨文化交际翻译续编[M].北京:中国对外翻译出版公司,2004.

[14]康莉.跨文化视角下的大学英语教学:困境与突破[M].北京:中国社会科学出版社,2014.

[15]克利福德·格尔茨著,韩莉译.文化的解释[M].上海:上海译林出版社,1999.

[16]李成洪.英语教学与跨文化传播[M].沈阳:东北大学出版社,2013.

[17]李成学,罗茂全.教师的素质与形象[M].四川:四川教育出版社,2001.

[18]李建军.文化翻译论[M].上海:复旦大学出版社,2010.

[19]李庭芗.英语教学法[M].北京:高等教育出版社,1983.

[20]李正栓,郝惠珍.中国语境下英语教师教育与发展研究[M].保定:河北大学出版社,2009.

[21]利奇著,李瑞华,王彤福,杨自俭,穆国豪译.语义学[M].上海:上海外语教育出版社,1987.

[22]连淑能.英汉对比研究(增订本)[M].北京:高等教育出版社,2010.

[23]林大津.跨文化交际研究[M].福州:福建人民出版社,1996.

[24]刘宓庆.文化翻译论纲[M].武汉:湖北教育出版社,1999.

[25]刘颖.计算语言学[M].北京:清华大学出版社,2014.

[26]鲁子问,康淑敏.英语教学方法与策略[M].上海:华东师范大学出版社,2008.

[27]鲁子问.英语教学论(第2版)[M].上海:华东师范大学出版社,2009.

[28]孟丽华,武书敬.网络环境下大学英语教师专业素质发展研究[M].北京:外语教学与研究出版社,2015.

[29]穆雷.中国翻译教学研究[M].上海:上海外语教育出版社,1999.

[30]普罗瑟著,何道宽译.文化对话:跨文化传播导论[M].北京:北京大学出版社,2013.

[31]沈银珍.多元文化与当代英语教学[M].杭州:浙江大学出版社,2006.

[32]束定芳,庄智象.现代外语教学:理论、实践与方法[M].上海:上海外语教育出版社,2008.

[33]苏新春.文化语言学教程[M].北京:外语教学与研究出版社,2006.

[34]孙英春.跨文化传播学导论[M].北京:北京大学出版社,2008.

[35]王斌华.口译:理论·技巧·实践[M].武汉:武汉大学出版社,2006.

[36]王笃勤.英语教学策略论[M].北京:外语教学与研究出版社,2002.

[37]王凡,王金宝,赵慧敏.跨文化交际与当代英语教学[M].长春:吉林大学出版社,2015.

[38]王芬.高职高专英语词汇教学研究[M].上海:上海交通大学出版社,2012.

[39]王宏印.英汉翻译综合教程[M].大连:辽宁师范大学出版社,2002.

[40]威尔斯著,祝珏,周智谟译.翻译学——问题与方法[M].北京:中国对外翻译出版社,1988.

[41]魏朝夕.大学英语文化主题教学探索与实践[M].北京:中国农业科学技术出版社,2010.

[42]许钧.翻译概论[M].北京:外语教学与研究出版社,2009.

[43]许智坚.计算机辅助英语教学[M].厦门:厦门大学出版社,2015.

[44]张红玲.跨文化外语教学[M].上海:上海外语教育出版社,2007.

[45]章兼中.英语课程与教学论[M].福州:福建教育出版社,2016.

[46]金鑫.汉英语序对比与对外汉语教学[D].长春:东北师范大学,2011.

[47]马苹惠.高中英语阅读课中文化教学的研究——以图式理论为基础[D].福州:福建师范大学,2016.

[48]王海枫.浅析英语否定句的翻译方法——以《我们这个时代的美国》的汉译为例[D].北京:北京外国语大学,2017.

[49]肖敏.大学英语教学中的跨文化教育[D].长沙:湖南师范大学,2009.

[50]孟银连.高中英语阅读教学中文化知识教学调查研究[D].重庆:重庆师范大学,2018.

[51]张晨晟.情境教学法在初中英语语法教学中的应用[D].上海:上海师范大学,2019.

[52]蔡静.浅析中西价值观差异[J].辽宁行政学院学报,2014,(4).

[53]蔡新乐.翻译哲学真的没用吗?——从皮姆的《哲学与翻译》看翻译的概念化及西方翻译思想史的重构[J].外语教学,2014,(6).

[54]陈鹤.全球化背景下对外汉语教学中留学生跨文化交际能力的培养路径[J].林区教学,2020,(06).

[55]陈雪.浅析英汉翻译中的词汇和句法对比[J].长春教育学院学报,2013,(11).

[56]陈颖.新媒体传播环境下英语跨文化交际能力提升——评《新媒体传播学概论》[J].新闻与写作,2020,(06).

[57]程鸣.丝绸之路经济带下的陕西高校学生跨文化交际能力培养策略[J].海外英语,2020,(10).

[58]邓芳.文化教学与大学英语教学的有机融合[J].安徽电子信息职业技术学院学报,2015,(1).

[59]丁念亮.谈高级英语教学中的文化教学实践[J].时代文化,2010,(4).

[60]段满福.从英汉语言语态上的差异看英汉被动句的翻译[J].内蒙古农业大学学报(社会科学版),2004,(4).

[61]傅静玲.英汉思维差异与语态选择[J].安徽文学(下半月),2008,(10).

[62]高素艳.浅谈文化因素对大学英语写作教学的重要性[J].才智,2011,(7).

[63]顾煜彤.跨文化交际背景下的语用失误及对外汉语教学中的策略应对[J].汉字文化,2020,(10).

[64]何克抗.教学设计理论与方法研究评论[J].电化教育研究,1998,(2).

[65]何震.从英汉语态中看中西文化差异[J].学周刊,2016,(9).

[66]洪鸳肖.基于《跨文化商务交际》的参与式课堂模式研究[J].现代商贸工业,2020,41(16).

[67]黄元龙.浅议高职英语写作教学的循序渐进原则[J].开封教育学院学报,2017,(2).

[68]黄志成,魏晓明.跨文化教育——国际教育新思潮[J].全球教育展望,2007,(11).

[69]贾宁宁.英汉语逻辑连接对比与翻译[J].海外英语,2016,(7).

[70]靳淑梅.多元文化主义的困境及对教育的启示[J].教育评论,2009,(1).

[71]李俊卿,刘纯盛.应用技术背景下的大学英语课堂[J].中外企业家,2020,(17).

[72]李瑞芳.大学英语翻译教学中文化的导入[J].亚太教育,2016,(30).

[73]梁静.大学英语听力教学的跨文化思辨能力培养[J].海外英语,2020,(10).

[74]刘卉.英语文化教学中阅读圈教学模式的构建与探索[J].教育现代化,2018,(45).

[75]刘妍.跨文化交际中中美文化价值观差异[J].文学教育(下),2020,(05).

[76]毛莉.英汉词汇对比与翻译[J].陕西教育(高教版),2008,(10).

[77]彭兵转,朱戈,鹿晶.主观性视角下基于现代信息技术的跨文化交际能力评测实证研究[J].黑龙江教育(理论与实践),2020,(06).

[78]沙德玉.英汉词汇的对比研究及其翻译初探[J].零陵学院学报(教育科学),2004,(6).

[79]谭载喜.翻译比喻中西探微[J].外国语,2006,(4).

[80]陶卫红.大学英语教学中的合作原则[J].西安外国语学院学报,2004,(4).

[81]王桂灵.英汉缩略词对比[J].产业与科技论坛,2013,(11).

[82]王建始.前重心与后重心——英汉句子比较[J].中国翻译,1987,(3).

[83]王利梅.试论需求分析与英语教学[J].上海工程技术大学教育研究,2008,(3).

[84]文舒,王有镗.礼貌原则在对外汉语教学中的应用[J].科技风,2020,(16).

[85]武会芳.CBI范式下体验式跨文化交际能力培养模式构建[J].西北成人教育学院学报,2020,(03).

[86]武学慧.本土文化认同视角下的跨文化能力培养研究文献述评[J].经济研究导刊,2020,(15).

[87]肖川.补一补方法论的课[J].青年教师,2008,(2).

[88]肖旭.怎样利用多媒体教学方式上好西方文化入门课———以Bible and Christianity 为例[J].前沿,2013,(3).

[89]杨仕章.翻译界说新探[J].外语教学,2015,(6).

[90]张福群.大学英语翻译教学中文化的导入与教学方法分析[J].现代经济信息,2018,(10).

[91]张军燕.浅析英汉词汇翻译技巧[J].外语教研,2008,(14).

[92]张林.浅析大学英语阅读教学的原则与方法[J].英语教学,2009,(12).

[93]张义桂.中西方传统思维方式的差异及成因[J].文史博览(理论),2016,(6).

[94]周树江.论英语教学中的真实性原则[J].黑龙江高教研究,2007,(6).

[95]朱莹.论高职旅游英语教学中跨文化交际能力的培养[J].海外英语,2020,(10).

[96]庄国卫.英汉语篇对比与翻译教学[J].林区教学,2007,(8).

[97]Catford,J.C. *A Linguistic Theory of Translation*[M].London:Oxford University Press,1965.

[98]Harmer,J. *The Practice of English Language Teaching*[M].London:Longman,1990.

[99]Katharina Barkley.Does one size fit all? The applicability of situational crisis communication theory in the Japanese context[J].*Elsevier Inc.*,2020.

[100]Larsen-Freeman,D. *Teaching Language:From Grammar to Grammaring*[M].Beijing:Foreign Language Teaching and Research Press,2005.

[101]Lewis,M. *Second Language Vocabulary Acquisition*[M].Cam-

bridge:Cambridge University Press,1997.

[102] Marcel Pikhart. The Use of Mobile Devices in International Management Communication: Current Situation and Future Trends of Managerial Communication[J]. *Elsevier B. V.* ,2020,171.

[103] Mark A. Levand. Consent as Cross-Cultural Communication: Navigating Consent in a Multicultural World[J]. *Springer US*,2020,24 (4).

[104]Newmark,P. *About Translation*[M]. Beijing:Foreign Language Teaching and Research Press,2006.

[105]Nida,E. A. & Taber,C. R. *The Theory and Practice of Translation*[M]. Shanghai:Shanghai Foreign Language Education Press,2004.

[106] Ning Liu, Yan Bing Zhang. Warranting theory, stereotypes, and intercultural communication: U. S. Americans' perceptions of a target Chinese on Facebook[J]. *Elsevier Ltd* ,2020,77.

[107] Richards,J. C. & R. Schmidt. *Longman Dictionary of Language Teaching and Applied Linguistics*[M]. London,UK:Longman,2002.

[108]Rubin,J. An Overview to "A Guide for the Teaching of Second Language Listening"[A]. *A Guide for the Teaching of Second Language Listening*[C]. D. Mendelsohn & J. Rubin. San Diego,CA:Dominie Press,1995.

[109] Williams,Jenny & Chesterman Andrew. *The Map: A Beginner's Guide to Doing Research in Translation Studies*[M]. Shanghai:Shanghai Foreign Language Education Press,2004.